本书由深圳大学高水平大学建设专项资金资助出版

深圳大学艺术学理论丛书

跨界融合与文化创新

——文化产业论集

李凤亮　宗祖盼　等　著

社会科学文献出版社
SOCIAL SCIENCES ACADEMIC PRESS (CHINA)

丛书总序

自 2011 年艺术学升格为学科门类以来，围绕这一学科领域的建设便迈入了新的历史阶段。也就是在同一年，深圳大学审时度势，申报并成功获批为"艺术学理论"一级学科硕士学位授权点，正式拉开了深圳乃至整个华南地区艺术学理论学科建设和人才培养的序幕。

艺术学理论作为艺术学门类下一个新命名的年轻学科，建什么、如何建，一直是学界同人孜孜不倦探索的热门议题，至今仍不乏许多悬而未决的争议。经过多年的发展，学界普遍达成了一种共识，那就是艺术学理论学科方向应该由艺术史、论、评和交叉与应用理论类学科组成，尤其是当代艺术学所面临的社会语境与过去相比已大相径庭，艺术与创意、科技、商业、生活的结合更为紧密，面向应用和实践的艺术学理论成为一种新的趋势。也正是这种包容性和开放性，使得全国艺术学理论学科形成了"百花齐放"的格局。身处改革开放的前沿阵地和中国特色社会主义先行示范区，深圳大学的艺术学理论学科特色是十分鲜明的，除了基于传统学科形成的"艺术史与文化传承"、"艺术理论与文化创新"和"艺术批评与文化传播"三个方向之外，作为新兴领域的"艺术管理与文化创意"构成了这一学科的亮点与优势。在这里，艺术研究与文化实践不断碰撞出火花，并深深融入城市的创新发展当中。

多年来，深圳大学在艺术学理论学科建设上进行了不断的摸索和尝试，实现了从无到有、从小到大、从弱到强的转变，取得了一系列丰硕的成果。作为学科建设的主要依托机构之一，深圳大学文化产业研究院一直秉持"学术立院、学科强院、服务兴院"的宗旨，始终以学术精进为己任，以推动我国文化创新和学术繁荣为职责。经过各位同人的不懈努力，深圳大学艺术学理论学科羽翼渐丰，体系不断完善，队伍不断充实，人才培养模式获得同行的一致认可。在这样的背景下，我们决定编选出版"深圳大学艺术学理论丛书"，希望借此机会集中检阅和展示最近几年我院在艺术学理论研究中取得的新成绩，为学科的发展壮大贡献绵薄之力。丛书的入选者均为我院在职或曾经在职的研究人员，覆盖了不同年龄段和人才层次，基本上体现了我院作为一个学术群体的学术自觉和研究个性。

整体来看，这套丛书与深圳大学艺术学理论学科的"性格"是十分吻合的，其鲜明的特色是兼顾理论与实践、历史与当下、一般与多样。其中《艺术史论集》（李心峰著）、《艺术批评话语新探》（汪余礼著）、《艺术文化学新探》（黄永健著）分别涵盖了艺术史、艺术批评及艺术交叉理论学科三个维度的研究；《跨界融合与文化创新——文化产业论集》（李凤亮、宗祖盼等著）是产业维度的思考，体现了深圳大学艺术学理论研究在跨学科领域的耕耘，具有前沿性、应用性和专题性；《客家文化艺术研究》（周建新著）和《创客文化研究》（温雯著）则聚焦"客家"和"创客"两大群体的文化艺术创新实践，既有传统的视角，又有现代的关照，代表了深圳大学艺术学理论研究的两个特色方向。可以说，这套丛书有深度、有广度、有跨度，能够比较全面和客观地反映深圳大学艺术学理论学科的建设成就和研究体系。

古有诗云："虽比高飞雁，犹未及青云。"构建具有"中国学派"的艺术学理论体系，是几代艺术学人的共同夙愿，也是深圳大学同人践行初心使命的责任担当。在新的发展时期，我们将不断完善学科建设的思路和目标，继续培养和汇聚一流人才，为中国艺术学理论学科的创新发展添砖加瓦。而这套"深圳大学艺术学理论丛书"的出版，便可看作这份努力的一个注脚。

李凤亮

2019 年 10 月

序 言

21世纪的第二个十年进入尾声，意味着中国文化产业发展到了一个最为关键的转折点，它能否完成"国民经济支柱性产业"的升级跨越与华丽转身，社会各界都翘首以待。中国经济进入"新常态"以来，一直保持着"总体平稳、稳中有进"的发展态势，但依然面临新的下行压力，外部不稳定不确定性因素增多，发展不平衡不充分问题突出。在这样的背景下，中国文化产业依然能够保持两位数增长速度，殊为不易。进入新时代，文化产业正朝着高质量发展阶段迈进，现代文化产业体系和市场体系不断完善，各类文化市场主体发展壮大，新型文化业态和文化消费模式层出不穷，人们的文化获得感、幸福感进一步增强，社会主义文化强国未来可期。

文化产业的快速发展带动了国内相当学术研究力量的跟进，一些科研机构和高端智库纷纷建立，学科建设和人才培养不断取得突破，"政产学研用"一体化模式日臻成熟，为文化产业发展注入了可持续的动力。2009年，为适应国家和广东文化产业发展战略，深圳大学创立文化产业研究院，经过多年发展，已经迅速成长为华南地区乃至国内外有影响力的文化产业科研机构。就我个人而言，自然也少不了对文化产业的观察与研究，前前后后发表了不少文章，但一直没有好的机会进行筛选与编辑。恰逢深圳大学文化产业研究院建院十周年之际，"深圳大学艺术学理论丛书"编撰计划提上日程，这本带有回顾性和总结性的《跨界融合与文化创新——文化产业论集》就在这样的契机下推出了。

构成本论文集的主体部分是我近十年在文化产业相关领域研究的代表性文章，其中一部分是与我的博士后、博士研究生、硕士研究生合作完成。为

◇ 跨界融合与文化创新

了更好地说明本书的主线和内容，我提炼出"跨界融合"与"文化创新"两个关键词作为本书的主标题，并稍做阐释。

首先是"跨界融合"。在新一轮科技革命的推动下，技术、创意、信息、人才、资本等生产要素跨国界、跨区域流动日益频繁，跨界融合已然成为文化产业发展的一个重要议题。尤其是数字化技术作为信息文明的关键成分和文化与科技融合发展的基础条件，不断促进文化产业业态裂变和转型升级。2011年，由我本人担任首席专家的国家社科基金重大项目"文化与科技融合创新的内在机理与战略路径研究"获批立项，"跨界融合"作为课题的一个核心关键词，吸引了我和我的团队进行了长期跟踪式研究，一些阶段性的成果选编在本书第二辑"跨界融合与文化产业"和第三辑"数字创意与新型业态"中。前者主要从宏观层面探讨文化与科技的互动关系，包括核心理论、发生机制、演进机理、模式类型、未来趋势等；后者则是前者的一个延伸，主要聚焦数字文化创意对文化业态、文化消费、文化生态、文化软实力的影响，尤其是新技术引发的新动力、新挑战、新趋势、新战略等问题。这些文章中有不少被《新华文摘》、人大《复印报刊资料》转载，产生了一定的学术影响力。为了响应国家"一带一路"倡议，凸显文化产业在实现跨区域文化合作和文化交流中所发挥的重要作用，本书还编选了第四辑"'一带一路'与文化交流"，集中探讨文化产业发展的国际化背景和跨区域发展机遇，并提出了文化产业支撑国家"一带一路"发展的耦合意义与战略路径，体现了本书的国际视野。

其次是"文化创新"。跨界融合的目的是推动文化创新。党的十八大以来，习近平总书记发表了一系列有关文化建设的重要论述，在这些重要论述当中，"文化自信"和"文化创新"是两个最为核心的概念。文化自信是更基础、更广泛、更深厚的自信，是文化创新的前提；而要树立文化自信、建设文化强国，则需要坚持走文化创新之路。文化产业与文化自信、文化创新、文化强国等互为映射、互相促进，梳理清楚它们之间的关系，显得至关重要。本书第一辑"文化自信与文化创新"就是围绕文化产业如何增强文化自信、实现创新发展展开，收录了本人发表在《人民日报》的两篇文章

序 言

以及相关的学术论文。需要补充的是，这些文章探讨的问题也是本人2018年获得的第二个国家社科基金重大项目"习近平总书记关于文化建设重要论述研究"的核心内容，既是课题前期的探索，也是未来需要深入研究的领域。另外，为了更好地说明文化创新与城市之间的关系，本书特别选编了第五辑"创意之都与未来城市"，挑选了本人近五年围绕广东建设"文化强省"和深圳打造"文化强市"进行理性建言的若干文章，内容涉及文化产业竞争力、现代文化创新体系、创新型城市与制度创新等，这些文章大多在当地媒体和报刊发表，具有一定地域性，编成一辑，也可以看作对这片改革开放热土的致敬。

如上所述，选择在这样一个特殊节点出版一本文化产业论集，既有回顾和总结的意味，也提供了一个再反思和再展望的窗口，权作引玉之砖。由于篇幅关系，一些文章未能全部收录，而一些更深入的思考还有待进一步探索。最后，要感谢本书中的合作者，这些学生有的已经在高校任职，有的在海内外攻读博士学位，还有的已经进入政府文化部门或文化企业工作。因此，这本书的出版也多添了一份师生情谊和美好回忆。

是为序。

李凤亮
2019年夏月于深圳

目 录

第一辑　文化自信与文化创新

增强文化自信　推动文化创新 …………………………………… 3
守正创新　繁荣文艺 ……………………………………………… 8
文化产业提升文化软实力的战略路径 …………………………… 16
文化创新：粤港澳大湾区建设的核心向度 ……………………… 26
文化自信与新时代文化产业的功能定位 ………………………… 43
中国文化产业创新的制度环境及优化路径 ……………………… 54

第二辑　跨界融合与文化产业

文化创意与经济增长：数字经济时代的新关系构建 …………… 71
文化与科技融合创新：演进机理与历史语境 …………………… 83
文化与科技融合创新：模式与类型 ……………………………… 99
科技背景下文化产业的业态裂变与跨界融合 …………………… 116
跨界融合：文化产业的创新发展之路 …………………………… 128
文化科技融合背景下新型旅游业态的新发展 …………………… 137

第三辑　数字创意与新型业态

数字化技术是文化创新发展的基本动力 ………………………… 159

经济"新常态"背景下文化业态创新战略 …………… 163
数字创意时代文化消费的未来 …………………………… 179
数字创意产业与国家文化软实力的提升路径 …………… 190
区块链与文化产业：数字经济的新实践与趋势 ………… 201
腾讯数字文化生态的构建逻辑与创新战略 ……………… 215

第四辑 "一带一路"与文化交流

中国文化产业发展：趋势与对策 ………………………… 223
数字创意产业对于"一带一路"跨区域嵌入的耦合意义 … 240
跨文化交流视阈中的"一带一路"文化产业合作 ……… 258
"一带一路"对文化产业发展的影响及对策 …………… 272

第五辑 创意之都与未来城市

新业态视阈下的广东文化产业竞争力研究 ……………… 289
以创新思维构建新时代广东文化体系 …………………… 304
从"文化创新"到"创新文化" ………………………… 317
改革开放 40 年深圳成功实践的文化支撑 ……………… 322
以创新思维推进深圳学派建设 …………………………… 327
深圳前海自贸区文化创新：定位与路径 ………………… 340
弘扬深圳特色的"观念文化" …………………………… 345
以增强"行业话语权"实现"创意深圳梦" …………… 351

第一辑　文化自信与文化创新

增强文化自信　推动文化创新

一　文化自信是更基础更广泛更深厚的自信

习近平同志在党的十九大报告中论及文化建设时鲜明指出，要坚定文化自信，推动社会主义文化繁荣兴盛。强调今后一段时间文化建设的目标是"坚持中国特色社会主义文化发展道路，激发全民族文化创新创造活力，建设社会主义文化强国"。"文化自信"与"文化创新"，成为党的十九大报告关于文化建设的两个"关键词"。

在2016年庆祝中国共产党成立95周年大会的重要讲话中，习近平总书记就提出"文化自信，是更基础、更广泛、更深厚的自信"。文化自信成为继道路自信、理论自信和制度自信之后，中国特色社会主义的"第四个自信"，它源于深厚绵长的中华优秀传统文化，更立足于充满改革创新精神的当代中国文化。增强文化自信，提高国家文化软实力，既是习近平总书记提出的时代课题，也关系着"两个一百年"奋斗目标和中华民族伟大复兴"中国梦"的实现。

文化自信的直观反映是一个民族的自豪感，具体则表现为一个国家的文化软实力和文化影响力。正如约瑟夫·奈所指出的，"软实力"是一种通过吸引别人而不是强制他们来达到你想达到的目的的能力，是能够影响他国意愿的无形的精神力量。美国前总统奥巴马在2013年12月参观梦工厂时曾直言不讳："娱乐是美国外交政策的一部分，而且正是这个部分让我们显得特别。"如今，以"薯片"、"芯片"和"大片"为代表的美国形象已经深入人心，而这正是文化软实力所迸发的巨大能量。

不容忽视的事实是，中国虽然有强大的文化根基和强劲的文化发展势头，但目前还只是一个文化大国而不是一个文化强国，我们文化软实力的表现与"世界第二大经济体"的地位仍然不相称。尤其是新中国成立后至改革开放初期，由于过于重视经济的发展和崇尚科技的力量，在一定程度上忽视了对精神文明的建设，导致经济与文化"两张皮"。这种长期重经济、弱文化的做法影响了国家综合实力的提升。

当今世界各种思想文化交流交融交锋更加频繁，文化在综合国力竞争中的地位和作用更加凸显，维护国家文化安全任务更加艰巨，增强国家文化软实力、中华文化国际影响力要求更加紧迫。因此，这个时代呼唤文化自信，更需要践行文化自觉，文化自觉是文化自信的基础，只有高度的文化自觉才有坚定的文化自信。近年来，我国科技的发展越来越注重人文的因素，文化与科技日益融合发展，一些科技企业的文化自觉甚至要高于文化企业本身。比如万达、腾讯、阿里巴巴、百度等，它们的触角不仅伸向了影视、动漫、游戏、网络文学等各种文化产业领域，更在世界范围内开拓文化业务，展现了中国企业应有的文化自信。

二 文化自信须突出"中国情怀"与"世界视野"

文化自信是相对"他者"而言的，如果没有"参照物"，谈文化自信就如空中楼阁，就是一个虚无缥缈的口号。中国人总是不断地叩问自己：我们为什么不自信？这种不自信虽然有近代中国积贫积弱的历史因素，但从当下观察，归根结底还是我们的文化没有真正"走出去"，没有显示出足够影响世界的力量。当"Made in China"遍布全球时，我们也曾为此感到骄傲，但是一部好莱坞的电影却让国民对西方国家心生向往。可以说，中国出口电视机却不出口电视节目的"文化赤字"现状仍然存在，不解决这个根本问题，"中国情怀"就难以在世界安放。

文化的最高境界是价值观的传递。如何传递中国声音，打造具有中国精神、中国价值、中国力量的话语体系,是当前全球化和数字化背景下摆在我国面前的重要任务。无论是"四个全面"战略布局的铺展,还是"一带一路"、人类命运共同体建设的倡议,中国内政外交中的文化底色越来越凸显,也越来越重要。如同《主流——谁将打赢全球文化战争》的作者弗雷德里克·马特尔所指出的,"文化战争每天都在发生","一笔巨大的文化交易背后都隐藏着政治"。

树立文化自信既要保持"大国风范",也要有"开放格局";既要立足国内,也要保持与世界接轨。党的十九大报告提出,社会主义核心价值观建设要"不忘本来、吸收外来、面向未来",体现出一种高度自信的开放型文化观。"中国情怀"不是故步自封,一味地孤芳自赏,眼里只有孔子、功夫、汉字和京剧;"世界视野"也不是主次不分,眉毛胡子一把抓,只要是"国粹"都往外送。我们要时刻反思究竟哪些文化"走出去"才能够真正帮助我们树立文化自信。否则走出去的多,走进心里的少;送出去的多,主动吸收的少;总量很多,留下深刻印象的少。甚至像"二人转"遭美国华人抵制的笑柄还会出现。我们缺少的不是形式,而是缺少真正能把价值观潜移默化、使之在世界流行的精品。

三 建设文化强国须坚持走文化创新之路

习近平同志在十九大报告中提出,要坚定实施科教兴国战略、人才强国战略、创新驱动发展战略、乡村振兴战略、区域协调发展战略、可持续发展战略、军民融合发展战略,突出抓重点、补短板、强弱项。文化建设也要走创新发展之路。

党的十八届五中全会上提出了"创新、协调、绿色、开放、共享"的五大发展理念,并将创新置于首位。这是习近平总书记治国理政新思想在发展理念上的集中体现和概括,是对中国特色社会主义建设实践的深刻总结,也是对中国特色社会主义发展理论内涵的丰富和提升,是习近平新时代中国特色社会主义思想的重要内容。文化创新作为国家创新驱动发展的题中之义，是坚定文化自信、增强文化自觉、加快文化改革发展的重要组成部分。目前，推动文化创新已经成为我国各省份文化建设的重中之重。例如北京的海淀区、上海的浦东区、杭州的滨江区、广州的天河区、深圳的南山区等都已发展成为国内颇具创新特色的文化科技强区，对外展示出一张张崭新的区域文化名片。

广东省早在2009年就提出了建设"文化强省"的发展目标，近年来不断坚持创新发展，无论是理论启示还是实践经验方面都取得了令人瞩目的成绩，积累了许多宝贵的经验。尤其是广州、深圳作为全国经济发达城市，逐渐走出了一条敢闯敢试、富有特色的文化创新之路。对于未来，我们在树立文化自信时理应做到以下三个方面。

第一，始终以现代意识激活传统文化活力。处理传统与现代的关系是一个永恒的命题。正如习近平总书记指出的，"抛弃传统、丢掉根本，就等于割断了自己的精神命脉"；要"深入挖掘中华优秀传统文化蕴含的思想观念、人文精神、道德规范，结合时代要求继承创新，让中华文化展现出永久魅力和时代风采"。我们既要传承弘扬优秀传统文化、革命文化，又要用时代精神推动中华文化现代化。例如，面对精美绝伦的中华艺术瑰宝，深圳雅昌集团就探索出了独特的"印刷＋互联网＋IT技术服务"商业模式。我想其最宝贵的不是那一面长50米、高30米的全球最大艺术书墙和揽尽世界各种荣誉，而是用现代科技手段激活了的庞大的艺术精品数据库，以及用产品和服务征服全球所发出的"中国声音"。

第二，始终以文化科技融合催生新兴数字创意业态。2016年12月，数字创意产业被确定为我国"十三五"期间五大新支柱产业之一。可以预见，未来五到十年我们会迎来下一个数字业态创新的引爆点，科技对文化创新的支撑作用会越来越明显。在十九大报告中，习近平同志用了39个字部署今后的文化产业发展："健全现代文化产业体系和市场体系，创新生产经营机制，完善文化经济政策，培育新型文化业态。"深圳华强集团是国内最早提出"文化＋科技"发展理念的企业，如今已经发展成为全国文化科技型企业的"典范"。而"文化＋科技"不仅是深圳文化产业发展的典型模式，更是广东乃至全国文化创新的宝贵经验。此外，如广州的励丰科技、奥飞动漫、原创动力，深圳的腾讯、环球数码、A8音乐、大疆创新等都是文化科技融合实践的行业佼佼者。

第三，始终以跨界融合思维推动文化传播升级。跨界是当今社会、经济、文化发展最重要的特征之一，表现为跨产业、跨门类、跨地域、跨要素和跨文化等多重跨界。文化传播不能拘泥于政治宣传和道德说教，而要更新思维，以跨界融合和喜闻乐见的流行样式去抓住年青一代。例如，《我在故宫修文物》一经播出就吸引了大量90后观众，过去文物修复师面临传承难题，如今却因为一部纪录片吸引了几万名年轻人报名。由深圳历经六年精心打造、创意演绎的大型儒家文化合唱交响乐《人文颂》，就巧借西方交响乐的形式与表现手法，诠释了儒家文化"仁""义""礼""智""信"的核心价值观念，受到海内外观众广泛赞誉。这些都是通过跨界思维创新文化传播方式的成功例证。

总之，增强文化自信，就是要以文化创新来推动创新发展和社会主义文化强国建设。通过弘扬创新文化，激发创新激情，增强创新活力，培育创新队伍，讲好每一个中国故事，让世界倾听中国的声音。

（原载《中国文化报》2017年11月16日）

守正创新　繁荣文艺

1942年5月，毛泽东同志主持召开了有文艺工作者、中央各部门负责人共100多人参加的延安文艺座谈会并发表重要讲话，讲话稿全文时隔1年后公开发表。时隔72年即2014年10月15日，习近平同志在北京主持召开文艺工作座谈会并发表重要讲话，讲话稿全文同样时隔1年后公开发表。两次文艺座谈会讲话都由党的最高领导人主持，并都是时隔1年后发表，意味深长。"文章合为时而著，歌诗合为事而作"，细究起来，两次文艺座谈会尽管召开时代背景不同，但主旨一脉相承。如果说毛泽东同志延安文艺座谈会讲话是马克思主义指导中国伟大革命实践过程中形成的马克思主义文艺观，那么习近平同志北京文艺工作座谈会讲话则是马克思主义指导中华民族实现伟大复兴探索过程中形成的马克思主义新文艺观，是马克思主义文艺理论发展的最新成果。习近平同志北京文艺座谈会讲话，守正创新，即在辩证批判继承古今中外优秀文艺理论成果基础上，结合时代任务提出了许多富有创见的新思想新要求，为文艺发展与繁荣指引了新的方向。

一　秉承以人民大众为本位的文艺发展导向

两次文艺座谈会都是"应时而为"的产物。在延安文艺座谈会上，所面临的主要问题是处理好文艺工作和一般革命工作的关系即文艺与政治关系，"求得革命文艺的正确发展，求得革命文艺对其他革命工作的更好的协助，借以打倒我们民族的敌人，完成民族解放的任务"。座谈会召开前的延安文艺界，不少文艺创作者在思想上小资产阶级自由主义、宗派主义突出；

在行动上严重脱离实际、脱离群众，只把注意力放在研究与描写知识分子上面，而不愿意接触工农兵。简言之，延安文艺座谈会之前，文艺创作者与文艺作品注意力还没有真正集中于工农兵，还没有把文化很好地转化为革命力量，枪杆子与笔杆子尚未亲密地联合起来，文艺的发展导向脱离最广大人民大众革命实践的轨迹。这样，召开延安文艺座谈会就具有历史必然性。时隔72年的北京文艺座谈会，所要解决的主要问题是处理好市场化语境下文艺工作与实现中华民族伟大复兴的关系，"今天，我们比历史上任何时期都更接近中华民族伟大复兴的目标，比历史上任何时期都更有信心、有能力实现这个目标。而实现这个目标，必须高度重视和充分发挥文艺和文艺工作者的重要作用"。改革开放以来，一些文艺创作者缺乏水滴石穿、十年磨一剑的韧性，喜好颠覆真善美、热衷表扬假恶丑，只写一己悲欢、杯水风波，脱离大众、脱离现实，文艺生命力逐渐被金钱腐蚀。一言以蔽之，改革开放以来，广大文艺工作者在市场经济大潮中迷失了方向，在为什么人的问题上产生偏差，没有处理好文艺发展与市场的关系，文艺发展导向以金钱为本位逐渐替代以人民为本位。因此，召开北京文艺座谈会，恰逢其时。

文艺发展导向应以人民为本位。坚持文艺人民本位发展导向是马克思主义文艺理论的一个核心内容，它必然随着时代的发展而遭遇新的挑战，并在实践推动下不断丰富自身内涵。在延安时期，坚持文艺的人民本位，就是服务好当时最广大的革命人民大众。什么是人民大众呢？毛泽东同志是这样说的："最广大的人民，占全人口百分之九十以上的人民，是工人、农民、兵士和城市小资产阶级。所以我们的文艺，第一是为工人的，这是领导革命的阶级。第二是为农民的，他们是革命中最广大最坚决的同盟军。第三是为武装起来了的工人农民即八路军、新四军和其他人民武装队伍的，这是革命战争的主力。第四是为城市小资产阶级劳动群众和知识分子的，他们也是革命的同盟者，他们是能够长期地和我们合作的。这四种人，就是中华民族的最大部分，就是最广大的人民大众。"延安时期，坚持文艺人民本位就是要坚持文艺服务于最广大人民大众的革命实践。

改革开放至今，坚持文艺的人民本位发展导向得到党和国家领导人继承

◇跨界融合与文化创新

与发扬。邓小平同志指出，"我们的文艺属于人民"，"人民是文艺工作者的母亲"。江泽民同志要求广大文艺工作者"在人民的历史创造中进行艺术的创造，在人民的进步中造就艺术的进步"。胡锦涛同志强调："只有把人民放在心中最高位置，永远同人民在一起，坚持以人民为中心的创作导向，艺术之树才能常青。"人民既是历史的创造者，也是历史的见证者，既是历史的"剧中人"，也是历史的"剧作者"。习近平同志在北京文艺座谈会上精辟指出："文艺要反映好人民心声，就要坚持为人民服务、为社会主义服务这个根本方向。这是党对文艺战线提出的一项基本要求，也是决定我国文艺事业前途命运的关键。只有牢固树立马克思主义文艺观，真正做到了以人民为中心，文艺才能发挥最大正能量。以人民为中心，就是要把满足人民精神文化需求作为文艺和文艺工作的出发点和落脚点，把人民作为文艺表现的主体，把人民作为文艺审美的鉴赏家和评判者，把为人民服务作为文艺工作者的天职。"在此基础上，习近平同志就文艺发展的人民本位导向从三个方面进行了辩证分析：人民需要艺术，"人民的需要是文艺存在的根本价值所在"；文艺需要人民，"人民是文艺创作的源头活水"；文艺要热爱人民，文艺要经得起人民检验。

就当下而言，坚持文艺发展的人民本位导向，关键是处理好文艺与市场的关系。习近平同志在北京文艺座谈会上指出："最好是既能在思想上、艺术上取得成功，又能在市场上受到欢迎。要坚守文艺的审美理想、保持文艺的独立价值，合理设置反映市场接受程度的发行量、收视率、点击率、票房收入等量化指标，既不能忽视和否定这些指标，又不能把这些指标绝对化，被市场牵着鼻子走。"也就是说，文艺的正确发展，始终要坚持文艺的思想性与艺术性，坚守文艺审美理想与保持文艺的独立价值，以人民为本位，而非以市场或金钱为本位。

总之，无论是延安文艺座谈会还是北京文艺座谈会，尽管时代使命各异，但文艺的正确发展导向始终应坚持人民本位，这也是马克思主义唯物史观在文艺领域的一脉相承、创新发展，体现了党的新领导集体既有深厚的马克思主义理论修养，又有真情真意为广大人民谋福祉的家国情怀。

二　遵循文艺创作规律，推动作品不断创新

习近平同志在北京文艺座谈会上的讲话中提出"努力创作更多无愧于时代的优秀作品"的要求，殷切希望文艺工作者以文艺更好地扬中国之精神、感国运之变化、发时代之先声、兴民族之伟业。"文变染乎世情，兴废系乎时序"，文艺创新最能体现时代的现实，最能反映时代的风貌，最能引领时代的风气。改革开放以来，我国文艺创新园地百花竞放、硕果累累，呈现繁荣发展的生动景象。然而也不可否认，文艺创作在一定程度上还存在有数量、缺质量，有高原、缺高峰的现象。"诗文随世运，无日不趋新。"创新是文艺的生命。习近平同志在北京文艺座谈会讲话中提出："要把创新精神贯穿文艺创作生产全过程，增强文艺原创能力。"

一要关注现实。"问渠那得清如许？为有源头活水来。""人民是文艺创作的源头活水"，习近平同志在北京文艺座谈会上要求文艺工作者"虚心向人民学习、向生活学习，从人民的伟大实践和丰富多彩的生活中汲取营养，不断进行生活和艺术的积累，不断进行美的发现和美的创造"。从人民现实生活中汲取诗情画意，用人民群众创造历史的奋发精神来哺育人民，这是文艺创新发达的根本路径。对一位文艺工作者来说，如果脱离了关注人民，将永远失去创作灵感，剩下的将只是虚妄之语的存在。正是在这个意义上，习近平同志强调："一旦离开人民，文艺就会变成无根的浮萍、无病的呻吟、无魂的躯壳。"

二要耐得住寂寞。创作思想精深、艺术精湛、制作精良的文艺作品，广大文艺创作者必须克服浮躁心理，要沉得住气节、留得住风骨、守得住底线、耐得住寂寞。习近平总书记指出："古往今来，文艺巨制无不是厚积薄发的结晶，文艺魅力无不是内在充实的显现。凡是传世之作、千古名篇，必然是笃定恒心、倾注心血的作品。"优秀文艺创作过程也是创作者与人民一同体验艺术审美、情感抒发、心灵震撼、思想启迪、道德升华的渐进、渐悟、渐成过程。这个过程需要理想信念和精神力量的支撑，要有"望尽天

涯路"的追求，耐得住"昨夜西风凋碧树"的清冷和"独上高楼"的寂寞，最终得到"蓦然回首，那人却在，灯火阑珊处"的领悟。

三要弘扬主旋律。正如习近平总书记所引言，"凡作传世之文者，必先有可以传世之心"。广大文艺工作者要高扬社会主义核心价值观的旗帜，把爱国主义作为文艺创作的主旋律，增强做中国人的骨气和底气。爱国主义是社会主义核心价值观的核心内容，也是中华民族实现伟大复兴最大的动力源泉，更是文艺不断创新的主题。如今文艺界确有些回避高尚价值追求、盲目照搬西方等现象，如果广大文艺工作者不去弘扬主旋律，人民在文艺作品中就无法享受真善美的熏陶，国家的文艺发展也将走入一个褊狭的歧路。

"国运兴，则文运兴"，优秀的文艺作品，承载人民的生活、情感和梦想，标识民族的思想深度、文化厚度和精神高度。中华民族正行走在全面建成小康社会、实现民族复兴中国梦的征程上，这也是我国文艺创新发展的难得机遇。正如习近平同志所说："只要中华民族一代接着一代追求真善美的道德境界，我们的民族就永远健康向上、永远充满希望。""我们当代文艺更要把爱国主义作为文艺创作的主旋律，引导人民树立和坚持正确的历史观、民族观、国家观、文化观，增强做中国人的骨气和底气。"

三 发挥文艺评论功能，促进文艺健康发展

文艺评论是一定的世界观和方法论在文艺批评领域的运用和体现。在延安文艺座谈会上，毛泽东同志利用辩证唯物主义动机和效果相统一的观点，深刻地指出："立场是对的，心是好的，意思是懂得的，只是表现不好，结果反而起了坏作用。"文艺的健康发展，离不开文艺评论。改革开放以来，一些文艺评论家洋而不化，盲目吹捧只有西方的文艺作品先进、高明，以西方文艺理论为标准，裁剪中国文艺审美，度量中国文艺创作，阐释中国文艺实践，存在"强制阐释""过度阐释"的现象。一些文艺评论家，不是从历史的、美学的立场出发，而是从金钱的、商业的立场出发，以点击率、收视率、销售量等为依据，信奉"红包厚度等于评论高度"，用商业标准取代艺

术标准。一些文艺评论家面对低级趣味、低俗下流、低等品味的作品噤若寒蝉，并深陷"人情批评""圈子批评""红包批评"等流弊。针对当前文艺批评存在的问题，习近平同志在北京文艺座谈会上一针见血地指出，"文艺批评褒贬甄别功能弱化，缺乏战斗力说服力，不利于文艺的健康发展"；"批评家要做'剜烂苹果'的工作"。

如何甄别真正优秀的文艺作品，做好"剜烂苹果"的工作，把伪劣的文艺作品剜掉？习近平同志在北京文艺座谈会上殷切提出："要高度重视和切实加强文艺评论工作，运用历史的、人民的、艺术的、美学的观点评判和鉴赏作品，倡导说真话、讲道理，营造开展文艺批评的良好氛围。"恩格斯在1859年《致斐·拉萨尔》一文中曾讲过文艺批评要坚持美学的和历史的观点，这次习近平同志在讲话中提到"运用历史的、人民的、艺术的、美学的观点评判和鉴赏作品"，是对马克思主义文艺批评方法的继承和发展。增加"人民的、艺术的"文艺评论思想，更加强调了文艺评论的人民性、艺术性。把文艺作品放在特定的历史河流中，看它是否为广大人民所喜闻乐见，还要看它是否具有艺术的和美学的感召力。中华民族历史悠久，文艺作为观照国运世情、百姓生活的产物，成就光辉灿烂。对文艺作品进行评论，广大文艺工作者必须以中华民族的审美习惯和审美规律为标准，将其放进历史语境，坚持文艺评论人民性标准和艺术性标准的辩证统一。同时，广大文艺工作者既要以开放胸襟广泛吸收人类一切文明成果，借鉴外来文艺一切有益的精华，又要与中国优秀文化传统和当前文艺发展实际融会贯通，建构一种具有中国风骨、民族特色和时代精神、求真务实的文艺评论体系，以此发挥文艺评论促进文艺健康发展应有功能。

四　坚定文化自信，推动文化创新

习近平总书记关于文艺发展和文化创新的思想，体现在其一系列重要论述当中。如果要从中提炼出核心的关键词，则"文化自信"与"文化创新"最为显著。2018年8月21日，在全国宣传思想工作会议的讲话中，习近平总

◇ 跨界融合与文化创新

书记用九个"坚持",总结党的十八大以来在宣传思想工作中的成功经验。贯穿习近平总书记关于文化建设重要论述的一个本质特征,就是"创新"。

首先是坚守文化创新立场。创新始终是推动一个国家、一个民族向前发展的重要力量。党的十九大报告强调"创新是引领发展的第一动力",要"加快建设创新型国家"。"创新"作为五大发展理念之首,不仅指导了我们的经济转型、社会治理转型,突出应用在科技发展变革中,更深刻地显现在我们对于文化发展的态度上。总书记指出,要坚持中国特色社会主义文化发展道路,激发全民族文化创新创造活力,建设社会主义文化强国。他多次强调,对于中华优秀传统文化,要始终坚持"创造性转化、创新性发展",这些都深刻显现出一种创新型、发展论的文化观。

其次是构建文化创新体系。习近平总书记关于文化创新的重要论述涵盖面广,思想深刻,不论是从战略上建设具有强大凝聚力和引领力的社会主义意识形态,还是从战术上大力传播社会主义核心价值观、完善公共文化服务体系、推动文化产业高质量发展、培育新型文化业态和文化消费模式、传承发展好中华优秀传统文化、讲好中国故事、提升中华文化国际影响力,总书记时时处处都强调从创新入手,出创新成效,已形成了较为系统的文化创新思想。

最后是构建文化创新生态。这里面既包括全面加强党对宣传思想文化工作的领导,也包括充分发挥思想文化战线、高校科研院所、企事业单位、其他社会力量等各类文化创新主体的积极作用,深化文化体制改革,激发全社会文化创新创造活力,聚合起推动文化创新、实现社会主义文化繁荣兴盛的磅礴力量,为实现中华民族文化伟大复兴的"中国梦"提供源源不竭的精神动力。

一言以蔽之,文艺发展的正确导向应以广大"人民"为本位,而非以"人民币"为中心;文艺创新要遵循文艺创作规律,文艺作品才会既有"高原"又有"高峰";文艺评论家要运用历史的、人民的、艺术的、美学的观点评判和鉴赏文艺作品,对坏的文艺作品既要有"棒杀"骨气又要有自觉抵制"捧杀"的勇气。文艺界应以习近平同志北京文艺座谈会讲话精神为引领，坚持真理以守正，开拓发展求创新，潜心聚气，创作更多"有正能量、有感染力，能够温润心灵、启迪心智，传得开、留得下，为人民群众所喜爱"的优秀作品，努力书写中国文艺发展的新篇章。

（原载《人民日报》2016年11月22日，发表时略有删节。全文以《守正创新　繁荣文艺》为题发表在《艺术教育》2018年第24期）

文化产业提升文化软实力的战略路径

21世纪,文化软实力越来越成为衡量国家或地区发展的一个重要指标。党的十七届六中全会高屋建瓴地指出:"文化在综合国力竞争中的地位和作用更加凸显,维护国家文化安全任务更加艰巨,增强国家文化软实力、中华文化国际影响力要求更加紧迫。"实现提升文化软实力的宏大愿景,本质上来说,就是实现中华文化向世界范围传播。然而,文化传播的特点是间接的、隐性的、潜在的,恰似"随风潜入夜,润物细无声"。在消费社会中,文化产业的发展无疑是文化传播的重要途径,是社会主义文化大发展大繁荣的重要载体。从文化与产业化搭配的不同方式来看,文化产业可以分为两大类,第一类是纯艺术的产业,即艺术品产业。艺术品从实用性中脱离出来,主要以艺术之美获得其价值,而艺术品产业的发展对中国文化走向全球做出了重要的贡献,比如齐白石、吴冠中、张晓刚、曾梵志等画家,带有中国艺术特色的作品屡屡被苏富比等国际拍卖行高价拍卖,引起世界范围内的关注。第二类是附加艺术的产业,主要是设计产业,也包括广告、建筑等。设计产品最初的属性体现在物品的实用性上,其后进行美的设计"加工",增强产品的时尚、品牌等属性,从而把产品的实用性转移到体验性上。由于产品蕴含的设计理念带着鲜明的价值观和浓郁的民族特色,其产品在全球的销售起到了文化传播的重要作用,也是提升文化软实力的重要途径。

然而,不论是纯艺术的文化产业,还是附加艺术的文化产业,目前在我国的现状是核心文化内容输入远远大于输出,从文化安全的角度来讲,这种现状值得政府、业界、学者警惕。制约我国文化产业为提升文化软实力做贡献的因素不一而足,在笔者看来,产品内容方面中国元素挖掘不足,传播方式方面与科技融合度偏低，产业环境方面配套政策体系尚不完善，是目前亟待解决的几个问题。努力克服以上不足，中国文化产业才能走得坚实，为文化软实力的提升、社会主义文化大发展大繁荣做出更大的贡献。

一 丰富文化产业内容，体现"中国风格"与"中国气派"

改革开放以来，尤其是加入 WTO 之后，中国国门打开，东洋、西洋的文化产品像潮水一样涌入中国境内，这为丰富我国人民的文化生活做出了较大贡献，同时也对中国文化事业的发展形成了严峻挑战。"80 后""90 后"中的不少人在日本动漫的影响下成长起来，日本风格动漫在中国有大量的忠实拥趸。曾经有人做过调查，在青少年最喜爱的动漫作品中，日本韩国动漫占 60%，欧美动漫占 29%，中国内地和港台地区原创动漫的比例仅有 11%。[①] 由于日本动漫的消费群体庞大，中国动漫产业似乎已经主动放弃了中国风格原创化的道路，选择了亦步亦趋模仿日本动漫的路径，最近一部中国国产动画《高铁侠》就被指在人物、剧情等方面涉嫌抄袭日本动漫《铁胆火车侠》，有人戏谑称这种国产动画为"日本山寨动画片"。如果回顾一下历史，或许会让国内从业者汗颜，其实日本的漫画风格与江户时代的浮世绘渊源极深，而浮世绘又受到从中国明朝传入的绘本小说的巨大影响。

深圳关山月美术馆副馆长颜为昕在讨论设计的崇洋化时写道："我们在一味崇拜、模仿甚至山寨国外设计与创意的同时，却没有好好思考、发掘自我、文化、传统的精彩，一味强调与国际接轨、膨胀、规模与速度而忽略我们自身，使得许多非常好的本土设计常常变成'灯下黑'。"[②] 对发展自身文化的不自信，对文化产业创意内容本土化的不重视，已经成为我国文化软实力提升的瓶颈。

---

① 张晓明、胡惠林、章建刚主编《2009 年中国文化产业发展报告》，社会科学文献出版社，2009。
② 颜为昕：《外来和尚好念经?》，《晶报》2011 年 6 月 20 日。

◇ 跨界融合与文化创新

中华文化博大精深，文化宝库资源丰富，具有十分巨大的开采潜力，比如《山海经》《吴越春秋》《搜神记》《西游记》《封神演义》《镜花缘》《聊斋志异》等著作及其他一些绚烂多彩的民间故事。其中，先秦神话文学的鼻祖《山海经》不光给道家文化提供了非常丰富的想象空间，其中许多形象经过糅合也形成了《西游记》中哪吒三头六臂的形象，而今天正源源不断创造巨大价值的"孙悟空"就来自上古神话中的无支祁形象。由于《西游记》展现了中华文化丰富的想象力，明清的时候就传到了日本，至今的日本人都喜欢阅读《西游记》等古典名著。要提升文化软实力，中国古典文学向世界的传播是很有借鉴意义的。那么，应该采取什么样的策略和方式，实现中国传统文化向当代文化产业的转化，借此提升中国文化软实力呢？

首先，在对传统文化想象力做到融会贯通的同时，文化产业界应着力寻找新的创意点。就文化产业而言，最宝贵、最有价值、最具备多重传播可能性的是创意点，同一个创意点可以在不同的领域形成多种衍生品，比如一个卡通形象的故事可以以漫画书、动漫电影、儿童生活用品等多种不同的方式呈现，创造价值。近年来，我国电影电视业形成了一股翻拍古典名著的热潮，表面上看，这是对中国传统文化的尊重和主动挖掘，然而从根本上来讲，很多挖掘是缺少当代创造性的，因为其中的创意点仍然来自古人的智慧，我们只不过施行了"再利用"的低端处理策略。

提升我国文化软实力，不宜对传统文化资源进行莽撞粗糙的掠夺式开发，不宜单纯按照市场卖点的需求进行各种文化元素简单的叠加组合，不宜以国外文化产业的成功为标杆进行发展模式上的模仿，不宜在对市场粗浅理解的基础上以完全迎合市场需求为出发点进行产品设计。

文化产品并非消费者的生活必需品，消费者实际需要的是期待视野之外层出不穷的创意"惊喜"。所以，提升中国文化软实力，凝聚中国文化向心力，应该树立创新意识和本土意识，以传统文化为灵感源泉，以寻找创意点为产业发展的核心思路，通过产业化、市场化的运作，实现中华文化内容走向世界的宏大愿景。奥运会、世博会、大运会等一系列盛会的文艺活动充分展现了中国人的创意能力，特别是把中国传统文化与现代科学技术完美融合的奥运会开幕式，更是给"中国式创意"起到了很好的示范作用。

其次，增强文化自信心，架设传统与现代对接的桥梁纽带。前不久，中共中央政治局常委李长春在吉林调研时强调，"要以高度的文化自觉和文化自信推进文化改革发展"。提升文化软实力，需要对自身文化充满信心，开发出饱含中国人文精神的文化产品。在欧美、日韩等国外强势文化向中国"倾销"的时代背景下，要肯定自身所取得的一系列优异成绩，正视自身不足之处，以自身文化的独特以及创意的新颖吸引消费者注目。以水墨动画为例，与日本动漫大行其道形成鲜明对比的是，中国水墨动画几乎销声匿迹。1960年，上海美术电影制片厂推出了全世界第一部水墨动画片《小蝌蚪找妈妈》，一经问世便轰动世界，自此到80年代水墨动画一直占据着中国动画的"荧屏"。同时，中国传统的折纸、剪纸等技艺也都运用到了中国动画片当中，比如上海美术电影制片厂在80年代中叶推出的《葫芦娃》《黑猫警长》等动画片就风靡一时，已经成为"70后""80后"的集体记忆。上海美术电影制片厂许多影片都享有国际声誉，先后荣获柏林国际电影节"银熊奖"等一系列奖项。这不禁让人反思，传统动画缘何在动漫市场竞争的风口浪尖倒了下去？其中首要原因恐怕是对自身的文化缺乏自信，在文化市场竞争的大浪淘沙中迷失了方向；其次是缺乏既能符合水墨动画技术要求，又符合现代精神的题材故事；还有就是缺少将传统水墨动画与前沿动画发展相结合的意识和技术能力。这是中国动画产业为提升文化软实力做贡献遇到的最大瓶颈，类似的问题在其他文化产业门类也依然存在。

二　文化与科技融合发展，提升文化软实力水平

文化软实力的提升离不开新的载体和渠道，文化科技融合将是其中关键的一环。早在2007年10月的中国共产党第十七次全国代表大会上，胡锦涛同志在报告中特别指出要"运用高新技术创新文化生产方式，培育新的文化业态，加快构建传输快捷、覆盖广泛的文化传播体系"。中共十七届六中全会强调："加快发展文化产业，必须构建结构合理、门类齐全、科技含量

高、富有创意、竞争力强的现代文化产业体系。""科技创新是文化发展的重要引擎。要发挥文化和科技相互促进的作用,深入实施科技带动战略,增强自主创新能力。"这些论断从国家政策的高度指明了文化科技融合与实现国家文化战略、提升国家文化软实力之间的密切关系。

文化与科技的关系始终是辩证统一的,一方面文化能够潜移默化地为科技发展起到积极的推动作用,比如文化的想象力对科技发展的启蒙;另一方面,科学技术也能塑造出全新的文化形态,而且科技文化本身也是文化软实力的重要组成部分。印刷术、照相、电影、电视等技术的发明曾经改变了人们的审美方式。同时,科学技术还改变了文化产品的传播方式,现代印刷技术的发展催生了报纸新闻媒体,计算机技术与信息技术的发展一直对动漫产业的发展水平起到相当的支配作用,特别是互联网数字时代的来临,对于整个文化产业链条的塑造和构成具有不可替代的推动作用。科技与文化的融合必将为文化产业的大发展、大繁荣注入新的力量。

我国文化产业发展与高新科技关系的呈现,基本做到了与发达国家的文化产业发展特征合拍。文化与科技融合近年来取得了快速发展,但仍存在不足,从文化发展尤其是文化产业发展的主要环节看,目前文化科技融合的问题主要有以下三个方面。(1) 文化生产以跟随复制国外技术为主,内容创意技术更新不足、结合不紧,处于全球文化产业的末端。部分企业科技意识不强,面临淘汰。大多追随国外技术,引进、应用、模仿比较快,内容原创与技术更新不足,贴牌生产(OEM)较多,自主品牌(OBM)不强,多处于文化科技融合链条的末端。体制(地区行业壁垒)、机制(关键技术联合攻关)、资金(风投)、人才(激励、团队)甚至教育(创新能力)的欠缺,导致国内外企业文化科技融合起步相近,但差距较大。(2) 文化产品抓不住新一代青少年,失去"70 后"的大多数受众,将消费习惯和市场全交给了以好莱坞为代表的西方文化。新一代青少年在新的科技条件下形成了独特的文化体验和消费习惯,对这一文化消费群体了解不深,片面迎合其浅层次文化消费体验;虽然技术成熟,但文化原创不足,导致躯壳强大、灵魂薄弱的不平衡状态;要么是文化内涵丰富,但技术形式与传播手段落后,导致产品形态原始，传播性与影响力弱；还有就是文化与科技融合的"两张皮"现象，难以借助有效传播形成深层次的文化认同。(3) 文化管理中的条块分割导致部门和行业协同不足，粗放经济发展模式致使政府打造公共文化科技平台缺位，尚未找到文化科技融合的准确路径。政府对文化产业的引导、扶持、调控、保护、服务等功能尚未完全发挥，呈现"公共文化科技平台"打造不力，文化科技融合资金不足，人才欠缺，"共性技术"研究不够，"文化技术标准"需要制定，相关市场规则有待确立，文化科技知识产权保护尚无专门法规等问题。

与社会主义文化大发展大繁荣的要求相比，与人民群众日益增长的文化消费需求相比，与中华文化"走出去"的历史使命相比，我国文化与科技融合近年虽有长足进步，但其意识、深度、广度及方式都还存在很大的发展空间。如何实现"让文化插上科技的翅膀""让科技具有文化的含量"，使"创意"与"创新"完美融合，是未来发展的方向和难点。

第一，加强新技术新媒体在传统文化产业中的应用。随着网络媒体的兴起，国内外的报纸业发行量、广告收益出现下滑，面临衰退的危机。新媒体却异军突起，处于突飞猛进的发展初期。根据上海交通大学舆情研究实验室发布的《2010中国微博年度报告》，截至2010年10月，中国微博服务的访问用户规模已达到12521.7万人，微博时代的到来使"人人都变成了媒体人"，它改变了过去报纸、电视从点到面的传播方式，直接实现了从面到面的信息"扁平化"传播。同时，在优酷、土豆等网络视频媒体的冲击下，许多传统电视媒体都开始经营互动电视（IPTV）的新模式。这些新媒体被誉为除报刊、户外、广播、电视四大传统意义上的媒体之外的第五媒体，是数字化科技时代的集中反映，表明了科学技术的发展越来越趋向于大众化，越来越起到推动大众文化消费升级的作用。

目前，传统文化产业所支撑的文化内容仍然是我国文化软实力的重要组成部分，传统文化产业要实现顺利转型，就要与新技术新媒体联姻，探索新的传播渠道，拓宽传统文化产业经营的链条。我国非物质文化遗产是我们现成的文化资源，其中所蕴含的创意思想具有巨大的开发利用潜力。长期以

◇ 跨界融合与文化创新

来,我国政府非常重视非物质文化遗产的保护,党的十六大报告明确提出要扶持对重要文化遗产和优秀民间艺术的保护工作。政府还制定了一系列民间传统文化保护的法律法规,形成了行政保护与民事保护相辅相成的机制。然而,对于非物质文化遗产的保护不能仅仅停留在为保护而保护的发展水平,最好的保护方式应该是对其进行合理的开发利用。我们首先要解放思想、实事求是,始终保有敬畏之心,对非物质文化遗产进行沉着、审慎的开发利用,要以"文化+旅游"的方式奠定目前发展的基础,以"文化+科技"的思路寻找未来发展的突破口,特别是要利用新媒体技术,让非物质文化遗产焕发新的光彩,从而把我国非物质文化遗产价值内核中所暗含的优秀传统文化思想,推向世界,大放异彩。比如,非物质文化遗产相关人及单位应该加强资源整合的力度,与新媒体单位、机构形成战略合作关系,通过互联网、移动电视、手机等传播媒介策划推动民间的戏曲、技艺、绝活等表演艺术产业的发展。

第二,借助科技力量,推动现代文化产业传播经营渠道的转型升级,为我国文化软实力注入新鲜血液。现代文化产业的内容都是由现代科学技术的发展催生的,文化的产业化趋势是与现代化一脉相承的,其从生产到传播再到消费的市场化、产业化运作的渠道都在随着科学技术的进步不断做出调整,以求实现利益的最大化。

目前,在中国大陆,文化产业的内容趋于欧美化、日韩化,但是作为为文化软实力发力的文化产业的实现渠道却还没有完全形成现代化、科技化的发展态势,与欧美国家相去甚远。就拿电视剧产业来说,美国电视剧的产业化发展早已摸索出了一条投资安全度高、运作程序科学的生产模式。特别值得一提的是,美剧会对目标受众群体进行市场调查,并对调查结果进行细致入微的定量分析,从而确定编剧故事的题材乃至演员的人选等。美剧播出的每一集都会有专门的权威调查机构(如尼尔森公司)负责调查收视率,电视台等就根据收视率来确定是否拍摄续集等,备受青睐的《绝望主妇》可以拍到第七季,而一些收视率低的电视剧就会迅速"夭折"。美剧就是通过如此精确的统计学方法,使创意资源得到最大化利用,使电视剧的投资实现最大化回报。也正是这种科学的方法,他们从美国大众群体中挖掘渗透美国精神的电视剧,缔造了扣人心弦、跌宕起伏的故事。于是,像《越狱》这样的故事就使许多中国人通过互联网一集一集地追看,而在这一过程中,美国电视剧产业成功地输出了美国价值观,成为美国文化软实力向中国"倾销"的平台。

近年来,网络视频业兴起,由于突破了播出时间上的限制,优酷网、土豆网等网站已经开始抢占电视产业的资源,有的地方台主动办起了网上视频,有的电视节目与大型视频网站开展合作,把电视节目搬到了网上,甚至有的节目的网络点击率之高已经开始威胁到其收视率。而且,现在已经出现了一些随数字化而生的网络视频节目,其优点是比电视节目灵活性更强,但是专业化程度有所欠缺,目前的发展也比较稚嫩。

深圳的 A8 音乐集团是一个适应数字化传播特点的文化产业成功案例,其旗下的 A8 音乐网与中国移动合作,成为最早的可以通过手机下载铃声的网站,之后 A8 音乐网迅速成为原创音乐的互动平台,走上了"文化+科技"之路。另外 A8 音乐网还致力于正版数字音乐的出版模式,并在探索的道路上获得了巨大的成功,形成了新的产业格局,几乎改变了传统的音乐消费模式。

三 优化完善文化产业法律政策体系,形成保障软实力成长的政策生态

创意经济日益成为我国社会主义市场经济体系的重要组成部分,其发展亟待政府加强公共服务,完善与之适应的法律政策体系。单从政策的角度来看,根据大卫·赫斯蒙德夫在《文化产业》中的论述,我们知道欧美的文化产业起初也经历了较为严格的管控时期,如广播电视业一开始是作为提供公共服务的文化事业而存在的,到了 20 世纪 80 年代,西方的新自由主义兴起,同时为了摆脱经济衰退的困境,文化事业才开始变得更加市场化。[①] 而 21

---

① 〔英〕大卫·赫斯蒙德夫:《文化产业》,张菲娜译,中国人民大学出版社,2007,第 123~135 页。

◇ 跨界融合与文化创新

世纪以来，我国加大了文化事业改革的力度，开始明确文化事业与文化产业的界限。2003年，全国35个文化单位成为文化体制改革试点。2005年底，中共中央、国务院下发《关于深化文化体制改革的若干意见》，进一步加大了文化体制改革的力度。2006年，国务院办公厅又印发《国家"十一五"时期文化发展规划纲要》，对文化发展工作做了科学的部署。而党的十七大更提出要兴起社会主义文化建设新高潮、推动社会主义文化大发展大繁荣的战略任务。2009年出台的《文化产业振兴规划》把文化产业提升到了国家战略产业的高度。政府的高度重视和一系列激励政策的出台，为我国文化产业大发展、大繁荣提供了有力的保证。地方政府也在此基础上制定了一系列扶持和推动文化产业发展的政策。现在应进一步落实国家文化发展战略，营造良好的规范和推动中国文化产业发展的软环境。

首先，应加大文化创意知识产权保护的立法、执法力度。知识产权的保护是创意产业发展的前提，是提升文化软实力的重要保障。创意版权是文化产业的核心，是文化价值的外在形式，也是文化价值向交换价值转换的前提。中国文化创意产业想要打入世界舞台，特别是欧美的文化市场，必然要与国外文化企业进行文化知识产权交易。中国早在1991年就颁布了版权法，随着社会文化的发展，其后又做过调整和修改，现已初步形成了由著作权法、专利法、商标法、版权法等组成的知识产权法律体系。然而，当下文化消费中盗版猖獗仍是不争的事实。以原创性强的卡通形象为例，盗版的方式主要集中在卡通形象被随意用于儿童服装、儿童用品、文具等领域。如果这些创意的衍生领域得到规范和知识产权的保障，就能给创意人才提供更多的就业机会，创造更大的价值。所以，对政府而言，健全文化创意知识产权法律体系，加大知识产权执法力度，使其成为促进文化企业主动创新的环境保障，显得尤为重要。同时要通过政策遏止文化产业同质化的潮流跟风现象，规范文化产业领域"捞一把就撤"的破坏创意产业生态的行为。另外，创意人及其创意型企业要提高申请知识产权保护的意识，杜绝"山寨""盗版"猖獗成风的现象，需要所有的版权所有者主动争取。

其次，完善文化市场补助激励机制，促进文化类企业开拓海外市场。人类的心态、生存状态是随着交往方式的转变发生变化的，今天的互联网不仅仅是一项科技成果，也不仅仅是一种产业，它已俨然成为人类的一种生活方式，其终端化、云计算化的特点与德里达的"去中心"观念不谋而合。互联网时代的创意人更接近自由职业者，有的甚至时常处在失业与半失业的状态之间。他们许多已经从机械对人的异化中走了出来，已经不是工业社会中的一颗螺丝钉。他们需要灵活自由的生存方式，当然更加需要政府灵活的激励机制。

提升中国文化软实力，打造中国文化产业的国际品牌是必由之路。然而这个过程不可能靠建设产业园区等硬件设施一蹴而就，更不能完全把希望寄托在少数文化企业身上。国家和地方应该注重软环境的营造，注重对个体创意人和中小企业的培育。文化产业发展成熟的国家和地区都有一套对创意人、中小企业柔性、灵活的多层次、多角度的激励机制。首先，对文化类中小企业进行扶持，最重要的是对其施行科学、可行的减税政策，使其有能力投入资本，进行原创性文化产品的开发。其次，设立原创性的奖项。改变过去只重数量不重质量的激励机制，形成以创意为核心的奖励机制。最后，设立多种多样的艺术基金。鉴于一些文艺团体和企业在发展初期带有明显的公益性质，应该设立文艺基金鼓励文艺团体和企业开展公益文化服务，特别是要鼓励有志于文化产业的创意人进行矢志不渝的创意工作。

经过30多年的改革开放，中国经济迅速腾飞，已经跻身世界大国的行列，经济、军事方面的硬实力已经取得了卓著的成绩，但是文化软实力、影响力的不足成为影响我国国家地位和形象的短板。文化软实力的提升不是一朝一夕的事情，需要通过体制机制的改革和文化产业的振兴来实现。只有加快我国的文化产业发展步伐，注重创新，才能维护我国的文化安全，才能使我国通过软硬两种实力的并举，真正成为新世纪的世界强国。

（原载《南京社会科学》2011年第12期）

文化创新：粤港澳大湾区建设的核心向度

"湾区"是一种特殊的地理存在，"湾区经济"更是当今世界最亮眼的经济形态。据统计，目前全球湾区经济体达到58个，[①] 其中以东京、纽约、旧金山三大湾区最具活力。我国大陆海岸线长达18000余公里，自南向北有北部湾、珠三角湾、杭州湾、胶州湾、渤海湾等众多湾区，但是在湾区经济发展上一直推行缓慢、成效甚微。

粤港澳大湾区，前身即珠三角湾区，主要由广东省辖的广州、深圳、珠海、佛山、惠州、东莞、中山、江门、肇庆九市和香港、澳门两个特别行政区组成，简称"9+2"城市。粤港澳大湾区虽是新近提出的一个湾区概念，但它的形成却颇有历史：早在1994年，广东省委就提出过建设"珠江三角洲经济区"，2005年出台的《珠江三角洲城镇群协调发展规划（2004—2020）》又进一步提出全面整合包括香港、澳门在内的"大珠三角"和"湾区"概念，之后的十余年里仍有相关文件相继出台。直至2017年3月，李克强总理在政府工作报告中指出，"要推动内地与港澳深化合作，研究制定粤港澳大湾区城市群发展规划"，粤港澳大湾区发展正式上升为国家区域战略。同年7月，《深化粤港澳合作推进大湾区建设框架协议》在香港正式签署。自此，粤港澳大湾区建设得以实质性推进。2019年2月，《粤港澳大湾区发展规划纲要》由中共中央、国务院印发实施。

表面上看，粤港澳大湾区倡导的是一种经济意义上的跨区域协同发展机

[①] 李富荣、殷倩：《新发展理念与粤港澳大湾区发展战略耦合研究》，《价格月刊》2018年第10期。

制,实际上它所涉及的并不仅仅是经济层面的合作共赢,更要依赖制度、文化、科技、法律等方面的协同创新,因此,湾区范围内的"9+2"城市应该建立的是一种全方位的互惠共生关系。本文以"文化创新"为视角,试图探讨粤港澳大湾区文化发展的共通性与未来性,寻找粤港澳大湾区内涵式建设的逻辑与方向。

一 文化创新在粤港澳大湾区建设中的战略意义

(一)以文化的凝聚力加强粤港澳大湾区的互联互通

文化是什么?是"一群人、一个时期或一个群体的某种特别的生活方式"。[①] 从雷蒙德·威廉斯(Raymond Williams)的定义来看,文化是一种群体性"共识",这是它的本质特性,也是群体凝聚力的主要来源。对一个群体而言,凝聚力是至关重要的,它是个体成员对群体组织的信任、依赖与服从,外在表现为个体成员为实现群体目标任务而实施团结协作的程度。因此,在跨区域合作面前,文化的凝聚作用是无法规避的。党的十九大报告也指出:"文化是一个国家、一个民族的灵魂。文化兴国运兴,文化强民族强。"可见,粤港澳大湾区要实现真正意义上的互联互通,就必须发挥文化在整体发展中的基础统摄作用。

(二)以文化的创造力促进粤港澳大湾区的内涵式发展

20世纪70年代以前,人们对文化的认识仅限于"统治阶级的政治把戏"和"精英阶层的消费特权"。直到"大众文化"概念的出现,文化的价值才得以延伸。21世纪以来,随着文化产业大发展大繁荣,文化的创造力也得到了充分体现。数据显示,2018年我国文化产业实现增加值38737亿元,比2004年增长10.3倍,2005~2018年文化产业增加值年均增长

[①] Williams Raymond, *Keywords* (London: Fontana, 1983), p.90.

◇跨界融合与文化创新

18.9%，高于同期GDP现价年均增速6.9个百分点；文化产业增加值占GDP比重由2004年的2.15%、2012年的3.36%提高到2018年的4.30%，在国民经济中的占比逐年提高。可以说，文化产业已经成为我国国民经济"转方式、调结构"的重要着力点。整体上看，粤港澳大湾区的经济体量可以对标世界三大湾区，但是产业结构仍有待优化。统计发现，在粤的九个城市第三产业比重水平参差不齐，以2016年为例，广州、深圳超过60%，肇庆、佛山低于40%，其余地区除东莞外，全部低于全国平均水平（51.6%）。① 因此，粤港澳大湾区必须以大力发展文化产业为重要突破口，带动第三产业发展，尽快调整产业结构，实现内涵式发展。

（三）以文化的包容力汇聚粤港澳大湾区的创新动力

中华文化博大精深却能够传承数千年，关键在于它的包容精神，文化的包容力维系着文化的生命力。对一座城市而言，经济是肉身，文化是骨架，文化包容才是城市自信的真正表现。深圳是一座移民城市，也是一座包容性极强的城市。2012年，在"逃离北上广"的呼声中，深圳反而打出了"来了就是深圳人"的城市宣传语，引发无数外来打拼者的共鸣，彰显了整座城市的包容气质。因此，城市发展不仅要繁荣经济、创造财富，更要注重多元文化创新环境的维护，这就是深圳吸引人才会聚和资本青睐的奥秘所在。粤港澳大湾区是一个庞杂的文化构成体，既包括传统的广府文化、客家文化、潮汕文化、海洋文化、妈祖文化，也包括现代的西方文化、科技文化、移民文化……在这种情形下，大湾区建设更要发挥"求同存异、兼收并蓄"的包容精神，充分会聚人才和资本，有了人才和资本，才会有生生不息的创新动力。

---

① 2016年，在粤的广州、深圳、珠海、佛山、惠州、东莞、中山、江门、肇庆九市第三产业占地区生产总值比重分别为69.4%、60%、49.5%、38.7%、41.1%、53.2%、45.5%、44.6%和36.8%。根据2017年《中国统计年鉴》、2017年各地方统计年鉴数据计算所得。

（四）以文化的影响力提升粤港澳大湾区的国际形象和地位

国际一流湾区之间的博弈，不仅是经济、科技等硬实力的博弈，还是文化、教育等软实力的博弈，尤其是在全球化和信息化时代背景下，软实力的作用更是无可替代。在粤港澳三地，广东是科技、产业创新中心和先进制造业、现代服务业基地，香港是国际金融、航运和贸易中心，澳门是世界旅游休闲中心，但是作为整体，粤港澳大湾区还未形成统一的、能在世界范围内产生影响的国际形象。对比世界三大湾区，它们都拥有各自最重要的形象标签，比如旧金山的"科技文化"、纽约的"金融文化"、东京的"工业文化"。文化是"润物细无声"的，粤港澳大湾区要打造成"国际一流湾区"和"世界级城市群"，也须在不断创新中建立起自身的文化标签，以鲜明的、有影响力的创新文化提升整个湾区的国际形象和地位。

二 粤港澳大湾区文化创新的历史性机遇

（一）"一带一路"共建倡议与全球文化交融

习近平主席提出的共建"丝绸之路经济带"和"21世纪海上丝绸之路"（简称"一带一路"）倡议，为世界经济发展创造了重大机遇，也打开了中国全方位开放格局。丝绸之路是古代东西方国家之间开展商贸活动的重要通道，被称为经济全球化的早期版本，所以，重新激活"一带""一路"这两条商贸大动脉具有全球性意义。

粤港澳大湾区与海上丝绸之路有紧密的关联。古代中国海上丝绸之路分为东海航线和南海航线两条线路，其中又以南海航线为主。而南海航线的两个起点之一就是广州。因此，在"21世纪海上丝绸之路"建设中，粤港澳大湾区势必将作为最重要的节点来推动沿线国家、地区和城市的交流与合作。2015年，国家发改委、外交部、商务部等联合发布《推动共建丝绸之路经济带和21世纪海上丝绸之路的愿景与行动》，提出"充分发挥广州南

◇跨界融合与文化创新

沙、深圳前海、珠海横琴、福建平潭等开放合作区作用,深化与港澳台合作,打造粤港澳大湾区",进一步明确了粤港澳大湾区在共建"一带一路"中的重要位置。

历史证明,经济上的长效合作必须以文化上的广泛交融为纽带,而且往往文化产生的意义更为深远。古时丝绸之路上行旅商贾络绎不绝,除了有五彩丝绸、陶瓷、香料等货物的商贸往来,还有多元文化之间的碰撞与交融,他们沿途留下的语言文化、饮食文化、服饰文化、器皿文化、宗教文化、乐器文化……都成为中华文明的瑰宝。所以毫无疑问,随着"一带一路"建设的推进,全球文化的碰撞与交融将再度发生,而作为重要节点的粤港澳大湾区也将迎来文化创新的重大契机。

(二)新一轮改革开放与区域文化创新

1978年,以邓小平同志为核心的党中央做出实行改革开放的重大决策,次年批准广东成为全国对外开放最早省份之一;40年后,习近平总书记在参加十三届全国人大一次会议广东代表团审议时对广东提出了"四个走在全国前列"的新要求,并赋予广东"两个重要窗口"的新使命,成为新时代新一轮改革开放的重要指引。[①] 2019年8月18日,《中共中央国务院支持深圳建设中国特色社会主义先行示范区的意见》正式对外发布。粤港澳大湾区迎来新一轮改革开放之际,区域文化创新也将迎来新机遇。

自古以来,华南文化区是多元文化思想交会之地,因此也铸就了华南文化的创新特质。比如,晚清时期以倡导学习西方、提倡科学文化为宗旨的"戊戌变法",发起人就是来自华南文化区的康有为(南海)和梁启超(新会);民国时期以推翻君主专制制度、建立共和政体为宗旨,极大促进中华民族思想解放的"辛亥革命",推动者孙中山(中山)也来自华南文化区。

[①] "四个走在全国前列"是指在构建推动经济高质量发展体制机制上走在全国前列、在建设现代化经济体系上走在全国前列、在形成全面开放新格局上走在全国前列、在营造共建共治共享社会治理格局上走在全国前列。"两个重要窗口"是指向世界展示我国改革开放成就的重要窗口、国际社会观察我国改革开放的重要窗口。

然而，华南文化在中国文化体系里难以占据一席主位。事实上，从创新的传统来看，华南文化区更可能成为中国文化创新的示范区。

粤港澳大湾区属华南文化区，所辖的"9+2"城市是华南文化创新的核心地带。但是，这些城市的文化资源禀赋差异较大，文化资源类型十分多样，所以文化创新的难度也比较大。以中山、深圳、香港为例：中山是国家历史文化名城、粤剧之乡、华侨之乡，岭南文化的重要发祥地，中国近代文化的重要源头；深圳是移民城市，全国经济中心城市、国家创新型城市、全国金融中心、国际科技产业创新中心、全球海洋中心城市，设计之都、时尚之城、创客之城；香港是中西方文化交融之地，国际金融、贸易、航运三大中心，国际创新科技中心，享有"东方之珠""美食天堂""购物天堂"等美誉。可以看出，三座城市同根不同源，很难形成合力。因此，必须通过创新来构建粤港澳大湾区城市共同的文化空间，建立共同的文化话语体系，促进地区之间文化的流动与碰撞，激发民间文化创新活力。

（三）"互联网+"行动与文化产业高质量发展

美国未来学家凯文·凯利（Kevin Kelly）曾预言，"网络概念会一步一步接管我们的世界"。[①] 今天，凯文·凯利的预言得到了印证：互联网已经融入人类生活的方方面面，成为经济、社会、文化发展的重要助推器。2015年，国务院颁布《关于积极推进"互联网+"行动的指导意见》，明确提出"互联网+"行动的十年目标，即初步形成"互联网+"新经济形态，基本完善网络化、智能化、服务化、协同化的"互联网+"产业生态体系。由此可见，未来十年甚至二十年，我们所做的事情可能都要在"互联网+"的行动框架下完成。

我国文化产业也处于"互联网+"的甄淘与洗练中。近几年来，随着

---

① 〔美〕凯文·凯利：《新经济新规则：网络经济的十种策略》，刘仲涛等译，电子工业出版社，2014，第96页。

"互联网+"行动的不断深入,① 我国文化产业增加值（2016年突破3万亿元）、占GDP比重（2016年突破4%）以及文化服务业比重（2015年突破50%）也实现了"量"的突破，但是离"质"的飞跃仍有一定距离。习近平总书记在2018年全国宣传思想工作会议上提出的"推动文化产业高质量发展"的新要求恰好说明了这一点，这也标志着我国文化产业已从"大发展大繁荣"阶段步入"高质量发展"阶段。

粤港澳大湾区文化产业发展有一定的基础，部分城市也形成了自身特色和模式，比如深圳的文化科技与数字创意产业、珠海的文化旅游产业、东莞的玩具装备产业、香港的影视文化产业、澳门的博彩与文化旅游产业，当然也有一些定位不明显的城市，比如佛山、肇庆等。进入新的发展阶段，粤港澳大湾区如能深入实施"互联网+"、实现实质性合作，那么对发展较好的城市来说，这无疑是一次提质增效的机会，而对基础较差的城市来说，这更是一次逆袭翻盘的机会。

三 打造人文湾区：粤港澳大湾区文化创新的定位与路径

《周易·贲卦·象传》有言："刚柔交错，天文也。文明以止，人文也。观乎天文，以察时变。观乎人文，以化成天下。"可见，人文是人类社会最先进、最科学的文化现象，是衡量社会全面发展的重要指标。人文科学，应该走在经济发展和科技创新前面；人文关怀，更应该走到经济发展和科技创新内部。把文化创新作为粤港澳大湾区建设的核心向度，就要坚守大湾区的人文底色，建立大湾区城市和地区之间的人文关联，实现"人文湾区"的建设目标。

---

① 2018年，国家统计局公布《文化及相关产业分类（2018）》，并做出修订说明："随着互联网时代的到来，以'互联网+'为依托的文化新业态不断涌现并发展迅猛，日益成为文化产业新的增长点，理应把这些新业态及时纳入统计范围。"这就充分说明，"互联网+"行动已经充分深入我国文化产业发展实践。

（一）创新传统文化价值实现方式，打造"岭南文化创新传承先行区"

传统文化对应于当代文化和外来文化，是人类社会经过历代演化、积淀而来的反映一个国家、民族或地区特质和风貌的文明，它可以是物质的文化实体，比如民族服饰、建筑遗址、陶瓷器皿；也可以是制度的、精神的文化意识，比如生活习俗、古典诗文、忠孝观念。中华传统文化源远流长、辉煌灿烂，它积淀着中华民族最深沉的精神追求，是中华民族生生不息的动力源泉，是中华民族屹立世界的自信资本。

毫无疑问，中华传统文化具有深邃的内涵和迷人的魅力，但是在当代语境中，如果一味守着"传统"、拒绝新事物，文化的价值和地位则得不到体现；而一旦接受创新和改造，文化的传统面貌和精神又容易被商业侵蚀。因此，如何实现保护性开发、创新性传承一直是难以攻坚的问题。为此，2017年中共中央办公厅、国务院办公厅印发了《关于实施中华优秀传统文化传承发展工程的意见》，其中特别提到了传统文化的"创造性转化"和"创新性发展"，要"不断赋予新的时代内涵和现代表达形式"，"使中华民族最基本的文化基因与当代文化相适应、与现代社会相协调"。当然，需要澄清的是，传统文化在今天所遭遇的压力，并不是文化本身的危机，而主要是发展方式、传播形式上的困境。[1]

粤港澳大湾区属于华南文化的范畴，实际上，从构成来看，粤港澳大湾区文化主要还是指广东文化，也可称岭南文化。[2] 岭南文化形态多样，涵盖学术、文学、绘画、书法、音乐、戏曲、工艺、建筑、园林、民俗、宗教、饮食、语言、侨乡文化、港澳文化等，同时每一种形态的内涵又十分丰富，可以说，岭南文化是中华文化中最具特色和活力的区域文化之一（见表1）。

---

[1] 任然：《传统文化需要创新传播模式》，人民网，http://media.people.com.cn/n1/2017/0321/c40606-29157418.html，最后访问时间：2018年11月2日。
[2] 岭南文化涵盖较广，有广东文化、桂系文化和海南文化之分，其中尤以广东地区的广府文化、客家文化和潮汕文化为主，三者构成了岭南文化的主体。

◎ 跨界融合与文化创新

但是从现实来看，岭南文化的光芒和地位却常常被中原文化和北方文化遮蔽。

表1 岭南文化主要类型及简介

内容形态	简介
学术	南宋崔与之与弟子李昂英创立"菊坡学派"，成为岭南历史上第一个学术流派；明代大儒陈献章开启明代心学先河，创立"江门学派"；湛若水在继承陈献章学说基础上创立"甘泉学派"，与王阳明的"阳明学"并称为"王湛之学"；清代形成了以陈澧为代表的"东塾学派"，也出现了以朱次琦、简朝亮、康有为为代表的"九江学派"；鸦片战争后，康有为创办"万木草堂"，为辛亥革命积蓄力量
文学	唐代代表人物有张九龄、邵谒；宋代崔与之开启岭南宋词之始；明代以南园前五子、南园后五子、南园后劲诗社为代表的文人社团盛行；清代诗坛有"岭南三大家""岭南七子"，与中原、江浙诗坛三足鼎立
绘画	岭南画坛从明清起有较大发展，南海林良的写意花鸟，东莞张穆著称画马，新会高俨擅长山水，顺德黎简诗书画皆绝。番禺人高剑父、高奇峰、陈树人创立"岭南画派"，与当时的京津派、海派三足鼎立，主宰20世纪的中国画坛。现代继承和发展这一画派艺术的，有方人定、黎雄才、关山月、赵少昂、杨善深等
书法	明代陈白沙的"白沙书派"；明末至清代是岭南书坛的兴盛时期，有以"草圣"彭睿瓘为代表的"竹本派"；鸦片战争后有以康有为为代表的"岭南碑派"；民国以后也名家辈出，至今岭南书坛仍十分活跃
音乐	岭南古琴自汉代发展，清代昌盛，清代道光年间黄景星创立"岭南琴派"；近代，岭南音乐界的代表人物有冼星海、萧友梅、马思聪等；潮州大锣鼓、椰胡和客家山歌也极具岭南特色
戏曲	主要有粤剧、潮剧和客家汉剧
工艺	广府民系传统工艺美术代表"三雕一彩一绣"，即广州象牙雕刻、广州玉雕、广州木雕、广彩、广绣；广绣与潮州刺绣合称粤绣，与湘绣、蜀绣、苏绣并称中国四大名绣；潮汕地区是中国工艺美术10个重点产区之一，最具盛名的是瓷艺、刺绣和木雕
建筑	岭南建筑风格独特，分广府民居、潮汕民居和客家民居。广府民居以镬耳屋为代表，潮汕民居以"下山虎"和"四点金"为基本形式，客家建筑以围龙屋为代表
园林	岭南园林是中国传统造园艺术的三大流派之一，在中国造园史上有非常重要的意义，岭南四大园林——清晖园、梁园、余荫山房、可园仍保留至今
民俗	粤西地区年例、东莞百子论文、东莞木鱼歌、东莞木偶戏、高州木偶戏、东莞龙舟竞渡、莞邑醒狮艺术、东莞卖身节、波罗诞、潮汕营老爷、花都盘古王诞、潮汕烧塔、潮汕出花园、沙湾飘色、番禺水色、澄海赛大猪、澄海盐灶拖神偶、佛山秋色、荔枝节、梅州国际山歌节、阳江风筝节、羊城荷花节、连南盘王节、冼太诞、广州珠村乞巧节、盂兰节等
宗教	岭南为外来宗教入传中国的第一站，曾有过佛教、道教、伊斯兰教、天主教和基督教的传播，在中国宗教史上占据着重要的地位

续表

内容形态	简介
饮食	岭南有中国八大菜系之一的粤菜,粤菜又有广州菜(广府菜)、潮州菜(潮汕菜)、东江菜(客家菜)三种地方分支,三种风味各具特色;有以潮州工夫茶为代表的饮茶文化,《清朝野史大观·清代述异》称"中国讲求烹茶,以闽之汀、漳、泉三府,粤之潮州府工夫茶为最"
语言	主要有粤语、客家语和潮州话
侨乡文化	广东是中国最大的侨乡,是中国侨乡文化的典型代表
港澳文化	近现代岭南文化受港澳文化影响较深

资料来源：根据网络资料整理而成。

粤港澳大湾区建设对岭南文化传承和发展是一次重要机遇,当然,传承和发展岭南文化也是人文湾区建设的必然要求。那么在机遇到来之时,我们该如何创造性、创新性地阐发和传播岭南文化,重现岭南风格、岭南精神和岭南气派,重建岭南文化自觉和文化自信？

首先要重视岭南文化内涵在城市文化空间营造中的体现。一个城市的魅力,不仅源自它所提供的物质生活环境,更在于它所营造的文化生活空间。在城市文化空间的浸润下,人们更容易获得家园感和归属感,也更容易形成文化自觉、建立文化自信。城市文化空间的形态有多种,包括在地型的城市主题广场、城市公共文化设施、城市地标性建筑、历史文化街区、历史文化古镇、现代人文社区、文化创意产业园区等,也包括在场型的传统文化节庆和会展活动。

其次要充分把握"文化+旅游"的深度融合趋势。文化和旅游本质上不分家,事实证明,我国文化和旅游也早已呈现融合发展之势。2018年3月国务院机构改革,文化部与旅游局合并组建文化和旅游部,标志着我国文化和旅游离深度融合又迈近了一步。通过"文化+"增加旅游体验的内涵,通过"旅游+"促进文化的传播、传承与创新,两者相互赋能,资源配置才更合理。因此,粤港澳大湾区应该把握这一大趋势,各个城市都要统筹开发自身文化资源和旅游资源,深化彼此合作,推动粤港澳大湾区全域文化旅游发展,促进岭南文化的传播、传承与创新。

◇ 跨界融合与文化创新

最后要密切关注新媒介在城市文化形象传播中的应用。2018年程武在腾讯生态大会上提出"新文创"概念，并联合标准排名城市研究院发布了"2018中国城市新文创活力指数排行榜"，结果显示，成都力压北京、上海、广州、深圳高居榜首，杭州、西安也崭露头角，一线城市的声音反而被削弱。新文创，一方面刷新了文化产业在新媒介生态中的发展模式，另一方面也为城市文化传播提供了新的机遇。以西安为例，西安是千年古都、世界历史名城，最近借助抖音又火热了一把。一时间，西安美食、西安美景、永兴坊的"摔碗酒"、文物戏精大会、耗资千万的无人机表演在抖音上疯狂转发，整座城市的文化形象骤然提升，因此西安也被称为"抖音之城""网红城市"。据了解，目前西安市旅游发展委员会、西安市文物局、西安市公安局等70多个政府部门和机构都已与抖音签订战略协议并开通官方抖音号。所以，新媒介的出现猝不及防，新媒介传播的效果更是不可小觑。

（二）深耕文化科技创新领域，打造"国家文化新业态发展示范区"

文化产业进入高质量发展阶段，新兴文化业态将成为文化领域最主要的经济增长点。近年来，文化与科技创新趋势越来越明显，文化内容从表现形式、传播方式、载体设备到运营机制、营销方式、消费模式都发生了颠覆性变化，特别是数字化、移动互联网、大数据、云计算、物联网、虚拟现实、增强现实、人工智能、仿生设计等新技术形态的出现，一方面不断地催生新的媒介、新的行业和新的领域，一方面又对传统文化产业进行技术改造和升级，同时一些传统技术产业领域也参与文化创新实践，延伸出新的业务模块。[1] 这些构成了当下最具增长潜力的"文化新业态"。

深圳和广州先后被评为"国家级文化和科技融合示范基地"，是全国文化科技创新的先行地，更是粤港澳大湾区发展文化新业态的根本。以深圳南山区为例，南山在文化科技创新领域有丰富的经验，主要体现在创意设计、

---

[1] 李凤亮：《深圳前海自贸区文化创新定位与路径》，《深圳大学学报》（人文社会科学版）2016年第1期。

动漫游戏、数字媒体、影视演艺、高端印刷、文化软件、文化旅游七大重点优势产业。2018年深圳文博会上，南山区以"创意南山，文化未来——争创国家级文化科技融合创新区"为主题，重点展示了该区在文化科技创新方面的突出成果，比如雅昌集团的"传给雅昌"数字化定制平台、天际云的"交互体验—智游南山"四驱连屏互动项目、柔宇科技的智能手写本、创达云睿的黑科技。展出的文化科技型企业还包括腾讯视频、华强方特、创梦天地、数虎图像、懒人在线、环球数码、奥雅设计、太和世纪、机器时代、山水原创动漫、方直科技、中德传媒、创达云睿、灯彩文旅、大白鲨、声光行、美吧秀等。

广州也十分重视文化科技创新，于2017年专门颁布了《广州市人民政府办公厅关于促进我市文化与科技融合的实施意见》，提出"到2020年，将在全市区域内培育扶持100家文化与科技融合发展示范企业，重点搭建公共技术、协同创新和成果转化、知识产权和版权、孵化育成、宣传推广等五大文化与科技融合平台，争取在原创动漫、数字游戏、数字新媒体等文化领域共性关键技术研究取得新突破"。以原创动漫为例，广州的动漫品牌首屈一指，拥有许多全国知名的IP，比如从现象级原创IP出发向产业上下游延伸，致力于发展民族动漫产业全产业链的咏声动漫、原创动力；以文化创意为核心跨界生长，专心做好"动漫+玩具""动漫+游戏"的奥飞娱乐；还有致力于做好"动漫+食品"的唯诺冠、"动漫+非遗"的广府汇等优秀个案。

显然，深圳、广州文化科技创新基础十分雄厚，具备引领粤港澳大湾区文化科技创新的实力。粤港澳大湾区打造"国家文化新业态发展示范区"，关键是充分发挥深圳、广州文化科技创新的引领和示范作用，深化"9+2"城市合作，既要打造文化新业态"航母"，也要形成文化新业态"舰队"，构建良好的文化科技创新生态。

（三）建立知识跨域服务和人才跨校培养机制，打造"人文智库与教育高地"

习近平总书记曾用周文王尊贤礼士的典故来力证"知识就是力量，人

◇ 跨界融合与文化创新

才就是未来"的重要论述。[①]"思皇多士,生此王国。王国克生,维周之桢;济济多士,文王以宁。"[②] 说的是周文王尊贤礼士、贤才济济,所以国势强盛。我们谈人文湾区,一个重要的评判标准就是形成知识和人才的会聚优势。

国际经验也表明,湾区建设的基础不仅来源于活跃的产业集群,还来源于可以提供知识成果和创新人才的高等教育集群。我们知道,旧金山湾区是IT产业和科技创新的国际圣地,苹果、谷歌、脸书、惠普、英特尔、思科、升阳、旭电、甲骨文科技等企业全球总部都设置于此。同时,它也是全球最著名的教育文化中心之一,拥有斯坦福大学、加州大学伯克利分校、加州大学戴维斯分校、加州大学旧金山分校、加州大学圣克鲁兹分校等多所世界级高等学府。据统计,截至2018年8月,旧金山湾区一共诞生了近200位诺贝尔奖得主(伯克利104位、斯坦福81位)。旧金山湾区还是美国嬉皮士文化、近代自由主义和进步主义的中心之一,是全美体育竞技人才的集聚地,从这里走出的奥运会冠军有200多位(金牌数接近300枚,其中斯坦福139枚金牌、伯克利117枚金牌)。可见,经济发展、人文涵养与高等教育环境是紧密相关的。

粤港澳大湾区高校资源丰富,形成了一个四梯队阵营。香港拥有多所世界顶尖学府,国际化优势明显,属于第一梯队。在QS世界大学最新排名中,香港大学、香港科技大学、香港中文大学、香港城市大学位列100强,香港理工大学、香港浸会大学紧随其后。广州各类高校数量庞大(超过80所),更集结了中山大学、华南理工大学、暨南大学、华南师范大学等世界一流学科建设高校,属于第二梯队。澳门、深圳、珠海后发速度较快,处于第三梯队。澳门高校呈年轻化特点,但发展迅速,澳门大学、澳门科技大学、澳门城市大学、澳门理工大学等都已形成较强的国际影响力。深圳高校有两类,一类是本土的深圳大学、南方科学大学等,一类是深圳市政府与国

---

① 该论述为中共中央总书记习近平2014年6月9日参加中国科学院第十七次院士大会、中国工程院第十二次院士大会时发表。
② 《诗经·大雅·文王》。

内外一流大学合作办学建立的分校,譬如香港中文大学(深圳)、哈尔滨工业大学(深圳)、深圳北理莫斯科大学等,预计未来几年这类学校数量还将大幅增加。珠海与深圳相似,主要采取合作办学模式,目前已建成中山大学珠海校区、北京师范大学珠海分校等多所学校。处于第四梯队的东莞、惠州、佛山、中山、江门、肇庆,以地方性高校为主,也是一支不可小觑的高校力量。

整体上看,粤港澳大湾区高校实力强劲,具备成为人文智库与教育高地的条件。人文智库重在知识服务,教育重在人才培养,因此粤港澳大湾区首先应鼓励不同研究领域建立高校联盟,鼓励不同城市、不同高校间建立有效的交流合作关系,尤其是要促成高梯队地区对低梯队地区的优质资源援助;同时要加强产学研合作,充分发挥粤港澳大湾区知识服务与人才资源潜能,促进大湾区总体实现知识共享、知识创新和知识转化,凸显其人文智库与教育高地地位。

(四)促进对外文化合作走向纵深,打造"国际文化交流门户"

湾区是由一个或若干个相连的海湾、港湾、岛屿共同组成的区域,一个湾区实际上就是一个港口群。所以相比内陆,湾区城市的发展是外向的,它们在文化交流与合作上更有得天独厚的优势。粤港澳大湾区坐拥世界三大天然良港之———香港维多利亚港,同时有澳门、广州、深圳、珠海、惠州、虎门、中山等港口群交相呼应,不仅加强了大湾区内部城市的文化互通,也为大湾区参与国际文化合作创造了更多的机会。结合其区位优势和历史地位,以及香港、澳门、深圳、广州等地的发展基础,我们认为可以从以下几个方面发挥粤港澳大湾区在国际文化交流与合作中的门户作用。

其一,利用海上丝绸之路桥头堡优势,擦亮岭南文化新名片。粤港澳大湾区参与国际文化交流时应以岭南文化为主要名片,在岭南历史文化的"回响"中传递大湾区的人文形象。粤港澳大湾区内多个城市是"21世纪海上丝绸之路"上的重要节点,尤其是广州,作为古代海上丝绸之路的起点城市和国家文物局认定的海上丝绸之路申遗牵头城市,不仅要引领大湾区与南京、宁波、北海、福州、漳州、莆田、丽水等沿线城市建立人文合作交流关系，还要深化与沿线国家的人文交流合作内涵，肩负起传播岭南文化、提升岭南文化影响力的重要使命。

其二，致力于文艺精品创作，用世界语言讲中国故事，推动中华文化"走出去"。粤港澳大湾区是中西文化思想交会之地，相比其他城市或城市群，更善于使用世界性语言和手法进行文艺创作和文化品牌塑造。比如由深圳交响乐团打造的大型儒家文化合唱交响乐——《人文颂》，借用西方交响乐的形式与表现手法创意诠释儒家文化的核心价值观念，向世界传递中华文化的价值和光辉。该作品不仅在国内多地巡演，还先后应邀赴法国、美国、保加利亚、北马其顿，取得热烈反响。

其三，利用香港、澳门、深圳、广州、珠海等城市的外向型资源优势，搭建国际化文化展示、交流与贸易平台。除国际大都会香港、东西文化交融地澳门本身就是国际性城市之外，大湾区内世界一线城市广州、改革开放前沿深圳、国际休闲旅游胜地珠海也都具备与国际接轨的优势和成为国际性城市的潜质。早在2015年2月，广东省政府就已印发《广东省加快发展对外文化贸易的实施方案》，提出要"充分利用广东21世纪海上丝绸之路国际博览会等平台，继续办好中国（深圳）国际文化产业博览交易会、中国国际影视动漫版权保护和贸易博览会、中国（广州）国际纪录片节等大型展会"，"拓宽境内外文化市场信息与交易的渠道"，"鼓励文化企业借助电子商务等新型交易模式拓展国际业务"。

结语：构建粤港澳大湾区文化创新共同体

建设粤港澳大湾区是新时代国家建设世界级城市群、推动全面开放、参与全球竞争的重要战略部署。据报道，2017年粤港澳大湾区GDP（1.37万亿美元）超过旧金山湾区（0.82万亿美元）排名第三，且逼近纽约湾区（1.66万亿美元），预测到2022年粤港澳大湾区经济总量将超过东京湾区成为世界第一大湾区经济体。当然，从经济"硬实力"看，粤港澳大湾区势

文化创新：粤港澳大湾区建设的核心向度

头强劲；然而，从文化"软实力"看，粤港澳大湾区还有很大的提升空间。我们以第三产业占比和海外旅客数量两项指标来比较：2017年，粤港澳大湾区第三产业占比为55.6%，东京、纽约、旧金山三大湾区占比分别达82.27%、89.35%和82.76%；粤港澳大湾区海外旅客数量为169万人次，东京、纽约、旧金山三大湾区分别为556万人次、5200万人次和1651万人次。[1] 两项指标间接表明，粤港澳大湾区的文化软实力与东京、纽约、旧金山三大湾区仍有一定差距。事实上，粤港澳大湾区各个城市的文化资源存量、文化发展基础和文化创新环境都不错，但是要整体上提升大湾区文化软实力，就必须深化文化合作，构建粤港澳大湾区文化创新共同体，形成文化聚力。其中有几项基础工作应率先推进。

首先要加强顶层设计。粤港澳大湾区必须尽快出台文化产业或文化创新发展规划，形成对区域内重点领域、空间布局、战略路径的整体思考，并在全球文化市场竞争中找准目标、明确定位。我们知道，香港的国际会展业、澳门的现代演艺业、广州的文化软件设计业、深圳的数字创意产业、珠海的文化旅游业、佛山的工艺美术业、中山的游乐设备制造业、东莞的玩具装备制造业、肇庆的非物质文化遗产业、江门的华侨文创产业、惠州的客家文创产业都有了一定的发展基础（当然也不简单限于此），未来仍应坚持错位式发展，做大做强。

其次要打破区域壁垒。毫无疑问，随着广深港高铁、港珠澳大桥的通车，粤港澳大湾区城市之间的关系将越来越紧密，但实际上湾区城市间的制度壁垒、经济壁垒、技术壁垒、设施壁垒仍然普遍存在。在文化合作方面，虽然大湾区城市同属岭南文化圈，但在协同发展上明显不够，就文化旅游来说，目前尚未形成大湾区文化旅游一体化格局。因此必须去除区域壁垒，建立跨域合作机制，才能整体上提升大湾区文化创新力。

最后要构建多元协同机制。"9+2"城市的建制、层级都不一样，香

---

[1] 参见"走读粤港澳湾区"微信公众号，原文标题为"2018年，粤港澳超级大湾区将全面爆发！"，2018年3月22日。

◇ 跨界融合与文化创新

港、澳门是省级建制的特别行政区,广州是副省级城市、省会,深圳是副省级城市、经济特区,其他七个城市是地级市,所以要克服这种层级限制和空间限制,就必须建立多元化的协同机制。比如联席会议制,广东省文化厅、香港特区政府民政事务局、澳门特区政府文化局自2002年就开始联合举办"粤港澳文化合作会议",发挥政府在文化创新协同中的能动作用,目前已举办至第十九届。这种联动方式,不仅加强了大湾区城市的联系与沟通,还促进了城市间的经验学习和互鉴,有力地推动了粤港澳文化协同发展。高校和研究机构的作用也已初显,在2018年文化科技创新论坛上,深圳大学文化产业研究院发起成立"粤港澳大湾区文化创新研究联盟",联盟成员不仅包括香港恒生管理学院社会科学系、澳门理工学院文化创意产业教学暨研究中心、中山大学自贸区综合研究院、南方科技大学人文社会科学学院等区内单位,还包括北京大学文化产业研究院、中国传媒大学文化产业管理学院、华东政法大学传播学院文化产业研究所等区外单位,该联盟将通过资源整合,在学术研究、决策咨询、社会服务、国际交流、项目开发等方面开展深度合作,共谋粤港澳大湾区文化创新发展。

我们坚信,通过机制体制创新和多元主体的跨域协同,粤港澳大湾区将成为中国乃至全球文化创新的新引擎和新增长极。

文化自信与新时代文化产业的功能定位

文化自信在实现中华民族伟大复兴的道路上扮演着重要角色。习近平同志在十九大报告中指出："要坚定文化自信，推动社会主义文化繁荣兴盛。没有高度的文化自信，没有文化的繁荣兴盛，就没有中华民族伟大复兴。"[1]文化自信与文化产业之间有水乳交融的联系，如何发展有利于提升文化自信的文化产业是一个亟待解决的问题。如今中国特色社会主义已经进入新时代，文化产业也面临发展不平衡不充分的问题。捋清文化产业与文化自信的关系，并找准新时代文化产业的功能定位，对于进一步发展文化产业以及增强文化自信都具有理论和实践意义。

一 文化自信的溯源

学界对于文化自信大体上有两种层面的定义：一种认为"文化自信，是一个国家、一个民族、一个政党对自身文化价值的充分肯定，对自身文化生命力的坚定信念"[2]；第二种认为"文化自信是个人对所属国家和民族文化的积极态度和充分肯定，标志着对所属国家和民族文化的价值取向认同和身份认同"。[3] 可以看出，无论是从国家民族的角度还是从个体的角度，文

---

[1] 《决胜全面建成小康社会 夺取新时代中国特色社会主义伟大胜利——在中国共产党第十九次全国代表大会上的报告》，2017年10月27日。
[2] 云杉：《文化自觉文化自信文化自强——对繁荣发展中国特色社会主义文化的思考（中）》，《红旗文稿》2010年第16期。
[3] 廖小琴：《文化自信：精神生活质量的新向度》，《齐鲁学刊》2012年第2期。

◇跨界融合与文化创新

化自信都反映出主体对于客体的肯定和认同，主体包含国家、民族、政党以及国民个人和海外华人，客体则体现出共同的价值取向和思想传承。追溯文化自信的来源，要联系两个紧密相关的层级关系，一是文化客体的具体内涵，即什么值得我们自信；另一个是认同机制和传播机制，即什么令我们相信它。

首先，文化客体的构成有三种。习近平同志在党的十九大报告中说："中国特色社会主义文化，源自于中华民族五千多年文明历史所孕育的中华优秀传统文化，熔铸于党领导人民在革命、建设、改革中创造的革命文化和社会主义先进文化，植根于中国特色社会主义伟大实践。"这段话阐述了文化创新中"文化客体"的主要构成，即中华优秀传统文化、革命文化和社会主义先进文化。中国特色社会主义文化的生成和发展，中华优秀传统文化是源头，党领导人民进行的革命、建设、改革是熔炉，中国特色社会主义伟大实践是土壤。历史上，中国"文化软实力"曾在世界上独领风骚，例如唐代中国成为世界"文化中心"，八方来朝；宋元时期文化和科技水平均处于世界领先地位，是世界文明发展的重要推动力量，中华文化是当时许多国家竞相学习和模仿的对象。但这种高度自信的状态从清朝末期直到新中国成立以前遭受了较大的挫折。随着新中国的成立，中国人民摆脱了被殖民和奴役的命运。从改革开放到今天，人民在党的领导下逐渐富裕起来，经济、政治、文化、社会各方面不断发展，离全面建成小康社会的目标越来越近，中华民族的文化自信逐渐复苏。由此，应深刻认识到中国特色社会主义道路对于民族复兴、文化兴盛的重要支撑和推动作用，从而更加坚信中国特色社会主义文化是中华文化的核心内涵，是复兴民族、重塑自信的关键力量。

其次，从认同和传播机制来看，文化自信是一种文化自觉的过程，而非一个强制灌输的观念。费孝通先生说："文化自觉是一个艰巨的过程，首先要认识自己的文化，根据其对新环境的适应力决定取舍；其次是理解所接触的文化，取其精华，去其糟粕，加以吸收。各种文化都自觉之后，这个文化多元的世界才能在相互融合中出现一个具有共同认可的基本秩序和形成一套各种文化和平共处、各抒所长、联手发展的共同守则。"① 可见，如何构建高度统一的认同机制和强力有效的传播体系，关键在于文化主体如何认知自己的文化以及如何对待外来的文化。进一步而言，认知的途径和形式或许比原本的内容更为重要。当下文化产业是传播文化观念和激发文化自信的一个重要载体，因此重视新时代文化产业的发展，不仅是经济层面的必然，还是民族精神层面的需要。

二 文化自信与文化产业的关系

从文化产业的角度阐释，文化自信来自繁荣文化产业所传达的共同价值和一致信念。文化产业越繁荣，成果越丰富，产品和服务的质量越高，国人的文化自信就越强，这符合经济基础与上层建筑辩证关系的基本理念。一个拥有文化自信的国家，必然有繁荣强盛的文化产业成为国民经济的支柱，构成完整的文化格局，并为人民生活提供越来越丰富的文化商品。反言之，并非发达的文化产业就一定能带来文化自信，文化产业纯数量上的增长对培育民族文化自信是一种必要而非充分条件。文化产业最大的特征是一定价值观指导下的产业形态，文化产品不仅是商品，更是内在价值与思想的附属，这是文化产业与其他产业的根本不同。若一个文化产业体系以外来思想为发展潮流、以低俗趣味为填充内容、以物质收益为唯一动力、以复制加工为主要形态，则不仅无益于提升文化自信，反而会伤及文化根基、破坏文明传承。故就文化自信而言，"发达的文化产业"不仅是指产品丰富和产值增加，还要能在形而下的物质生产过程中实现形而上的精神凝聚和思想培育，体现出对价值观的维系和发展。

文化产业更像是文化自信的一种物质映射，二者是互为渊源、互相促进的显象与隐象关系。从当下实际来看，政府扶持仍是我国文化产业发展的重要动力之一，文化企业缺乏从传统文化和主流价值观中汲取养分的自觉，导

---

① 费孝通：《文化的生与死》，上海人民出版社，2013，第268页。

致文化产业对文化自信缺乏有力的烘托与回馈。近20年来，政府大力推进的文化产业取得了十分明显的成绩，从国务院到各省市的文化产业规划促使文化产业从萌芽起步到逐渐发展壮大。同时应注意到，虽然我们拥有庞大体量的文化产业，但几乎没有创造出影响世界的文化品牌，没有为世界贡献出令人称道、令人景仰、让人虚心学习的文化产业运作模式，没有诞生一批具有世界影响的文化产业理论专家和享誉世界的艺术大师，这反映的是物质增长与精神增长之间的巨大鸿沟。

表象上文化产业面临品牌不响、模式不新、大师不多的问题，本质上是缺乏思想传承和文化创新。文化的复兴，终究是以人为中心、以思想为核心的人文精神再生。因此在新时代，文化产业仅靠政府推动还远远不够，还应挖掘来自人的精神内涵的新动力，即人民群众对于美好生活的精神需求，尤其是对于优秀文化传承与创新的热切渴望。改革开放初期，以欧美、日韩文化为风向标是我国文化产业长期的发展窠臼，但近年来文化产业导向出现了新的转变。如《白鹿原》《人民的名义》《战狼2》等优秀的国产影视作品获得了大量的粉丝；莫言、刘慈欣等作家令中国文学又一次走向世界，并鼓舞了一大批中国青年作家。诸如此类的事例说明我国文艺作品和文化产品有了自主意识和自我生长的根基，"国产"不再是低端、模仿、粗劣的代名词，以民族文化和社会主义文化为核心价值的文化产品受热捧，逐渐成为新时代的消费趋势，暗含了人民群众美好精神需求的新取向。民众的创造力是文化产业的新动力，以此为基础可构建一个文化自信与文化产业虚实相衔、双轨并行的体系，即生产内容迎合民众的新需求以提升文化自信，进而以文化自信再深化需求、再推动内容创新与发展，往复循环，持续渐进，政府则从推动者逐渐转变为监管者和引导者。

三 文化产业发展不平衡对文化自信的约束

要构建"文化自信—文化产业—文化自信"的循环体系，需要充分发挥市场的能量,释放文化需求的强大动力。然而纵观新时代现状,文化产业的发展面临多种不平衡,从不同层面约束了文化自信的提升。

(一)产业供需不平衡限制精神产品的丰富度

首先,从数量上看,文化产业供需不平衡体现在文化消费需求增长与文化生产增长之间的缺口。"1994~2014年20年间,全国城乡文化消费总量由1054.24亿元增长至14915.39亿元,年均增长14.17%;城乡文化消费人均值由88.46元增长至1093.29元,年均增长13.40%……在协调性方面,城乡文化消费增长极显著高于产值增长,显著高于城乡居民收入增长。"[1] 此外,一般发达国家文化消费均占整体消费的30%以上,按此标准中国文化消费规模至少应达到10万亿元以上,而我国实际消费规模却不足2万亿元。一方面,文化产业产值和居民收入的增长无法匹配文化消费的增长,另一方面,文化消费的总量远未达到发达国家的一般规模,这正反映出人民群众日益增长的精神文化需求有巨大的待填补空间。其次,供需不平衡还体现在文化资源利用效率与文化服务水平之间的不对等。我国自古以来是一个文化大国,5000年的历史积淀了丰富的文化宝藏,但是当前对这些文化资源的开发利用却是九牛一毛。目前大部分地区文化资源利用仍停留在建筑遗址、历史遗迹等有形文化旅游资源的开发阶段,对无形文化资源市场化开发不足;并且在资源配置形式上注重外延式,注重文化资源数量的增长,而忽视内涵的挖掘,缺少艺术性、参与性、概念性衍生产品。这些均反映了文化资源的利用效率不高,即有大量的文化企业却不能提供创新高效和有质量的文化产品和服务。两个方面的不平衡均约束了精神产品的丰富,文化的生产还无法满足全民的精神需要,即使存在局部的充足也还是处于规模化工业复制的阶段,缺乏有机的文化延续与生长,因而难以促进文化自信的提升。

---

[1] 王亚南主编《中国文化消费需求景气评价报告(2016)》,社会科学文献出版社,2016,第2页。

◇跨界融合与文化创新

（二）效益与价值不平衡削弱核心价值的凝聚力

改革开放以来，我国文化产业逐渐与文化事业分离并主要承担经济功能，由此引发了社会层面大众文化的中心化现象。市场经济过分注重功利性和随之产生的盲目性，是其自身始终无法克服的弊病，大众文化作为市场经济的直接衍生物，成为与市场经济二重性相关的双刃剑。马尔库塞就此批判道："大众传播媒介几乎毫无困难地把特殊利益当作一切懂事的人的利益来兜售。"[①] 这种商业的功利性造成了文化独立性的丧失。文化产业以市场为主导必然导致以大众文化为核心生产和消费内容的经济呈现。然而近几年来，中国的大众文化特别是流行文艺呈现一种低俗粗糙、缺乏艺术性和思想性的趋势，主流价值观与流行文化之间存在高低并行、互不交融的错位。这种现象的根本原因就如作家韩少功所言："大众文化不是大众原生的文化，而是大众从少数文化制作商那里所接受的潮流文化，充其量也只是大众被潮流改造之后再生的文化。"[②] 尤其是在数字传播大行其道的新时代，越以经济效益为目标，就越容易掩盖大众自发的、原生的、独立的文化创造。以近年流行的网络游戏《王者荣耀》为例，从经济效益的角度看，这无疑是一款极为成功的文化产品。但正如《光明日报》所评论的，其"历史背景和人物经历并无挂钩，内容和精神被架空，有名无实"，因此对于青少年教育和社会价值观的引导毫无积极作用。文化本身是一种有连贯性和一致性的社会产物，有文化的人才会有文化的需求，如果人民大众都没有正确的历史观、独立的价值判断和理性的文化认知，又何谈自发性的文化消费，更何谈提升文化自信？虽然文化产品可以通过价格来界定经济价值，但从被创造的那一刻起它们就附带着文化价值传播的社会功能，忽视文化内涵的产品就像缺乏灵魂的生命，终究只能成为应时的消费物。因此，文化产业经济效益与价值引导功能的不平衡是亟待解决的问题。

[①] 转引自朱效梅《大众文化研究——一个文化与经济互动发展的视角》，清华大学出版社，2003，第31页。

[②] 韩少功：《哪一种"大众"？》，《读书》1997年第2期。

（三）区域间发展不平衡冲淡文化整体认同感

我国文化产业发展水平总体与传统的中国区域经济发展格局相一致，即呈"东—中—西"的阶梯分布。从产量上看，三大地区的差异较大：2015年广东省文化及相关产业增加值达到3648.8亿元，而位于中部的安徽省为833.71亿元；与此相比，云南省虽然为西部地区文化产业较发达省份，文化产业已成为该省支柱产业，但是同年其文化及相关产业增加值只有425.05亿元。产值的差异或许还无法反映出结构和资源利用上的矛盾，事实上，安徽省2013年公共文化机构数（艺术表演团体、公共图书馆、文化馆和博物馆的总数）有1372家，广东省只有864家，文化产业产值相对不高的云南省也有613家。[1] 从这两组数据对比中可以发现，很难判定文化强省究竟是广东还是安徽，因为文化资源的丰裕程度并没有从产值上体现出来，即不同区域的文化资源利用效率各有高低。在我国区域文化资源利用中，存在"热衷于打造人工文化景观和文化复制物的做法，满足人们廉价的审美需要，而对真实形态的文化资源利用重视不够，体现出较强的政绩色彩和经济利益的追求"[2]，导致一些富含文化资源的地区因为资金不足、政府不重视、人才匮乏等原因无法充分挖掘文化产业潜力。文化产业的区域不平衡还体现在城乡不平衡上，城镇地区与农村地区在文化设施数量、文化服务质量和文化消费水平等方面均有较大的差距。以广州市为例，2016年城市居民人均文化消费支出为3325.77元，而农村教育文化娱乐消费支出仅为1666.58元，文化产业的城乡二元化问题凸显。无论是地区的不平衡还是城乡的不平衡，都不利于加强人民对于中华文化作为一个有机整体的感知与共鸣，甚至可能由物质生产的矛盾引发文化认识的隔阂。文化自信是由内至外的统一认知，文化产业在区域间发展不平衡会冲淡作为其基础的文化整体认同感。

---

[1] 文化部：《中国文化文物统计年鉴2016》，国家图书馆出版社，2016。
[2] 张胜冰：《从区域文化资源利用看地方文化产业发展观——以中国为例》，《中国海洋大学学报》（社会科学版）2012年第1期。

（四）产业结构不平衡消减文化多维的传播力

文化产业依靠不同的业态连接不同文化观念到文化产品，成为文化的传播载体。文化产业结构的失衡导致文化内容的传播不全面以及文化创新的激励不足。尤其是在数字时代，科技企业具备更强的文化影响力，文化产品形成重感官刺激、轻文化内涵的趋势，技术越来越发达，文化价值却越来越难以有效传播。这种不平衡体现在三个方面。一是各细分行业的发展阶段不同。世界上各国对文化产业的定义各有差异，国家统计局在《文化及相关产业分类（2012）》中对文化产业的定义及细分做出了明确的规定，从统计上可以发现诸如文化信息传输服务、文化创意和设计服务的比重越来越高，而一些如出版、演艺、广播电视等传统范畴的行业相对日渐式微。对于这种结构失衡的一种争论是，信息传输途径的变迁究竟会创造更多文化精品还是带来更多文化垃圾，如果是后者，那么它的不利影响是需要政府规制和引导的，这在文化产业进一步的发展过程中是尤其值得注意的。二是大企业与小企业分工失衡。由于互联网的规模经济特质，大型企业占据着客户和流量优势，小型企业不得不在产业链末端的狭小空间生存。然而文化生产与一般工业生产不尽相同，尤其是人的文化创意更多来自个人灵感而非集体协作，因而大小企业分工的失衡会导致小型文化企业的创造力受到实物资本的严重冲击，不利于产业创新乃至文化创新。三是文化创意的融合不充分。从内容上说，文化产业未能充分融合中华优秀文化，未能通过经济效应促进优秀文化的传播，增强文化的凝聚力；从形态上说，文化产业与其他产业的融合程度不深，文化产业尚未能充分释放文化内含的创造潜力。这些结构失衡消减了文化的传播维度，因而也影响文化自信的提升。

四 提升文化自信目标下的文化产业定位

中国特色社会主义进入了新时代，文化产业将迎来巨大的发展机遇，找准文化产业的功能定位，不仅是协调供需不平衡、价值不平衡、区域不平衡、结构不平衡的基本前提,而且是从经济层面和产业层面提升文化自信的重要途径。新时代文化产业应能化解传统物质生产方式与新型消费需求之间的矛盾,成为提升文化自信的物质基础;能协调经济价值与社会价值之间的关系,成为传播文化自信的社会载体;能融合传统文化与现代技术、实现中华传统文化创造性转化和创新性发展,以深化文化自信的思想根源;还应能推动世界文化新秩序和人类命运共同体的形成,成为文化自信的外部表达方式。因此,着眼提升文化自信和建设文化强国,新时代文化产业的功能定位是创新推动经济发展、融会传播主流价值、持续浇筑精神文明和柔性增强国际影响。

(一)创新推动经济发展

文化产业具有鲜明的经济属性,经济基础决定上层建筑,新时代文化产业推动经济增长、促进产业转型升级的功能是提升文化自信最根本的保障。一要作为经济增长支撑力,二要体现出创新力和融合力。目前我国文化产业已经在国民经济中占据重要地位,2016年我国文化及相关产业增加值达到30254亿元,占GDP的比重为4.07%。未来还有更广阔的发展空间,国家"十三五"规划纲要提出要在"十三五"末期实现"公共文化服务体系基本建成,文化产业成为国民经济支柱性产业"的目标,到2020年文化产业占GDP的比重预计会提高到5%以上,成为经济增长的重要支撑力量。文化产业对经济的推动不仅是单维度的,还应是创新融合式的多维发力,新时代文化产业要能利用文化的"创新、创造、创意"优势,与科技、信息、旅游、体育、金融等产业融合衍生出新业态,创新驱动、创意转化,加速推进供给侧结构性改革,增强人民的经济获得感和参与感。

(二)融会传播主流价值

文化产业应承担传播主流价值观的社会功能,并成为连接主流文化、精英文化与大众文化之间的桥梁。如上文所述,我国文化产业市场化改革导致了经济效益与价值引导功能不平衡的弊端,长期以来文化产业游走在民众兴

◇ 跨界融合与文化创新

趣与政府管控的边缘，当下部分文化企业有动力避开监管，却无积极性去创造核心价值观与大众审美情趣结合的产品。数字化程度越高，信息传播能力越强，一些污泥浊水的负面影响就越大。新时代文化需求多元纷呈，社会热点和舆论风潮也应接不暇，但事实证明无论文化思潮如何涌变，中国共产党领导的中国特色社会主义始终是历史长河的正确流向，违背社会主义核心价值观，以低俗、消极、阴暗为价值主导和以哗众取宠、故弄玄虚为营销手段的文化企业终会被淘汰。因此，不管是从产业自身成长需要还是从社会发展要求的角度，新时代文化产业都应是有责任心的产业，有平衡经济价值和社会价值能力的产业，有融会和传播主流价值观态度的产业。

（三）持续浇筑精神文明

文化产业是精神文明的物质呈现，新时代要能通过产业化的物质手段和物质动力来传承和发展精神文明。如果把中华文明比喻成一棵大树，持续的浇灌令其根系扎得更深、干茎生得更壮、枝叶长得更茂；类比在精神文明的生态体系中，文化产业承担着三种作用：保护和发展传统文化、扩充和加强主流文化、促生和培育新兴文化。中华文明有5000多年的历史，而我国文化产业兴起才不到30年，科技的推动一度掩盖了内在文化的光芒，文化产业远未从丰富的文化积淀中汲取足够的养分。面对我们的传统文化，解读思想内涵和选择表达方式同等重要。例如，国产电影《大鱼海棠》的创意源自《庄子·逍遥游》，虽然在构思上把神韵写意的古典文学以动画形式搬上银幕，上映之前一度备受关注，但是尚不成熟的动画和剧情制作导致票房不尽如人意。可见传承离不开创新，以新的技术手段、新的思维方式和新的市场运作来发扬中华文化是文化产业的使命之一。中国的文化产业应克绍箕裘，踵武赓续，不断为精神文明发展提供新养分。

（四）柔性增强国际影响

文化产业应在生产合作和国际贸易的过程中促进文化交流，树立国家文化品牌，增强中国文化软实力。虽然我国的文化贸易常年处于贸易顺差状态，但是其中文化产品装备和辅助材料占据了绝大部分，如果剔除文化制造业，电影、电视、出版、创意设计等传统意义上的核心文化产业和服务在国际贸易中仍存在逆差。龙永图在一次演讲中曾经说道："我们暂且不讨论中国经济总量什么时候能够超过美国，先问问另外三个'什么时候'：什么时候全球的精英把孩子送到中国留学，而不是像今天把他们的孩子送到美国、欧洲留学？什么时候全球的年轻人最欣赏中国的电影、文化、图书，而不是像今天他们最喜欢的是美国、欧洲的电影、音乐、图书？什么时候全球的消费者选择产品时，首选中国的品牌？"[①] 这三个问题反映出要增强中国的文化影响力，还有很艰巨的任务待完成，文化产业是建成文化强国、实现中华民族伟大复兴的重要抓手。新时代的中国文化产业是站在全人类文化发展高度的产业，应通过文化产业建立一套既有中国特色又符合世界潮流的文化价值体系，推动人类命运共同体的前进。

一个国家、一个民族的文化自信与其文化产业的发展密切相关，前者是后者的内在动力，后者是前者的外在表现。在我国建设社会主义文化强国的过程中，要有效利用文化产业与文化自信之间的显隐关系，就要进一步完善现代化的文化产业体系，发挥文化产业的正面推动和侧面辅助功能。从四个维度确定新时代文化产业的功能定位，有助于解决文化产业发展不平衡不充分的问题，有利于通过文化产业形成文化自觉，最终提升文化自信。

[原载《深圳社会科学》2018年第1期（创刊号）]

[①] 周文彰：《文化自信需要发达的文化产业》，《人民政协报》2017年7月17日。

中国文化产业创新的制度环境及优化路径

近年来中国文化产业发展迅速，国家"十三五"规划纲要中明确提出将文化产业建设成为国民经济支柱性产业，文化产业面临如何实现创新性发展的问题。目前学术界针对文化产业创新的研究大致可分为两类。一是对文化产业创新现象的总结和归纳，这类文献疏于研究文化产业创新具体机理。二是从纯制度分析框架研究文化创新政策，这类研究政策梳理较多，缺乏从政策到产业再到创新的层级逻辑：政策本身并不构成生产创新，政策只有作用于政策对象时形成的激励才会引致创新，研究政策创新的最终目的，是研究新的政策如何调整激励以促进社会生产的创新。

文化产业发展至今，呈现多元化和开放化的态势，单从文化角度或产业角度的分析不能涵盖实际现状，将创新系统纳入文化产业分析是一种趋势。但从方法上看，研究产业创新系统的理论模型大多过于抽象和一般化，文化产业的创新体系又存在独特性——如文化创新既是文化产业创新的结果，又是来源，这种循环因果关系在其他产业中不具备普遍性。

除了科学进步引致的技术创新，创新还应包含产业创新，即产业内部、关联产业之间互相竞争、反馈、融合、模仿引致的创新，以及文化产业发展孕育出的文化创新，三种创新均是经济发展的主动力，对制度环境有依赖性。文化产业创新体系构建是市场自发、企业主导和全民参与的过程，政府政策在其中发挥举足轻重的引导作用。研究政策对文化产业创新的具体机制，该机制通过制度环境的改善得以实现，必须从政策体系与制度环境的关系入手。

一 文化产业创新的制度环境构成

制度环境是制度在某一特定区域和某一特定时段内的静态呈现,通过制度安排来实现,通过制度变迁形成动态发展路径。一种制度安排一旦确定,会在一段时间内构成相对较稳定的制度环境,它是产业成长的土壤。福里斯(Frith)将文化产业政策分为两大层面,即核心层和辅助层[①],本文以政策为中心研究产业制度环境,可借助这种分类方法:文化产业创新面对的核心制度环境由各类直接作用于产业的政策构成,外围制度环境由相关政策、法律法规和其他社会因素构成。划分依据如下。

核心制度环境由国家文化政策和各类直接作用于文化产业的产业政策组成。其一,文化政策的一个重要作用是引导和规范主流文化。随着改革开放的发展和市场化进程的加快,我国文化事业出现了诸多变化,一个重要特征是吸纳社会资本进入后,文化产业融入文化事业,并成为推动文化事业发展的一股重要力量。以文化治理为目的的文化政策必定直接影响文化产业的组成和发展,构成文化产业创新的核心制度环境。其二,在我国众多产业政策中,有一类产业政策以文化产业相关行业为政策对象,直接作用于文化产业的各经济主体,例如从中央到各地方的文化产业规划、文化产业下属各行业的发展规划、文化产业与其他产业融合政策等均是直接性产业政策,这类政策引导社会资源在产业间流动,影响企业投资决策,也是文化产业创新面对的核心制度环境。

外围制度环境由多种因素组成,从经济角度看,首先是相关产业政策和区域政策,其次是法律法规、社会习俗、人文历史、区位环境、地方经济水平等。相关产业政策并不直接作用于文化产业,但从外围构成文化产业创新的支撑力。产业之间具有相互关联性,一些产业是文化产业生产链中的上下

---

① S. Frith, "Knowing One's Place: The Culture of Cultural Industries," *Cultural Studies from Birmingham*, 1991, 1 (1), pp. 134 – 155.

◇ 跨界融合与文化创新

游或平行产业，如制造业，针对其实施的政策能产生整合效应或协同效应；另一些则是国民经济的基础支撑产业，如金融业，针对其实施的政策能对文化产业创新产生支持作用。区域政策则决定了文化产业的地区平台，其最重要作用是决定要素资源的空间分布，从而引导文化产业的集聚或集群，形成创新的基础。法律法规、社会习俗，人文历史等社会条件也是文化产业创新的外围制度环境，但其形成时间长，具有内在影响力，不具备短期调整的性质，应是长期改善和构建的对象。

有两点需要强调，一是应区分文化政策和文化产业政策。根据学者米勒（Toby Miller）和尤迪斯（George Yudice）的观点，文化政策是指以制度上的支持来引导美学创造性和集体生活方式，并且是串联这两个方面的渠道和桥梁。[①] 麦圭根（Jim McGuigan）则认为文化政策包含关文化政策"本身"的政策是和作为文化"展示"的政策，前者包括公共经费资助艺术的政策、媒介调控政策、文化身份的协商构建政策，后者包括国家形象放大的政策和经济还原主义的政策。[②] 利用经济手段还原文化活动的政策不包含在文化政策"本身"以内，文化政策本身并不包含稀有资源的分配，侧重于政府对文化发展的引导和规制，影响文化产业却不仅限于文化产业政策的范畴。比较而言，文化产业政策则是经济政策的从属，侧重于政府对文化市场的干预，包括产业结构政策、产业组织政策、产业布局政策、产业技术政策等领域的政策总和。

二是通常划分制度环境的维度是外在制度和内在制度（或正式制度和非正式制度），法律法规和政府政策同时归类为外在制度。本文将一部分政策视作核心制度环境、将法律法规视作外围制度环境，是基于两点考虑。首先，中国的实际国情是从中央到地方政策较多，但法律法规相对薄弱。如美国等国家，一部知识产权法能涵盖大部分行业，各州也有独立的法律，却少有文化产业政策，中国的政策几乎能驱动整个产业发展，政策体系不能不作

[①] T. Miller, G. Yúdice, *Cultural Policy* (SAGE, 2002), p.35.
[②] 〔英〕吉姆·麦圭根：《重新思考文化政策》，何道宽译，中国人民大学出版社，2010，第18页。

为制度环境考虑的重点。其次,将法律法规归类到产业创新的外围制度环境,落脚点在产业创新。少有直接鼓励创新的法律,常有鼓励创新的各种政策,所以对创新而言,法律提供外围保障,而不是驱动力。如知识产权法是为了促进和保障技术创新,并不直接作用于产业融合、新业态生成等形式的产业创新。说明"外围制度环境"不等同于"不重要制度环境",只是发挥作用的途径不一样。

二 制度环境对文化产业创新的作用机理

人是创新的来源,企业是个人发挥创新才能的载体,产业则是承载企业航行的河流,制度环境通过影响流向和水质——产业结构和内容发挥导向性功能。区分核心与外围制度环境的关键是两种制度环境分别影响文化产业创新哪些方面,并通过何种渠道产生作用。

(一)产业内源创新与外源创新

文化产业的创新有内外两种来源,外源创新是来自产业内或产业外不受产业结构和形态影响的纯技术创新。传统的"熊彼特主义"创新经过发展演化出以技术变革为对象的技术创新经济学,以制度变革为对象的制度创新经济学。尽管侧重点不同,但两者都是以技术创新为核心分析问题,后者只是将创新主体的激励机制与外部制度环境结合起来,目标仍是寻求有利于技术创新的制度体系。技术创新根源是人的智慧才能,受知识水平、技术积累的限制,制度的作用是在现有知识技术条件下给予最大限度的激励。这种创新内生于经济发展,对产业而言却是外源创新,因为创新能力的高低既不受企业家的控制也不因产业规划者意志而改变。无论是技术创新还是制度创新,均不是发生在真空环境中,技术创新所推进的产业动态和制度创新维系的产业结构均着力于产业,互联网时代产业要实现多元化融合发展,必有一种内源创新推动产业革命。

文化产业的内源创新来自产业内部或产业之间融合形成的创新,有三条

◇跨界融合与文化创新

具体创新路径。

一是文化产业通过空间集聚或集群达成信息或资源共享，或与科研机构合作产生知识溢出效应，生成新企业新产品，或提高行业内或地区内的整体生产效率。这类创新主要方法是模仿和移植，知识和技术在集聚区形成的"洼地效应"对中小企业尤为重要。产业集群使公共资源更集中，企业投资或政府设立交易平台、服务中心或科研中心大幅提升信息流通的效率，为技术和创意移植提供了便捷性。如创业孵化器以低成本为创业者提供办公条件和服务设备，让初期创业团队共享资源信息、共同成长。2016年中关村内平均每天诞生科技型企业40家，均是来自创意共享基础上的产业创新。

二是产业链里上下游企业整合，产生新的综合性生产企业或分工更专业的中介企业，提升产业链整体运作效率。文化生产面临创意成果转化的问题，原来产业链中较分散的文化资源通过实力较强的核心企业整合，实现内容与渠道融合创新。如恒大新成立文化产业集团，整合电影制作、经纪、发行、唱片、院线和动漫六个板块，实现影视娱乐文化全产业链的运营，同时优化影视、音乐等文化资源配置。又如蓝海创意云和猪八戒网等一批新生互联网创意企业，为个人、企业和公共机构提供创意设计、文案策划、生活定制化等服务，将创意或技能转化为经济价值，形成新的产业链中介，进一步拓展和挖掘产业链中人的价值。这些均是来自产业链的创新。

三是以文化创意为核心媒介，与其他产业融合形成新的产品和业态。这种创新以文化产品市场的消费为牵动力，是典型的需求拉动型的创新，常见于以下三种途径。一是文化内容填充科技平台，例如微信结合内容产业形成微信生态圈：内容提供者利用微信公众平台，以垂直媒体方式迅速形成推送惯性，通过扩大影响力的方式获取经济收益。二是传统文化产业在互联网模式下的复兴，例如故宫博物院利用新媒体手段，其利用自主研发的"胤禛美人图""皇帝的一天"等手机应用积攒用户，进一步通过互联网电商发布和销售文化产品，实现互联网时代传统文化的活化与复兴。三是文化创意渗透以制造业为代表的其他行业，例如东莞一家名为"葫芦堡"的传统儿童家具企业，通过注入文化基因升级为"家具+动漫"企业，生产的智能胎婴床还未上市就收到全球各地数千万元订单。由于加工制造利润的持续降低，大量传统制造企业谋求转型，诸如此类的将文化创意融入其他行业并组成新企业、诞生新模式、形成新业态的现象构成了产业创新的一条重要路径。

文化创新兼具内源创新和外源创新两种品质。一方面，作为文化艺术创作形式的创新，文化创作者带来新思想、新作品、新观念、新创意，无异于纯技术创新；另一方面，作为一种思想观念和社会习俗的革新，文化创新又是社会大众从科技进步和产业创新中吸取新知识、新思维，并综合、加工、改造、重塑传统文化的过程，是产业创新的结果。因此，凡是有利于内源和外源创新的制度环境改善，均能促进文化创新，但是这个过程需要文化政策把握文化创新的方向，以剔除文化创新过程中并生的文化糟粕和不良风气。

（二）制度环境的作用

制度环境对文化产业创新的作用模型见图1。文化政策和直接产业政策的主要作用是促进文化产业集聚以及与相关产业联动。文化政策主导国家文化发展同时发挥对主流文化选择功能，对产业的作用有二：其一是通过国有企业和事业单位主导文化事业，在产业化过程中会导致集聚，如我国各地的广播电视、新闻报纸等行业均是国有或国资控股占主导地位，产业集聚度高；其二是符合政策扶持的产业可获得丰富的文化资源，例如印象丽江文化产业公司与政府联合开发《丽江印象》等具有民族特色的实景歌舞表演，类似富集文化资源的企业容易成为产业核心。直接产业政策则是直接通过规划、引导、规制产业集聚或联动。

区域政策主要作用是促进产业的空间集聚与集群。一些直接与文化产业政策结合使用的区域政策，例如华侨经济文化合作试验区、平潭国际旅游岛等，会通过特定行业税收优惠、政府补助、置地便利、人才补贴和完善基础设施等方式吸引投资，以支持区域内文化产业的发展，形成以某一具体行业为核心的文化产业群。但大多数区域政策并不针对具体产业，而是决定一个区域内多数产业的资源配置，地方政府会以主导产业为核心引导产业集群。

◇ 跨界融合与文化创新

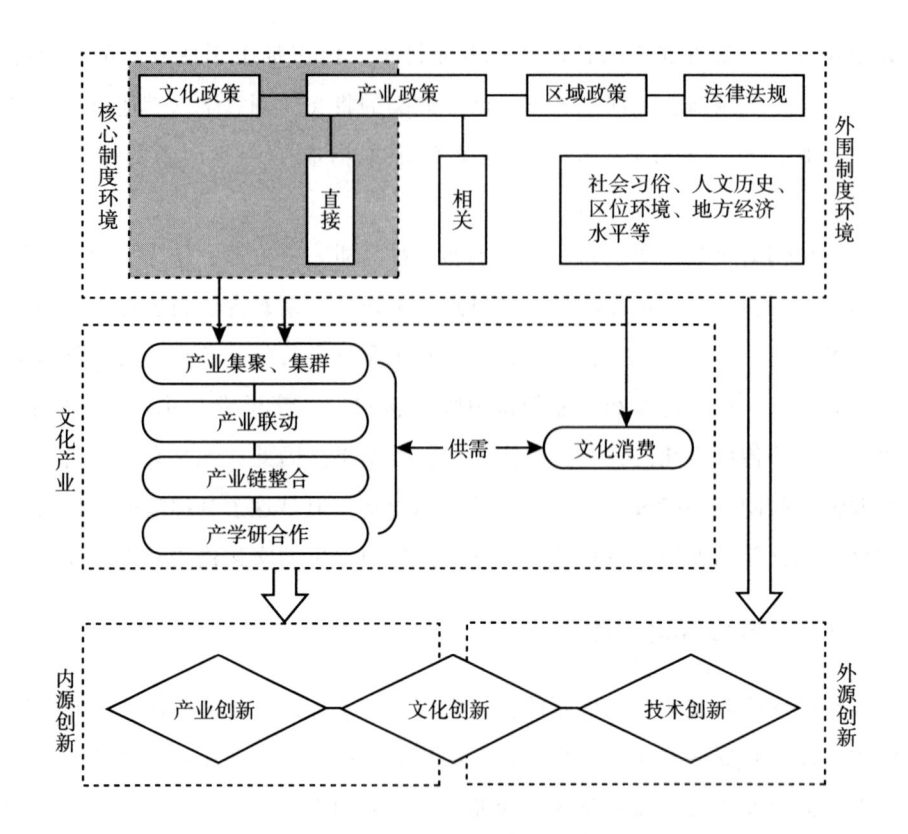

图 1　制度环境对文化产业创新的作用机理

此时，如果文化产业是地区非主导产业，一方面会作为配套产业参与集群，并在产业结构升级的过程中逐渐发展成主导产业，另一方面能通过文化创意的渗透力联结和融合相关产业。

相关产业政策主要作用是促进产业链的整合和产学研合作，此外相关产业政策也在产业集聚、集群和联动中起辅助作用。对国民经济发挥基础性支撑作用的产业政策均能促进产业链整合或产业集聚，典型的如金融产业中鼓励企业融资并购或降低中小企业融资成本等政策。2015年文化传媒行业共发生并购事件166起，并购总规模达到1499.04亿元，横向并购加剧产业集聚，纵向并购促进产业链中资源的整合，并购案例增加的基础因素是金融产业政策支持。另外，科技政策、产业园区政策和教育产业政策等会影响一个地区内产学研合作平台的数量和质量。文化产业与知识创造部门的协作创新也受到这些相关产业政策的直接影响。

产业的需求即文化消费受到整个产业外围制度环境的综合影响。产业政策能发挥一定的功能:一方面,相关产业政策会驱动文化消费的行业间替代,如电子书、有声读物的兴起导致对传统出版业的需求逐渐转移至网络阅读平台,互联网电商的扶持政策会加剧这种倾向;另一方面,产业规制政策可以直接影响文化消费品的需求种类,如国家广电总局公布限制韩国艺人和节目的禁令,会影响广播电视、影视制作方面的国内需求。然而文化需求是人类社会中相对高层次的需求,影响需求量和种类的深层因素应该是经济发展水平和地区文化氛围。例如上海的会展业在国内名列前茅,会展行业需求旺盛得益于上海经济高水平运行下孕育的高度集中的服务业;北京音乐产业发达,首都音乐文化创意产业集聚区、音乐北京博览会等在国内首屈一指,得益于北京作为首都的流行文化氛围。因此,通过扩大文化需求数量和范围以刺激产业创新是持久的过程,产业政策是短期突破口,围绕经济水平和文化氛围的外围制度环境建设才是根本。

三 我国文化产业创新制度环境演进

(一)制度环境的演变历程

改革开放后,我国文化产业创新制度环境经历了四个阶段的演进。

第一阶段是文化产业萌发和制度环境酝酿期(1978~2001年)。该阶段改革开放刚起步,文化产业逐步摆脱文化政治教育功能,体现出一定的经济属性,但文化产业的发展仍以文化事业建设为核心路线。直至该阶段的后期,1998年成立文化部文化产业司、2000年国民经济"十五"计划建议中首次提出"文化产业政策"的概念,文化产业的正式和核心制度环境才出现雏形。

第二阶段是文化产业制度环境的形成期(2002~2008年)。2002年中

◇跨界融合与文化创新

共十六大报告首次将文化产业与文化事业相提并论,标志着文化产业成为文化体制改革中的经济主体,在国民经济中占有独立地位。该阶段大量直接作用于文化产业的政策出台落实,鼓励非公有资本的参与、鼓励文化产品与服务出口以及制定产业分类标准,基本形成文化产业的核心制度环境。

第三个阶段是文化产业制度环境的纵深发展期(2009~2012年)。该阶段核心制度环境日趋完善,外围制度环境开始体现支撑力和推动力。2009年我国第一部文化产业专项规划——《文化产业振兴规划》正式出台,标志着文化产业已经上升到国家战略性产业。围绕该项规划,各部门、各地方出台了一系列针对文化产业及其细分行业的补充政策。同时,以法律法规和相关产业政策为具体体现的外围制度环境逐步形成,如2011年正式实施的《中华人民共和国非物质文化遗产法》、2011年发布的《中华人民共和国电影产业促进法(征求意见稿)》以及《出版管理条例》《音像制品管理条例》《营业性演出管理条例》等一系列法律法规;《关于金融支持文化出口的指导意见》《关于金融支持文化产业振兴和发展繁荣的指导意见》等一系列相关产业政策共同构建成外围正式制度环境框架。框架下如动漫、影视、软件、网络与信息服务等新兴文化产业出现井喷式发展,行业内生成的资本集聚和消费需求引致的市场热情极大充实了非正式制度内容。

第四个阶段是制度环境的融合创新期(2013年至今)。党的十八大报告中,将促进文化和科技融合提上议程,标志着文化产业制度环境进入新的调整期。在文化产业发展跨过初级阶段后,文化迸发出其内生的创新力和渗透力,逐渐影响并融入经济社会的其他部门。知识、思想、创意借助互联网传播,并迅速与其他产业结合形成新业态,同时反馈回文化产业,加速产业融合升级。新时期的文化产业已与传统文化产业有很大不同,以至于很难区分一个具体的企业是否隶属于文化产业。这种转变的典型特征是企业由提供文化产品和服务转变为提供创意思维或创造新生产生活方式。构建适应跨门类、跨要素、跨行业、跨地域和跨文化融合新业态的体制成为制度环境改善的基本方向。

(二)当前制度环境的特征与问题

表1列举并归纳了2013年以来中央及各地方政府出台的相关政策,由此构造出文化产业制度环境的主体框架。

表1 当前中国文化产业制度环境的政策构成

制度环境	类别	具体内容	发布部门及时间
核心	文化政策	《文化部"十二五"时期公共文化服务体系建设实施纲要》	文化部2013年1月
		《深化文化体制改革实施方案》	国务院2014年3月
		《关于加快构建现代公共文化服务体系的意见》	国务院2015年1月
		《关于推进文化创意和设计服务与相关产业融合发展的若干意见》	国务院2014年3月
		《关于加快发展对外文化贸易的意见》	国务院2014年3月
	直接产业政策	《文化体制改革中经营性文化事业单位转制为企业和进一步支持文化企业发展两个规定的通知》	国务院2014年4月
		《关于做好政府向社会力量购买公共文化服务工作意见的通知》	国务院2015年5月
		《关于推动文化文物单位文化创意产品开发若干意见的通知》	国务院2016年5月
		《关于深入推进文化金融合作的意见》	财政部2014年3月
		各细分行业政策,如《国务院关于加快发展体育产业促进体育消费的若干意见》《国务院关于促进旅游业改革发展的若干意见》等	国务院、各部门
		各地方关于促进文化与旅游结合发展的相关政策、促进文化与科技融合的相关政策、推动特色文化产业发展的相关政策等	各地方
外围	相关产业政策	《关于大力推进大众创业万众创新若干政策措施的意见》	国务院2015年6月
		《关于积极推进"互联网+"行动的指导意见》	国务院2015年7月
		《深化体制机制改革加快实施创新驱动发展战略的若干意见》	国务院2015年3月
		《国家创新驱动发展战略纲要》	国务院2016年5月
		《关于金融支持文化出口的指导意见》《关于金融支持文化产业振兴和发展繁荣的指导意见》等	各部门、各地方

◇跨界融合与文化创新

续表

制度环境	类别	具体内容	发布部门及时间
外围	区域政策	《关于依托黄金水道推动长江经济带发展的指导意见》	国务院 2014 年 9 月
		《关于支持汕头经济特区建设华侨经济文化合作试验区有关政策的批复》	国务院 2014 年 9 月
		《关于加快实施自由贸易区战略的若干意见》	国务院 2015 年 12 月
		各地方区域规划，如成渝城市群、长江三角洲城市群、平潭国际旅游岛等	
	法律法规	《中华人民共和国广告法》《中华人民共和国电影产业促进法(草案)》《中华人民共和国促进科技成果转化法》《中华人民共和国商标法》《中华人民共和国文物保护法》《出版管理条例》《音像制品管理条例》《营业性演出管理条例实施细则》《广播电视管理条例》等	2013 年以后发布或修订
	其他	国际公约、行业协议、行业论坛、博览会等	

可以发现，中国文化产业制度环境进入融合创新期后，呈现以下特征。

一是中央出台的直接产业政策和文化政策有减少趋势，数量和速度相对滞后于迅猛发展的文化产业。我国文化产业占 GDP 比重从 2012 年的 3.48% 增长至 2015 年的 3.97%，四年产值平均增长率达到 12.6%，文化创意与众多领域交叉融合，成为经济增长的亮点，但 2013 年后国务院公布带有"文化"二字的相关政策中，除了各地区文化名城批复之外，具体只涉及设计服务、贸易和文物单位三个方面。例如，在文化产业制度环境酝酿期，国务院和文化部 1978~2002 年出台的相关政策法规只有 37 条；2003~2012 年的形成期和纵深发展期则多达 466 条；而进入融合创新期后，2013~2016 年只有 64 条。一些新业态尚未形成规模导致文化产业呈现混合式发展态势，凸显出总体规划性政策相对行业发展有空白区，产业创新的制度空间大。

二是存在地方性制度需求，且倾向于引导文化与其他产业融合创新。我国区域发展不平衡，各地区积累的文化和经济资源数量和内容上均有差异，不同地区发布的产业政策均结合实际情况有融合引导倾向。例如，2012 年安徽省发布的《关于加快推进文化科技融合发展的实施意见》、2016 年山东省发布的《关于进一步促进文化和旅游融合发展的意见》等一系列省级融合性政策，以及各地市级相关政策，共同构成地方性政策体系。地方性政策有两大热点方向，一是鼓励文化产业与科技融合，二是鼓励文化产业与旅游业融合，表明各地方政府正致力于为地区文化产业创新发展提供积极的制度支持。

三是外围支持政策日趋完善，但法律法规仍有不足。近年中央及各地方出台的支持文化产业相关政策涉及金融、外贸、科技和制造等行业，并逐渐打造出紧密关联的产业平台，无论是文化产业自身创新还是与其他产业融合创新均能得到政策支撑。但是文化产业内细分行业交错复杂，新兴业态生长速度快、涉及领域多，我国的法律法规相对不完善。例如，近几年发展起来的网络直播行业，并未有相关法律加以规制，导致行业内乱象丛生。"互联网+"时代诞生了一批诸如此类产业，法律上只有《网络安全法》予以涵盖，缺乏针对性，针对新生行业的法律法规亟待完善。

四是行业内交流增多，但影响力尚需增强。近年来国内诸如文化创意产业论坛、文化产业新年论坛、文化科技创新论坛、文化产业高峰论坛等一系列跟文化产业相关的论坛和会议蓬勃开展；北京文博会、深圳文博会、西部文博会、海峡文博会等各种文化产业博览会遍地开花。大量民间或半官方论坛、行业会议、博览会等行业交流形成常态化的非正式规范，逐渐成为外围制度环境改善的重要推动力。但值得注意的是，一些行业交流活动缺乏广泛的影响力和品牌效应，如果行业交流中不能形成有影响力的评价标准或行业共识，则会降低文化产业创新的激励水平。

四 制度环境的优化路径

要优化有利于文化产业创新的制度环境，须分别从产业内源和外源创新入手。内源创新来自产业内部，主要受到核心制度环境的影响，是文化产业政策制定部门能主导并短期发挥激励作用的领域；而外源创新受到外围制度环境的影响，是多方因素共同作用的结果，因此产业政策

◎跨界融合与文化创新

制定部门应以社会引导为主，兼以提供必要政策支持。为此，本文提供以下建议。

（一）优化政策制定与实施框架

我国文化产业创新的制度环境是由多个部门、中央和地方、政府和社会共同构建的复杂体系，政府政策在其中发挥主要作用。因此合理的政策结构、连贯的政策思路、高效的政策落实是优化制度环境的具体路径之一。

当前中国与文化产业相关的各种政策主要存在两个问题。一是政策制定者分散，从国务院到下属各部门如文化部、科技部、财政部和工信部等均有发布关于文化产业的相关政策。二是政策目标分散，各部委制定的政策均只涉及自己所管辖的领域，政策之间缺乏连接贯通。优化政策结构首先要从优化政策制定过程着手，例如在日本，产业政策通常由通产省负责制定并加以统筹实施。中央政府明确政策思路，并由具体的部门负责政策研究、制定、考察和反馈，其他相关部门负责配合落实政策。具体到我国文化产业，政策制定可由国务院牵头，文化部负责具体操作实施，相关部门共同参与制定。

保证政策结构合理性的同时还要保证政策的有效性。一方面是政策制定的有效性，政策部门应平衡以公共文化事业建设为主干的文化政策和以经济建设为主干的产业政策，最大限度地调动文化资源和经济资源，打破产业壁垒，保证政策的经济性；积极修改落后的政策规定，保证政策的时效性。另一方面是政策实施的有效性，中国是一个大国，政策的落实有赖于各地方政府，从中央政策到地方配套的过程必须以适当的制度激励为保障，因此中央政策要给地方政府腾出足够因地制宜的空间，以保证政策有效实施。

（二）核心制度设计粗线条化

文化产业政策具体可分为产业结构政策、产业组织政策和产业发展政策。过去我国产业政策多注重行业规划和布局，但随着"互联网+"时代的到来，产业融合加速，产业形态多元化，文化产业发展面临的新形势和问题不断涌现，产业规划相对于产业发展往往具有滞后性。如果产业新动态不能及时反映到政策规划层面，政策规划就成为一种约束性制度环境。文化产业已经从"分业发展"走向融合发展，"文化产业内各个行业主管部门规划式的发展，将越来越为跨行业的融合发展所取代，甚至为文化经济普遍融合发展所取代；文化产业将从区域性竞争发展走向统一市场条件下的整体协调可持续发展，地方政府本位的发展模式将被国家层面、由综合经济管理部门主导的发展模式取代"[1]。

更加复杂的行业环境和快速变化的行业动态要求顶层设计关注文化产业的核心和通用内容，由粗线条规划取代细分行业规划。发达国家文化产业顶层设计往往不以具体产业为核心，如美国文化产业秉承自由主义传统，强调文化产品生产、销售的高度市场化和政府干预的最小化，美国没有直接的文化产业政策，但其通过知识产权制度维护了文化产业的繁荣；日本文化产业政策则注重内容规制，日本在内容方面的产业政策非常系统，政府把振兴"内容"上升到国家战略的高度进行统筹谋划。我国文化产业发展壮大也面临体系庞杂、产业规划过细的问题。核心制度环境优化应从以产业发展政策为重心转变为以产业组织和结构政策为重心，如以保护知识产权、促进市场有效竞争为核心，设置负面清单，最大可能简化行政规划的政策能更大程度地发挥市场自主创新潜力。

（三）提升外围制度环境的弹性和包容性

提高外围制度环境的弹性要以完善法律法规为主，以放松政策性规制为辅。相对于快速发展的文化产业，我国的文化产业立法较为薄弱。尤其是文化产业下的细分行业，在立法缺乏的情况下，基本依靠出台一些临时性的政策措施来解决发展中的问题。政策易变性强、导向性强，法律相对稳定、效力强，能够将行之有效的措施固定化，降低制度变化的不确定风险；政策一般同时规定"有何为"和"有何不为"，而法律一般规定"有何不可为"。

---

[1] 王家新、章建刚：《中国文化产业发展报告（2012~2013）》，社会科学文献出版社，2013，第8页。

◇ 跨界融合与文化创新

所以从导向性和适应性的角度，政策相对缺乏弹性而法律富有弹性。当前文化市场上如盗版、假冒、有偿新闻、虚假广告、暴力色情等现象泛滥，凸显了行业法律法规不完善，亟待加强对知识产权、文化资源、消费者权益的保护及文化产品和服务内容、质量等方面的法律建设，构建公平竞争秩序，保障文化产业创新的内在激励。

外围制度环境对经济行为应有足够的包容性，重构对文化产业的经济性规制是主要途径。一些发达国家经验表明，市场机制是发挥内源创新、激励外源创新的有效制度，政府对市场的包容性在于维护而不是限制其发展。外围制度环境应以促进市场竞争，确立和强化市场在文化资源配置中的基础性作用，打破条块分割的市场格局以建立开放的市场体系为建设目标。例如，在可引入竞争机制的行业，放松乃至取消阻碍有效竞争的规制措施；对于政府确应有所管理但不必审批的事项，可转变管理方式，如降为核准或备案，政府转型为服务、监督、咨询及其他辅助性职能的社会部门。

[原载《江海学刊》2017年第3期；全文转载于人大《复印报刊资料》《文化创意产业》2017年第4期；获第二届（2014～2017年度）文化创意产业优秀论文奖]

第二辑 跨界融合与文化产业

文化创意与经济增长：数字经济时代的新关系构建

人类社会发展伴随着经济生产与文化形成的两个过程，二者有独立的演进规律又互为决定因素。从文化人类学的角度，人类的一切经济活动也都是文化活动，因此也使文化和经济的演进呈现同步性：农耕文化与自然经济相适应，工业文化是以蒸汽机革命为代表的大工业经济产物。[①] 尽管这种紧密的同构关系从人类诞生之初便出现，但从经济活动的角度研究文化现象却是近代才产生的。对文化生产与消费问题的思考最早发声于哲学与社会学领域，德国法兰克福学派提出"文化工业"的概念，用以批判资本主义社会中大众文化的商品化及标准化，以及用工业化模式生产文化产品导致的社会思想停滞。但工业社会并未按照哲学预言的轨迹前行，文化品、艺术品的批量生产和复制逐渐在资本主义社会成为一种经济常态，由其演化形成的"文化产业"或"创意产业"在全球众多发达国家的国民经济中占有重要地位。

直至20世纪中期，文化从未作为一种显著要素或观察对象被纳入经济学分析体系。究其原因，广义文化不具备稀缺性——这是经济学最根本的假设——导致文化生成和传播的成本、产量和价格问题难以衡量，缺乏规范分析基础。而且文化的多元性与复杂性使其难以用固定的、可复制和精确化的范式表述，经济学的规范方法似乎对文化问题束手无策。鲍莫尔（Baumol）与鲍温（Bowen）在1966年出版的《表演艺术：经济困境》被视为文化经

---

① 胡惠林、李康化：《文化经济学》，山西人民出版社，2006，第5页。

◎跨界融合与文化创新

济学的开山之作,书中提出文化经济的"成本病"问题,并用以解释在表演艺术领域成本非均衡性增长的现象,① 此后文化经济学逐渐发展成为经济学科的一个分支。

纵使如此,西方主流经济学仍未重视文化在经济系统中的作用:文化经济学仅被视为研究艺术品市场、文化产品消费与供给、文化产业的经济组织等问题的学科。但事实证明,文化的一部分内涵又以制度、人力资本、技术等形式出现在主流经济学中。文化对经济发展的作用不容忽视,尤其是人类社会从工业经济时代步入信息经济时代,文化的作用不仅体现在产品竞争力上,还体现在其对经济发展方式的决定性影响力上。本文将阐述文化内生于经济增长的形成逻辑,以及文化内生于经济增长后对文化产业的理解。

一 文化与内生增长理论

雷蒙德·威廉斯(Raymond Williams)对文化的定义是最具影响力的定义之一。他认为文化的含义包含三个方面:一是指"智力、精神与美学发展的一般过程";二是指"一群人、一个时期、一个团体或整体人类的某种特定生活方式";三是指"智力,尤其是艺术活动所创造的作品和实践"。② 其中第二个定义要求我们研究人类的某些具体活动,诸如海滨度假、圣诞庆典、青年亚文化等;而第三个定义则将诗歌、小说、芭蕾舞、歌剧和美术等都作为"文本"的形式纳入考察。③ 由此可见,文化概念有广义和狭义之分,从一般人类思想到具体意指实践均属文化研究的范畴。即便从狭义的实践活动和文本角度考查,文化的意义和形式也是多样的,这意味着致力于研究和理解文化的潜在经济学领域可能过于宽泛,为此一些经济学者不得不重

---

① 周正兵:《威廉·鲍莫尔文化经济学思想评述》,《北京联合大学学报》(人文社会科学版) 2016 年第 2 期。
② Raymond Williams, *Keywords* (London: Fontana, 1983), p. 87.
③ 〔英〕约翰·斯道雷:《文化理论与大众文化导论》,常江译,北京大学出版社,2010,第 2 页。

新定义文化。① 较有权威性的，如索罗斯比（Throsby）认为文化生产是在"生产过程中包含某种形式的创意，生产中的符号意义（symbolic meanings）非常重要，且产出体现了知识产权"。② 这一定义在文化经济学领域被广泛应用，虽然它跟威廉斯的定义一样，并未说明文化的具体内容，但对于经济学研究有突破性的意义：一方面它规定了文化参与经济活动的具体形式，即包含创意的、符号意义的生产活动均属于文化的范畴，进一步，经济增长的原因不仅可从技术进步的角度分析，还提供了一种文化创新的分析视野；另一方面，规定产出体现知识产权将一般文化产品与其形式剥离，发现了文化生产的经济本质，因而将文化经济学从艺术表演、财政资助、产品定价等狭窄领域中解放出来，逐步构建出创意及其相关的劳动力与版权的研究体系。基于索罗斯比的定义，下文将"文化创意"作为代表"文化"的概念进行分析。

20世纪80年代中期兴起的"新增长理论"至今仍是主流经济增长学说，"新增长理论"突破了"新古典增长理论"关于技术进步外生性的假设，强调技术进步是内生的，资本积累和创新都是促进技术进步和经济增长的重要力量，因而又被称为"内生增长理论"。其中"熊彼特增长理论"是较有影响力的一类，它"强调创新、研发和知识积累在推动技术进步和经济增长中的突出作用，因此也被称为以研发为基础的增长理论、以知识为基础的增长理论、以创新为基础的增长理论和以思想为基础的增长理论"。③不难发现，无论是知识、创新还是思想都与文化创意有深远的关系，"内生增长理论"与文化创意具有内在统一性。就威廉斯对文化的定义来说，"内生增长理论"强调知识创新的重要性，而文化所指的"文本"形式是知识的具体化。因此狭义的文化创意本身就是知识创新、技术创新，而广义的文化创意所包含的制度、观念等则是推动知识增长、技术进步的基础。就索罗

---

① G. Doyle, "Why Culture Attracts and Resists Economic Analysis", *Journal of Cultural Economics*, 2010, 34 (4), pp. 245-259.
② D. Throsby, *Economics and Culture* (Cambridge: Cambridge University Press, 2001), p. 4.
③ 严成樑、龚六堂：《熊彼特增长理论：一个文献综述》，《经济学》（季刊）2009年第3期。

◇跨界融合与文化创新

斯比的定义来说,若生产符号意义的创意活动即文化生产,则信息经济时代的一大批非技术性创新均需从文化创意角度重新解释,将文化创意纳入经济增长理论很有必要。

二 文化创意内生化的形成逻辑

将文化创意纳入经济增长不应该局限于产业视角,文化经济或创意经济所指示的文化创意有两层含义:一是文化艺术产品、创意产品的供给及资源配置问题;二是包括文学艺术在内的"大文化创意"是如何促进经济发展的。在互联网时代背景下,文化创意内生于经济的逻辑应着眼后者。实践中文化创意既可以作为一种新型要素参与生产,也可以作为一种工具体系融合产业,甚至还可以作为价值观念、文化认同等形式引导消费。因此文化创意内生于经济增长是一个复杂命题,总体来看其成因有以下几个方面。

(一)文化创意成为商品价值构成

文化创意活动扩大化和一般化是互联网时代经济生产的典型特征。首先,商品的价值实现逐渐由实用化趋于内涵化。一般商品的消费价值可划分为五个维度:功能价值、认知价值、情感价值、社会价值及情境价值。[1] 功能价值是商品客观的具有一定使用功能的性质,由技术创造而成,是商品的物质基础;后四种价值是消费者主观体会和感受的无形附加物,由附加商品中的内在观念而生,是文化渗透的结果。随着经济的发展,构成商品消费价值的两部分比重会发生变化。在生产力水平低下、物质短缺的时代,人们重视的是商品的功能价值,因此商品的消费价值主要取决于功能价值;当生产力逐渐提高,社会物质生活水平得到改善后,商品的消费价值就越来越取决于认知价值、情感价值、社会价值和情境价值,因此文化创意在商品生产中

---

[1] J. N. Sheth, B. I. Newman, B. L. Gross, "Why We Buy What We Buy: A Theory of Consumption Values," *Journal of Business Research*, 1991, 22 (2), pp. 159 – 170.

的作用日趋重要。其次,竞争范围的扩大要求生产差异化。信息经济时代越来越多商品需要借助网络平台生产、设计和销售,网络消减了地域对产销流程的限制,也削弱了行业之间的隔阂。这意味着商品生产者不得不面对更激烈的竞争,异质化竞争是时代背景下各行业生存和发展的必然选择。产品的差异化不仅可通过技术渠道实现,还可通过提升产品的文化创意内涵实现——通过品牌、产品内容、设计、款式、装潢、广告等形式将一定的文化形态、审美情趣或价值观念附加于消费品之上,使之成为凝结着文化素养、文化个性和审美意识的文化品,使融合文化创意成为生产商品的一般方式。

(二)"文本"内容成为资本

"文本"内容成为资本是文化创意作为新型要素进入生产环节的重要前提。文化资本的概念最早由布尔迪厄(Bourdieu)提出,他指出文化资本有三种形态:一是身体化形态,指通过家庭教育以及教育投资而积累和嵌入个体身体的习性、技能、修养等文化形式;二是客观化形态,即客观化为具体物质载体的文化资本,如文学、绘画、雕刻作品等;三是体制化形态,指由体制认可的关于某种文化能力的资格或证书,如学术资格或毕业文凭等。[①]虽然布尔迪厄是从社会学架构分析文化资本,但其理论中身体形态和体制化形态的文化资本已经通过人力资本的形式被纳入经济增长理论,客观化形态的文化资本对应着威廉斯文化定义中的"文本"内容,知识产权制度使其成为可操控的经济主体。"文本"内容成为资本对文化创意内生化具有决定意义:一是具有共享性和符号性的文化内容,通过知识产权的界定,可关联相关利益主体,在现代生产活动中演变成经济主体能够运行的资本。"文本"内容作为资本解决了文化创意作为一种排他性财产来投入和产出时的外部性问题,构建了文化生产和消费的市场机制,并逐步形成文化创意产业。由此,文化创意的一个重要维度即"文本"内容可物质化为资本,并通过经济统计

[①] 〔法〕布尔迪厄:《文化资本与社会炼金术》,包亚明译,上海人民出版社,1997,第190页。

的方式分析和计算。二是"架构了文化生产从文化资源垄断向'文化—知识'创造者、经营者等权利人转移的路径，使得物质资本的权利人与文化知识精英结合起来从事'文化—知识'生产"[1]，人人都可成为生产者，扩大了文化生产范围，增强了文化创造者参与经济生产的积极性。

（三）"注意力"成为稀缺品

"注意力"具有稀缺性是文化创意成为特殊商品被消费的重要前提，因为"注意力"的稀缺，赋予信息之中的文化内涵具有了可交易性，并由潜在价值转换为直接价值。"注意力贫乏"的概念由西蒙（Herbert A. Simon）提出，他认为"信息的充裕意味着其他某些事物的匮乏：被信息消耗掉的任何事物都处于稀缺之中。信息消耗掉哪些事物是相当明显的：它耗尽了信息接收者的注意力，因此信息的充裕造成了注意力的缺乏"[2]。之后众多学者在"注意力经济"问题上做了更深入的研究，却未形成完整的学说体系。虽然理论没有诠释，但从实际看，互联网时代"注意力"成为稀缺品是一个不可辩驳的经济现象：从生产者的角度看，"注意力贫乏"的概念引导着互联网企业大量"烧钱"来获取用户的"注意力"，并通过广告、增值业务等间接渠道将注意力转化为商业利润；从消费者角度看，互联网时代信息的供给通常是过剩而不是不足，筛选信息的过程是人安排注意力的过程，即对任何一个平台、商品或信息，人的"注意力"都是处于稀缺状态。正因如此，将文化创意赋予"注意力商品"是信息经济时代企业的典型经营策略，也是文化创意内生化的重要途径。一方面，以获取"注意力"为目的，活文化本身通过信息传播成为商品。如近年出现的"网红经济""概念炒作"等现象，表明通过"注意力商品"的形式，某种概念、观念或思想形式的文化创意能不附着于实物商品实现交换流通。另一方面，包含文化创意内容的实物商品对消费者更具吸引力，"注意力商品"又像是包裹文化创意的抽

---

[1] 牛宏宝：《文化资本与文化（创意）产业》，《中国人民大学学报》2010年第1期。
[2] H. A. Simon, *Designing Organizations for an Information-Rich World*, (Johns Hopkins Press, 1971), pp. 37–72.

象外衣，内在获取"注意力"的是一种创意活动或一种"文本"内容，终归回到文化的本义。

（四）生产者成为创意者和传播者

人作为创意者和传播者具有双重意义，人既是文化创意的来源，又是将文化创意融入生产的功能主体，人还是传播文化创意、形成文化社群的媒介元素。"内生增长理论"强调人力资本的作用，其两个重要途径分别是通过学习或知识的溢出效应等方式积累知识，以及"干中学"的方式积累技能，总的来说无外乎通过要素量的增加实现生产力的提高。不同于人力资本在经济增长中的作用，文化创意的作用虽然也需通过人体现出来，但更注重人的价值实现和人与人之间的价值认同。理解文化创意内生性，需要进一步认识人的作用：人不仅作为生产者和消费者出现，而且作为创意者、传播者和认同者出现。一般商品价值构成中的文化创意占比增加，因此生产活动的重点会由扩大生产规模逐渐转向挖掘人的创意天赋，以及实现创意天赋的传播。该过程中，"互联网＋"模式允许人的作用转变：一是互联网提供了开放平台，连接专业制造者和普通用户，将用户转变为创意者，创意者群体规模扩大，产生新创意的可能性增大。二是网络构建出新的产业生态系统，允许细化分工和创意产品的重新组合，创意者除了"文本"的创作，获得的知识和技能还可通过交叉传播的途径赋予别的商品，形成了混合式的创新。三是创意"文本"向注意力价值的转换要求更充分的文化认同，创意者结合新思维、新产品组成文化社群，如"花钱买顾客"的现象在互联网企业中普遍存在，是利用以文化认同为内涵的产品认同构成消费社群，实现创意成果的转化与传播。

（五）数字技术成为新增长引擎

数字技术成为经济增长的新引擎，而文化创意可提高数字技术的边际收益，进而成为技术的"扩大器"和"提速器"。"内生增长理论"认为技术进步内生化的原因是资本的边际报酬递减规律导致资本积累不能维持长期经

◎跨界融合与文化创新

济增长。换言之,"内生增长理论"中,以科学技术为核心的技术创新是经济增长的引擎。文化创意可通过融合科技而内生于经济增长,主要作用机理是提高技术的边际收益,至少有两条途径。一是通过融入文化创意强化技术应用的深度。在成果转化过程中,同一体系的科学技术可结合多种文化内容创新,如文化内容的数字化,依托数字技术进行文化创作、生产、传播和服务,形成的产业链都基于数字技术,大大提高了数字技术的边际收益。二是通过融入文化创意拓展科技的应用广度。工业时代科学技术多服务于生产领域,而信息经济时代大量科技成果服务于生活领域,文化需求的个性化、多样化、定制化使科技可拓展的领域变宽,从而提高技术的总体边际收益。在工业时代,科技创新一直被视为纯技术因素,随着数字技术的繁荣,文化创意的作用得以凸显。2016年中国数字经济总规模大约为22.77万亿元,占全国GDP的30.61%,[1] 数字技术成为经济增长的一种主要技术因素。而文化创意与数字技术早已成为不可切割的融合形态:数字技术是文化创意得以产业化和规模化的必要条件,如音乐、电子书、视频、游戏等大量文化创意产品都包含着各种数字技术的成分;同时,文化产业也是数字技术的"试验场",数字技术成果需要通过文化赋予实现产品化。因此,数字技术成为新引擎,扩大了文化创意在经济增长中的作用。

三 从文化经济到文化产业——内生化的具象

从广义的角度,文化内生性本质是一种社会意识,当创新深入人心并逐渐形成一种共同文化,基于这种创新文化的经济增长力即文化内生驱动力。从狭义的角度看,文化经济往往与文化产业混用,有学者甚至认为文化产业是一种内生增长模式。[2] 而本文认为研究文化创意的内生性是一个宏观视角

---

[1] 腾讯研究院:《中国"互联网+"数字经济指数(2017)》,2017中国"互联网+"数字经济峰会,杭州,2017年4月。
[2] 魏鹏举:《文化产业与经济增长——文化创意的内生价值研究》,经济管理出版社,2016,第100页。

而不是产业视角,文化创意与社会整体创新能力有密切关系,文化创意内生于经济是基于所有经济部门而言的,文化产业则是文化创意内生化的一个具象。正因为文化创意内生于经济,文化产业才会规模逐渐扩大、边界日趋模糊,并融合其他产业成为产业升级的新趋势。

(一)文化产业的边界日趋模糊

自文化产业概念被提出至今,其内涵在不断变化。2003年文化部发布的《关于支持和促进文化产业发展的若干意见》中,把文化产业定义为"从事文化产品生产和提供文化服务的经营性行业"。2004年国家统计局首次制定《文化及相关产业分类》,并提出文化及相关产业是指"为社会公众提供文化、娱乐产品和服务的活动,以及与这些活动有关联的活动的集合"。2012年国家统计局又进一步修订,规定文化及相关产业的范围包括以文化为核心内容,为直接满足人们的精神需要而进行的创作、制造、传播、展示等文化产品(包括货物和服务)的生产活动;为实现文化产品生产所必需的辅助生产活动;作为文化产品实物载体或制作(使用、传播、展示)工具的文化用品的生产活动(包括制造和销售);为实现文化产品生产所专用设备的生产活动(包括制造和销售)。[①] 不难看出,每一次修订后文化产业的范围都会扩大,体现出文化产业的边界扩张。如果最初的文化产业是指复制和制造文化艺术品的生产部门,那么如今文化产业的实际内容已经远超这个范围。虽然从统计上能进行一定程度划分,但现实中很难具体区分哪些企业属于文化产业,一些如文化科技、文化制造、文化金融等企业的崛起,致使文化产业的边界日趋模糊。

(二)文化产业具有跨结构的融合力

文化产业是文化创意内生化的具象,因为文化产业不仅是直接从事文化艺

---

① 《文化及相关产业分类(2012)》,国家统计局网站,http://www.stats.gov.cn/tjsj/tjbz/201207/t20120731_8672.html,最后访问时间:2017年6月22日。

◇跨界融合与文化创新

术品生产的部门，而且可以通过人才、技术、知识、产品的溢出效应传播和扩散文化创意，发挥文化创意在其他各部门中的融合能力。借助文化产业，文化创意自觉主动地向经济社会各领域渗透，赋予其他部门活的文化内核、文化属性、文化精神、文化活力、文化形态和文化价值，为经济植入文化的基因。文化创意异于其他的生产要素对产业的贡献：原本产业与产业之间的连通存在一定的结构壁垒，如不同产业技术相互通用需要研发攻关，不同行业人才流动需要学习和经验积累，不同企业生产线的转换需要重组或改造，技术、人才、资本等形式的产业融合均属于硬性组合，而文化产业能跨越经济结构上的壁垒，实现柔性化的融合。文化产业像一块磁铁，文化创意是一种看不见摸不着的磁力，其不排斥产业门类、不抵制产业差异、不区分产业层级，将越来越多的产业融合进来重组升级。如近年来文化与科技、制造、金融、商业、旅游、体育、农业等产业的融合，均能形成一系列新型业态，表明文化产业具有跨结构的融合力。

（三）文化产业是一种产业升级趋势

从经济发展的过程看，产业发展遵循第一产业、第二产业到第三产业的阶梯式演进，第三产业在整体中所占比重逐渐提高。社会进入信息经济时代，第三产业已经由简单的低端服务业向以高新技术为引导的高智力、细分工、深内涵和重体验的高端服务业迈进；人的消费需求也从最基本的物质需求拓展到更广阔的精神文化需求。新时代的服务业核心竞争力一方面取决于产品和服务的科技含量，另一方面取决于产品和服务的人文关怀程度，而这两个方面均是文化产业的核心元素。可见当下文化产业的意义不仅在于产业内容的经济统计，更在于建立一种生产模式和结构体系，支撑经济发展，引领和带动产业结构升级。这一点也可在文化产业统计数据中反映出来：2004年我国文化产业占第三产业的比重为4.8%，2015年增长至7.9%，2016年以"互联网+"为主要形式的文化信息传输服务业营业收入增长30.3%。[①]

[①] 根据国家统计局2004年、2015年文化产业统计公报和2016年全国规模以上文化及相关产业企业营业数据调查报告整理获得。

文化产业比重增加以及"互联网+"形式文化企业的异军突起体现了产业升级的一种新趋势,即第三产业日益与文化创意相关,文化创意作为要素、产品或服务的经济价值日益凸显。按照文化创意内生化的逻辑,产业发展"不仅注重文化的经济化,更注重产业的文化化"[①],更多的行业会结合文化创意组织生产,虽然在统计上其未必属文化产业范畴,但其实质是文化创意生产的潜在泛化。

四 启示

当前我国经济进入新常态,经济由高速增长转入中高速增长。面对改革制度激励减弱、人口红利消失、资本边际报酬递减、环境污染严重等一系列问题,增长模式应由速度粗放型向质量集约型转换,产业结构由中低端向中高端转换,动力由要素驱动向创新驱动转换,企业由环境污染型向绿色环保型转换,转换过程中文化创意有巨大的发挥作用空间。本文从经济学中的文化研究史入手,分析了将文化因素纳入经济增长理论的必要性和可行性,并研究了文化创意内生于经济增长的逻辑成因,继而得出文化产业是文化创意内生化的具象、是产业升级趋势的推断。不难发现,既然文化创意已成为经济增长的内生动因,那么促进经济增长的政策就应考虑纳入文化创意因素。

首先,在转变经济发展方式的过程中,文化创新与技术创新、产业创新同等重要。只有文化不断创新,经济生产才能获得源源不断的文化创意资源;只有创意不断累积,社会产品才能趋于多元化并满足日益增长、更加个性化的消费需求。其次,数字经济的背景下,创新文化与个人价值实现和认同具有密切关系,文化创新可以是从点到面再到全局的过程。因为"注意力"的稀缺,生产者生产创意并传播文化,消费社群由最初的商品认同逐渐形成文化认同。要使大众创新成为一种社会文化,须发掘创意者并形成文

---

① 厉无畏、王慧敏:《创意产业促进经济增长方式转变——机理·模式·路径》,《中国工业经济》2006年第11期。

◇ 跨界融合与文化创新

化创意圈,以局部的文化认同带动全社会的共同创新,当然这种局部文化应是积极的、符合主流价值观的。最后,数字技术必须结合文化创意以提升技术潜力,从而实现技术革新的持续加速。数字技术是带动全社会发展的新引擎,文化创意的融合能提高技术的边际收益,因此"数字技术"和"文化创意"两条腿走路是未来产业升级的途径。

本文的重点在于发现文化创意内生于经济的成因和逻辑,是解决"为什么"的问题,文化创意如何内生于经济还需要进一步系统化和模型化的分析,这将是可深入研究的方向。

[原载《山东大学学报》(哲学社会科学版)2018年第1期]

文化与科技融合创新：演进机理与历史语境

文化与科技作为评价人类社会进步的经纬坐标，其产生和发展遵循着一定的演进逻辑，并在历史长河的激烈碰撞中为人类文明留下了丰富的注脚。进入21世纪，科学技术发展迎来了新一轮更迭期，以互联网为代表的信息技术深刻变革着人们的日常生活，并影响了文化的创作、生产、传播和消费方式，为文化创意产业的发展注入了崭新动力。钱中文先生在谈及"评价新事物"时曾强调："评判者要有充分的历史感，深入地研究新的对象和它们出现的历史语境，对于这种语境，不能因为自己未曾亲身参与而对它视而不见，不能因为在这种历史语境中你不在场而否定这些历史现象。需要在具体的历史语境中理出问题的线索，给以恰当的历史评价。"[①] 就当下而言，文化与科技的融合创新已呈现常态化发展趋势，厘清二者融合的演进机理，有助于我们把握科技对文化创意产业发展的支撑作用，从而为当下文化与科技融合出现的新现象、新业态、新模式寻求科学与理论的依据。

一 原始文化与简单技术交融共生阶段

要追溯文化与科技融合的原点，当从文化与科技的起源中去寻找。但为了论证的合理性，文化与科技的概念需先在此予以澄清，才能做进一步探讨，这是概念本身的复杂性决定的。比如，"文化"有广狭之分，有古今之分，有中西之分，历来都是丰富、复杂、多元的集合体。无论是英文

---

① 钱中文：《国别史与当前马克思主义文论的中国贡献》，《中国图书评论》2012年第10期。

◇ 跨界融合与文化创新

"culture"一词的演化,还是汉语中"关乎人文,以化成天下"的追溯,"文化"都是难解的词之一。因此,当我们将"文化"置于"文化与科技融合"这一当代言说语境中时,其内涵与外延都应相对缩小。据此观照"科技"的概念也是如此,因为即便从狭义的文化概念来审视,科技也可视为"文化"范畴的"交集"。[①] "科技"既有"功利—实证性"的一面,又有"精神—文化性"的一面;既是手段与工具,又具有思想和价值。综此,这里的"文化"应做狭义上精神层面的理解,意指与"科技"相对应的超越工具理性的人文价值与意义创造。"科技"则主要指与精神文化相对应的"自然科学技术"概念,是相对于狭义上物质层面的解释,既包括人类认识自然过程中不断揭示自然本质和内在规律的科学知识,也包括改造自然过程中满足实际生产生活需要的物质手段。

"从世界文化和科技发展的历史进程来看,文化与科技的融合并非一次崭新的历史性出场,而是具有历史的必然脉络和发展轨迹。"[②] 如英国著名人类学家爱德华·泰勒所言,人类社会的进化与体质进化相似,经历了由简单到复杂的过程。文化与科技作为人类社会较为核心的要素,也具有类似的性质。其中,原始艺术作为原始人类精神层面的主要表现形式,大致可以作为探寻文化与科技融合的开端。由于原始蒙昧时代并不存在现代意义上的"科学知识",科技的起源也只能从简单初级的技术中去考察。关于这一点,目前学界比较一致的观点有两种。第一,文化、科技与人类相伴而生,是在简单劳动实践的基础上逐步积累、演化、发展而来的,具有"人"的属性,即文化与科技起源的地方,就在人类起源的地方。第二,文化与科技经历着从无到有、由简单到复杂、从低级到高级的漫长发展历程,二者相互交织、相互影响、相互促进。因此,当人类从猿分化出来之后建立第一个共同体时,文化与科技的交融就已经出现了。

原始民族具有原始的生产方式,其中渔猎和采集植物等构成了他们日常

[①] 于平:《城镇化进程与文化科技融合创新》,《艺术百家》2014 年第 6 期。
[②] 向勇:《文化与科技融合发展的历史演进、关键问题和人才要求》,《现代传播》(中国传媒大学学报)2013 年第 1 期。

生活的重要组成部分。"一切较高等的民族，都曾有过一个时期采用这种生产方式；而且还有好些大大小小的社会集群，至今还未超脱这种原始的生产方式。"① 这不仅构成了人类最基本的文化现象，其适应生存的本能，如旧石器时代打制石头工具，也可看作一种萌芽状态的"前技术"。随着人类能够从事更多的非生存性活动，思想或情感的积累为人类的精神活动创造了前提，逐渐出现了原始绘画、原始装饰、原始舞蹈、原始诗歌、原始音乐等多种艺术形式，并通过原始劳动技术的方式呈现出来。格罗塞认为，原始艺术的产生与当时人类物质生产方式尤其是狩猎生活存在内在联系。比如，对于西班牙阿尔泰米拉山洞的岩画，最近情理的解释仍然是"那些原始狩猎者认为，只要他们画个猎物图，大概再用他们的长矛或石斧痛打一番，真正的野兽就俯首就擒了"②。用鲁迅的话解释，画这只牛"为的是关于野牛，或者是猎取野牛，禁咒野牛的事"③，而非"为艺术而艺术"的行为。与此同时，人们开始在简单劳动实践的基础上，根据经验的积累和总结，逐步形成了最原始的技术。这种基于工具的有意识的"再创造"，如新石器时代学会磨制石斧、石镰、石犁、石铲等工具以及烧制等，为人类向文明时代迈进奠定了物质基础。但是，由于原始狩猎者过着一种漂流不定的生活，他们的生产技术也只是无足轻重的片面发展。唯独武器一项，因为须应付他们生活的最大需要已达到当时最高级的完美阶段，如爱斯基摩人的铁叉、澳洲人的木棍、布须曼人的毒箭等。④

原始劳动的产生，或为谋求生存，或为模仿自然，或为情感交流，抑或为游戏宣泄。但无论如何，原始民族从劳动实践中逐渐总结出简单技术的过程，本身可以看作一种精神活动。由于原始精神活动与简单技术在主体、结构、起源、性质等方面具有同源同体、同质同构的关系，它们几乎同时发生，并依附于同一载体。比如在磨制石器或制作弓箭时，原始民族意识到对

---

① 〔德〕格罗塞：《艺术的起源》，蔡慕晖译，商务印书馆，2011，第31~32页。
② 〔英〕贡布里希：《艺术发展史》，范景中译，天津人民美术出版社，2006，第19页。
③ 《鲁迅全集》第六卷，人民文学出版社，1973，第91页。
④ 〔德〕格罗塞：《艺术的起源》，蔡慕晖译，商务印书馆，2011，第35页。

◇ 跨界融合与文化创新

称既能保持很好的握持感，也有利于发挥工具的最佳效用，久而久之便形成了"对称"的审美意识，而装饰也不过是"将人的观念和幻想外化和凝冻在这些所谓装饰品的物质对象上"①，变成一种"观念意识物态化活动的符号和标记"②。也就是说，美感源于工具的制造和使用，审美或艺术在当时并未独立或分化，它们只是潜藏在种种原始巫术礼仪和图腾活动之中。再如制作陶器时，人们偶然发现用不同的泥土或使用不同的程序烧制，会呈现不同的颜色，使他们萌生了将"图腾"和"符号"绘入彩陶的想法。显然，这也并不是为了欣赏或审美而专门制作的。由此可见，"手的解放及以手为主要器官的实践活动是技术和文化产生的共同基础。在石器时代的漫长时期里，人类简单的实践与精神活动直接联系，即有什么样的技术，就有什么样的精神活动"。③ 它们既是技术的，又属于文化的范畴。

"混沌性"是原始文化与技术融合的显著特征，犹如神话传说中盘古开天辟地前的"天地混沌"状态一样，由于原始文化与技术同根同源，在很长一段时间内并未形成独立的发展形态。尽管原始精神活动出现的时间甚至早于较为成熟的技术，但很难将其解释为一种纯粹的精神活动。比如文身、黥面、涂彩等是为了刺激异性或者吓唬敌人，舞蹈则是为了祭祀或娱乐鬼神。一方面，它们当中大部分仍然包含着技术的成分，画家或雕刻家不过是一些高明的"狩猎者"或手艺人；另一方面，就算是一些基于宗教式的盲目崇拜和感性理解，有时仍然需要在具体的劳动中表现出来。如《周官·司巫》中记载"若国大旱，则帅巫而舞雩"，《吕氏春秋·古乐篇》中记载"昔葛天氏之乐，三人操牛尾，投足以歌八阙"，等等，讲的就是原始歌舞与劳动生产之间密不可分的关系。

总之，原始文化与简单技术是完全糅合在未分化的渔猎生活和巫术礼仪的混沌统一体中的，具体表现为"工具"这一实用载体的使用以及围绕

---

① 李泽厚：《美的历程》，文物出版社，1999，第3页。
② 李泽厚：《美的历程》，文物出版社，1999，第11页。
③ 黄韫宏：《文化与科技互动的历史形式和未来趋势》，《贵阳学院学报》（社会科学版）2013年第6期。

"工具"的精神活动，既具有功用性，又凝结着原始民族的审美、情感、思想和信仰。

二 古代文化与科技相对独立发展阶段

普列汉诺夫在论及原始民族的艺术时坚信，"人最初是从功利观点来观察事物和现象，只是后来才站到审美观点上来看待它的"。[①] 其中的分水岭也可看作文化与科技逐渐分离的坐标原点。在经历了漫长的原始文化和"前技术"的积累之后，首先是文化开始从劳动实践中脱离，成为一种纯粹的精神活动。比如原始时期诗歌、音乐和舞蹈"三位一体"的艺术景观呈现逐渐裂变为单独艺术生命体的过程，即可看作精神文化独立发展的例证之一。古希腊时期的"七艺"（语法学、修辞学、逻辑学、算术、几何、音乐、天文学）与先秦的"六艺"（礼、乐、射、御、书、数）划分，也恰当地说明了音乐、书法与骑射、礼节、天文、几何、数学的区别。换言之，"无功利"的情绪表达为原始思维的解放创造了前提，只有当精神脱离了生产活动，文化艺术才有可能逐渐形成众多艺术门类。与此同时，随着技术的进一步发展，特别是青铜冶铸技术的进步，标志着人类学会对天然产物的进一步加工，出现了区别于原始社会的科学技术萌芽。尤其是原始部落在各大流域的聚集生活，使原始技术不再仅用于渔猎，而是逐渐发展成以农业经济为主的农耕技艺。同时，手工技艺也开始脱离了农业生产，在漫长的历史中发展出造纸、印刷、纺织、陶瓷、冶铸、建筑等多个技术门类，出现了专门从事手工业生产的"工匠"。并且，随着人们对社会和自然的认识逐渐加深，还出现了早期的天文历法、数学、物理、医药、地理等科学萌芽。

如果用"源"与"流"的关系作为比照，这一时期的文化与科技正是从同一"源泉"出发，走向了不同"川流"的过程。它们既不脱离生活内容和实践过程而自行存在，又世代相继、绵延不息。相比原始时期的"混

[①] 〔俄〕普列汉诺夫：《论艺术》，曹葆华译，生活·读书·新知三联书店，1973，第93页。

◇跨界融合与文化创新

沌"状态,古代文化与科技的分离为彼此提供了新的发展空间。但与之相反,这一时期科技对文化的影响远不如原始时代。一方面,文化脱离了劳动实践之后,开始沿着自身的系统有序地发展。比如诗歌成为独立的文学形式之后,经历了诗经、楚辞、汉赋、唐诗、宋词、元曲、新诗等多种形式的演变,其与科技又有多少联系呢?另一方面,虽然青铜时代中后期就出现了简单的科学萌芽,但与现代科学与技术互为促进的状态相比,这一时期的科学与技术没有产生紧密的联系,几乎是分离式发展,技术的应用难以对文化内核产生影响。也就是说,古代时期的文化与科技没有发展到足够的高度以使双方紧密融合,而是沿着自身的系统和逻辑有序地发展,相互影响并不明显。相反,政治、宗教、社会环境和经济发展往往间接影响了文化与科技的融合。例如,在古希腊时期,经济的高度繁荣和宽松的社会环境促进了科学与人文的交融,但进入中世纪之后却"背道而驰"。在中国古代盛世与乱世的更迭中,也不乏这种"南辕北辙"的现象。当然,我们并不否认,古代科技的发展与文化繁盛之间并非毫无关联。特别是造纸术、印刷术促使知识媒介改变,保证了绘画、书法和诗词的普及和繁荣。在《考工记》《天工开物》《梦溪笔谈》中,也记载了许多专门用于工艺美术的技术,如金银错、鎏金、失蜡法、錾刻、累丝、镂雕等古代工艺就广泛应用于青铜铸造、细工装饰、玉器加工、绘画美术等。显然,古代文化与科技的交融是丰富的,整体水平亦高于原始蒙昧时代。只是相对当下而言,这种交融仍然呈现"零星状"、"偶然性"与"间接性",其影响的人群也不广泛。

文化与科技相对独立发展并没有一个准确的时间起点,但我们大致可以从古代文明的开端去探寻其深刻的历史背景和原因。首先,手的进一步解放与社会生产力的发展为独立的精神生产创造了前提,也是造成文化与科技分离式发展的根本原因。其次,区别于原始时期的蛮荒状态,人类步入文明社会[1]之后,开始建立起一种新的政治制度和社会生活。统治者为了巩固其统

---

[1] 摩尔根认为:"氏族的消亡与有组织的乡区的兴起,大体上可以作为野蛮世界与文明世界的分界线,也就是作为古代社会与近代社会的分界线。"参见〔美〕摩尔根《古代社会》,中央编译出版社,2007,105页。

治，不仅垄断了精神文化领域，有时还利用政治外力强行扭曲科学技术的发展方向，如用阴阳之道发展中医技术、用神权意识解释天体运行、用道家思想来解读地理现象等。① 在中世纪，科学的发明和发现被当作"异端邪说"，基督教排斥人类的肉体而重视灵魂，将科学视为人类妄自尊大的表现之一。这些都导致文化与科技之间呈现强烈的对立状态。最后，文化与科技的相对独立发展往往与其所处社会环境有关。如中国古代社会尊崇"伦理至上"，认为文是"载道"之物，而技是"通道"之物，因此视"载道"为大任，而视"通道"为小技。② 由于古代科技过于注重实用，且多为生产经验的积累，技术化倾向严重，科技发展往往与农业生产息息相关，如"天文"之于河水涨落、"数学"之于丈量土地、"水利"之于农业灌溉等。由于不能转化为普遍的社会生产力，其片面性和封闭性的特征导致科技与文化之间未能产生太多的交集。

如果说原始时期文化与科技的融合主要是以一种"工具"形态呈现，那么在漫长的古代文明当中，二者则多以"器物"③ 形态呈现，其区别于原始时期"工具"形态的最主要特征是其审美特质明显且象征意义丰富。尤其是在中国古代，仪式中的"器物"从属于"文"，功能性处于次要位置。由于阶级属性明显，这些"器物"往往体现出"强烈的伦理意识和严格的等级观念"④，大多只为精英阶层服务，不像原始"工具"那样属于所有成员，不存在对哪些成员亲疏利害的区别。它们或是帝王祭祀时用的青铜礼器，或是诸侯、大夫家中的奇珍异宝，或是工匠手中的精美雕刻，抑或是艺术家笔下的教堂壁画。总之，文化与科技之间的融合往往局限于少数传统手工技艺领域，无法进入广泛的商品层面，也不可能有大规模的生产，更不可能形成文化与科技广泛融合的浪潮。

---

① 黄韫宏：《文化与科技互动的历史形式和未来趋势》，《贵阳学院学报》（社会科学版）2013年第6期。
② 于平：《城镇化进程与文化科技融合创新》，《艺术百家》2014年第6期。
③ "器物"原指古代青铜"尊彝"，是古酒名，也泛指祭祀的礼器，后为各种用具的统称。参见《周礼·秋官·大行人》："三岁壹见，其贡器物。"郑玄注："器物，尊彝之属。"
④ 闫月珍：《器物之喻与中国文学批评——以〈文心雕龙〉为中心》，《中国社会科学》2013年第6期。

三 近代文化与科技融合冲突并存阶段

无论是在东方还是西方，文化与科技相对独立发展的历史几乎横跨了漫长的古代文明，而这种关系的打破则最早始于欧洲封建社会向资本主义社会过渡的社会大变革时期。从意大利早期资本主义萌芽开始，文艺复兴运动与启蒙运动之风吹遍整个欧洲，人文主义浪潮盛行，帮助近代自然科学从封建统治与神学的束缚中解放出来。科学与人文在经历了中世纪长期的对立后，出现了前所未有的繁荣景象。借着这股"东风"，欧洲再次迎来了文化与科技交融的曙光，突出表现为自然科学与人文领域的联姻，出现了如达·芬奇、哥白尼、布拉赫、伽利略、米开朗基罗、丢勒等一大批显赫巨匠。恩格斯曾指出："这是人类以往从来没有经历过的一次最伟大的、进步的变革，是一个需要巨人而且产生了巨人——在思维能力、激情和性格方面，在多才多艺和学识渊博方面的巨人的时代。"[①] 如果说，近代文化与科技融合的触发点包含政治、经济、宗教、社会变革等多重因素，那么真正将之推向高潮的则是以科学为基础的技术进步。19世纪，从英国发起的第一次工业革命迅速蔓延至法国、美国等国家，率先完成了从"手工"时代向"机器"时代的过渡，并引发了一系列的技术变革。但这一时期科技的发展旨在丰富人们的物质生活，还没有与文化产生广泛的融合。直到进入"电气时代"（第二次工业革命）以后，各种新技术、新发明层出不穷，并被应用于各类文化生产和文化服务领域，摄影、广播、电影、电视、广告等大众媒介的问世代表了这一时期文化与科技融合的最高水平，也是物质逐渐丰富后转向文化消费的主要领域，为文化创意产业的萌芽与兴盛奠定了基础。

毫无疑问，在近代文化与科技走向融合的过程中，科技占据了绝对的主导地位。正如亨德里克·威廉·房龙在《人类的故事》一书中所感叹的，"自从人们最初观望星星而又不知其何以存在，已经过了几十万年的时间。

---

① 《马克思恩格斯选集》第 4 卷，人民出版社，1995，第 261~262 页。

文化与科技融合创新：演进机理与历史语境

而在短短的三十年当中（1910年至1940年），科学各个领域中所取得的进展，比整个那一段时期要多得多"。① 由于现代科技能够以最快的速度提高和发展生产力，人们的物质生活和精神生活不断丰富，大众文化和消费社会随之兴起，将都市人置于"机械复制时代"的精神生产与声、光、电的狂欢之中。诚如马尔库塞描述的那样，"工人和老板享受同样的电视节目，漫游同样的风景胜地，打字员同她雇主的女儿打扮得一样漂亮，连黑人也有了高级轿车，阅读同样的报纸"。② 由此可见，在发达的工业社会，不仅人的生活方式同化起来，而且高层文化与现实的"间距"也被克服，他们共同分享制度的好处。这充分表明，区别于古代社会等级森严的阶级划分，文化与科技融合从少数精英的"器物"层面转向了多数大众的"产品"层面。在这里，普遍性与特殊性已经统一起来，"大传统"与"小传统"③ 界线模糊了。以雷蒙·威廉斯和斯图亚特·霍尔为代表的英国文化研究学派就极力主张打破高雅文化与通俗文化的传统划分，他们更关注文化产品的用途，拒绝审美标准的绝对性。这种新的文化观念在一定程度上促进了文化与艺术生产的繁盛。

然而，当现代科技强制助推文化符号成为被消费的对象时，文化与科技之间的失衡也随之浮现。近代"启蒙精神"动摇了封建文明的根基，却一度让科技像脱缰的野马一样肆意狂奔。由于技术的工具理性、实用性与应用性被强调到极致，"科技万能论"与"技术崇拜"盛行，特别是科学研究的经验原则、数量原则、机械性原则在广泛的社会领域行之有效，人文精神则

---

① 〔美〕亨德里克·威廉·房龙：《人类的故事》，刘缘子等译，生活·读书·新知三联书店，1999，第456页。
② 〔德〕马尔库塞：《单向度的人：发达工业社会意识形态研究》，刘继译，上海译文出版社，2009，第206页。
③ 美国芝加哥大学人类学家罗伯特·芮德菲尔德（Robert Redfield）提出了"大传统"与"小传统"的区分。"大传统"是指一个社会上层的士绅、知识分子所代表的文化，这多半是由思想家、宗教家反省深思（reflective）所产生的精英文化（refined culture）。"小传统"则是指一般社会大众，特别是乡民（peasant）或俗民（folf）所代表的生活文化。参见罗伯特·芮德菲尔德《农民社会与文化：人类学对文明的一种诠释》，中国社会科学出版社，2013。

◇跨界融合与文化创新

被虚置，使主流文化的发展处于极度被动的地位。而由于过度追求技术和物质导致的生态危机、经济危机、信仰危机等，反过来造成了广义文化价值观的整体危机。如此一来，文化与科技之间出现了不可调和的矛盾和断裂。阿多诺和霍克海默对资本主义"文化工业"欺骗本质的揭示，马尔库塞对工具理性的批判，本雅明感叹"灵韵"（Aura）的消逝，哈贝马斯对作为意识形态的技术理论的思考，弗洛姆对技术人道化的研究，海德格尔对技术物质化、齐一化、功能化的批判，等等，无不表达了相当程度的批判和反省。而这一时期自然学科与人文学科之间的对立也从一个侧面反映了这种裂痕。英国学者 C. P. 斯诺将其归纳为"两种文化"（人文文化和科学文化）的对立和"两个极端的智力集团"（groups）（文学知识分子和科学家）的互不理解、歪曲甚至憎恨和厌恶。[①] 这种分裂和矛盾对抗，"使西方文化丧失了整体文化观，致使思想界无法对过去做出正确的解释，不能对现在做出合理的判断，也难以对未来有所憧憬和展望"[②]。五四运动后期关于科学与人文的大论战在一定程度上反映了这种思考和博弈，但新中国成立至 20 世纪 70 年代和 90 年代却倒向科学主义，出现了一种极为畸形的分裂。现代化进程中的"功利主义"与中国人文土壤的"排异性"导致科技与文化"两张皮"现象越来越严重。

近代以来，文化与科技积极的融合与消极的冲突两种状态并存局面，一定程度上反映了"科技乐观派"与"科技悲观派"、人文阵营和科学阵营的博弈。如同"双刃剑"，任何一种新兴科学技术或科技产品问世总是会遭遇人们正反两种截然不同的态度。而这种"两面性"出现的根本原因在于，科技自身在发展过程中往往过分强调工具属性而忽视其人文属性，对人类生命意义的态度往往是中立而不是积极迎合。在大航海时代，各大帝国在争夺殖民地和争夺世界霸权的过程中，出现了西方先进科技文明与东方落后民族文化之间独特的交融现象，但这种单向的强制渗透与融合又何尝不是一场激

[①] 陈俊明：《科技与人文互动》，四川大学出版社，2009，第 3 页。
[②] 陈俊明：《科技与人文互动》，四川大学出版社，2009，第 17 页。

烈的"冲突"呢？作为诺贝尔物理学奖获得者，爱因斯坦曾直言不讳地指出科技造成的直接灾难："在战争时期，应用科学给了人们相互毒害和相互残杀的手段；在和平年代，科学使我们生活匆忙而不安定。它没有使我们从必须完成的单调的劳动中得到多大程度的解放，反而使人成为机器的奴隶。"① 正如《娱乐至死》的作者波兹曼所倡导的，对于新技术的迅疾发展，我们可能无能为力，但如果我们对技术理性本质有更清醒的理解并保持基本的"批判"意识，就有助于人类合理把控对技术的使用，而不至于完全被技术摆布。

四 当代文化与科技深度融合阶段

尽管文化与科技在工业化时期的交融出现了诸多"不适"，但是两者互为影响、不断创新的趋势却无法阻挡。尽管站在严格的批判立场，但法兰克福学派的理论家们也不得不承认，早在文化工业出现以前，娱乐和文化工业的所有要素就已经存在了，文化元素与现代科技结合形成的工业体系是自上而下被承袭的。② 究其根本，还在于文化与科技融合迸发的巨大能量。犹如万涓细流汇聚成河，奔向大海；而那蜿蜒聚散、平缓湍急则是必经的"变奏"。它让人们深刻意识到，文化与科技之间在经历了长期的对立和矛盾后，有望在新的历史时期形成高度的统一。虽然文化与科技之间相互依存的关系远不及原始时期的"交融共生"状态，但在这样一个"汇流"运动中，已然是最接近的了。

20世纪末和21世纪初的十几年，是现代科技发展人文化倾向较为明显的时期，即"在经历了过度膨胀的科技理性之后，人们的反思给予了科学深切的人文理解和人文关怀。它内含着科学人文精神在当代的重新唤起，也

---

① 爱因斯坦于1931年对加利福尼亚理工学院学生的讲话，初稿发表在1931年2月17日《纽约时报》。
② 〔德〕马克斯·霍克海默、西奥多·阿道尔诺：《启蒙辩证法——哲学断片》，渠敬东、曹卫东译，上海人民出版社，2006，第121页。

◇ 跨界融合与文化创新

内含着科技理性在当代的人文重建,由此将当代科技导入人性化的轨道发展"。[1] 这很好地旁证了 C. P. 斯诺所谓 "第三种文化" 的存在——"人文知识分子与科学家的关系将会很融洽,两种文化之间的鸿沟会缩小"[2]。在人文领域,科学的思想为文学艺术提供了全新的视角与方法,立体主义、印象主义、野兽派、超现实主义等众多流派的起承转合受到了立体几何学、现代光学、相对论、量子力学、精神分析学的影响,一些作家如乔伊斯、普鲁斯特、福楼拜、陀思妥耶夫斯基的叙述方式也不同程度地受到科学的启发。在科学领域,20 世纪 90 年代以来兴起的耗散结构理论、超循环理论、突变理论、分形理论、协同学、混沌学等复杂性科学带来了思维和研究方法上的突破与创新,打破了过去科学拜物教的状态,并且日益渗透人文社会科学领域。这些都反映出,文化与科技之间的激烈冲突和分裂状态逐渐被打破,误解和偏见进一步消解,人类社会开始迈向 "科学的人文主义" 和 "人文的科学主义"[3] 时代。由此观之,未来科技融合文化发展、融入人文精神的趋势已经越来越明显,文化与科技融合创新的呼声越来越高。

另一个鲜明的例子,是兴起于 20 世纪 60 年代的欧美大规模社会文化运动,人们重视差异、张扬个性,文化变得多元,形成了有利于发挥个人创造力的氛围。这不仅对传统的工业社会结构造成了巨大的冲击,也使世界各国尤其是英、美等发达国家文化创意产业与创意经济(Creative Economy)的兴起蔚为壮观,为当下文化与科技的融合创新提供了充足养分。一方面,由于科技是文化得以产业化的必要条件,文化创意产业本身就包含科技的成分;另一方面,许多文化科技产品的成败在很大程度上也取决于产业环境的成熟

---

[1] 廖清胜:《当代科技发展的人文趋势——兼论 "两种文化" 统一之路及其意义》,《自然辩证法研究》2001 年第 1 期。
[2] C. P. 斯诺在《两种文化》1963 年第二版中,加入了一篇名为《两种文化:一次回眸》(The Two Cultures: A Second Look)的短文,乐观地提出了一种新文化——第三种文化,这种文化将浮现并弥合人文知识分子和科学家之间的沟通鸿沟。参见约翰·布罗克曼《第三种文化:洞察世界的新途径》,海南出版社,2003,第 2 页。
[3] 李醒民:《走向科学的人文主义和人文的科学主义——两种文化汇流和整合的途径》,《光明日报》2004 年 6 月 1 日。

文化与科技融合创新：演进机理与历史语境

度，文化创意产业作为新兴产业和朝阳产业在全球范围内兴起，为科学技术成果的转化提供了丰富的"试验场"。由于文化创意产业的发展处于工业社会向信息社会的过渡时期，经济发展和物质丰富使人类对精神文化的追求和消费日渐增强，经济重心已逐渐由物质领域拓展到精神领域和服务领域。而现代科技频繁催生的新事物，也进一步满足了人们的猎奇心理和文化需求，促进了文化消费的多样化、个性化和人性化。尤其是计算机、互联网、信息化、数字化、智能设备等新一代科技的应用，不仅动摇了近代工业社会和工业组织的根基，在文化领域更是掀起了新的"文化革命"，对文化艺术的生长环境、传播途径、业态模式和消费方式产生了颠覆性的影响。这些都推动了文化与科技走向深度融合，反过来又促进了文化新兴业态的不断涌现。

应当说，文化与科技的深度融合是工业时期以来融合、冲突的延续与发展。区别在于，二者之间的鸿沟大大缩小了。而另一个显著特征是，同样处于科技引领文化变革的社会语境下，如今文化的发展更加积极主动地向科技领域靠拢，科技本身的发展也更加人文化和人性化，形成了相互促进、相互倚靠的新局面。文学、音乐、美术、电影、电视、舞蹈等传统文艺领域积极运用新的技术工具理性地进行全面改造，促进了流行文艺资源的信息化、数字化和网络化，在与相关产业的融合过程中催生了许多新的文艺形态；而日常生活审美化和海量的文化消费需求也刺激了网络应用和移动技术升级，现代科技的发展越来越多地需要文化内容的驱动，科技资源的人文化、创意化、艺术化和审美化趋势明显。

总之，在新的移动互联时代，文化与科技的交融日益广泛和深入，彼此构成了对方生态中不可或缺的部分。不仅如此，随着"后冷战时代"国际竞争开始转向以城市文化、价值观念、社会制度为代表的"软实力"（soft power）竞争，文化科技产品以其极为有效的"吸引"（attraction）和"说服"（persuasion）能力[1]获得了全球市场和各国政府的青睐。在一个多

---

[1] Joseph S. Nye, *Soft Power: The Means to Success in World Politics* (New York: Public Affairs, 2004), p. 6.

◇跨界融合与文化创新

元文化竞争的新"战国时代",不同思想文化交流、交融、交锋更加频繁,相较于工业时代"自产内销"为主的文化发展模式,当今各国无不"摩拳擦掌",希望借助文化和科技融合的力量抢占21世纪的文化制高点和话语权。

五 主要结论与启示

历史发展的经验表明,任何一次跨时代的社会变革都伴随着文化与科技的相遇与对话。科学发现与技术进步是社会文化形态演进发展的催化剂,先进文化与知识积累又是科技创新的重要动力和源泉,文化与科技相互促进、相互融合发展构成了人类文明演进最重要的特征之一。自古以来,人们对待"文化"与"科技"的态度就常常因为政治、经济、宗教、战争等因素而处于不断嬗变之中,这在一定程度上影响了文化与科技之间本该交融的关系。然而,经历了漫长的古代文明和短暂的工业时期之后,原始艺术与简单技术之间那种"你中有我,我中有你"的"交融共生"状态有望在未来得到"回归"。我们假定以人类制造第一件"用工具制造出的工具"作为文化与科技融合创新实践的起始,其一旦产生,文化与科技就存在各自走向独立甚至对立的可能。但是,由于文化与科技同根同源的性质以及千丝万缕的联系,文化与科技之间似乎正在经历一场"触底反弹"的融合运动。所谓"观乎天文,以察时变;观乎人文,以化成天下",早在西周时期,古人便将"天文"与"人文"相提并论,体现了"万物并育而不相害,道并行而不相悖"的中庸智慧。无独有偶,如今人类社会也更加崇尚科技与人文并重,更加注重物质消费与精神追求的统一,这为文化与科技的融合运动注入了源源不断的动力。

回顾人类文明发展脉络,文化与科技融合的历史演进机理大致呈现从"无意识"到"有意识"、从"浅层"到"深层"、从"手工"到"机器"、从"零星"到"规模"、从"偶然"到"必然"、从"线性"到

"网络"的运动轨迹，具体表现为"工具""器物""产品""产业"四种形态的过渡。简言之，过去科技对文化的影响表现较为单一，往往只在特定的阶级和历史时空中发挥作用，现如今却发展为"相得益彰"的格局。尤其是在文化创意产业发展日臻成熟的今天，文化与科技融合为天马行空的文化创意和源远流长的历史内容找到了更多元化的载体及表现形式，在丰富人们文化生活、文化体验、文化消费的同时，激活了创新要素，增强了文化品质，催生了一大批新兴文化业态。"文化+科技"已经成为文化创意产业与创意经济发展最典型的模式之一，对繁荣文化市场发挥着不可替代的作用。

由此我们发现，文化与科技的融合并不是一个逻辑严密的当代命题，它作为一种社会存在方式，是人类基本意义要素的组成部分并贯穿始终。而文化与科技的"深度融合"问题，包括融合范围的广泛性、融合方式的多样性以及融合价值的丰富性等，则是一个不得不给予关注的当代课题。

对中国而言，其必要性和迫切性在于我们的文化发展正处于一种以"离异"[①]力量为主导的文化转型时期，面临的是"文化开放"与"文化坚守"的双重语境。其积极的一面是，中国传统文化在与西方文化交融碰撞中孕育出了许多新生事物，也使中国在积极融入世界的行动中获得了飞速发展。而消极的一面是，西方价值观的长期渗透使中国优秀传统文化在现代化阐释中逐渐"失语"，以致面临"后殖民时代"新的文化安全危机。目前中国面临的正是这样一个两难的尴尬境地：其一，要打破狭隘的地域观念，以积极开放的姿态去拥抱全球化，加强与他国之间的文化交流；其二，需要保持对传统文化的基本坚守，以保持民族文化的独立性。置身此种环境下，通

---

① 汤一介教授认为，文化的发展大体上通过"认同"与"离异"两种作用进行。"认同"表现为与主流文化一致的阐释，是在一定范围内向纵深方向发展，是对已成模式的进一步开掘，同时表现为对异己力量的排斥和压抑。相反，"离异"则表现为批判和扬弃，即在一定时期内，对主流文化的否定和怀疑，打乱既成规范和界限，兼容被排斥的、释放被压抑的能量，因而形成对主流文化的冲击乃至颠覆。参见汤一介《转型期的中国文化发展》，（香港）《二十一世纪》1991年第7期。

过文化与科技融合繁荣文化市场以及推动中国文化"走出去",就具有了当代文化意义上的前瞻性,也对未来我国文化与科技的融合实践与文化创意产业的发展提出了新的要求。

(原载《中国人民大学学报》2016年第4期)

文化与科技融合创新：模式与类型

回溯人类文明演进，整个社会在科技族谱与文化脉络两张"进度表"上总是呈现强烈的对应关系，[①] 尤其是科技的每一次跨越式发展，都给文化的繁荣提供了强大的工具载体。从造纸术到印刷术、从蒸汽机到电动机、从计算机到互联网诸多科技嵌入文化领域的每一次重大突破，都给人类的思想解放和精神诉求提供了源源不竭的动力。历史发展的经验表明，科技影响着文化的生成、发展和传播，文化推动着科技的创新、突破和转化。进入21世纪，文化与科技的融合迎来了前所未有的繁荣图景。从微观层面看，新的文化产品和社交媒体不断产生，打破了传统文化产业的生产和生存逻辑，数字内容、虚拟现实、移动互联、智能终端、自媒体、大数据等以一种前所未有的便捷方式融入人们日常生活；从宏观层面看，推动文化与科技融合已成为各国提升文化软实力与竞争力的关键手段。就我国而言，以科技带动文化发展，发展新型文化业态，促进传统产业转型升级等已经进入国家顶层设计层面，成为深化文化体制改革、推动社会主义文化大发展大繁荣的重要战略。

一 文化与科技融合创新的模型建构

现代文化科技产品赋予消费者新奇独特的用户体验和人们对产品文化内涵的自觉追求，给文化与科技的融合创新发展带来了前所未有的光明前景和

[①] 《2013上海推进文化和科技融合发展年度报告》，上海市科技信息中心，2013，第7页。

◇跨界融合与文化创新

良好机遇。文化科技融合创新产生的经济价值和社会效益,也使其作为经济发展第一引擎的地位愈加凸显。同时政府产业政策的积极调整、中介机构的主动参与、政产学研跨界互动频密等,也无不显示出文化科技融合创新的向好发展。[①] 近年来,随着国家日益重视文化与科技融合的推进,学界也越来越多地关注这一趋势并积极地投入相关研究。但是文化与科技之间究竟"如何融合",其具体呈现的模式类型又有哪些,仍是一个值得探讨的问题。一般观点认为,文化与科技的融合就是文化与科技相互作用、相互影响从而形成一体化的状态,是"文化科技化"与"科技文化化"的过程,具体表现为科技对文化的载体支持与文化对科技的内涵提升。但笔者以为,这样的探讨似乎过于简单。推动文化科技融合创新是一个复杂而庞大的"系统工程",其涉及主体和行业之多、影响范围之广泛、战略意义之重大等,都需要我们站在更为广阔的视域去探究文化与科技的融合模式和呈现形态。

哲学意义上的"主体"与"客体"关系帮助人们理解世界,其作为认识论中的一对范畴,也有利于人们在现实生活中发现事物的规律。站在辩证唯物主义的立场上,社会实践维系着主客两端,主体与客体则形成了改造与被改造的关系。我们毋宁将文化与科技的"融合创新"也看作新世纪人类探求自身文化发展的一场实践活动,而"文化"与"科技"作为这一实践活动的两大要素,其融合手段的差异性与目的多样性必须从文化与科技融合创新的"主体"与"客体"中去寻找。这对于理解与推动当代文化与科技发展的核心理念和内在机制具有重要意义。换言之,文化与科技的融合本身意味着创新,而要实现这种创新,二者必须走上融合之路。那么,究竟是谁如此"能动"地推动着这场融合浪潮呢?

一般而言,当代文化与科技的融合创新涉及主体众多,但主要包括个体、企业、消费者、政府和中介五大主体。由于不同主体的地位和性质差异,它们在推动文化与科技融合过程中所扮演的角色和承担的职责各不相

---

① 李凤亮、谢仁敏:《文化科技融合:现状·业态·路径——2013年中国文化科技创新发展报告》,《福建论坛》(人文社会科学版)2014年第12期。

同。比如个体主要是通过个人智慧开拓创新，是推动文化与科技融合最原始的动力，揭示的是人类生存发展的必然诉求；企业创新则可以相对地看作"集体智慧"的聚合行为，是探索文化与科技融合的市场主体；消费者对新型文化科技产品的体验需求直接刺激了企业的生产，提供了源源不断的动力；政府和中介则是"官方"和"民间"两大力量对文化科技融合实践活动的支持，既为文化与科技之间的融合搭建了桥梁，也是促进各个主体协同创新的"润滑剂"。由此可以看出，推动文化科技融合创新，五大主体各有侧重、缺一不可。那么，这些"主体"试图通过"融合创新"这一实践活动改造的"客体"又是什么呢？解决这一问题，有助于我们真正理解文化与科技融合内涵。按照中共十八大提出推进社会主义文化强国建设的要求，"促进文化和科技融合，发展新型文化业态，提高文化产业规模化、集约化、专业化水平"，其最终目的在于提供更多"丰富人民精神文化生活的文化精品"。从文化与科技融合的宏观层面而言，二者的融合就是通过将各类文化的内容、形式及服务等与科学技术的原理、方法等有效结合，提升有关文化产品的价值与质量，更好地满足人民日益增长的文化需求，既是目的也是手段。[①] 由此可以看出，文化科技融合创新的"客体"主要是指产业和产品两个层面。其中产业是平台，产品是载体，主要任务则落在了企业这一市场主体上。

首先，文化与科技融合对产业的创新大致可以用"新"和"旧"两个字来概括：一是创造了"新"的产业形态，一般指由新科技成果转化与文化结合而成，我们称之为"新兴文化业态"，典型的如数字技术催生的"数字内容产业"和互联网背景下诞生的"互动娱乐产业"；二是改造了"旧"的产业形态，主要指不同产业相互跨界渗透过程中，通过文化与科技要素聚合促进了原有产业的转型升级。比如传统旅游业态都在不同程度上遭到了现代科技和互联网势力的"觊觎"和"入侵"，进而形成了新的旅游产品和经

---

① 姜念云：《"文科融合"的内涵、意义与目标》，《中国文化报·热点评论》2012年2月4日，第3版。

营形态。其次，就产品而言，文化与科技融合的提升作用也主要包括两个方面：一是通过科技创新牵引形成的"科技型文化产品"，比如腾讯公司推出的"微信红包"既是一种金融创新，也是一种技术创新，更是一种文化创新，俨然变成了互联网时代的新"民俗"；二是通过文化创意驱动形成"文化型科技产品"，苹果公司充满了简约、典雅、唯美的 iPod、iPhone、iPad、Apple Watch 等系列产品，正是这类产品的典型代表。近年来，随着文化与科技融合运动的日益高涨，二者之间的互动逐渐发展成为一种新趋势，政府的频频参与也给文化与科技的融合带来了新的突破，以政府为主导，推动各个主体参与的政、产、学、研"协同创新"浪潮正成为文化与科技融合的新模式（见图1）。

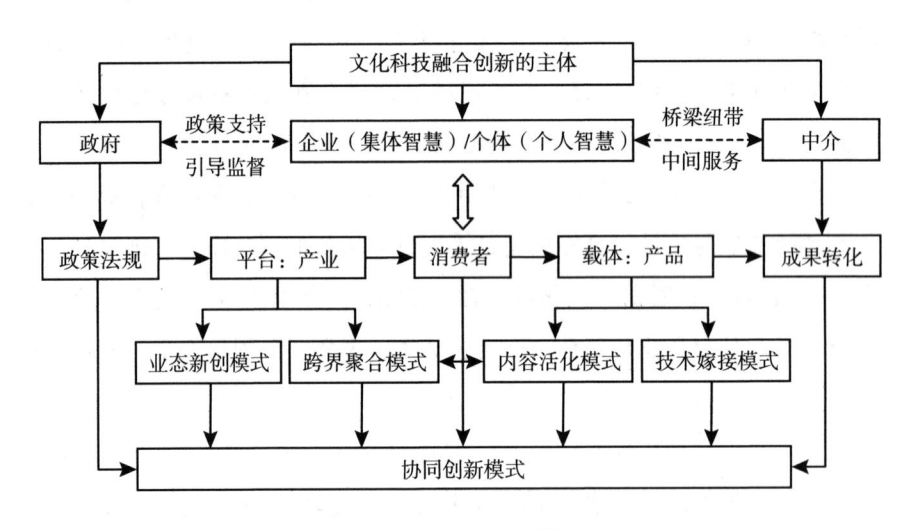

图 1 文化科技融合创新模型建构

二 文化与科技融合创新的模式分析

文化与科技融合创新的复杂性与多样性，与当前所处的文化、科技、产业和政治语境息息相关，更受到个体创新、技术革命、市场变迁、政策环境等因素的深刻影响。本文基于上述模型，从文化科技融合创新的背景出发，结合典型性案例，提炼出文化科技融合创新的五大模式类型，借此抛砖引玉，共同探讨。以下就每一种模式进行系统阐述和分析。

（一）新兴产业推动下的"业态新创"模式

20世纪四五十年代以来，新的科学技术发展突飞猛进，新的科研成果和新兴技术的发明不断涌现，标志着人类社会进入了技术革命的新阶段，以电子、信息、生物、新材料、新能源、海洋、空间等为代表的一大批新技术不断应用和产业化。尤其是电子和信息产业的广泛应用，已经深刻改变了人们的生活方式。在新兴产业的推动下，新技术在改造传统产业和自身产业化的过程中，也不断与文化生活相结合，催生大量的新兴文化业态（见图2）。如果说，"前两次科技革命主要以物质生产的效率提高为目的，那么以电子计算机、信息技术应用为主要标志的第三次科技革命则更多地转向了非物质生产效率的提高，其核心内容以精神生产和物质生产的高度融合为目的，即加强科技创新与文化创意的高度融合"[①]。换言之，新型文化业态的出现，不仅丰富了人们的精神文化生活，更为文化与科技的融合创新实践提供了崭新的"试验场"。

```
新技术 ⇒ 新产业 ⇒ 新业态 ⇒ 文化新业态
```

图2 文化新业态的演变路径

所谓"业态新创"模式，就是指在新技术、新产业的推动下，文化与科技在新兴业态中得以融合发展形成的一种创新模式。主要表现为市场主体以新的经营方式、经营技术、经营手段来运作传统或创新的文化内容，由此创造出新形式、新风格或新产品组合的新式文化产业形态，来满足不同的文化消费需求。以信息和通信技术（information and communications technology，

---

① 向勇：《文化与科技融合发展的历史演进、关键问题和人才要求》，《现代传播》（中国传媒大学学报）2013年第1期。

◇跨界融合与文化创新

ICT）为例，其最初主要应用于计算机硬件和软件、网络和通信、应用软件开发等领域。但是随着计算机和互联网的普及，这一技术被广泛用来生产、处理、交换和传播各种形式的信息，从而形成了一个庞大的信息产业，催生计算机行业、通信行业、互联网行业、信息设备制造业、软件业、信息服务业等多种新型业态。当这些业态触及更广泛的文化领域，如处理书籍、文件、报刊、唱片、电影、电视、语音、图形、照片等信息时，文化与科技的结合又进一步催生新兴文化行业。

由此我们发现，新兴文化业态区别于传统的、常规的文化业态的最主要因素在于，科技的介入使其产生了"颠覆式""替代性"的创新，具有一种"脱胎"于传统文化产业的性质，并在一定程度上带动了相关产业的发展，引发了新的经营模式和消费形式等一连串的"连锁反应"。此外，新兴文化业态的发展具有"非预见性"，即我们无法预测三年以后的新文化产业业态和新文化产品形态。站在唯物史观的角度来看，时事推移，新旧交替，每一个时代都有自己的新兴文化业态，而一旦发展成熟又会被视为旧的阵营，只是不同历史条件（诸如技术、思潮、政策）的影响会造成更替节奏的快慢。[①] 目前，世界各国都处在新旧业态交替的剧烈震荡期，呈现周期短、更新频、速度快等特征。文化与科技的融合在新兴文化业态中呈现的形式多样，但主要集中在新技术催生的新型服务领域和新技术与传统产业结合的领域。主要表现为两种形态。

一是基于"适用性新技术"形成的新兴文化业态。这里的"适用性新技术"，是指新技术成果应用转化的过程中与文化及相关产业关联度和结合度高，并能产生巨大经济和社会效益的一类共性技术，其典型特征是科技带动能力强、应用前景广，并具有普遍制约性。比如早期印刷技术促进了印刷品的大量出现，形成了传统印刷业雏形；电信技术突破了空间和时间的限制，将人类引入了"大众传播"时代。就当下而言，与文化领域结合最为

[①] 李凤亮、宗祖盼：《科技背景下文化产业的业态裂变与跨界融合》，《学术研究》2015 年第 1 期。

紧密的当属信息技术的运用，主要是指数字技术、互联网技术、计算机信息技术等给文化生产、文化传播、文化营销、文化消费等带来革命性变化。具体行业如网络游戏、网络社交、数字媒体、互动娱乐、3D打印等。以LBS技术（基于位置服务，location based service）为例，其最初起源于军用目的的全球定位系统（GPS），曾广泛用于测绘和车辆跟踪定位等领域。随着定位技术和通信技术的发展，许多国家推出了各具特色的商用位置服务。2009年，以美国为代表的基于用户地理位置信息的手机社交服务网站Foursquare给LBS市场带来了新的商机。随后，以定位为核心的应用不断涌现，出现了基于位置服务的休闲娱乐模式、生活服务模式和社交模式等，深刻影响和改变了人们的工作和生活方式。腾讯公司出品的"微信"在推出不久就能够在同类产品中脱颖而出，正是创新性地将LBS技术加入即时通信工具，在新版本中增了"查看附近的人""摇一摇""漂流瓶"等功能，形成了全新的社交结构，提高了通信工具外的附加价值，增强了用户黏性，创造了一种新的文化社交模式。

二是新科技改造传统产业转型形成的新兴文化业态。"在新经济条件下，专业化分工导致了传统产业链的分解，传统产业的升级需求导致了高技术产业与传统产业的融合，因此，新产业业态的诞生成为历史必然。"[1] 用科技改造传统产业并不是一个新的话题，但是对传统文化领域的渗透，却是近十年来的事情。新科技改造传统产业的转型升级形成的新兴文化业态主要体现在两大领域：一是新科技对传统文化产业和文化事业的转型，表现为传统文化内容与信息技术、网络技术、数字技术对接，派生出一系列新业态，为文化艺术提供了新的表现形式和传播渠道，影响了传媒产业、展演产业、视觉艺术、文化遗产保护、公共文化服务等文化产业和文化事业的科技转型；二是以信息、通信和传播技术为主的科技产业的转型。过去许多企业仍处于IT产业链的底端，生产效益低，附加价值不高。在文化科技融合的浪

---

[1] 科技部火炬高技术产业开发中心、北京市长城企业战略研究所：《中国增长极：高新区产业组织创新》，清华大学出版社，2007，第191页。

◇跨界融合与文化创新

潮下，IT产业的转型似乎也出现了与文化融合的势头，纷纷进军文化产业。比如IT行业向软件、内容、新媒体行业转型，突出的例子有蓝色巨头IBM将PC业务卖给联想，实现了从硬件制造商到软件服务商和方案解决商转型。随着移动互联网的发展，如今的联想也深刻意识到生产传统终端产品在移动互联网时代的危机，并积极寻求转型。

（二）产业融合实践下的"跨界聚合"模式

经济全球化和高新技术迅速发展，使传统工业时代产业边界固定、行业分立明显的局面被打破，"产业融合"（industry convergence）正日益成为现代经济发展的另一种新现象和新趋势。20世纪70年代开始，通信技术（光缆、无线通信、卫星）的利用、信息处理和传播技术的革命，推动了电信、广播、电视、报刊等传媒间的相互融合；90年代以来，随着数字化进程的加速和新媒体、互联网的广泛应用和普及，又推进了影视、音乐、广告和出版等创意产业的融合浪潮。在经历了技术融合、产品与业务融合和市场融合之后，产业之间开始出现融合现象。[①] 产业的融合为文化与科技的跨界聚合提供了新条件。随着科技的进步，信息技术迅猛发展，企业兼并浪潮进一步突破了地区和行业界限，过去经济学家关于三大产业的划分已经不能适应产业结构出现的新变化。三大产业的界限趋于模糊，产业融合发展的趋势明显。

所谓"跨界聚合"模式，是指在产业融合实践的基础上，文化产业、科技产业与其他产业之间不断跨界的过程中，文化与科技要素通过互动聚合对原有产业形成转型或升级的一种融合模式。这里包含两层含义。一是产业的"跨界"，主要是科技推动不同产业之间的跨界现象，包括传统产业之间的跨界、新兴产业向传统文化产业跨界；也指以文化科技企业为对象，通过跨空间、跨行业的企业兼并浪潮，从而形成以大企业和企业集团为核心的优势主导产业的过程。如文化产业链条中某环节多个企业合并重组的"横向

---

① 厉无畏：《产业融合与产业创新》，《上海管理科学》2002年第4期。

整合"和上、中、下游不同文化行业合并重组的"纵向整合"。二是要素的"聚合",主要是指文化与科技、创意、资本、市场、人才、品牌、信息、渠道等产业内部要素集聚创新的过程。在这种模式中,文化与科技要素并非直接融合,而是借助产业的跨界来实现聚合。"跨界"和"聚合"构成了文化科技融合创新的两个过程,也是其外在表现。

文化与科技的跨界聚合可以整合资源,优势互补,能有效地促进产业要素之间集聚创新,带动相关产业的升级。但与"业态新创"模式中十分强调自主创新的应用不同的是,"跨界聚合"旨在打破不同产业之间的界线,并科学地整合各类资源,而无意裂变为一个新的产业形态。以文化旅游为例,早期旅游业是一种"资源导向型"业态,即围绕文化资源,带动交通运输、住宿餐饮等相关行业发展的综合性行业,内容主要以休闲放松和旅游观光(吃、住、行、游、购、娱)为主。但是随着产业的不断融合,如今发展成许多跨界型的旅游业态。再如美国迪士尼乐园虽然呈现的是主题公园旅游业态,但是其内容和形式相比传统主题公园已经发生了根本性的变化。依托高科技与娱乐产业的结合,迪士尼乐园的项目得以不断增加、更新和升级换代,其发展和变迁甚至与美国科学技术发展的步伐一致,园内与时俱进的游乐设备和骑乘项目,展现了一部主题乐园产业融合科技发展的精彩画卷。[①] 如果说,"业态新创"模式对产业的影响主要体现在"转型"上,那么"跨界聚合"模式则促进了产业的"升级"。

此外,大公司集团跨地区经营和跨企业兼并形成的"赢者通吃"模式和"文化航母"景观,也是文化科技融合过程中凸显的特征之一。对企业内部而言,一旦掌握核心的文化要素或科技要素,通过搭建平台实现与消费者的对接,"赢者通吃"模式在文化产业的发展过程中会日益突出。"谁做得好就会成为非常巨大的企业,其他的企业只能跟在他后面作为一个市场的补缺者。今后的文化内容企业有可能出现两极分化的情况,大的企业做得越

[①] 于秋阳、徐亚征:《论迪士尼科技与文化融合发展及其启示》,《经济问题探索》2012年第6期。

来越大,小的企业将会面临很多成长的瓶颈。"[1] 比如百度、阿里巴巴、腾讯(BAT)等互联网巨头在线上线下各领域的扩张,就是这类模式的典型代表。

(三)科技创新牵引下的"内容活化"模式

文化与科技的深度融合丰富了人民群众的文化生活空间和参与方式,为满足人民群众日益增长的精神文化需求提供新的可能性。就产品层面而言,科技创新及其在各相关领域的广泛应用极大地促进了人们的文化消费。尤其是科技发展的人文倾向催生了大量新奇和体验性极强的人文科技型的产品,反过来刺激了消费需求的激增。约瑟夫·派恩和詹姆斯·H.吉尔摩预言:农业经济、工业经济、服务经济时代正在过去,"体验经济时代"已经来临。在此背景下,人们精神文化需求呈现多层次、多方面、多样性的特点,审美情趣、欣赏习惯、评价标准、表达途径不断发生变化。这些无不显示出,由于文化消费的刺激,文化与科技融合的可能性和可行性大大提高了。

所谓"内容活化模式",是指在科技创新的牵引下,文化内容的创作、生产、传播、消费等各个层面都有了科技特征,从而提高文化影响力、表现力、传播力的一种模式。在这种融合创新模式中,文化内容是内涵,而科技手段是表现,以科技的形式表现文化内涵是"内容活化"模式的精髓。"活化"原是自然学科中的词语,指某一物体从其无活性状态转变为具有活性状态的过程。这里引申为两层含义。一是内容的"继承活化",其作用是将优秀的文化内容通过技术手段继续保存和传承下去,比如非物质文化遗产的数字化、数字图书馆等。二是内容的"形态活化",主要是通过科技的运用,改变了文化内容的外在形态,使之生动、活泼和更具"能量",比如数字影像、声光电多媒体、LED显示、数字三维虚拟展示等诸多高新技术的应用,明显提升了展演行业和大型节庆活动的表现形式和感染力。

---

[1] 陈少峰:《文化产业发展需融合科技和管理》(第十届中国文化产业新年论坛演讲),新浪财经,2013年1月5日,http://finance.sina.com.cn/hy/20130105/123314191780.shtml。

在"内容活化"模式中,科技的运用同样具有关键性的作用。但与"业态新创"模式不同在于,科技的创新运用并未从根本上改变文化的内容,或者并未形成一种完全原创的文化产品。换言之,在文化内容活化的过程中,科技创新速度远大于文化创新速度,内容并没有发生本质变化。比如在电影技术差别很大的情况下,经典的黑白胶片电影在视觉冲击感极强的IMAX电影面前同样具有不朽的艺术表现力。印刷行业的佼佼者雅昌的高仿字画再怎么真实,但在真迹面前也会黯然失色。因此,文化科技融合创新的"内容活化"模式更加强调内容的原创力和"讲故事"的能力。一味追求科技的外在表现而失去内容创造,反而会失去活力。

自然科学突飞猛进,科学发现和技术发明总量快速增长,科技成果应用速度不断加快,使科学技术与人们的生产、生活日益紧密,成为推动现代社会发展的主要力量之一。现代科技的分类系统十分庞大和复杂,但从表现形态来看大致可归为软件技术和硬件技术两类。相应的,科技创新牵引下的内容活化模式也可呈现为两种形态。一是基于软件技术的"软件文化产品形态",是指产品的设计开发主要是将数字技术、互联网技术或其他软件技术与文化内容进行融合,形成新的软件创意产品。突出表现为数字化的文字、图像、影像、语音呈现以及互动体验,主要用以激活传统文化产品形态、展现历史人文风貌、保护传承历史遗产等。比如2010年上海世博会上推出的动态版《清明上河图》,就是通过软件技术将汴京百姓过节赶集的盛况生动地呈现了出来。此外,软件技术在文化遗产保护应用方面产生了更为积极的意义。"数字圆明园"就是一个典型的例子。长期以来,专家学者对圆明园遗址考古学、档案学和原状研究的探究和努力,在遗失文物的寻找、认定和取样方面做出了突出的贡献。但是综合多种传统和现代的技术手段,我们可以对圆明园遗址现状进行精确的信息采集,不仅可以精确复制圆明园内建筑的彩画及装饰,还可以通过建立圆明园数字档案馆衍生出"再现圆明园"网站、App等一系列文化产品。二是基于硬件技术的"硬件文化产品形态"。与软件文化产品的虚拟呈现相比,基于硬件技术的文化产品强调将新材料、新能源、新工艺、新设备等硬件技术与文化融合,形成具有科技特征的文化产品。比如3D扫描和3D打印技术的结合，可能对于保护传承"固态"文化历史遗迹或物品起到重要作用。但无论何种表现形式，文化与科技融合最终呈现的形态是一个文化产品，满足的仍然是人们精神文化需求，因此可称之为"文化科技型产品形态"。

（四）文化创意驱动下的"技术嫁接"模式

19世纪下半叶，约翰·拉斯金和威廉·莫里斯等人发起的"工艺美术运动"（the arts & crafts movement）极力主张"美术、艺术与技术、生活相结合"，反对工业化和机械化带来的工业产品丑陋、设计水平下降、缺乏"灵魂"和"美感"等问题，曾引发建筑、家具、陶瓷、金属、染织品、平面设计等众多领域的创新，现代设计运动序幕由此拉开。20世纪末，乔布斯创造的苹果产品让"科技美学"风靡一时，更让设计成为IT行业的一种需求。无论是工业时代还是信息时代，功能与形式的统一始终是衡量一款产品成功与否的重要标志。而在文化产业日益蓬勃的今天，文化创意对科技创新的驱动作用也更加明显。

所谓"技术嫁接"模式，是指在文化创意的驱动下，注重知识性和功能性的科学技术在应用过程中主动通过增加文化内涵，从而使产品兼具人文性和科技性的一种融合模式。"嫁接"是一种植物的人工营养繁殖方法，如《氾胜之书》中有记载用十株瓠苗嫁接成一蔓而结大瓠的方法。在这种模式中，科技是可以看作一株植物的"枝条"（科技之"躯"），是果实生长的载体，而文化是"根茎"（文化之"本"），是汲取营养的器官。如同生产实践过程中植物嫁接对改良品种和提高经济价值的作用一样，文化与科技的完美"嫁接"对提升科技内涵和产品品质具有重要意义。如果说技术赋予了产品的身躯，那么文化创意则是该模式的灵魂。

与"内容活化模式"不同的是，"技术嫁接模式"下的产品虽然具有一定的文化内涵，能够满足人们的精神文化需求，但其本质追求的仍然是一个文化型的科技产品。犹如嫁接根系发达的植物一样，暴露在地面上的主体形态并没有发生根本变化，只是由于能够汲取更多的营养，果实部分的价值得到大大提升。换言之，除了具备良好的创造性和文化品性，产品的实用性也不可忽视，应是功能与形式的统一，人们只是在消费"功能"的基础上产生了额外的"感受"罢了。所谓"玉卮无当，不如瓦器"，产品的实用功能是决定产品形态的主要因素，而文化作用旨在以华丽的装备为空洞乏味的科技产品形态注入深厚的文化底蕴，使其与众不同和卓尔不群。从具体呈现形态来看，大致可以分为有形的"文化型科技产品"形态和无形的"文化型科技服务"形态。

首先，基于文化创意的有形科技产品形态是指将文化创意融入科技产品的设计研发，以形成兼具文化内涵和实用功能的科技产品形态。一是直接表现文化内容的科技产品，科技充当了外壳和载体的作用。比如由亚马逊推出的Kindle阅读器，几乎成为电子书阅读器的代名词。在传统出版业日渐衰微的情形下，亚马逊利用计算机技术、多媒体技术和网络技术，并凭借Kindle阅读器提供绝佳的阅读体验，开辟了网络出版业的一片"蓝海"。二是将文化艺术融入高科技产品生产，提升IT产品设计感和附加值。比如深圳朗科公司将景泰蓝工艺、国瓷釉、炭雕等中国传统工艺引入闪存盘（U盘）的制作，通过"科技+文化"跨界创新，以科技融会中国传统工艺，创造了更高的价值。在国际设计大奖的舞台上，我们可以看到许多这样的经典作品。

其次，基于文化创意的无形科技服务形态是指为增强文化娱乐体验而研发的科技服务。比如以增强现实感为目的的虚拟技术通过电脑生成真人般的影像，将已故的文化名人"重现"于舞台，可以创造一种全新的演绎内容。还有一种则是以处理文化内容的软件服务产品为主。以微软、Adobe为代表的桌面软件公司，在图文设计、图像制作、数码视频和网页制作等领域推出的一系列产品皆可看作此类业态的代表。随着移动互联的发展和智能手机的普及，以App为代表的软件服务产品，也为文化与科技的融合搭建了崭新的平台。比如基于iOS和Android操作系统研发的"魔漫相机"软件应用，通过将真人拍成幽默漫画的形式，大大提升了人们的拍照体验和趣味，获得了众多用户的青睐。

◇跨界融合与文化创新

（五）多元主体参与下的"协同创新"模式

就当下而言，文化与科技深度融合处于愈演愈烈进程之中。但无论是产业层面的"业态新创"模式和"跨界聚合"模式，还是产品层面的"内容活化"模式和"技术嫁接"模式，其所表现出来的特征主要是科技对文化的杠杆助推、平台托举和引擎牵引等方面的作用，是科技对文化领域的单向选择性介入，两者互为驱动、互相激活的局面尚未真正形成。尤其是"文化企业的科技自觉明显落后于科技企业的文化自觉"。[①] 在这种背景下，国家层面也越来越重视文化创意和科技创新的双重驱动作用。近年来，随着文化与科技融合创新的推进，企业、政府、中介、高校等创新主体通过多方位交流协作，逐渐突破了彼此之间的壁垒，实现了深度的合作。创新已经逐步从分散、封闭的独立创新走向开放式创新、协同创新。[②]

所谓"协同创新"模式，是指在政府、企业、高校、科研机构等多主体的协同下，文化资源与科技资源有效会聚和互动，通过突破创新主体间的壁垒，充分释放创意、技术等创新要素而实现深度合作的一种模式。协同（synergy）概念最早是指两个企业在资源共享的基础上所产生的共生互长的关系，后引申为多个创新主体之间相互配合、合作和整合，发挥各自优势，为实现重大创新而开展的大跨度整合的创新组织模式。协同理论认为，在复杂系统内各子系统的协同行为产生超越各要素的单独作用从而形成整个系统的联合作用。[③] 如果把文化科技创新工程比喻为一个庞大的复杂系统，各子系统协同发挥作用，则产生"1+1>2"的效用；反之，各子系统各自为战则增加创新成本，降低创新绩效。协同创新就是围绕文化科技融合创新的关键领域和重大问题，多主体、多元素共同协作、相互补充、配合协作的创新

[①] 李凤亮：《大力推动协同创新，打造新型文化智库》，《中国社会科学报》2014 年 12 月 18 日。
[②] 苏卉：《产业融合背景下文化与科技的协同创新研究》，《资源开发与市场》2015 年第 1 期。
[③] 解学梅：《协同创新效应运行机理研究：一个都市圈视角》，《科学学研究》2013 年第 12 期。

行为，从而引起文化科技产业链各个层面的革新。

一般而言，按实现途径的不同，协同创新可分为"内部协同"创新和"外部协同"创新两种。前者是产业组织本身，其实现依赖组织内在要素之间的互动；后者的实现主要取决于产业组织与其他相关主体之间的互动。[①]对于前文探讨的四大模式，我们大体可以看作产业组织内部的协同创新，其主体主要是企业，表现为企业通过自主融合文化与科技要素，在产品层面不断创新的过程。因此，这里的"协同创新模式"主要是指企业与政府、高校、科研机构等其他主体之间的外部协同互动，在文化与科技结合的领域展开深度合作，建立协同创新的战略联盟，促进资源共享，以期在关键领域取得实质性成果。比如政府与企业之间在应对文物、典籍、民俗、宗教等各类物质与非物质文化遗产传承和保护以及文化馆、图书馆、博物馆、科技馆的数字化问题上往往会强强联手。再如企业为突破关键技术的研发，常常会与高校或科研机构达成战略合作，甚至共同建立技术研究开发机构。例如，国家推出的"2011计划"，就是将协同创新的组织主体赋予高校，通过集聚创新团队，以高校协同创新中心为载体，面向国家亟须解决的战略性问题、尖端领域科技等问题出谋划策，为创新型国家建设和创新驱动转型发展做出贡献。以上海交通大学、北京大学发起的"未来媒体网络协同创新中心"为例，该中心汇集了国内一流大学、电视台、科研机构和骨干企业，通过产学研强强联合，多主体协同创新，共同开展面向未来媒体网络的"内容与网络协同""网络与网络协同""新型广播及宽带网络架构设计"等行业关键技术的难题研究。成果推广后将极大地拉动信息消费，深刻影响人类的生活与行为方式。通过协同创新的机制体制改革，未来媒体网络协同创新中心所研发的技术和形成的创新体系将为信息产业的转型发展提供新路径，为信息消费的持续扩大提供新引擎，为文化产业的健康繁荣提供新业态。

[①] 熊励、孙友霞等：《协同创新研究综述——基于实现途径视角》，《科技管理研究》2011年第14期。

三 主要结论与启示

在本文梳理的五大模式类型中,无论是"业态新创"模式、"跨界聚合"模式,还是"内容活化"模式、"技术嫁接"模式,生产与消费是永恒的主题。可以预见的是,未来90%以上的文化产业将与当下最前沿的技术有关。除去那些传统纯手工打造的工艺品、艺术家天马行空的"纯艺术"创作和非物质文化遗产部分,大多数文化产品和文化服务或多或少地含有现代科技成分。尤其是科技发展的人文倾向催生了大量新奇和体验性极强的人文科技型产品,这反过来刺激了人们交互式、数字化、视觉化、娱乐性的消费欲望。文化与科技融合态势的发展,大部分是自由市场作用的结果。但它在满足企业发展和消费者需求的同时,契合了当下产业转型升级和文化软实力提升的战略要求,由此进一步上升到国家"顶层设计"层面,成为实现中华民族伟大复兴的中国梦征程中极具战略意义的一环。因此,以政府为主导的"协同创新"模式既反映了当下文化与科技发展的现实需要,也体现出国家意识形态对文化安全问题的思考。其区别于前四大模式的根本特征在于它突破了文化科技融合创新主体之间的界限和壁垒,实现了各资源要素的有效共享。

文化与科技的融合,带来的是文化与科技产业链的重构。在重构进程中,文化与科技两大要素均可互为主次,从而形成不同的产品群。一方面,在以文化为主的产业链当中,科技为文化插上翅膀,助力文化腾飞;另一方面,在以科技为主的产业链当中,文化为科技注入内核,提升科技品位。但无论如何,文化与科技融合创新的最终归属应是文化层面上的提升和对精神消费的满足,是科技对文化内容的转化、传播手段的改良和表达方式的丰富,进而增强文化的原创力、传播力、感染力,最终达到促进文化发展和繁荣的目的。也就是说,"技术创新不得取代文化创意本身,技术的形式必须服务于文化的内容"①。如

---

① 向勇:《文化与科技融合发展的历史演进、关键问题和人才要求》,《现代传播》(中国传媒大学学报)2013年第1期。

今,科技发展的更新速度远远快于文化的更新速度,科技走在文化前面越走越远,文化如何能够紧跟其后?其实,从诸多软硬件制造商和技术公司向内容提供者和服务者的角色转变中,我们不难发现,尽管在文化与科技融合过程中起"引擎"作用的往往是"技术因素",但如果缺乏优质的"内容",其融合也就失去了意义。换言之,"创意引领""内容为王"依然是提升文化科技融合品质的必由之路。这不仅关乎人们物质和精神的丰富,更关乎一个"文化强国"的未来。

[原载《山东大学学报》(哲学社会科学版)2016年第1期,
《新华文摘》数字平台2016年第6期全文转载;
后全文收录于魏建主编《文化与经济前沿研究(2017)》,
山东大学出版社,2017]

科技背景下文化产业的业态裂变与跨界融合

自1992年政府部门第一次使用"文化产业"概念[①]以来,文化产业在我国20多年的发展历程,可概括为三个阶段。一是原生态"1.0"时代,与"文化事业"概念划分模糊,虽然提出"文化经济",但对文化商品属性的认识仍属初步,其业态主要表现为工艺美术、传统印刷、音像制品、广告出版、影视及相关产品的低端复制,规模小,质量低,盲目性大,效率低下,资源浪费现象严重。二是21世纪前十年的"2.0"时代,文化产业由自发向自觉转变。从2000年"文化产业"写入中央文件,到2009年国务院颁布《文化产业振兴规划》,发展文化产业上升为国家战略。随着互联网普及、数字信息技术发展和人们的文化消费需求日益增长,文化产业发展迅猛,业态变化明显。以新媒体、数字技术产业为主,出现了一批新的文化产业和产品形态,产业、行业之间跨界渗透现象明显。三是2011年,中共十七届六中全会通过《中共中央关于深化文化体制改革推动社会主义文化大发展大繁荣若干重大问题的决定》,文化产业进入新的黄金发展期。以新一代信息技术为代表的技术革新和协同创新正在推动文化产业进入"3.0"时代,其业态裂变与跨界融合愈演愈烈,基于新一代移动互联终端和数字技术成长起来的新兴文化业态,成为文化产业发展最重要的趋势之一。

[①] 国务院办公厅综合司编著《重大战略决策——加快发展第三产业》,中国政法大学出版社,1992。

一 文化产业业态裂变与跨界融合呈现的形态

文化产业的业态裂变与跨界融合,因其出发点和集聚形式的差异而呈现不同形态。

(一)新创模式——新兴文化业态

早期关于新兴文化业态的探索是在互联网、信息和数字技术的全球化背景下展开的。尤其是依托高速宽带和互联网等信息技术的发展,网络文化产业作为最早的新兴业态,逐步成为我国文化产业一个较快的增长点,引起决策层和专家学者关注。2007年4月,新兴文化业态刚刚在中国学术文献标题中出现[1],同年10月即被写进中共十七大报告。2009年,国务院常务会议讨论并原则通过的《文化产业振兴规划》中指出,"积极发展移动多媒体广播电视、网络广播影视、手机广播电视等新兴文化业态,推动文化产业升级"。这里的"新兴文化业态"主要指区别于传统、常规文化产业的新业态,即"网络信息技术与数字技术推动下不断衍生的新兴文化行业"。[2] 2012年,国家统计局对2004年制定的《文化及相关产业分类》进行较大修订,强调修订的原因是由于"文化新业态的不断涌现"。[3] 而其新增加的内容,就包括数字内容服务中的数字动漫制作和游戏设计制作,以及其他电信服务中的增值电信服务。

对"文化产业新兴业态"内涵和外延的认识,学术界和行业迄今没有统一的概念界定。但综合起来,这一新兴业态至少有四个明显特征。一是技术依托,主要是指现在的新媒体、(移动)互联网和数字技术,其产品具有在线性和虚拟性,可称为"网络文化产品",比如网络游戏、在线视频、网

---

[1] 参见赵志立《文化产业发展要重视新的文化业态》,《成都大学学报》(社会科学版)2007年第5期。
[2] 杜丽芬:《新兴文化业态:核心概念及其初步分类》,《商场现代化》2010年第6期。
[3] 参见国家统计局《文化及相关产业分类(2012)》修订说明。

◇跨界融合与文化创新

络文学、数字音乐、电子书等,以及利用互联网开展传统文化服务,如网上展览、网上博物馆、网上图书馆、网上拍卖等。二是内容为王,注重原创性、差异性以及不可替代性。胡惠林认为,新兴文化业态是文化财富的重要内容,文化财富本质是文化内容的创新和内容的衍生力。信息高速公路提供的是跑道,而没有内容就没有新兴文化产业可言。① 三是多元载体,强调信息互动与共享。传统文化产业载体主要包括一对多、单向接受的电视、报刊、广播,文化产业新兴业态则表现为多对多、双向互动的笔记本电脑、iPad、智能手机等新一代数字移动终端平台,尤其是以 App 为代表的移动应用平台,开启了网络软件业的新篇章。四是跨界融合,既包括地域跨界、产业跨界、行业跨界,更表现为新与旧、传统与现代、本土与西方、精英与大众的融合。

但是,所谓"新兴文化业态"也只是一个相对性的概念。事实上,在科技快速发展、文化科技融合日益深化的今天,我们无法准确预测三年后的新兴文化产业业态和产品形态。2011 年 1 月 21 日"微信"作为一种新的产品上线时,谁也没有想到短短三年,其全球用户已达 6 亿。用户数量发展速度之快、产品更新之快,均超乎人们的想象。从唯物史观的角度来看,时事推移、新旧交替,每一个时代都有自己的新兴文化业态,只是不同历史条件(技术、思潮、政策)的影响会造成更替节奏的快慢。从目前文化产业发展情况来看,世界各国都处在新旧业态交替的剧烈震荡期,呈现周期短、更新频、速度快等特征。新媒体成旧媒体,门户网站从盛行到没落,文化产业园区不再新奇,随着产业的不断实践,新的文化业态层出不穷,而新兴文化业态本身的内涵和外延也在被持续不断地更新。大数据时代、云生活方式、物联网等新的社会和技术形态,正在给人类的生存方式带来新一轮变革,生产符号化、个体立体化、社会公共化、文化消费化、生存虚拟化等社会特征会催生更多更新的新兴文化业态涌现。

---

① 王晨:《专家热议文化产业新业态》,《中国文化报》2008 年 5 月 16 日。

(二)融合模式——交叉跨界型业态

业态裂变与融合催生的具有交叉跨界性质的文化产业业态,主要表现为跨产业融合、跨行业协同和跨地域合作。首先是企业经营边界模糊导致产业融合。2004年3月,国家统计局在较早版本的《文化及相关产业分类》中,将"文化及相关产业"分为核心层、外围层、相关层,这在文化产业发展的早期是合理的。比如深圳雅图数字视频技术有限公司在21世纪初作为我国投影设备制造的领航者,按照分类应属于文化产业的相关层。经过十几年的发展,雅图已经实现从一个设备制造商向服务提供商、内容生产商转变,形成一个庞大的产业链,跨越了核心层、外围层和相关层三个层次,这样的企业已很难再用某一层面来概括它。苹果公司的路径也从传统的IT硬件生产向内容生产转变;而腾讯、百度、新浪等从事互联网服务的企业,也日益注重通过内容生产增加附加值和核心竞争力,从原先的技术平台制造商、运营商和服务商,转变为包括内容制作、提供和集成在内的综合性文化科技型企业。再如新兴文化科技型企业认定问题,各大城市标准不一,在国家层面也未给出一个分类标准。正是由于文化产业所具有的超强渗透性,它能够打破传统产业原有界限,实现不同产业之间的渗透、交叉和重组,创意农业、工业旅游等一批具有生命力的文化产业业态就是在这个基础上发展起来的。其次,业态裂变促使不同行业之间协同创新。随着文化产业不断细分,行业间竞争加剧,如何会聚优势资源、释放创新要素、展开深度合作,成为文化企业提高竞争力的重要途径。比如,在影视业与游戏业的合作上,我们看到《哈利·波特》《最终幻想》《古墓丽影》《生化危机》《蜘蛛侠》《星球大战》等一大批成功的案例;娱乐业与文化制造业的融合产生了大量文化衍生品;全媒体的内容资源共享加快了品牌培育过程和广告产业的平台资源整合等。最后,互联网融合作为一支主要力量打破了空间界限,为更多企业实现跨地域合作提供了平台。现代文明发轫之初,人类就以传统的船只为工具开展海上贸易,中国瓷器就是凭借海上丝绸之路成为第一个全球性文化产品的;直到电子通信时代,电报、电话、手机等即时通信工具逐渐普及,地域

◇跨界融合与文化创新

界线被逐渐打破;而进入互联网时代,空间阻隔几乎不存在,这催生大量具有交叉融合性质的文化产业业态。比如,网上设计公司将传统的设计业务搬到互联网上,采取竞标、外包的模式,实现了设计产业的全民创意;动漫产品从制作到推广,可以做到足不出户。

(三)集聚模式——文化航母型业态

传统企业做大做强,依赖人力、物力、财力等物质生产要素的集聚,这是早期垄断企业形成的最主要原因。随着文化软实力在国家综合实力中的地位凸显,越来越多传统产业转型升级,文化要素和用户流量成为衡量企业生命力的重要依据。首先,对企业内部而言,一旦掌握核心要素,通过搭建平台实现与消费者对接,"赢者通吃"模式在文化产业的发展过程中会日益突出。"谁做得好就会成为非常巨大的企业,其他的企业只能跟在他后面作为一个市场的补缺者。今后的文化内容企业有可能出现两极分化的情况,大的企业做得越来越大,小的企业将会面临着很多成长的瓶颈。"[1] 其次,从"推动社会主义文化大发展大繁荣"到"努力建设社会主义文化强国",再到"中国梦",发展文化产业背后的政治意义重大。文化产业发展需要大融合,需要多渠道全产业链布局,由此打造出的航母级文化企业才更有能力参与国际市场竞争,推出有影响力的文化品牌。这一点我国做得还不够,有国际竞争力的文化航母还不多,企业规模和质量也与好莱坞、迪士尼、苹果等国际巨型文化航母差距较大。

目前,我们常见的文化航母形态有三种。一是基于企业经营链条变长而形成集团式航母形态。以中国保利集团为例,其旗下保利文化集团股份有限公司在演出与剧院管理业务、艺术品经营与拍卖、影业投资与电影院线管理等多个领域拓宽产业链,逐步完善"渠道+内容"的产业链条,同时积极尝试三项主营业务与IT网络、手机新媒体等新业态的对接,实现五度蝉联

---

[1] 陈少峰:《文化产业发展需融合科技和管理》(第十届中国文化产业新年论坛演讲),新浪财经,2013年1月5日,http://finance.sina.com.cn/hy/20130105/123314191780.shtml

"中国文化企业30强"。深圳的腾讯公司、华侨城集团、雅图集团等都是这类文化航母企业的代表。二是依托地域覆盖连锁经营打造的专业化航母形态，往往基于文化企业某一品牌，在专业领域享有独特优势。比如华强集团的"方特欢乐世界""方特梦幻王国"两个主题公园已经在郑州、青岛、芜湖、泰安、株洲、沈阳、厦门、汕头、南通、重庆等10个城市投入运营，并出口中东和非洲，形成强大的品牌和竞争力，被誉为"中国迪士尼"。三是通过并购建构多品牌集群的"航母+联合舰队"形态，其中又可以细分为三种形式：控股合并（A+B=A+B），如腾讯注资4.48亿美元入股搜狗、阿里巴巴5.86亿美元入股新浪微博，是一种双赢的战略合作形式，目的在于优化经营结构和保持行业领先优势；吸收合并（A+B=A），如百度为向移动互联网业务挺进，完成收购糯米网、91无线等至少4笔交易，涉及金额达到24.3亿美元；新设合并（A+B=C），如优酷与土豆以100%换股方式合并形成优酷土豆股份有限公司，以庞大的用户群体、多元化的视频内容、成熟的视频技术平台和强大的收入转换能力，开创了中国网络视频新纪元。

二 文化产业业态裂变与跨界融合的诱发因素

文化产业的业态裂变与跨界融合，是由多种因素催生而成的，随着诱因的变化，仍处于进一步变化的过程中。诱发文化产业业态裂变与跨界融合现象的，至少有以下几个因素。

一是科技革命的激发。以电子计算机应用和人工合成材料等高新技术为代表的第三次科技革命是传统产业向新兴文化产业升级的发轫期，以电子和信息技术普及应用开启的第五次科技革命对文化产业业态产生了革命性影响。首先，新兴文化业态是基于新一代信息和数字技术基础上发展起来的，科技因素是助推新兴文化业态最根本的因素；其次，（移动）互联网开启了社会化媒体、社会化营销、社会化电商C2B模式的新时代；最后，文化与科技持续性融合促进文化产品和服务裂变式增长。"科技创新不断丰富着文

◇跨界融合与文化创新

化的内涵,是社会文化形态演进发展的催化剂,更是新兴文化业态形成发展的核心动力。"① 但总体来看,无论是文化科技化还是科技文化化,科技引领文化在跑,文化内涵和文化创意亟待加强。

二是商业模式的创新。商业模式创新作为一种新的创新形态,其重要性不亚于技术创新对文化产业业态的影响。当技术不再成为企业发展的瓶颈时,决定企业成败最重要的因素往往是它的商业模式。比如国内基于无线数字信号传输技术的移动电视早在 2003 年就拉开序幕。然而,华视传媒在运营模式上采用优于"媒体自营"的广告代理模式,锁定公交移动电视后期发力,一朝领先步步领先,实现三年内在纳斯达克上市。商业模式,简单地说就是企业通过什么途径和方法来赚钱。传统文化行业经营往往被分割为三种形式而相互独立:销售文化产品获利,如实体图书和音像制品;提供文化内容和文化服务收费,如付费电视和广告设计服务;建立资讯信息平台吸引广告投放,比如传统报业和早期门户网站。如今,企业通过内容、平台、技术、产品等核心要素不断地排列组合,创造出诸多盈利模式,加剧了产业之间的渗透。如腾讯的"用户平台+内容"、苹果的"应用平台+产品"、华强与水晶石的"硬件技术+文化内容"等。今后,随着市场的竞争加剧,企业"内容+技术+应用软件+网站+硬件"的服务企业一体化趋势显著。

三是企业在核心竞争优势上的追求。新的技术革命会引起激烈的同质化竞争,如早期互联网门户网站(新浪、搜狐、网易、腾讯等)和现在的移动即时通信(Instant Market)市场(QQ、微信、飞信、易信、来往等)。在产品结构相似、运营模式差异不大的情况下,能生存下去的企业往往有两种。第一,掌握核心竞争要素,如文化主导型企业有内容生产上的优势,科技带动型企业有技术上的优势,这在文化产业发展早期非常普遍。中国电影集团公司能跻身全国文化企业 30 强,靠的就是年发 100 多部影片的发行能力。第二,随着竞争加剧,越来越多企业为了实现规模化、集约化、专业化

---

① 中国艺术科技研究所主编《文化科技大融合同心共筑中国梦——"文化和科技融合"主要政策与重要讲话摘编》,红旗出版社,2013,第 13 页。

发展，更倾向于全网布局、多领域扩张。文化企业更加注重科技手段，科技企业引入文化内容。尤其当文化、科技、金融三者将触角伸向对方领域，"文化+科技+金融""科技+内容+金融"的模式能够催生大量有交叉融合性质的新兴业态，它们既卖产品，又卖专利技术，既提供平台，又提供内容和服务。如深耕CG（计算机图像）领域的水晶石公司，通过数字视觉和创意展示，既服务了北京奥运会、上海世博会、深圳大运会、伦敦奥运会，又创造出奥运会开幕式卷轴、《动态版清明上河图》等富有中国文化底蕴的产品，不断提升品牌竞争力，这样的企业就有非常强的核心竞争优势。

四是消费结构、方式和心理的变化。文化产业强调文化产品的输出和经济效益，其中用户资源是关键。一旦消费者主导了市场，其消费结构、方式、心理的变化会对文化产业业态的进一步裂变与融合产生重要影响。从消费结构上看，35岁以下作者成了网络创作、阅读和互动、体验消费的主体，他们具有主动性与创造性，喜欢"短频快"的内容消费，注重数字体验。越来越多人逼近了"马斯洛金字塔"的顶端，甚至出现一种倒置现象，即在物质条件（生理需求）并不满足的情况下优先增加服务性、发展性、享乐性等文化消费支出，这在新生代农民工群体中表现尤为突出。户外时间增多也在时间结构上为移动互联网生活、艺术演出在场互动体验、文化主题景区旅游和娱乐休闲等产业创造了条件。从消费方式上看，娱乐时间与空间的无边界性是"80后""90后"的主流生活形态，它促进了娱乐便利化趋势，成为驱动文化科技产业发展的新动力。[①] 技术（键盘输入、点击、触控）培养了消费者的消费习惯，反过来增强了消费者对技术的依赖，从而保证了新业态客户群的延续性。从消费心理来看，消费者对新兴业态几乎"全拥抱"式的接受程度，保证了它们生存下去最基本的养分：不排斥使用Q币、游戏币、比特币等虚拟货币消费，接受彩铃、App、音乐等付费下载，信任网络购物、网络交易的安全性等支撑了网络游戏、视频、音乐、电子书等一大

---

① 陈少峰、陈晓燕：《基于数字文化产业发展趋势的商业模式构建》，《北京联合大学学报》2013年第2期。

◇跨界融合与文化创新

批新兴文化业态的发展。另外，消费者对知名度高的文化品牌会有强烈的认同感，随品牌忠诚度的提高使基于庞大客户资源的文化航母业态更容易产生。

五是产业要素的集聚。近年来，文化产业越来越重视从行业集聚到要素集聚的转变。文化产业集聚区曾经掀起各地区域经济发展、产业调整和升级的浪潮，但作为族群效果的一种，无论是基于旧工厂、旧建筑改造的创意产业园区，还是通过招商引资形成的新集聚空间，它们都无法摆脱物理空间上的限制。产业要素集聚与传统产业集聚的根本不同就在于，它实现了列斐伏尔所说的从"空间的生产"到"空间再生产"的转变。而互联网成了推动这一生产关系再生产的最重要因素。首先是打破地域边界后，内容、技术、资金上的流通和会聚变得快捷方便，企业在选择生产要素上灵活多样，为更多业态融合及优化重组提供基础；其次，信息交互、知识分享的互联网将消费变为再生产动力。用户资源与用户体验反馈（通过微博、微信、论坛渠道汇集）作为一种新的集聚要素参与已有产品改进和新产品研发，App 版本和 Android、iOS 等操作系统更新以及各类可穿戴设备的研发正是基于这一要素考虑。2014 年 3 月 14 日，国务院印发了《关于推进文化创意和设计服务与相关产业融合发展的若干意见》，显示出国家层面已对推动产业要素融合、提升产业能级和国际竞争力有充分认识和实质性指导与支持。

三　未来趋势及评价

文化产业的业态裂变与跨界融合是科技背景下文化发展的结果，也推进着文化创新和社会变革。

第一，跨产业、跨行业、跨区域协同导致业态重组加速，行业分工或会更加细密。这主要表现在无法预测的新业态加剧了行业的进一步裂变，协同与分工会成为未来文化产业发展的两种主要思路。首先，基于新的技术和商业模式，文化产品和文化服务会开启线下制造商、线上销售商、第三运营商、内容提供商等的多方联合，形成多家共同经营一条产业链的分工模式。

比如，O2O（Online to Offline）模式将移动网络终端变为实体店的前台，实现传统销售行业与互联网企业的共赢。在影视出版行业，内容创意和出版、制作和播出将来会进一步分开，促进文化资源在全国范围内流动。其次，与文化航母相对应的大量小微文化企业在分工日益细密的趋势下，更加强调"做专业的事"：一方面强调行业细分，另一方面以特色取胜。如不同地区在分工细化和专业化方面的趋势，已形成"中国嘉德的明清古典家具陈设精品，北京华辰的影像，北京匡时的古籍善本，西泠的文房雅玩、篆刻砚台，江浙地区的寿山石"[1] 等特色拍卖市场格局。

第二，业态裂变与融合会进一步诱发新的市场规则确立。文化产业各大行业从诞生之初便经历了市场规则不断确立的过程，如早期国内打击音像制品盗版行为，电影审查制度与分级制度长期对抗，广电总局"限娱令"监管电视内容上等。数字技术渗透传统文化行业之后，新的数字音乐、电子出版和影视作品正版化问题也接踵而至。尤其是面对不断涌现的新兴文化业态，各种侵权事件频频发生。另外，新兴行业竞争正推动新一轮的破产、歇业、兼并、收购浪潮，文化企业进出市场资格规范、交易合法性、竞争公平性、垄断行为等方面也会日益受到政府重视。为了保证文化消费市场有序化、规范化和制度化运行，国家依据市场运行规律所制定的各种文化市场进出规则、竞争规则、交易规则等也逐步确立，鼓励文化企业跨地区、跨行业、跨所有制兼并重组，各类市场主体公平竞争、优胜劣汰是大势所趋。

第三，新兴文化业态将成为文化价值传播的利器，并得到政府进一步重视。随着微博、微信等一批信息分享、传播以及获取平台用户群的几何式增加，其社会舆论作用凸显。各大机关报、企事业单位、社会媒体、明星达人甚至领导人开通微博、微信，在主流社会价值观方面具有风向标式的引导作用，互联网成为通达政情民意的新渠道和文化价值传播的主要阵地。然而，越来越多的网络造谣、微博"大V"不雅事件流出后，政府或会加大行政

---

[1] 蔡萌：《2012秋拍观察：市场分工细化，行业竞争加剧》，《中国文化报》2012年11月5日。

◇ 跨界融合与文化创新

管理的力度。新兴文化业态正推动着勒庞所言"群体时代"进入新阶段。信息获取的便捷性和互动体验性强化了群体情绪化（冲动、易变、急躁等）、无异议（偏执、专横、保守等）、低智商（易受暗示、轻信、低道德等）[1]特征。他们借助新媒体和多种形式，如论坛回帖跟帖、微博话题讨论、名人观点转发等，颠覆固有观念并创造新的观念，对文化教育、政策法规、主流价值观等产生影响。另外，新兴文化业态所具有的形式新颖、传播速度快、覆盖面广泛等优点，成为对外文化价值传播的利器。文化软实力实质是文化影响力和辐射力，美国好莱坞电影与日本动画作品远销海外，不但创造了可观的经济利润，更将其价值观传播到世界各地，影响深远。

第四，传统文化业态或会在业态裂变中获得重生机遇。新兴文化业态对传统文化业态毁灭式的打击有目共睹。从唱片、胶卷时代到数字时代，便携式音乐播放器、数字图书阅读器、便携式数码相机、视频摄录机、专用GPS导航设备等一大批电子产品面临被智能移动终端逼退或取代。但是借助新技术手段和商业模式的创新，传统业态在适应变化及时转型的同时，重生机遇大大增加。比如网络书店与无纸阅读造成大量传统图书零售业和出版业关门歇业，但是在与数字技术的结合过程中，街头自助图书馆、售书机在全国开花结果，其具有的公共文化服务效益得到政府财政的大力支持。同样，利用经营模式上的创新，台湾诚品生活在新一轮的业态裂变中，打造成一个集文化、表演、艺术、商业、观光甚至人才培育于一体、具有跨界综合性的创意平台，实现了成功转型。传统业态的重生往往有三种途径：一是通过牵引传统制造业，将文化、创意、设计与新材料、新技术、新工艺、新能源等融合创新，完成产业结构调整与升级；二是带动传统科技产业变革，主要表现为将一批IT企业从原先的技术平台制造商、运营商和服务商，转变为包括内容制作、提供和集成在内的综合服务商；三是升级传统文化产业，为文化艺术本身的发展提供新的表现形式和传播渠道。

第五，业态裂变与融合将对文化产业相关体制政策、技术平台、人才培

---

[1] 〔法〕古斯塔夫·勒庞：《乌合之众》，冯克利译，中央编译出版社，2005，第20页。

育等引发新一轮需求。文化产业新业态处于产业生命周期的发轫期，产品创新速度快，人群覆盖范围广泛，市场空间潜力巨大，但同时存在市场拓展艰难、融资困难、技术风险高等问题。培育发展新兴产业，要发挥市场配置资源的基础性作用，充分调动企业主体积极性。更需要政府着力创新体制机制，综合运用产业、税收、财政、金融等手段，为各种资本有序进入和产业健康发展提供制度保障。目前国家及各省市的文化产业规划，都表现出对文化创意、影视制作、数字内容和动漫等重点文化产业领域的倾斜。关键技术攻关中，新能源、新材料技术会继续牵引传统文化产业转型升级，移动互联网、宽带集群系统、新一代无线局域网和物联网等核心技术则成为推动数字文化产业的重要着力点。在人才需求及培育方面，新一轮的人才大战（尤其在互联网等高新技术行业）会不断上演；与此相适应，产业跨界融合会催生文化、传媒、管理、经济、艺术、科技等跨学科研究，为优化学科专业和交叉学科、新兴学科成长提供沃土。未来，"产学研"合作教育、"双导师"制、学校与科研院所、企业联合培养，文理互通跨校联合、跨国交流等新型文化产业创新型人才培育模式会受到推崇与实践。而为了鼓励高校毕业生自主就业，政府对文化创新创业的扶持力度和小微文化企业发展的支持力度或会进一步加大。

（原载《学术研究》2015年第1期，

《新华文摘》2015年第9期摘编；

获第六届中国社会科学院"优秀皮书报告奖"）

跨界融合：文化产业的创新发展之路

一 新创意时代的业态裂变与跨界融合

近十年来，中国文化产业发展在政策层面上经历了三个较为明显的转型期。其一，2009 年文化产业专项规划《文化产业振兴规划》出台之后，文化产业上升到"国家战略性产业"高度；2011 年党的十七届六中全会进一步提出"推动文化产业成为国民经济支柱性产业"，表明最高决策层对"文化"认知的观念意识发生了重大转变。① 其二，以 2012 年中共十八大召开为节点，《政府工作报告》中指出要"提高文化产业规模化、集约化、专业化水平"，明确了推动文化产业成为国民经济支柱性产业的时间为 2020 年，并将其作为实现全面建成小康社会目标的一项内容，反映出政府对文化产业发展状态和发展模式有了更清晰的认识，并对文化产业自身发展的规模提出了具体要求。其三，2014 年国务院印发《关于推进文化创意和设计服务与相关产业融合发展的若干意见》（以下简称《若干意见》），标志着文化产业开始超越单纯的产业层面和"文化建设"层面，进入整个国民经济结构优化升级的"顶层设计"。其中特别提到"加快文化软件服务、建筑设计服务、专业设计服务、广告服务等文化创意和设计服务与装备制造业、消费品工业、建筑业、信息业、旅游业、农业和体育产业等重点领域融合发展"，表明文化创意与实体经济的深度融合将作为培育国民经济新的增长点、提升

---

① 王国华：《转型经济时期文化产业发展的路径选择》，《北京联合大学学报》2011 年第 2 期。

跨界融合：文化产业的创新发展之路

国家文化软实力和产业竞争力的重大举措。

厉无畏先生曾在"文化创意产业与城市发展"论坛（2009年，厦门）上指出："当创意社会资本积累到一定程度的时候，创意产业必将迈向创意经济和创意社会"，其中"创意经济指扩大创意投入，实施产业融合，促进经济创新，营造创意资源转化与投入的软环境"。① 实际上，英国政府1998年首次在《英国创意产业报告》（*Mapping the Creative Industries*）中提出"创意经济"概念以来，许多发达国家纷纷提出以创意为基础的经济发展模式，其原因就在于"创意"所具有的超强渗透性特征，即"文化的价值不仅局限在满足人们的文化需求方面，社会经济的任何一个产业，通过引入文化艺术的创造力，其附加价值会大大提高"。② 这是传统文化产业概念较少提及的内容。中国文化产业经历了20多年的发展，虽与发达国家存在差距，但已同步进入以知识化、城镇化、新型工业化、农业现代化为主要特征的"后文化产业"阶段，其信息化、虚拟化、体验化、跨界化、国际化等特征日益显著。从一定程度上讲，2014年《若干意见》的发布不仅凸显了新时期我国创新型经济转型的迫切需要，也反映出政府主动向"创意经济"靠拢的意味，即期望通过创意的驱动来提升文化产业的整体水平，进而对整个国民经济结构调整和转型发展产生实质性的影响。近年来，在文化创意和科技创新的双引擎驱动下，文化与经济交流日益密切，文化产业与旅游、信息、制造、建筑、体育、休闲、餐饮、零售等相关产业的融合更加紧密，文化创意与设计服务的提升作用日益明显，成为文化产业最主要的特征和发展趋势之一。

文化产业的业态裂变与跨界融合突出表现为产业之间界限趋于模糊，行业之间不断交叉渗透，因其出发点和集聚形式的差异，而呈现不同形态。比如互联网、新一代信息技术与数字技术催生的新兴文化业态，"赢者通吃"模式下的文化航母型业态等，尤其是产业间通过要素集聚、优势互补形成的

---

① 厉无畏：《积极积累创意社会资本》，新华网，2009年10月30日。
② 罗宾、温思美：《文化产业与创意产业概念的外延与内涵比较研究》，《甘肃社会科学》2006年第5期。

◇跨界融合与文化创新

交叉跨界型业态逐渐发展成主要模式。概言之,文化产业的跨界融合,可分为以下几种形态。一是跨门类融合,其主要发生在文化产业内部各门类之间的优化重组过程中,目的在于适应市场需求,通过延伸产业链来提高行业核心竞争力和产品附加值。比如深圳雅昌集团首创的"传统印刷+IT技术+文化艺术"商业模式,形成环环相扣的文化产业链,为艺术市场提供全面、综合的一站式服务,就是这种业态的代表。二是跨要素融合,主要表现为以文化、科技、信息、创意、资本、市场、人才、品牌、渠道等为代表的产业要素通过集聚创新形成的融合发展模式,比如我们经常讲的"文化+科技"模式、"文化+创意"模式、"文化+金融"模式,或多种要素的组合模式等。三是跨行业融合,主要指通过行业间的功能互补和延伸实现跨界融合。这种融合多表现为文化内容和创意设计服务等向第一产业、第二产业和第三产业的延伸和渗透。比如通过引入"体验经济"概念,将文化旅游服务与传统种植业、制造业结合,形成生态农业、观光农业、工业旅游等新兴旅游业态。四是跨地域融合,主要指在经济全球化和信息化技术迅速发展的大背景下,形成的跨地区连锁经营和兼并浪潮。比如美国迪士尼乐园在全球多个地区的布局,近两年互联网巨头掀起的并购大战等。五是跨文化融合,主要指通过融合不同国家、地区、民族的文化内容或元素,使文化及相关产品或服务具有增进文化交流、降低文化折扣、提升产业价值等功能。比如近年来美国好莱坞影片为打入中国市场频频增加"中国元素",其目的正是迎合中国国内巨大的电影消费市场。

二 以创新思维推动业态跨界融合

对于正在倡导发展创新型经济、加快实现由"中国制造"向"中国创造"转变的中国而言,推动文化产业,尤其是文化创意和设计服务与相关产业的融合发展,具有提升国家文化软实力和产业竞争力、加快产业转型、促进经济结构调整和发展方式转变的紧迫意义。近年来,我国文化创意和设计服务发展加快,但对其他产业的"创意驱动"作用并不明显,相互融合

跨界融合：文化产业的创新发展之路

的广度、高度、深度、跨度还不够，总体水平亟待提高。面对新形势、新要求、新机遇，着力提高我国文化创意和设计服务整体质量水平和核心竞争力，还需要不断创新思维，从以下几个方面进一步拓宽思路。

（一）寻找业态融合的动力

文化创意与设计服务作为一种无形的生产力，需要借助其他载体落地，才能实现经济价值的产出。相反，相关产业和企业要提升整体竞争力，往往也需要创新来驱动品牌增值。随着越来越多的企业注重文化品牌建设，文化创意与相关产业之间建立起一种以"需求"为导向的动力机制，而这种"需求"的关联性越大，产生的效益也就越大，其催生业态之间跨界融合的内在动力也就越强。具体而言，这种动力主要来自三个方面。（1）美学增值。在人们精神文化需求日益丰满的现代消费市场，注重审美功能的产品更容易给人带来视觉或心理上的美感和愉悦感，比如耐克运动鞋的精美设计、红岁茶叶的包装、可口可乐玻璃瓶外观等。在产品保证功能需求的前提下，企业往往期望通过融合创意和设计来取悦消费者，获得更大的利润。（2）创意落地。由于文化创意和设计服务具有无形资产的特征，必须借助相关产业才能进入流通和消费领域，实现其相应的价值。比如苹果公司充满人文化的设计理念和精湛的工业设计享誉全球，但离开了相关服务商和制造商在内容、技术、工艺、装备、材料等方面的支持，它将无法实现"改变世界"的壮举。创意不是"为创意而创意"，需要保证基本的价值溢出，其不断落地的过程，也就是业态不断融合的过程。（3）品牌塑造。当文化创意与设计服务能够发挥增加产品文化内涵、健全品牌价值功能时，企业往往会增加相关创意、设计、广告、软件等方面的投入。比如星巴克（Starbucks）通过从提供咖啡消费到提供符号和空间消费的经营策略转变，成长为一个闻名世界的咖啡品牌，并且"在当前的全球化贸易背景下，星巴克通过体验式营销和新媒体互动，不断创造其庞大的迷群，俨然形成一种壮观的文化消费现象"。[1]

---

[1] 方玲玲：《跨文化语境下"星巴克"的符号消费与迷文化生产》，《前沿》2014年第3期。

◇跨界融合与文化创新

综合起来看，无论是美学增值、创意落地，还是品牌塑造，其核心均在于附加值的提高。文化创意与设计服务所具有的高知识性、高增值性，正是其推动业态融合最主要的动力之一。

（二）提升业态融合的品质

2014年国务院印发的《若干意见》选择了制造业、消费品工业、建筑业、信息业、旅游业、农业和体育七大产业作为重点融合的领域，一方面说明了这些行业背后蕴藏着巨大的发展潜力，但是从另一方面也反映出目前上述行业提供的产品和服务存在质量不高、性能不全、附加值较低等问题。总体来看，文化创意和设计服务与上述行业融合的力度还不够，"文化力"表现不足，产品的品质有待提升。在笔者看来，文化创意和设计服务与上述行业融合至少应实现以下三个"变化"。

一是要加快转换思路，推动产业融合向要素融合的转变。文化产业本身"轻资产""重创意"的特质，使其具有天然的产业融合属性，但其融合质量的高低却取决于要素流动是否合理，资源配置是否优化。"要素集聚不是简单把外部要素聚拢过来，或拥有或占有，而是让各种要素协同作用，进行要素合作，并引入创新的元素，实现要素价值的增值，其本质是一个集成创新的过程。"[1] 与传统的产业融合思路相比，把握创意、信息、资本、技术、人才等要素融合的内在机理，更能提升业态融合的品质。

二是要加大挖掘力度，实现表层融合到深层融合的推进。中国是公认的文化大国，但尚未真正成为公认的"文化强国"，其根本原因在于大量优秀的文化资源还处于待开发或者浅开发的状态，文化产业与相关产业之间的融合深度不够。譬如国内有体量巨大的电影市场，但影片内容消费几乎是"一次性"的，回收成本过度依赖票房；而好莱坞注重深度挖掘和多次开发，在电影与出版、旅游、制造、游戏、零售等多种业态之间架起桥梁，在

---

[1] 唐运舒、冯南平、高登榜：《要素转移与聚集融合发展的机理与路径分析》，《当代经济管理》2013年第3期。

赚得"盆满钵满"的同时，还成功输出了美国文化与价值观。融合的深度往往取决于作品的高度，所以，不断加强原创、培育一批市场认可的文化精品仍然是实现深度融合的必由之路。

三是要不断拓宽思路，实现从两两联合到多元混合的跨越。业态之间的跨界融合不能简单地理解为"加法运算"，而应是通过"加减乘除"的组合算法来实现业态内部结构、组织形式和产品形态的调整和优化。在科技与经济发展日新月异的今天，业态更新周期大大缩短，市场优胜劣汰速度加快，如何对一种文化创意或单个产品进行多角度、多模式、多形态、多渠道的布局和开发，形成多元混合、生命力强的融合型业态，是未来文化产业发展不断努力的方向。

（三）把握业态融合的本质

产业之间是否要融合、能否融合，以及融合的成功与否，最终要看它能不能推动文化与相关产业的转型、升级与创新，这是业态融合的本质所在，也是国家政策发力的根本出发点与落脚点。

首先是业态的转型。转型意味着有限资源在产业间的再配置，能够促进技术、资本、劳动力等生产要素从衰退产业向新兴产业转移，比如传统农业引入旅游资源向观光农业的转型，传统出版借助数字技术向数字出版的转型，传统零售借助软件服务向电子商务的转型等。当传统粗放的经营模式不再适应新经济发展需求时，实现转型有利于扭转传统产业颓势，使其在新一轮的业态裂变与跨界融合中获得重生机遇。

其次是业态的升级。与业态的转型不同，业态的升级更强调产业素质的改善与效率的提高，尤其是科技的进步，为活化现有产业形态提供强劲动力。比如《国务院关于进一步促进贵州经济社会又好又快发展的若干意见》中将贵州定位为"文化旅游发展创新区"，就是要求以现代理念、生态理念、文化理念和创意理念升级引领当地旅游业发展，积极探索农旅融合、文旅融合、旅游与其他产业融合等发展模式，在倾力打造国内一流生态休闲度假胜地的同时，更加注重科技创新、文化创意和文化体验的牵引作用，着力

◇跨界融合与文化创新

推动旅游业态由观光式向体验式转变。

最后是业态的创新。融合的过程也是一个创新的过程,其原因在于行业间交叉渗透和产业要素频繁流动的过程中,能够催生一大批新的产业形态。尤其是现代科技在文化领域的广泛应用,形成了诸如移动互联媒体、数字娱乐、数字出版、数字教育等新兴文化业态。由于"新兴文化业态是在原有业态自我扩张和融合其他产业的基础上形成的,并且具有文化与科技相互融合、文化业态自身之间融合、以文化创意和创新为基础、集群化发展等特点"①,它能够实现文化内容、品种、载体、风格的极大丰富,对满足多样化消费需求,促进产品和服务创新具有重要作用。

三 为业态跨界融合提供创新保障

2014年被称为我国文化产业的"政策年"。《若干意见》及一系列相关配套政策的密集出台,不仅反映了国家战略层面"顶层设计"的持续发力,更被各界看作文化产业发展的新一轮机遇。但不可否认的是,当前我国文化产业发展仍然存在"双面性":一方面,文化产业发展态势迅猛,整体增长可观,尤其是在量的积累上,已经凸显出作为国民经济支柱产业的潜质;但另一方面,一些地区和部门仍然受到传统产业观念与社会、经济、政治体制的制约,导致市场缺乏活力,难以产生质的飞跃。因此,我们在抓住历史机遇的同时,也要积极寻求支点,为推进业态进一步深度融合提供创新保障。

(一)观念创新

"跨界"意味着需要打破传统的思维模式,尤其处在"一切皆有可能"的大融合背景下,业界、政界、学界应不断转变和更新观念,来应对当前文化产业发展的新需求。首先,作为市场主体的企业,在面对医疗卫生、教育、交通、金融、零售、制造业等壁垒森严的传统行业时,应具有开放

---

① 肖荣连:《新兴文化业态与文化的多元化发展》,《学术交流》2010年第4期。

式思维。近年来，以百度、阿里巴巴、腾讯为代表的互联网企业将触角深入不同行业，以创新思维开辟"蓝海市场"，转变经营思路，在竞争中脱颖而出，就很值得业界借鉴。其次，政府及其有关部门要充分认识到跨界融合对于转变经济发展方式、促进产业转型升级的重要作用，不断提升前瞻性战略研判能力，做好顶层设计，为业态融合创造好的政策环境和氛围；地方政府则应因地制宜，结合区域优势和地方特色资源，出台相应规划，进行制度创新。对学界而言，也应紧跟时代步伐，继续发挥文化产业高端智库功能，不断加强产业理论、行业案例及相关问题研究，不断提升对未来趋势的预测能力，为政府部门制定规划和企业发展决策提供必要的智力支持。

（二）机制创新

由于跨界融合往往涉及多个领域多个行业，"不同行业的企业可能分属不同部门管辖，商委、经委、科委等都有各自管辖的企业，有各自的利益；在这种管理体制下的企业又受到经营范围的严格限制，从而使产业的融合发展变得难以协调"。[①] 相比某些发达国家对文化产业"无为而治"的理念，国内还存在一系列难以突破的体制机制障碍。促进业态跨界融合，当务之急是要突破条块分割的管理体制，在组织协调机制上营造有利于业态融合的制度环境。比如可以通过设置权限较高的跨行业管理协调机构，使原来分属不同部门、地区的资源能按业态融合的需要得到重组与整合。同时要不断深化文化体制改革，加快转变政府职能，简政放权，减少行政干预；要以企业为主体，以市场为导向，鼓励有实力、有条件的国有、民营、外资企业进入文化产业领域；要加快建立对创意、形象、软件等无形资产的评估标准，加强知识产权的保护和应用。此外，还应在相应配套制度上不断创新，要尽快建立起一整套有利于业态融合的保障机制体系。

---

① 厉无畏、王慧敏：《产业发展的趋势研判与理性思考》，《中国工业经济》2002年第4期。

（三）路径创新

创新是文化产业发展壮大的生命力和竞争力所在，推动文化产业业态融合，首先要不断加强文化创意与科技创新的融合力度，提高创新和科技要素的驱动力量，将"硬创新"与"软创新"结合起来，为业态创新提供更多可能。其次，要培育一批骨干文化企业和活跃在文化产业前沿的引导型企业，培育壮大实力雄厚、竞争力强的"文化航母"，提升产业融合规模化水平和"走出去"的能力；同时扶持文化小微企业深耕某一领域，做专做强，为进一步跨界融合提供基础。要发挥企业在业态创新、技术创新、内容创新、管理创新、模式创新、标准创新上的主体作用，不断培育壮大市场主体；要营造适宜创新型人才健康成长、脱颖而出的环境，积极推进产学研用合作，鼓励培养更多跨学科、高层次、国际化复合型人才和专业人才，提高创意成果转化率；要不断创新金融支持体系，强化对中小文化企业的资金扶持力度，不断深入推进文化与金融的合作，为文化企业融资提供风险屏障等。

（原载《天津社会科学》2015 年第 3 期）

文化科技融合背景下新型旅游业态的新发展

2009年，国务院出台的《关于加快旅游业发展的意见》提出："把旅游业培育成国民经济的战略性支柱产业和人民群众更加满意的现代服务业。"[1]这是在国务院文件中第一次将旅游业定位为"战略性支柱产业"，标志着我国旅游业从之前的"旅游事业"到"旅游产业"再到如今的"战略性支柱产业"，正迈向新的起点。正是在政府的大力推动和人民旺盛的旅游需求刺激下，我国旅游业发展迅速。2018年我国GDP突破90万亿元，其中旅游产业9.94万亿元，占GDP的11.04%；旅游直接和间接就业7991万人，占全国就业总人口的10.29%。[2]当前，随着人民生活水平的不断提高，传统的景点景区模式已不适应现代旅游业的发展，正逐步转向全域旅游、智慧旅游发展模式；"旅游+"模式也正在以强大的活力与其他相关产业不断融合发展，衍生出新产品、新业态和新供给。而"文化+科技+旅游"正是"旅游+"模式的具体化，通过利用最新的科技（三维建模、增强现实、虚拟现实等）来发展文化旅游，这不仅改变了人们对旅行的全新体验，而且能够更好地满足用户的消费需求。在当前文化科技融合背景下，旅游产品的精品化和个性化离不开文化和科技的含量，文化彰显旅游产品的品位与特色，而科技保障旅游产品的品质与标准。因此，我国旅游产业的发展不仅需要"文化强旅"，还需要"科技兴旅"。

---

[1] 《国务院关于加快发展旅游业的意见》，中国政府网，2009年12月3日，http://www.gov.cn/zwgk/2009-12/03/content_ 1479523.htm。
[2] 《2018年旅游市场基本情况》，文化和旅游部网站，2019年2月12日，http://zwgk.mct.gov.cn/auto255/201902/t20190212_ 837271.html? keywords。

◇跨界融合与文化创新

一 科技已成为推动文化旅游发展的重要力量

技术革命给世界带来了新效率、新便利、新体验和新格局,也深刻改变和影响着文化旅游的消费模式、传播方式以及生产方式等。其中人工智能、虚拟现实技术、人机交互等科技提升了文化旅游的质量,为文化旅游提供了新动能,已成为推动文化旅游发展的重要力量。

(一)科技改变了文化旅游的消费模式

当前文化旅游已从"1.0",发展到以科技为手段的"2.0",科技与文化旅游的联系日益紧密。VR技术、人机交互技术、人工智能技术等科技使文化旅游在内容的广度和深度上有了突破,打破了原来旅游体验的局限,为文化旅游产业带来了全新的旅游产品和设施设备;消费者的消费形式也从传统的景点观光转向全新的情境体验式的旅游形式,在真实与虚拟场景的配合下,全方位沉浸在旅游的欢乐中,仿佛置身于当时的情境,人们甚至还能通过VR、AR技术看到旅游景点或建筑在过去是怎样被使用的,以及未来它的变化是怎样的。另外,相比较过去找旅行社预订机票与酒店而言,现如今人们只需一部智能手机就能够解决旅行中的衣食住行问题,并且更多的人采用在线旅游的方式,如到2017年,我国网上预订机票、酒店、火车票或旅游度假产品的网民规模达到3.48亿人,较2016年底增加4847万人,增长率为16.2%;2017年中国在线旅游市场交易规模达8286亿元,同比增长35%。[①] 随着信息化和高新技术的运用,旅游产品催生新的生产方式和形态,改变着文化旅游的消费模式,例如旅游住宿中间商的产生。蚂蚁短租作为一个中间平台连接着本地房源或旅游的提供者与游客,通过采用AI技术对游客和房东的沟通数据进行分析,帮助房东更好地服务于游客,满足游客

[①] 《中国在线旅游行业现状及行业发展前景分析细分市场——线上旅游发展的蓝海》,中国产业信息网,2018年9月19日,http://www.chyxx.com/industry/201809/678262.html。

的需求，并且通过在线的扫脸识别身份，实现智能自助入住。[①] 这种在线短租平台的出现不仅能够满足消费者个性化的住宿需求，而且极大地缩短了寻找住宿的时间。

（二）现代科技提升了文化旅游的质量

习近平总书记指出："旅游是综合性产业，是拉动经济发展的重要动力。"随着科学技术的创新，文化旅游的质量在显著提升。就消费者而言，现代科技能够扩大用户的活动空间以及使用户的体验达到极限。这就比如一些不具有特色的地域，由于高科技的应用和创意策划，成为一个热门的旅游景点。拥有强大数据处理能力的人工智能也大大提升了文化旅游服务的效率，改善了用户的体验。就旅游提供者而言，传统的文化旅游在植入科技元素时，不仅能够通过大数据分析消费者的消费偏好，改善当前的服务质量，而且对一些容易受到破坏的文化古迹等景点来说，能够在利用科技保护文物的同时使游客全方位地了解文物的价值。"数字敦煌"正是科技与文化旅游的一种有效结合，通过虚拟现实、增强现实和交互现实技术将敦煌的文化遗迹数字化，[②] 真正做到跨时间、跨空间去满足人们欣赏、游览等的需求；多种科技的使用也能够使人们更深入地了解莫高窟的背景知识，身临其境地去观看洞窟的建筑、彩塑和壁画；同样能够减少游客参观所带来的文物破坏，更好地实现文物保护的精准性和完整性，提升了游客参观体验的品质。

（三）科技为文化旅游提供新动能

当今社会，科技创新在文化旅游产品、旅游服务、旅游管理、旅游体验等方面广泛应用，这种"文化+旅游+科技"模式一方面能够有效延长文化旅游产业的价值链，另一方面能够大大提升旅游产品的文化内涵和科技水

[①] 《从创新和科技看旅游经济：大数据时代，应让用户有知情权》，澎湃新闻，2017 年 10 月 22 日 https：//www.thepaper.cn/newsDetail_forward_1833319。
[②] 《从五次历劫，到数字敦煌》，新民周刊，2018 年 9 月 12 日，http：//www.xinminweekly.com.cn/wenhua/2018/09/12/10972.html。

◇跨界融合与文化创新

平,增强游客的参与感与体验感,为文化旅游的升级换代带来契机。如在2018年全国旅游工作会议上,科技创新被定位为旅游"发展动力",会议报告提出为了推动从高速旅游增长向优质旅游发展转变,必须坚决落实新发展理念,坚持走科技创新发展之路,通过信息化优质高效整合旅游资源要素,推动开发华游(全国全域旅游全息信息系统)、世游(全球旅游全息信息系统),实现数据共享,真正让游客"一机在手,说走就走,说游就游"。[①] 随着时代的发展,科技与文化旅游的联系将会更加紧密,二者之间的融合不是简单的科技手段与文化旅游产品的叠加,而是利用科技手段打造新时代智慧文旅应用体系,全面促进旅游体验、管理、资源利用、营销等方面的协同式发展,通过整合全域旅游资源做大旅游经济,推动旅游产业的全面升级。

二 文化科技融合催生新型文化旅游业态

"业态"一词最早来源于日本,我国在20世纪80年代开始将"业态"引入商业,之后"业态"被引入旅游业。在全域旅游和智慧旅游的引领以及各类App和新科技的帮助下,人们的旅游出行方式发生了改变,传统的参团将不再受用户青睐,相反,自行搜索路线、合理定制行程规划、具有个性化的自由行体验成为趋势。在这个自主旅游的时代,科技不仅给消费者带来了更多的便利,而且"文化+科技+旅游"三者的有效融合,催生了多种文化旅游新业态。

(一)文化演艺旅游:新技术与文化演艺的高度融合

近几年,我国的旅游演出进入了快车道,旅游演出市场火爆,道略咨询发布的《2017~2018年度中国旅游演艺行业研究报告》显示,2017年,我国共演出剧目268台,同比增长5.5%;演出场次约8.6万场,同比增长

[①] 《李金早:2018年全国旅游工作会议讲话全文》,搜狐网,2018年1月9日,https://www.sohu.com/a/215627228_99922827。

19%；票房收入达51亿元，增长20%；观众达6821.2万人次，同比增长26.5%。文化演艺旅游的类别也由原来的镜框式演艺旅游到实景演出，再到现在的沉浸式演艺旅游。

文化演艺旅游经过十多年的大发展，已日臻成熟并开始进入调整期，传统的以设备和宏大场面为核心的文化演艺逐渐退出市场，以内容创新、创意以及新技术为核心的文化演艺开始形成强大的生命力，如"山水盛典"系列、"印象"系列、"千古情"系列等。新型的文化演艺旅游打破了传统的镜框式舞台演出模式，它是新技术与文化演艺的高度融合，其演出空间、内容的表达方式、观众的角色等方面发生了变化。演出空间由现实向虚拟拓展，具有空间延展性，传统的剧场以及现实空间已经不再是表演者的唯一选择，表演者能够在新技术创造的虚拟空间或者是与虚拟物体表演，为观众营造更加真实的表演环境。而内容的表达方式上除了表演者的表演以外，还会利用高新技术来表现现场所需的声音、景色、场面等，观众在欣赏表演的过程中不再只是观赏者，技术的运用使观众的身份发生了转变，变成了体验参与者。这种高科技元素与文化演艺旅游高度融合形成的全方位、多立体、互动沉浸式体验旅游演出极大地刺激了观众的感官，成为当前我国文化演艺旅游的主要发展趋势。例如作为2018《魅力中国城》年度魅力旅游演艺项目的《又见敦煌》就采用"走入式"情境剧场演出技术，并通过剧场的舞美设计、技术操控和多维空间的立体表演，叙述敦煌千年的历史，将观众一下子带入敦煌的千年历史轮回。另外，杭州宋城景区打造的大型高科技时空秀《古树魅影》利用高科技在古树上做成了裸眼3D Mapping秀效果，通过采用先进的声、光、雾、电等科技手段营造出了360度全景剧幕，不仅在视觉、听觉、触觉等感官上给观众带来视觉的震撼与冲击力，而且增强了现场的体验感。

当然，文化演艺旅游在发展的过程中也存在产品同质化的问题。如丽江就有《云南的响声》《印象丽江》《丽江千古情》等多个旅游演艺项目，表演的方式和内容在一定程度上具有相似性，海南、西安等地也还在不断推出类似的旅游演艺节目。这也就意味着项目开发越多，同质化越严重，其市场发展空间越小，从而丧失原有的竞争力。另外，旅游演艺作为旅游观光的延伸，在舞台技术日臻成熟的今天，含有科技感、沉浸式、场景化等元素的定制性文化演艺旅游项目将会更加受到观众的喜爱，是未来文化演艺旅游发展的方向。

（二）老龄休闲文化旅游——养老旅游：旅游业与养老业的跨界融合

进入21世纪以来，休闲旅游已成为我国旅游发展的新趋势，据中国旅游研究院报告，2016年以休闲度假为出游目的的游客超过一半，达到52.7%；2017年休闲度假旅游占整体旅游市场的50%以上。[①] 休闲文化旅游是文化与旅游的全新融合，也是集休闲、体验、观光于一体的新型旅游方式，老龄休闲文化旅游正是其中的一种类别，主要的服务对象是"夕阳"人群。随着我国人口老龄化程度日趋加重，呈现人口规模大、速度快等特点。2017年我国65岁及以上的人口数达到1.58亿人，占总人口的11.4%；[②] 预计2050年，中国老年人口将达到峰值4.87亿人。另外，现今的传统居家老年人具有一定的经济能力和新兴的养老观念，传统的家庭养老难以满足社会的需求，一种高品质的符合老年人生理特点的休闲文化养老方式即养老旅游将成为老年人生活的重要方式之一。

我国养老旅游已成为一种新型的养老方式，受到了国家层面的大力支持。2013年我国出台了《国务院关于加快发展养老服务业的若干意见》，2016年《关于进一步扩大旅游文化体育健康养老教育培训等领域消费的意见》，2017年《国务院关于印发"十三五"国家老龄事业发展和养老体系建设规划的通知》，这些政策意见规范了养老领域，提升了服务品质，推动了我国养老旅游的发展。另外，养老旅游有广阔的市场，不少商家通过利用当地的资源条件和配套服务打造了具有特色的养老基地。例如，位于西双版纳的拜兰水城养老养生社区，通过结合当地丰富的水体景观和温泉资源以及

---

① 《邵琪伟：休闲正成为我国旅游发展新趋势》，新华网，2018年6月24日，http://www.xinhuanet.com/travel/2018-06/24/c_1123027431.htm。

② 参见国家统计局网站http://www.stats.gov.cn/tjsj/ndsj/2018/indexch.htm。

具有傣族特色的贝叶文化，将运动体验与养生休闲度假相结合，打造了集体验、养老、娱乐等多功能的养老养生社区。同样，位于5A级景区乌镇内的绿城·乌镇雅园作为养老度假的特色小镇，采用独特的"学院式养老"模式，建立了颐乐学院，通过推行不同的课程，满足老年人的精神世界；顶级的国际康复医院的建立，为老年人提供了高质量的医疗服务，以及其他细节的设计，使乌镇雅园成为"健康医疗+养生养老+休闲度假"的特色小镇，满足了老年人对养老旅游的多种需求，吸引着老年旅游者的到来。

养老旅游也正在逐步趋向信息化，如当前我国已有中国异地养老网、养老网、链老网等第三方服务平台来交互养老信息。但我国的养老旅游还处于初级阶段，仍然存在诸多的问题，例如适合老年人的旅游休闲产品种类较少、产业链尚未整合、各类基础设施较为薄弱、缺乏一站式的服务以及当前的养老旅游以老年"跟团游"为主，活动强度较大，行程较为紧张。在互联网时代，为了更好地促进养老旅游的发展，一方面，依然要加大养老业与文化旅游业的融合，推进"互联网+机构养老"模式，如利用互联网平台、电子地图、虚拟现实技术等整合上下游利益相关者（衣食住行等生理服务提供者以及医疗、咨询等安全和社会服务提供者[①]），降低服务的操作难度，提高效率；另一方面，整合多方资源，构建一个全产业链高度整合的养老旅游休闲系统。

（三）新型博物馆旅游：博物馆旅游的新升级

博物馆是承载整个人类或局部文明历史记忆和文物凭证的殿堂。近年来，随着"文化热"的兴起，博物馆旅游已经成为一种新兴旅游形式，它能够让我们通过文物与历史对话，真正了解一个地方的过去与现在；同样，博物馆有艺术观赏、科学研究、教育推广等方面的价值与功能，也是提升民众精神文化消费的重要途径之一。根据国家统计局数据，2009~2018年我

[①] 顾振华：《构建互联网时代下中国旅游养老的商业模式》，《上海商学院学报》2017年第3期。

◇ 跨界融合与文化创新

国博物馆的数量在逐年增长,2009 年中国博物馆数量为 1219 个,到 2017 年博物馆数量达到 4721 个,博物馆的从业人员以及文物藏品也在不断增加;博物馆的参观人数也从 2009 年的 32715.6 万人次增加到 97172.15 万人次。[1] 在 2018 年的国庆期间,有 40% 以上的游客前往博物馆、美术馆、图书馆和科技馆。[2] 博物馆旅游已成为文化旅游热点。

为了满足游客对博物馆的体验化和互动化需求,在"互联网+"背景下博物馆也更加趋向智慧化,衍生了微信、微博、短视频、App 等众多博物馆交互媒体平台。例如 2017 年上海市开设网站的博物馆共 68 座,策划数字展览 58 个,开通微信公众号、微博的有 109 座,全年利用新媒体发布信息共 8672 条。[3] 为了增加展示的可看性与参与性,博物馆利用数字展示技术结合传统的展示内容为游客提供全新的展示效果,还会利用虚拟现实技术还原文物场景,让游客置身于虚拟场景中,深刻感知文物背后的文化价值。当然,政府也在努力推动博物馆的发展,2016 年国家文物局、国家发展和改革委员会、科学技术部、工业和信息化部、财政部就共同编制了《"互联网+中华文明"三年行动计划》,希望通过观念创新、技术创新和模式创新,推动文物信息资源开放共享并且加强文物数字化展示利用等。[4] 2005 年国务院印发《关于加强我国非物质文化遗产保护工作的意见》,全面启动非物质文化遗产保护工作之后,在国家对非遗保护和文博事业日益重视的背景下,"博物馆+非遗"模式逐渐成为博物馆的新亮点。"博物馆+非遗"模式不仅使消费者能够了解文物的历史,而且能够通过非遗传承人的展示、现场教授与体验学习非物质文化遗产丰富的文化内涵。另外,非遗博物馆通过各种可见的形式展示、传承非物质文化遗产,这些内容和形式吸引着游客的

---

[1] 参见国家统计局网站,http://data.stats.gov.cn/easyquery.htm?cn=C01。
[2] 《2018 年国庆假期旅游市场情况》,中国政府网,2018 年 10 月 9 日,http://www.gov.cn/xinwen/2018-10/09/content_5328733.htm。
[3] 《2018 年中国博物馆发展现状与趋势分析互联网+博物馆成为风口!》,前瞻网,2018 年 6 月 21 日,https://www.qianzhan.com/analyst/detail/220/180621-935f24ed.html。
[4] 《"互联网+中华文明"三年行动计划》,中国政府网,2016 年 11 月 29 日,http://www.gov.cn/xinwen/2016-12/06/5143875/files/a05f61476d51487ebcab3d9260a5ab59.pdf。

注意力，催生了不同旅游阶层对非遗的热爱。

当前，博物馆的传播方式、展示方式、管理方法等都在不断地创新，吸引着广大用户前往。2018年中国国家博物馆、湖南省博物馆、南京博物院、陕西历史博物馆、浙江省博物馆、山西博物院以及广东省博物馆就集体入驻抖音，并且合作推出"博物馆抖音创意视频大赛"，通过一系列新媒体技术，将当下最受欢迎的流行元素与国宝进行有机的融合，让博物馆文化走进年轻受众，这种年轻化的演绎方式，引发了用户对博物馆的极大关注。《我在故宫修文物》《国家宝藏》《假如国宝会说话》《上新了·故宫》等一大批文博类节目的热播，点燃了年轻群体对文化的热情，希望能够去探索文物背后的文化底蕴。博物馆旅游作为人们旅游的新方式，正在不断升级并成为文化旅游的重要载体。

（四）乡村旅游：我国旅游消费的重点领域

在体验旅游的发展趋势下，旅游者更加注重旅游产品所带来的身心体验，乡村旅游由于其独特的资源禀赋能够满足游客不断增长的个性化和体验式旅游需求。我国乡村旅游起步于20世纪80年代中后期，伴随着我国工业化和城镇化的进程，乡村旅游依托绿水青山、田园风光以及具有特色的乡土人情与文化，成为城镇居民休闲养生的重要方式，是助力实施乡村振兴战略的重要渠道，也是促进文化与旅游消费的重要途径。乡村旅游作为我国旅游消费的重要领域，政府越来越重视其发展。在2016年中央一号文件就指出"大力发展休闲农业和乡村旅游"，2017年农业部办公厅印发了《关于推动落实休闲农业和乡村旅游发展政策的通知》以此推动落实休闲农业和乡村旅游发展政策。2018年又发布了《关于实施乡村振兴战略的意见》，该意见指出要"创建一批特色生态旅游示范村镇和精品线路，打造绿色生态环保的乡村生态旅游产业链"。为了满足不同旅游人群的需要，乡村旅游的发展将会更加多元化。开发者通过充分考虑地域特点，因地制宜打造民俗村、田园农庄、农业科技园、乡村度假村等高质量产品，让游客的选择更加广泛并且凸显自己的特色。

◇跨界融合与文化创新

　　随着国家大力发展乡村旅游产业，乡村旅游产业链也得到了进一步完善，在个性化休闲时代，乡村旅游呈现出特色化、精品化的特点；新产品、新业态也层出不穷，出现了文化旅游特色小镇以及乡村民宿等一系列乡村旅游新业态。中国经济进入新常态以来，以煤炭、石油等为主的传统资源的价值在下降，相反新的要素资源的价值在上升，比如蓝天白云、传统村落、区域特色文化等。电子商务的发展，同样改变了乡村的消费模式。而特色小镇正是在我国产业转型升级、乡村价值不断提升以及人们消费需求发生转变的背景下走向人们的视野。文化旅游特色小镇主要是利用当地良好的生态、独具特色的传统建筑、悠久的历史文化以及宁静的氛围和相对低廉的价格对旅游者产生巨大的吸引力。浙江省德清县的莫干山镇正是特色小镇与乡村民宿完美结合的例子，在全国创造了"洋家乐"概念，并成为一种新的旅游业态。"洋家乐"与其他一些特色小镇不一样，它没有走模仿的道路，而是采用差异化的战略，把当地能利用的旧东西利用起来，践行"低碳环保、中西融合"的理念和"生态纯粹"的极致追求，真正做到因地制宜。在乡村旅游的发展下，也出现了依靠互联网技术的民宿App，例如小猪短租、途家等，乡村民宿的发展速度较快。调查显示，2017年我国乡村旅游达25亿人次，同比增长16%，旅游消费超过1.4万亿元，同比增长27%，民宿消费规模达200亿元；预计到2020年，我国乡村民宿消费将达363亿元，年均增长16%，远高于同期国内旅游消费年均8%的预计增速。① 在文化与科技融合背景下，乡村旅游将会呈现多种新的业态。

（五）生态和谐旅游：文化旅游的特殊形式

　　随着国家对生态建设和环境保护问题的不断重视，出现了以森林、草地、湿地、海洋等资源优势为依托的生态旅游，它与人类当前所处的生态时代相适应，代表了旅游发展的新潮流，是旅游发展进入新阶段的重要表现，

---

① 《雒树刚：乡村民宿大有可为，全域旅游大有作为》，搜狐网，2018年12月3日，http://www.sohu.com/a/279269121_463894。

具有深刻的环境背景和旅游者心理基础。"生态旅游"这一概念的提出开始于1983年,国际自然保护联盟(IUCN)特别顾问豪·谢贝洛斯·拉斯喀瑞在这一时间首次在文章中使用它。生态旅游与传统的大众旅游有较大的区别,它强调旅游业的增长应与环境保护相协调,是将游览活动、生态保护以及文化体验相结合的旅游新业态。中国对生态旅游的探索开始于1992年,从最初的基础理论研究逐渐转向实践案例分析,其研究目的主要是在可持续发展的理念下,创新旅游产品,为消费者提供良好的旅游服务,并保护生态环境。生态旅游作为一种新兴的可持续旅游形式,近些年来持续升温,影响力不断提升,以森林旅游为例,2017年,我国森林旅游(以森林公园、湿地公园、沙漠公园为代表的各类森林旅游地)创造社会综合产值1.15万亿元,已成为我国继经济林产品种植与采集业、木材加工与木制品制造业之后,第三个年产值突破万亿元的林业支柱产业;森林旅游的游客量达到13.9亿人次,约占全国旅游人数的28%;森林旅游直接收入也从2012年的618亿元增加到2017年的1400亿元,保持了18%以上的年增长率。[1] 2018年,森林旅游的成长力进一步增强,全国森林旅游和康养超过16亿人次,同比增长超过15%,创造社会综合产值近1.5万亿元,[2] 随着中国旅游业逐步走向大众化,生态旅游市场在不断壮大,旅游产品形式也在逐步创新,由传统的观鸟、自行车旅游、野生动物旅游等旅游模式逐步向以国家自然保护区、国家森林公园、国家湿地公园等"散点"式生态旅游产品为基础,通过打造各地之间的风景廊道,发展全域生态旅游的"点、线、面"多尺度旅游产品联动发展模式转型。另外,在人们生活水平提升的基础上,游客更倾向于个性化的体验式生态休闲或生态度假旅游。从传统的生态观光到当前的生态休闲和生态度假,需要越来越多的传统要素和非传统要素的支撑,除了自然资源、资金、土地,人才、信息、科技、文化等发展要素的重要性不

---

[1] 《第三个林业支柱产业是怎样炼成的?》,中国林业网,2018年3月22日,http://www.forestry.gov.cn/main/195/20180322/1085379.html。
[2] 《2018年我国林业产业总产值7.33万亿元》,中国林业网,2019年1月17日,http://www.forestry.gov.cn/main/195/20190117/092445941527749.html。

◇跨界融合与文化创新

断凸显。

在科技与生态旅游不断融合的 21 世纪，生态旅游更加趋向智能化和智慧化。2018 年在浙江杭州亮相的全国首个未来景区样板间西溪国家湿地公园正是"科技+生态旅游"的最好例证，未来景区战略中的智慧票务、智慧导览、智慧景区大脑都率先在此落地。① 游客能够通过线上或者线下扫码购票后刷脸进去，西溪国家湿地公园还有专门的 App，在 App 中能够个性化定制行程，在线预订门票、酒店、美食、特产等，也有关于西溪吃、住、行、购等方面的攻略，并且有西溪国家湿地公园的电子地图，GPS 定位和导航服务使游客拿着手机就能去所有想去的地点。此外，西溪国家湿地公园通过景区大脑能够实现智能管理和数字化经营，实时监控并对数据进行分析，包括客源地分析、客流监控、实时路况等。因此，在科技不断进步的时代，西溪国家湿地公园智能化管理不仅减少了游客进入景区的时间，而且减少了人力成本，提升了管理效能；同样，景区通过智能化管理对游客进行合理的流量管控，能够保护生态环境。

三 科技背景下文化旅游消费新趋势

科学技术的进步为文化旅游服务创新提供了技术平台，同时改变了文化旅游的营销方式，催生了多种文化旅游新业态。正如生产决定消费一样，当文化旅游的供需得到改善，新业态的出现必然会给消费带来一些新的变化，出现新的消费趋势。

（一）定制化消费

随着人们对旅游品质要求的不断提升，专注个性化实现与高品质体验的定制旅游成为趋势，当然定制化消费也就成为文化旅游消费的新趋势之一。

---

① 《飞猪携手西溪打造未来景区样板首批落地三个"智慧"》，环球网，2018 年 9 月 21 日，http://tech.huanqiu.com/news/2018-09/13082143.html? agt=15438。

定制化旅游消费是通过寻找旅游资深人士来制订专属旅行计划的消费方式，这样既解决了"跟团游"的束缚，同样又能够解决自由行中旅游线路设计专业性差的问题。另外，定制化旅游满足了人们个性化的旅行需求，并且要求游客参与旅游路线的制定，使游客与定制设计者之间有良好的互动关系，从而为消费者设计一款量身定做的旅游产品。近年来，线上旅游平台为了满足人们的个性化消费需求，纷纷推出了私人定制旅游业务，定制旅游逐渐变成了大众旅游消费。如携程定制旅行发布了《旅游3.0：2017年度定制旅行报告》（以下简称《报告》），《报告》认为："2017年成为定制旅游大众化的元年，私人定制已不再只是有钱人的特权，进入普通老百姓家庭；我国旅游业也从跟团游、自由行进入3.0时代——以旅游者为主导，以定制为代表的个性化服务时代。"[1] 从全国范围来看，定制旅游的价格也越来越便宜，2017年国内定制游人均消费约3200元，同比下降20%，境外定制游人均消费约7800元，同比下降8.2%。总的来说，定制化消费的兴起并不是意外，在当前以及未来的一段时间内都是文化旅游发展的方向。

（二）理性消费

文化旅游与科技的不断融合，在一定程度上改变了消费者的消费意识和消费观念。在快速发展的今天，有很多消费者只注重价格的高低，而不是性价比与审美，消费者仍然存在非理性、不成熟以及物质主义的消费观念。但在科技的广泛应用下，消费者能够通过各种旅游App、微博等，提前了解旅游目的地的详细情况和旅游所需的费用，以此综合选择自身喜爱且性价比高的旅游项目，而不是传统的跟随旅行社从一个地方玩到另一个地方，直至玩遍旅行社安排的所有景点。另外，消费观念也以个性化为导向，逐渐转向理性消费并呈现多元化的发展态势。康养旅游的出现正是理性消费的一种表现，在物质丰富的今天，人们更加注重健康的生活方式，理性消费逐渐成为

---

[1] 《2017年度定制旅行报告出炉旅游3.0时代到来》，搜狐网，2018年4月3日，http://www.sohu.com/a/227178412_275873。

◇跨界融合与文化创新

消费的主流模式。在旅游购物方面,人们从过去的"盲目消费"到"炫耀式消费",再到如今的"务实消费",游客的消费更加趋向理性,过去的"爆买"方式正成为历史;同样,人们的消费行为也从"只买不问"转向"先查后买"和"边查边买",并且从"购买商品"转向"购买体验"。[1] 当今,人们在选择购物前,通常会在旅游前查询各大网站以及旅游达人的分享日志提前决定该购买哪些性价比高的商品,或者在当地临时购买时也会通过手机查看国内各大电商平台上该商品的价格,来决定哪种购买方式更加合理。因此,科技与文化旅游的深度融合必然会在一定程度上影响游客的消费行为,使消费更加理性。

(三)沉浸体验式消费

当前,我国的经济形态正逐步进入继农业经济、工业经济、服务经济之后的体验经济,在这一新型经济形态中,企业"以服务为舞台,以商品为道具,以消费者为中心,创造能够使消费者参与,值得消费者回忆的活动"。[2] 当然,在互联网、大数据、智能化的今天,旅游行业过去所实行的"门票经济"也在逐步地被"体验经济"取代,传统走马观花的旅游消费方式已经难以满足消费者的需求,出现了依托互联网技术实现文化旅游的体验消费方式和以"80后""90后""00后"为主的新兴文化消费群体。随着国民生活水平的提升和消费的升级,旅游消费已成为日常消费品,而常规旅游产品出现供求过剩,人们旅行的目的不再是游览而是体验,希望能够有体验式的旅行线路、体验式的活动、体验式的赛事等,以此满足精神体验。体验式旅游消费的出现并逐渐成为主流,其主要原因在于旅游者的消费需求发生变化,人们不再局限于纯自然景观的消费,相反更加渴望具有体验性、娱乐性和知识性的多层旅游体验。体验式旅游自身所具有的特点也吸引着游客,不可复制性即体验式旅游的个性化表达,由于主题的不同和鲜明的特色

---

[1] 苏娜:《出境旅游消费升级国民购物日趋理性》,《中国旅游报》2017年7月5日。
[2] 〔美〕B.约瑟夫·派恩、詹姆斯·H.吉尔摩:《体验经济》,夏业良、鲁炜等译,机械工业出版社,2008。

能够为游客带来新鲜的旅游感受，满足游客的个性化需要；另外，体验式旅游具有高度的模拟性，能够利用科学技术（VR、AR等）使消费者在特定的主题中有身临其境的感受。同样，在体验式旅游中消费者能够参与到旅游场景中，并且与当地居民直接接触，深刻体验当地的风土人情。随着科学技术的不断发展，人们从旅行中获得的体验感将会更加真实，体验式旅游也是今后的消费热点。

（四）"网红"消费

近年来，随着短视频以及社交网络的全民普及，一些以前知名度不高的景点通过知名短视频平台的传播一下子变成了旅游"网红"打卡地，吸引着游客的到来。这种新型的旅游消费方式不仅是互联网快速发展的产物，也是当前旅游正在由精英消费向大众消费转变的结果。在旅游消费升级的背景下，互联网为旅游地的宣传与传播提供了低成本，人们能够利用短视频将自身的所听所见快速传上网络，与他人分享。而那些以景区为背景，融入创意、趣味特征的短视频，被人们所喜爱并广泛传播，成为"网红"景点。加之，现在年轻人出游喜欢看口碑，从社交平台上获取信息，甚至口碑的评价内容比广告更能够影响他们的行为。2018年在短视频的带动下，有不少景区被称为"网红"景区，如西安城墙脚下永兴坊的摔碗酒、厦门鼓浪屿网红雪糕店、青海茶卡盐湖等。然而，有些"网红"景区自身条件并没有达到"网红"的标准，出现接待和服务能力不足、游览体验差、虚假宣传等问题。在人们沉浸短视频消费的今天，"网红"景区的旅游消费将会一直存在，并且很多景区也会采取这种互联网方式加强自身景区的宣传与推广。因此，"网红"景区在跟潮流、蹭热度吸引消费者的同时要提升服务品质，不断挖掘文化内涵，打造经久不衰的旅游品牌。

四 推动新型文化旅游业态创新的几点思考

旅游业态创新是衡量我国旅游产业发展成熟的重要标志，也是实现我国

◇ 跨界融合与文化创新

旅游业转型升级的必由之路。当前，如何推动文化旅游业态创新已成为文化旅游业发展的重要议题。因此，为了更好地推动文化旅游业态的创新，本研究主要从产业融合、科技创新、人才兴旅、政策支持四个方面给出了思考。

（一）聚焦"大融合"，实现文化旅游产业融合新突破

在全域旅游和乡村振兴的引领下，农业、林业、体育、健康养生等越来越多的领域与文化旅游相融合，为文化旅游产业的发展拓展了新空间，推动了新型文化业态的发展，如康养旅游就是文化旅游与健康养生融合发展下的旅游新业态。在新时代，文化旅游产业新业态的创新与升级需要通过产业的融合来创新旅游产品、旅游形式等，总的来说就是聚焦"大融合"，实现文化旅游产业融合新突破。一是推进文化旅游与三次产业之间的深度融合，充分发挥文化旅游的带动作用，形成"旅游+农业""旅游+工业""旅游+服务业"的产业格局，积极开发文化旅游新产品。例如在健康旅游方面，依托优美的自然景观、舒适的自然环境以及区域特色的文化，开发一系列健康养生旅游服务产品。二是拓宽旅游产业边界，细化文化旅游要素，在旅游的时间上进行创新，例如在条件适宜的地方开展分时度假旅游，延长产业链，满足不同人群的旅游需求。三是积极推进不同旅游业态在要素、区域、时空等方面的交叉融合。另外，文化旅游业态的创新必然离不开互联网技术的深度融合，互联网技术在产品种类、体验方式、传播途径、宣传方式等方面影响着文化旅游，并催生多种新型的文化旅游新业态，在"互联网+"理念下创新旅游业态培育已成为文化旅游业态创新的重要推动力。

（二）以科技创新推动新型文化旅游业态创新

新型文化旅游业态与传统文化旅游业态最大的不同就在于互联网与数字化技术的应用，新型文化旅游不仅能够利用数字化技术使文化体验更加深度化，而且能够创新传播渠道、捕捉游客的文化消费需求以及创新文化内容形式等。当前，我国新型文化旅游新业态发展仍然存在问题，例如文化旅游的开发缺乏创意且深度不够、文化旅游与数字技术的融合程度不深等。创新和

利用科技已成为推动新型文化旅游业态创新的重要途径之一,在智慧旅游的引领下,应利用多种交互技术增加游客的体验感。例如,在现有实景和真人展演的节目内容上加强立体成像技术与全息投影技术的融合,通过虚拟技术强化游客的临场感受,使游客直接沉浸在当时的旅游场景中,体验旅游所带来的文化底蕴。[①] 或者为了进一步增强游客体验的真实性,应采用多态体验装置,让游客多维度地感受场景的真实性。文化旅游与科技的深度融合还体现在文化旅游的消费渠道的优化,如新颖的文化旅游产品设计、线上线下旅游产品的销售等。针对文旅产品的销售与设计,可以建立文旅产品平台、微信公众号等,消费者通过网络平台参与产品的设计与购买,一方面能够增强游客的趣味性和参与度,另一方面通过大数据实现精准营销,为游客提供定制化商品,提高游客商品购买的体验感。智能导游以及智能门票的应用也能够在一定程度上提高游客的满意度。同样,文化旅游业态的创新也离不开新技术的研发,企业应该加大对科技研发的投入,开发新的数字化技术,全方位提升游客的体验感和真实度;政府应该颁布相关的法律法规,对高新科技公司给予政策上的优惠,推动科技的研发。

(三)创新人才培养方式,坚持人才兴旅策略

在科技快速发展的今天,文化旅游的消费方式、经营管理服务模式、行政管理模式等方面与传统相比已经发生了翻天覆地的变化,相应的,对文化旅游人才的知识和能力也提出了新的要求;另外,作为推动文化旅游新业态创新的重要推动力,如科学技术的进步、不同产业之间的融合等都需要人才的投入,因此推动文化旅游新业态创新发展的关键在于创新人才培养方式,坚持人才兴旅策略。创新人才培养方式,需要加强行业、企业、社会与高职院校之间的有效衔接,推进政校、校企、校校合作以及与国际化办学项目合作,提高文化旅游人才的综合能力,培养多层次、复合型、国际化的文化旅

---

① 王贞:《韶山红色文化旅游实景演艺的数字化设计研究》,《装饰》2017年第9期。

◇跨界融合与文化创新

游人才,这种人才不仅擅长旅游专业技能,而且通晓互联网技术、英语等。[①] 另外,在智慧旅游的引领下,应培养文化旅游人才的智慧旅游实践技能,通过专业实训、学企交替的方式,提高文化旅游人才的实践能力。同样,在体验越来越深度化、服务越来越个性化的文化旅游背景下,专业化服务人才必不可少,例如个性化和定制化服务人才的培养,这些人才能够根据游客的特点和需求,为游客设计独一无二的旅游行程和专属的旅游产品,为游客带来与众不同的旅游体验。除此之外,专业旅游人才对文化旅游市场具有敏锐的感知能力,能够快速了解游客的消费偏好,较为准确地抓住游客的消费"痛点",有针对性地为游客提供新的文化旅游方式和旅游产品,形成新的文化旅游新业态。

(四)坚持政府引导、政策支持,推动文化旅游新业态的形成

新业态的培育往往离不开良好的市场发展环境,为了营造公平、规范的市场竞争环境,需要政府引导,政策支持。根据多年的产业实践和国内外的发展经验已经证明,产权的保护力度与创新力有密切的正相关性,在"盗版""山寨"等产业环境下,文化旅游业的创新力将会大打折扣。[②] 这就需要政府构建强有力的知识产权保护体系,加大知识产权保护的执法力度,为文化旅游业态的创新提供法律保障。另外,政府职能的转变、服务质量与效率的提升能推动文化旅游业态的创新。故政府应不断简化文化旅游项目在选址、申报、立项、审批等方面的程序,加大扶持引导和政策引导的力度,充分发挥市场在资源配置中的决定性作用,让文化旅游产品经过市场的选择,将最有创意、深受游客喜爱的项目留下来,实现资源的优化配置。文化旅游新业态的形成是不断培育与发展的过程,新业态的培育必然需要资金,甚至有些具有创意的文化旅游项目由于资金问题不得不中止。为了解决这一问

[①] 陈晖:《智慧旅游新业态下职业院校旅游专业人才培养模式改革与创新》,《电子商务》2018年第1期。

[②] 李凤亮、谢仁敏:《文化科技融合:现状·业态·路径——2013年中国文化科技创新发展报告》,《福建论坛》(人文社会科学版)2014年第12期。

题，政府不仅应在税收上给予优惠，而且要加大对文化旅游产业的财政支持力度，为文化旅游企业的融资贷款提供便利，不断壮大文化旅游企业和推动改革创新。总的来说，通过政府多方面的政策引导与支持，培养技术含量高、竞争能力强，具有示范带动作用的高质量文化旅游项目，深层次开发新型旅游产品，深化旅游业供给侧结构性改革，推动文化旅游新业态的形成。

第三辑　数字创意与新型业态

数字化技术是文化创新发展的基本动力

在第三次科技革命推动下，技术、信息、资本等生产要素跨国界、跨区域流动日益加快，为世界经济和人类文化发展创造了全新机遇。在这一进程中，数字化技术作为信息文明的关键构成和文化科技融合的基础条件，已经并将进一步影响文化创新发展的方式和速度。

"数字化技术"（digital technology）是一项与电子计算机相伴相生的科学技术，它是指借助一定的设备，将文字、声音、图像、视频等多种要素转换为计算机可识别的二进制（"0"和"1"）数字形式后，进行运算、加工、存储、传送、传播、还原的智能技术。数字化技术是计算机技术、多媒体技术以及互联网技术的基础，是实现信息数字化的基本手段。自20世纪70年代起，数字化技术的加快发展和普遍应用，已成为推动文化产业全面升级及文化软实力快速提升的重要引擎，受到各国重视。

首先，数字化技术推动文化产品更新。数字化技术改变了文化产品的生产、存储、传播、消费方式及基本形态，文化产品的数字化成为不可阻挡的发展潮流。传统文化消费的一些对象，如纸质图书、胶片电影、磁带音乐等，随着数字化技术的发展要么逐步消失，要么日渐式微，数字电视、数字广播、数字图书、数字杂志、数字电影等成为消费主流。数字化技术和新型介质的广泛应用，使文化产品的生产方式不断改进，效率不断提高，科技含量陡增，同时改变了人们的文化体验方式。数字化引发的虚拟浪潮，强化了人们"深度浸润式"的文化体验感，这在3D动画电影的消费中显得尤其突出。影视、动漫在拍摄、加工等环节，借助电脑、多媒体、三维动画、数字特效、数字摄影及数字音乐等复合数字化技术，既能提高产品的质量，又能

◎跨界融合与文化创新

增强产品的播出效果。如2015年风靡暑期档的国产动画电影《西游记之大圣归来》，上映56天实现9.56亿元的票房，并已销售至全球60多个国家，海外预售已达到400万美元，创下中国动画电影国内外销售纪录的双高。究其根由，CG动画制作技术的运用，使该电影的流畅度、技术特效以及行云流水般的打斗和扣人心弦的音乐，可与《功夫熊猫》媲美。可以说，数字化技术在《大圣归来》取得骄人业绩的背后扮演了十分重要的角色。

其次，数字化技术助力文化产业升级。数字化技术一方面为传统文化产业的升级提供有力支撑，另一方面又不断催生新型文化业态。像数字图书馆、数字博物馆、数字艺术馆的不断涌现，往往通过大数据的挖掘和使用，大大提升了产品的生产能力和服务能级。为疏解巨大参观人流而推出的敦煌莫高窟数字展示中心，通过播放电影《千年莫高》及《梦幻佛宫》，使游客产生在实体洞窟中无法感受到的新型体验，同时减少了对洞窟的破坏。数字化技术催生的新型文化业态众多，除Facebook、微博及微信等新兴媒体，还有创意设计、动漫网游、电子商务、网络视频、移动新媒体等。与传统文化产业相比，新型文化业态呈现"高特新"等特征。欧美、日韩等无不抓住时机，利用数字化技术推动其文化产业升级。Facebook、Twitter和YouTube等成为世界上成长最快的新业态企业，中国的腾讯、京东、阿里巴巴，也都以极高的市场需求、产业规模和增长速度，成为产业升级获益者的标杆。英国《卫报》曾刊文称，以谷歌、苹果、Facebook和亚马逊为代表的硅谷科技巨头正在侵入欧洲的领地，欧洲有可能在数字领域沦为硅谷的"殖民地"。因此，欧洲应通过反垄断调查、逃税行为调查，以及加强自身统一市场建设等措施发起大规模反击。

再次，数字化技术加快文化企业转型。随着数字化技术的突飞猛进，一些传统企业已开始利用自身的技能、规模和前期资金优势，借助数字化技术来构建竞争优势从而逐步实现转型。在跨媒体时代，出版印刷产业链已发生质的改变，以"内容为王"的出版社话语权正在削弱。随着数字化技术的发展，数字出版、数字印刷、按需印刷的市场需求，使"内容为王"的传统出版印刷产业链变短，"内容与技术并重"已成为出版印刷产业链的时代特征。印刷行业的企业，只有利用数字化技术延伸到互联网、智能手机等多媒体的领域，才能实现可持续发展。数字化技术还引发文化产业的跨界融合，孕育出一批文化航母。2003年，当全球电子信息产业普遍遭遇发展瓶颈时，以单一电子产品为主营业务的深圳华强集团也一度陷入困境。华强集团提出"文化科技产业"概念，成立华强文化科技集团，走上了"文化+科技"的企业转型之路。近年来，企业运用计算机、声光电、人工智能等数字化技术手段，打造出中国第四代主题公园、环幕4D电影、悬挂式球幕电影、巨幕4D电影等十几种特种电影形式，并自主研发推出世界上第一套180度环幕立体拍摄系统、"三维立体渲染基本模型"、"动态跟踪和校正"等几十项达到国际领先水平的技术，为华强成功转型奠定了技术基础。如今，以数字体验为业态模式的华强方特乐园不仅遍布国内，其环幕4D电影、数字动画、主题公园还远销各国，成为中国文化"走出去"的代表。

全球文化产业日益呈现信息化、虚拟化、体验化、跨界化、国际化等新特征。推动文化创新发展，应全面提升我国数字化技术研发及应用水平，当前应着力做好几项工作。

一是进一步树立全局观念，突出顶层设计，不断提升前瞻性战略研判能力。国家应抢占全球新一轮数字化技术的制高点，大力推进实施国家数字文化工程、全国文化信息资源共享工程等，优化数字化技术发展布局，加快数字化技术与"互联网+""文化+""创客+"的结合。如"十三五"规划中指出的，在实施《中国制造2025》过程中，促进信息技术向市场、设计、生产等环节渗透，推动生产方式向柔性、智能、精细转变，打造制造强国。

二是进一步强化数字化技术创新的引擎作用，促进数字化技术与文化产业深度融合，培育新兴业态向市场需求的转化应用。进一步推进与文化创新发展密切相关的数字、信息、互联网等核心关键技术攻关，研发未来互联网、大数据处理、人机智能、高性能计算与服务环境、虚拟现实与智能表达等重大技术系统和战略产品，打造一批文化科技共性技术平台，推动文化产业与数字化技术全面深度融合发展。

◎ 跨界融合与文化创新

三是进一步培育文化消费市场，以数字文化消费牵引数字技术提升。要抓住正在成长的网络一代，培育和拉动适应互联网、移动终端等载体的网络文化产品的消费市场，不断促进和拉动动漫游戏、网络音乐、电子图书、App等数字文化消费。同时，要加强城乡数字化基础设施建设，继续培育城乡居民在图书、影视、音乐、展览、演艺、文化旅游等大众文化领域的数字化消费意识。

四是进一步加大数字化人才培养力度，为促进文化科技融合提供人才支持。文化创新发展和新型文化业态，迫切需要一批年轻化、有创意、懂技术、会经营的复合型人才。高校应调整人才培养目标，创新培养模式，强化实践实训，通过跨科际、跨行业、跨校园、跨国境的协同合作，培育一批创新型数字化文化科技人才。同时，要加大对中小学生的数字教育和创客孵化，提升其信息化素质，培养未来的数字文化产业生力军。

（原载《人民日报》2016年7月31日，发表时题为《抢占全球新一轮数字化技术创新制高点，推动文化产业跨界融合》，有删节）

经济"新常态"背景下文化业态创新战略

在刚刚过去的"十二五"期间,中国经济步入"三期叠加期",即增长速度换挡期、结构调整阵痛期和前期刺激政策消化期。2015年,中国GDP达676708亿元人民币,但是增速回落至6.9%,创1990年以来新低,中国经济发展进入"新常态"趋势明显,其典型特征是从高速增长转为中高速增长,经济结构不断优化升级,动力从要素驱动、投资驱动转向创新驱动。这意味着"提质增效",依靠新技术、新产业、新模式、新业态不断发力将成为未来中国经济的着力点。历史经验表明,文化市场和文化产业发展从来都和经济发展保持密切联系,经济领域的"感冒"从来都会引起文化经济领域的"喷嚏",这是不可抗拒的规律。受到经济"新常态"大环境影响,文化产业顺势进入新的历史发展机遇期和战略调整期,其所处地位和作用需要重新辩证地认识。一方面,我们要反思过去文化产业发展过程中存在的问题,客观评价文化产业所处的历史关键节点;另一方面,一些新的业态类型和模式亟须总结,新的趋势和方向亟须把握。本文拟为"十三五"乃至更长时期文化产业的发展提供创新思路。

一 经济"新常态"与文化"新业态"

21世纪前十年,中国文化产业以年均超过15%的增长速度快速发展,在拉动经济增长、优化产业结构、吸纳新增就业、改善居民消费结构、促进文化服务出口、增强国家"软实力"等方面贡献卓越,被公认为"朝阳产业"、"黄金产业"及未来的"支柱性产业"。正因如此,文化产业能否健

◇跨界融合与文化创新

康、快速、高效地运转在经济转型时期具有特殊的意义。十八届五中全会上，我国确定了"十三五"时期和全面建成小康社会决胜阶段的五大发展理念——创新、协调、绿色、开放、共享，文化产业凭借其"谋创新""善协调""享绿色""勇开放""勤共享"的特点和独特优势，可谓最契合五大发展理念的产业领域之一，也是中国特色社会主义"五位一体"总体布局中起重要作用的内容产业。在当前中国经济面临一系列新矛盾和新问题的复杂环境下，文化产业发展也将迎来新机遇和新挑战，集中表现在以下几个方面。第一，在下行压力较大的经济背景下，文化产业能够继续保持较快的增长速度。根据国家统计局核算，2015年全国文化及相关产业增加值为27235亿元，比上年增长11%（未扣除价格因素），比同期GDP名义增速高4.6个百分点；占GDP的比重为3.97%，比上年提高0.16个百分点。[1] 与往年相比，产业规模持续快速扩大，文化服务业占比提高，规模以上文化企业营业收入快速增长，投资、消费、出口全面增长。有学者指出，当前文化产业发展处于由"起点模式"向"目标模式"的"过渡时期"，也是文化产业发展的扩展期。[2] 第二，文化产业在优化经济结构方面的作用更加凸显。当一个国家经济发展步入迈克尔·波特（Michael E. Porter）所谓的"财富驱动"阶段时，文化、教育、智力的投入将大幅增加，第三产业和精神经济比重上升，经济结构不断优化。当前我国第三产业对GDP贡献已经超过第一、第二产业的总和，但与发达国家70%以上比重相比仍存在差距，这为文化产业继续发挥优化经济结构引擎作用释放了空间。第三，文化产业逐步进入以市场为主导的方向发展。过去十年是文化产业发展的"政策红利"期，文化体制机制改革成果显著。尤其是2014年密集出台了十多个文化产业相关扶持政策，其范围、数量、密集程度、扶持力度前所未有，为"十三五"时期文化产业发展方向奠定了基调。然而，随着文化产业由弱到强，政府大力简政放权，提倡自由发展，市场成为主导力量则

---

[1] 《2015年我国文化及相关产业增加值比上年增长11%》，国家统计局网站，2016年8月30日，http://www.stats.gov.cn/tjsj/zxfb/201608/t20160830_1394336.html。

[2] 向勇：《转型期我国文化产业发展模式研究》，《东岳论丛》2016年第2期。

是必然趋势。第四，文化产业主体将进一步增强扩大，文化航母实力进一步提升，中小微文化企业活跃。在"双创"背景下，文化产业领域成为创新创业"热土"，"众筹""众包""众扶""众创"等模式成为新亮点，生产小型化、智能化、专业化成为文化产业组织新特征。换言之，未来将是一个"赢家拿大头"的时代，而非赢家通吃。与过去重视"大创新""硬创新""集聚创新"相比，"微创新""软创新""分散创新"在新兴文化产业领域会更加活跃。第五，消费对文化产业增速的贡献率不断上升。由生存型向发展型消费升级、由物质型向服务型消费升级、由传统向新型消费升级是我国消费的发展趋势。① 目前我国文化消费还存在万亿元级的缺口，潜力有待进一步挖掘。在文化供给侧结构性改革下，文化消费结构将不断得到优化，对拉动和繁荣文化市场产生重大影响。第六，文化产业均衡发展，文化"走出去"呈现新格局。在国家积极推进"新型城镇化"、"长江经济带"、京津冀协同发展等战略和共建"一带一路"背景下，一个对内实现城乡、东西协调发展和对外互联互通、合作共赢的新空间战略布局将进一步缩小城乡、区域和国家之间的文化产业差距，从而实现协调、均衡、可持续发展。

由此可见，文化产业在经济"新常态"背景下有所作为，既是文化经济发展的客观要求，也是国家"顶层设计"下的主动探索，反映了政府政策驱动与市场需求导向的双重结合。但是，从过去十多年文化产业发展轨迹来看，传统思维和模式下的文化产业后继乏力、动力不足，传统文化行业如图书、报刊、音乐唱片、广播电视、印刷广告等逐渐遭到市场淘汰，同时受到体制机制的约束，产值增长难以为继。而以网络技术和数字技术为引领的新兴文化产业大多是市场激烈竞争下的产物，对消费者需求变化反应敏捷，能够根据市场变化迅速调整自己的经营策略和经营方式，获得高速增长。国家统计局数据显示，2016年上半年我国新兴文化产业在产业规模、增长速度和产值贡献等方面均远超传统文化产业，是激发文化创新发展的"强引

---

① 匡贤明：《从物质型消费走向服务型消费》，《上海证券报》2015年4月4日。

擎"，尤其是以"互联网+"为主要形式的文化信息传输服务业和文化休闲娱乐服务业发展最为迅猛，分别增长了29.7%和19.8%，有力地拉动了文化产业快速增长。因此，文化产业内部结构的持续调整优化势在必行，不仅要进一步加强融合，促进传统文化产业的转型升级，更要利用新技术、新模式不断创新文化业态，通过培育更多的创新型新兴业态来取代实体型传统产业，形成新的经济增长点，从而释放新的活力，促进文化产业业态向更高端、分工更精细、结构更合理的阶段演进。

二　业态创新思路与战略方向

业态创新是企事业单位为适应科技进步、市场竞争、消费者需求变化，通过不断创新所形成的新行业类型及与之相关的生产、经营、销售、服务和管理形态。新兴文化业态作为文化产业未来增长的关键领域，相对于传统文化业态在价值传递、审美增值、资源活化、原创培育、经济增长等方面的作用更加凸显，可以大幅度提高文化产业规模化、集约化、专业化水平。"十三五"时期是新兴文化业态对文化产业进行调整、升级和变革的战略机遇期，其中，"跨界融合""科技引领""版权衍生""沉浸体验"或成为当下与未来文化产业业态创新的主要模式与战略方向。

（一）跨界融合型

跨界融合作为当前文化产业领域最主要的特征和发展趋势之一，表现为门类、要素、行业、地域和文化等层面的多重跨越。[1] 文化产业是国民经济行业分类中产业关联度较高产业门类之一，具有融合、越界、扩散、渗透的特性，它既涵盖了工艺美术品、文化用品、视听设备等文化制造业领域的内容，也包括传统第三产业中文化教育、文化出租、文化批发和零售等一般服务业，更有新闻出版、广播电视电影、文化艺术服务、创意设计服务、文化

---

[1] 李凤亮、宗祖盼：《跨界融合：文化产业创新发展之路》，《天津社会科学》2015年第3期。

休闲娱乐服务等核心业务内容,因此能够与其他产业实现联动发展。2014年2月,国务院颁布了《关于推进文化创意和设计服务与相关产业融合发展的若干意见》,高度重视文化创意与传统产业的融合发展。2015年,文化创意和设计服务业呈现良好发展势头,实现增加值4953亿元,增长13.5%,占文化及相关产业增加值比重达18.2%。2015年7月,国务院还印发了《国务院关于积极推进"互联网+"行动的指导意见》,进一步推动互联网创新成果与经济社会各领域深度融合。实际上,早在互联网发轫之始,文化领域就是互联网冲击的"重灾区",但也是主动接受互联网改造的先行"试验区"。随着信息时代的到来,文学、媒体、出版、游戏、动漫、音乐、影视等行业已经深深刻上了互联网的"烙印",成为引领文化产业发展的"火车头"。正如腾讯所宣称的"连接一切"一样,未来人与人、物、服务、设备等都会形成智能连接,而连接便意味着融合。由此可见,跨界融合的本质在于实现业态的创新,旨在在边界交叉地带寻求新的经济增长点,从中释放创新活力与文化商机。

在新型工业化和信息化加快发展的推动下,"文化+""科技+""创意+""金融+""互联网+"等催生了文化产业新兴业态上的"加法",然其本质却是"做减法"。其一是减去边界,促进经营业态的交叉、互补和渗透。受技术、政策、文化等多种因素的限制,过去大部分企业都具有地域性。即使是全国性或跨国企业,也会设立分支机构进行本土化管理。而互联网给传统企业带来的,却是市场无边界、合作无边界、经营管理无边界。[①]这很好地解释了百度、阿里巴巴、腾讯等互联网巨头所涉领域何以如此宽广,其竞争图谱俨然一条条庞大的根系。其二是减去壁垒,降低文化行业的准入门槛。随着民营资本、社会资本、境外资本纷纷进入文化产品的生产、销售和服务领域,中小型文化企业获得了更多的金融支持和发展机会,而政策的进一步开放和管理制度的创新也大大降低了文化行业的准入门槛。其三是减去同质化,实现差异化营销、经营和服务。例如在文化元素的渗透下,

---

① 徐文君:《大象的困局——互联网+时代的传统转型难题》,电子工业出版社,2016,第17页。

◇跨界融合与文化创新

传统零售业态变得不再单调，麦当劳可以买到 HelloKitty、海贼王、小黄人等动漫公仔，加多宝则以"预防上火"的产品定位与《愤怒的小鸟》合作推出"熬夜火""加班火""堵车火""无名火"四款限量装金罐凉茶，品牌商与授权方互作"嫁衣"，两者可谓相辅相成。由此我们发现，跨界融合的一个结果是，传统行业越来越接近文化产业的特质，而文化产业本身也借助新的手段不断地渗透其他行业。

跨界融合另一个显著的作用是可以促进一种新型创新创意生态圈的形成。在这种生态圈中，创意、技术、文化、金融、人才、信息等要素不断集聚、激荡、焕发生机，成为业态创新的活跃领域。例如，在电商的冲击下，越来越多的商业综合体除具有传统餐饮和零售外，影院、书店、展厅、KTV、游乐场、主题馆、游戏城、演绎广场、数字体验馆等文化娱乐硬件一应俱全，商场中的"艺术空间"变成了举办节日、文化活动和主题展览的绝佳场地。此外，受到经济全球化、网络化的影响，公司与公司之间的竞争方式正进一步向复杂化方向发展，逐渐演变为生态系统之间的竞争。Google 正从"信息"领域加速进入"物理"业务领域，就是希望通过整合网络技术、软硬件技术、机器人技术和人工智能等，实现信息技术与物理世界的充分融合，进而将业务从网络世界拓展到人们生活的各个领域。[①] 未来，谁能率先把握商业社会生态圈的发展趋势，谁就有可能在下一轮的竞争中抢占先机。

（二）科技引领型

历史经验表明，科技革命总是能够深刻改变世界发展格局，也能促进文化的繁荣。就文化产业而言，科学技术对其发生、发展与变迁的影响突出表现为三个阶段。第一个阶段是文化消费萌芽期与文化观念变迁期，即 18 世纪工业革命以来的现代技术发展与物质水平提升使得人均 GDP 不断增长，

---

① 王喜文：《工业互联网：中美德制造业三国演义》，人民邮电出版社，2015，第 10 页。

恩格尔系数[①]持续下降，文化消费占总消费支出比重急剧增加。人们拥有更多闲暇的时间，刺激了人们对文化、休闲、娱乐的需求。这一阶段的显著特征是精神生产从物质生产当中渐渐分离，变成一个独立的生产部门。第二个阶段是与文字表达、图片影像、情感交流、精神生产相关的关键文化技术（cultural technologies）爆发期与文化产业发展期，突出表现为报刊、摄影、广播、电影、电视等大众媒介的普及。鲍德里亚把此过程描绘成从一个"冶金技术社会"向一个"符号技术社会"的转变[②]；美国后现代理论家弗雷德里克·詹姆逊在《晚期资本主义的文化逻辑》一书中则称之为"爆炸效应"[③]。第三阶段是未来尖端技术引领期与文化业态裂变期。在新一轮科技革命的推动下，文化产业向信息化、数字化、虚拟化、智能化、时尚化方向发展。一方面，传统文化业态或淘汰，或重生，面临全面升级换代；另一方面，新技术不断诱发新兴业态涌现，加速文化产业内部结构调整和商业模式的更新。

从三个时期的迭变我们可以发现，无论哪个时期，文化产业的发展都离不开科技的"引领"与"切入"。无法忽略的一个事实是，科技的裂变期，往往也是文化产业业态的裂变期。就当下而言，以下科技成果的应用对繁荣文化产业新兴业态将发挥着未来引领的作用：一是借助新一代互联网技术创新内容产业的传播方式，例如以微博微信为平台的自媒体、越过运营商（OTT）的微电影、网络剧、依托网络直播形成的网红经济等就是这种业态的代表；二是借助智能制造技术丰富文化内容的载体，目前智能手机、平板电脑、电子阅读器等设备已经相当普及，而未来类似智能穿戴设备、无人机、虚拟现实设备等可能成为内容产业的新载体；三是借助新能源、新材料、新工艺提升创意设计、工艺美术、文化用品制造等行业的水平，例如纳

---

① 中国恩格尔系数连续三年下降，从2013年的31.2%降到2014年的31%，2015年进一步下降到30.6%。根据恩格尔定律，中国处于接近富裕状态。参见张冀《稳中有进，进中有创，创中提质——2015年宏观经济数据解读》，《光明日报》2016年1月20日。
② 〔法〕让·鲍德里亚：《符号政治经济学批判》，夏莹译，南京大学出版社，2009。
③ 〔美〕弗雷德里克·詹姆逊：《后现代主义，或晚期资本主义的文化逻辑》，参见《晚期资本主义的文化逻辑》，陈清侨等译，生活·读书·新知三联书店，2003。

◇跨界融合与文化创新

米、石墨烯、3D 打印等技术在工业设计中的应用或可再次改变人们的日常生活；四是借助云计算、大数据技术对文化产业的内容生产、精准化营销和广告服务进行全方位的渗透，"消费即生产"将得到有力诠释；五是借助移动互联网、计算机软件和数字技术支撑新的文化经营模式和消费模式，例如美团旗下的猫眼电影 App 就是一款集媒体内容、在线选座购票、用户互动社交、电影衍生品销售于一身的一站式电影互联网服务平台；六是借助以虚拟现实（VR）、增强现实（AR）、混合现实（MR）为代表的仿真技术增强新型文化体验，游戏、会展、旅游和文化教育等行业目前已经有了较为广泛的应用……这些前沿性、颠覆性、引领性的技术对未来文化产业商业模式与价值创新将产生重要影响，"文化+科技"发挥的叠加效应将持续凸显。

（三）版权衍生型

文化产业自诞生以来，对其内涵与外延的探讨可谓"一千个读者就有一千个哈姆雷特"，但是知识产权无一例外被认为是文化产业最核心最本质的价值。英国学者大卫·赫斯蒙德夫指出，文化产业所面临的特殊问题（特征）是"高风险产业""高生产成本和低复制成本""准公共物品""制造稀缺的需求"，因此文化产业公司应采取"生产大量作品以平衡失败作品与畅销作品"，"集中、整合与知名度宣传"，"人为制造稀缺"，"把产品格式化"（明星机制、类型化、系列作品），"对符号制作者进行从宽控制，对发行与市场营销进行从严控制"等尝试性解决方案。[①] 换言之，如何更好地生产内容和经营内容，是解决文化产业"特殊问题"的关键。而内容的"IP"（Intellectual Property）化，不仅可以实现文化产品和服务的增值和溢价，还大大降低了市场风险。2015 年被业界称为中国"IP 元年"，《琅琊榜》《花千骨》《芈月传》《盗梦笔记》等多个优质 IP 引爆网络，其火爆背后透露着对原创内容的追捧，以及对创意和版权产业链开发的重视，同时显

---

① 〔英〕大卫·赫斯蒙德夫：《文化产业》，张菲娜译，中国人民大学出版社，2007，第 20~26 页。

露出过去"翻拍时代"在内容上的荒芜和金融资本的闲置。实际上，一些发达国家尤其是美国对如何利用IP、怎么用好IP早已形成了一条成熟的产业链。为大家所熟知的迪士尼公司和时代华纳就是典型的基于IP打造"影视+旅游+地产"泛娱乐生态圈的公司。

版权衍生是文化产业发展走向成熟和自觉的标志，是告别过去产业链条中"渠道制胜"或"内容为王"的单一模式，向资源优化整合和顾客价值创造的立体模式过渡，"IP+"成为内容产业新趋势，其目的是从核心原创衍生出更多价值。以故宫为例，过去主要是以"景点+门票"的业态呈现，如今通过对"故宫"这个超级IP进行"版权衍生"，从手机壳、朝珠耳机等新鲜玩意儿到《韩熙载夜宴图》《皇帝的一天》的App，8700多种各具特色的文创衍生品勾勒出另一个"活色生香"的故宫，既让传统文化在产品中得到开发和传播，也让制造业有了新的内容和品牌。[①] 也就是说，过去多以纵向延伸或横向延伸为主，如今则倾向于基于IP的整合性扩张，表现为以下特征。(1) IP的内涵和外延更加丰富。版权最早用于表述创作者因其文学和艺术作品而享有的权利，因此也称著作权。IP概念则可以是文学作品、动漫形象、热门影视、网络游戏、艺术作品、综艺节目、经典歌曲，还可以是一个人物、一个故事、一个符号，甚至是一个微信公众号、自媒体、表情包，无中生有的"凭空"创造是IP的生命力象征。(2) 版权逐步从封闭走向开放。共享经济与互联网给予了文化产业足够的透明性与开放性，它意味着版权不再被小心翼翼地保护起来。通过贴标、发售、改编、转让等版权交易，不仅可以获得比保护更有利的传播渠道，还对品牌增值、价值传递及产品多维开发产生积极作用。(3) 由单一授权向多元授权转变。以文学的影视改编和传统艺术授权为代表，过去版权衍生的价值链、产业链条较短和分散，而基于IP的泛娱乐生态打造，可以将电影、音乐、动漫、游戏、场景、地产、零售等"串联"起来，形成"超级IP"，跨界整合能力增强。

[①] 张玉玲、鲁元珍：《文化+蓄势发力——2015年中国文化产业发展报告》，《光明日报》2015年12月29日。

◇跨界融合与文化创新

(4)"快时尚"IP内容成为互联网时代的"新宠"。相比"老经典"和"新经典"的IP内容,一些吸引眼球、话题性高的IP能够在文化市场制造短时间内的强烈反响和爆发收益。①

移动互联背景下的IP生产周期缩短,并能精准地对接消费市场;其优势在于自带的"粉丝"力量,以流量和人格为基础实现变现和创收。例如,2016年超级游戏IP电影《魔兽》上映档期一经公布,便立即会聚了全球游戏玩家的注意力,具有与生俱来的票房号召力;再如凭借收视率和网络点击率,《奔跑吧兄弟》从一档电视综艺节目拓展到电影、游戏、广告、公益、衍生品开发、外景拍摄地的旅游宣传等多个领域,比同期其他综艺节目更具品牌溢价效应;BAT(百度、阿里巴巴、腾讯)等互联网巨头也在积极布局文化产业,加强内容与平台的融合,打造以IP为核心的"泛娱乐"新生态。但是,需要引起注意的是,目前市场上"IP热""IP之争"持续不断,但其"热捧"背后也呈现泡沫化、阴谋化、虚假化、炒作化等诸多不良现象,容易造成文化产业内容上新一轮恶性循环。因此,用心去创作与深挖优质IP,通过内容上的精耕细作,创造产业价值,才是文化产业良性发展之道,"IP+"才能形成坚实的基础和强大的辐射力量。

(四)沉浸体验型

人类天生具有对"美好感觉"的向往,而在消费领域,增强体验是形成这种"美好感觉"的主要途径之一。文化产业是以生产和提供精神产品和服务为主要活动的集合,是体验经济最集中的表现形式,可以极大满足客户"娱乐体验""教育体验""逃避现实的体验"和"审美的体验"。与初

---

① 这里的"老经典"指已经超过著作权保护期的IP内容,一般来源于民族的非物质文化遗产或自然文化资源,具有典型的民族个性和区域特色,如《白雪公主》《西游记》等;"新经典"是指作品创作超过五年,内容尚在著作权保护期的IP文本,主要是由团体或个人创作的,具有一定故事性的完整文本,如《哈利·波特》《鬼吹灯》;"快时尚"IP内容受到著作权保护,能够在文化市场制造短时间内的强烈反响和爆发收益,一般由个人或企业原创或者改编,是唯一IP多门类开发的系列文化产品,如《冰雪奇缘》《大鱼海棠》。参见向勇教授主持"互联网+文创:产业生态和政策体系研究"课题之平台孵化与创新创业专题研究。

级产品的可互换性、商品的有形性、服务的无形性相比，体验的独特之处在于它是令人难忘和值得回忆的。[①] 从体验的角度出发，文化产业的消费体验大致可分为三种。其一是单向的感知体验，其代表性业态是观光旅游、舞台演绎、纸质媒体、广播电视、音乐唱片等，主要依靠单一外部感官刺激，目的在于悠闲放松、满足身心愉悦和获取知识；目前不少文化产业业态仍然保留着这种体验类型。其二是双向的互动体验，即在原来的基础上，突出人与人、人与物的交互性，是基于互联网和物联网技术衍生的体验类型，主要目的在于获得情感的认同及社交需要。例如，腾讯自2012年成立互动娱乐事业群（IEG）以来，为用户提供了多元化、高品质的互动娱乐内容体验，已经发展成为全球最具规模的互动娱乐服务提供商之一，其快速成长性映射了消费方式及生产方式的变革。其三是多维的沉浸体验，是综合了感知体验和互动体验的体验升级版，对消费者生理和心理产生更强更深的"代入感"，其典型特征是构想性（imagination）、沉浸感（immersion）和实时的交互性（interactivity）[②]，是介于虚拟世界与现实世界的一种全新体验形式，满足的是人类追求猎奇、冒险、快感和梦想实现的需求。例如，上海迪士尼乐园最新游乐项目"创极速光轮"和"加勒比海盗——沉落宝藏之战"都是将游客置身于黑暗的环境之中，综合运用灯光、影像、声音、运动、实景还原等手段营造出一种亦幻亦真的虚拟世界，从而使游客获得一种短暂的类似战栗、欣然、满足、超然的"高峰体验"。

美国芝加哥大学心理学家米哈里·契克森米哈赖（Mihaly Csikszentmihalyi）于1975年提出了著名的"沉浸理论"（flow theory，也称"心流理论"），用来解释人们全神贯注而过滤掉所有不相关的知觉和想法，达到一种"沉浸状态"。[③] 随后，沉浸理论广泛运用于消费体验、教育教学、人机互动和网络行为的研

---

① 〔美〕B. 约瑟夫·派恩，詹姆斯·H. 吉尔摩：《体验经济》，毕崇毅译，机械工业出版社，2012，第13页。
② 参见工业和信息化部电子工业标准化研究院发布《虚拟现实产业发展白皮书》，2014年4月9日。
③ M. Csikszentmihalyi, *Beyond Boredom and Anxiety* (San Francisco. CA: Jossey-Bass, 1975).

◇ 跨界融合与文化创新

究。其中 Novak 和 Thomas 根据沉浸体验产生的过程将沉浸体验状态的特点归纳为三类因素：(1) 条件因素，包括清晰的目标、明确而及时的回馈、应对挑战的适当技巧；(2) 体验因素，包括行为与意识融合，专注于任务、控制感；(3) 结果因素，包括自我意识减弱、时间改变、愉快的体验。[1] 虽然沉浸理论最初源于认知心理学上的描述，但是身处"体验经济时代"，基于沉浸理论的拓展与应用，对于我们改进文化产品设计具有重要的参考意义。以游戏为例，通过对关卡退出率和关卡失败率的数据分析或玩家的情绪反馈，设计者就可以更加合理地设置关卡的难度和节奏，从而让玩家有效地在"挑战"（challenge）与"技巧"（skill）[2]之间达到一种平衡的比例，进入忘记真实世界的情景之中，产生更强的沉浸感。沉浸体验的增强往往需要借助数字化工具，包括具有完全沉浸体验的 VR 设备、文化软件和智能终端等。再以观影体验为例，1.43：1 的纵横比例的巨幕技术（IMAX）、包围感视觉体验的曲面电视、营造家庭影院级体验的投影仪、3D 眼镜和杜比全景声音响等技术工具的使用，可以让消费者体验到与传统影院和电视完全不同的视听盛宴。而在更广泛的社交、游戏、旅游等领域中，未来沉浸体验的趋势会越来越强。

以上归纳了文化产业业态创新的主要模式类型与战略方向，四种创新思路各有侧重："跨界融合"侧重产业边界的突破，"科技引领"侧重前沿科技的支撑，"版权衍生"侧重核心内容的提升，"沉浸体验"侧重文化消费的升级。但是，四种模式类型并非相互独立，而是相互交织、相互渗透、相互嫁接。例如，版权的衍生与科技进步必将导致行业的跨界经营，而沉浸体验与产业跨界则大多需要前沿科技的支撑与引领。这就启示我们，文化产业要在业态创新上有所突破，不仅要摆脱传统模式的束缚，更要以前瞻性、开放性和综合性思维主动适应未来形势，这样才能实现对新兴文化业态的无尽想象。

---

[1] T. P. Novak, D. L. Hoffman, Y. Yung, "Measuring the Customer Experience in Online Environments: A Structural Modeling Approach," *Marketing Science*, 2000, 19 (1): 22 - 42.

[2] M. Csikszentmihalyi, *Flow: The Psychology of Optimal Experience* (New York: Harperand Row, 1990).

三 动力因素分析与未来展望

文化产业的业态创新，是多重因素作用的结果，其中，科技创新、产业升级、消费驱动、国家意志四个方面，构成了我国新兴文化业态涌现的主要动力结构。

（一）科技创新

从文化与科技融合的演进机理来看，文化产业的种类、业态和格局变革，很大程度上要归功于科技的进步。科技创新是文化产业新旧业态交替的根本动因，一批应用于文化娱乐业的前沿技术必定推动新兴文化行业的涌现。历史表明，科技革命总是呈现"螺旋式"上升的规律，不同时期起主导作用的技术以及以主导技术为核心的技术群的更迭过程，就是新技术不断淘汰旧技术的过程，其中新旧技术的"叠加期"往往也是业态的裂变期。当前世界正处于由第三次科技革命向第四次科技革命过渡时期，信息革命方兴未艾，以智能、绿色、泛在为特征的全新技术正在悄然到来。德国"工业4.0"、美国"再工业化"战略、"中国制造2025"等都可以看作吹响新一轮工业革命的号角。2016年5月，中共中央、国务院印发了《国家创新驱动发展战略纲要》，其中特别提到发展引领产业变革的颠覆性技术，不断催生新产业、创造新就业。尤其要高度关注可能引起现有投资、人才、技术、产业、规则"归零"的颠覆性技术，前瞻布局新兴产业前沿技术研发，力争实现"弯道超车"。[1] 可以预期的是，在新的科技土壤上，文化产业的业态更新将呈现加速度发展的趋势。

（二）产业升级

经济学家林毅夫认为，一个国家能否摆脱"中等收入陷阱"，除了技术

---

[1] 参见中共中央、国务院印发《国家创新驱动发展战略纲要》，《中华人民共和国国务院公报》2016年第15期。

◇跨界融合与文化创新

能否不断创新,另一个关键点则是产业能否不断升级。[①] 欧美发达国家的产业演进轨迹和发展经验表明,产业结构的调整与升级是国家现代化建设必经之路。2013年,我国第三产业增加值首次超过第二产业;到2014年占比超过五成,撑起半壁江山;2015年更高出GDP增速1.4个百分点。中国正在由"工业大国"走向"服务业大国",意味着在"产能过剩"和人口、资源开始向以服务业为主的第三产业转移时期,技术创新和产业升级是经济回升的主要动力。对中国而言,目前文化产业发展仍处于世界前沿的"后方",许多行业如电影业、演艺业还属于"追赶型",因此可以继续利用"后发优势"来加速文化产业的转型升级。换言之,服务业比重上升、制造业转型升级、三大产业互渗融合为文化产业发展开辟了巨大空间,而随着产业朝数字化、网络化、智能化、绿色化方向发展,与之相适应的新兴文化业态必将蓬勃发展。

(三)消费驱动

约翰·霍金斯(John Howkins)在《创意生态》中曾提出"十亿新一代"(the new billion)概念,意思是全球每隔几年就会有十亿年轻人成长并适应社会。[②] "新一代"也意味着"新消费",中国凭借庞大人口基数,构成了全球新型消费的中坚力量。以百度发布的《2015年95后生活形态调研报告》为例,中国1995~1999年出生的"95后"总量约为1亿人,被称为移动互联网"原住民"。他们最爱点赞、分享、评论和吐槽,最认同当下互联网上流行的"宅""高冷"等流行价值观,追求敢想敢说敢做,注重娱乐和社交,热衷于弹幕、美颜,聊天必备"表情包"。[③] 这些新的消费习惯刺激了新业态的产生,如时下热门的"A站"(AcFun)、"B站"(bilibili)、网络直播、网络剧、自媒体的兴起与这一群体的成长不无关系。从另外一组

[①] 林毅夫:《中国怎样从"中等收入陷阱"突围》,《理论学习》2012年第11期。
[②] 〔英〕约翰·霍金斯:《创意生态》,林海译,北京联合出版公司,2011,第161页。
[③] 百度移动用户体验部:《2015年95后生活形态调研报告》,http://mux.baidu.com/?p=8425。

数据来看，2012年我国消费对经济增长贡献率占比首次超过投资，2015年最终消费支出对国内生产总值增长的贡献率达到66.4%，表明一个与过去30年大不相同的经济增长结构开始浮出水面，即逐步以消费、服务业为主，更多地依靠内需，从要素效率提升获取动力。尤其是"后福特制"生产和消费方式的出现，其以满足个性化需求为目的、极具灵活弹性的生产模式，与消费型社会相契，实现了以制造为核心的产业形态向以服务与创新为主的新形式的转变，推动了新兴文化业态的兴起。①

（四）国家意志

文化具有天生的"政治内涵"和经济、社会双重属性，而文化的产业化在一定程度上试图摆脱意识形态的规约，具有解放性意义。过去文化的政治功能受到过度强化，自主性和自律性则相对弱化，文艺的审美属性长期得不到充分的认可。② 改革开放以来，国家层面的思想解放与观念更新对确立文化市场"合法性"地位至关重要。从1985年国家统计局第一次把文化艺术纳入第三产业范畴到文化产业分类指标体系的提出，再到"支柱性产业"目标的确立，反映出文化产业的发展正在改变传统文化建设模式、文化生产力形态和文化力量格局。而面对当下日益勃兴的新兴文化产业，政府无法做到"视而不见"，而其唯一能做的就是顺应时代潮流，给予充分的发展空间。从政策上看，2009年国务院常务会议通过《文化产业振兴规划》以来，"发展新兴文化业态，推动文化产业升级"在政府工作报告和多个规划中被不断地强调。随着政府不断强化顶层设计、出台激励政策，积极实施文化产业人才扶持计划等宏观调控手段，培育新兴文化业态将成为提升文化软实力、实现文化强国、增强文化自信的重要途径。

综上所述，新兴文化业态的蓬勃发展，是文化生存与科技发展的客观规律，也是文化产业对经济"新常态"的主动适应。它关系文化产业能否持

---

① 王京生：《经济新常态下文化产业发展的机遇与路径》，《光明日报》2015年5月14日。
② 单世联：《寻找文化产业的中国论说》，《粤海风》2003年第1期。

◇ 跨界融合与文化创新

续快速地增长,关系文化供给侧与需求侧的平衡,关系国民经济支柱性产业的战略目标实现。根据国务院最新印发的《"十三五"国家战略性新兴产业发展规划》,与新兴文化业态结合紧密的数字创意产业被列为未来五大新支柱产业之一。这意味着到 2020 年,数字创意产业与相关行业的产值规模达到 8 万亿元。除了在规模、速度上实现稳增长外,对质量、效益、社会责任、价值引领也提出了更高的要求。但是,新事物与新问题总是相伴而生,新技术、新业态、新消费的出现也必然产生一种加以平衡的反应,否则就会遭到一股排斥或反主流的对抗力量。从目前的文化市场来看,新兴文化业态繁荣的背后,文艺与市场关系问题、审美的低俗化问题、新的消费伦理问题、网络舆情应对问题、数字内容监管问题、沉浸体验带来的身心健康问题等接踵而至,可以说机遇与挑战并存。因此,新兴文化业态的发展,仍然需要在经济效益与社会效益中找到动态的平衡,这将是政、产、学、研各界需要长期思考和面对的问题。

[原载《北京大学学报》(哲学社会科学版) 2017 年第 1 期]

数字创意时代文化消费的未来

"数字创意产业"这一概念在2016年国务院政府工作报告中被第一次正式提出,随后的《"十三五"国家战略性新兴产业发展规划》将数字创意产业纳入战略性新兴产业范畴。腾讯研究院在2017年发布的《中国"互联网+"数字经济指数》中指出,2016年全国数字经济总体量大约为22.77万亿元人民币,占2016年全国GDP的30.61%。[①] 这一数据对国内数字创意相关行业来说是一个重要信号——它意味着数字经济已成为我国经济重要的组成部分之一,也预示着未来国内相关行业的发展将呈现上升趋势。习近平同志在十九大报告中指出:"我国社会主要矛盾已经转化为人民日益增长的美好生活需要和不平衡不充分的发展之间的矛盾。"[②] 在物质文明日益丰富的当下,以数字创意为核心,升级文化消费,从而满足人民对美好生活的期待,是当下文化产业发展的新使命、新要求。

一 数字技术创造文化消费新机遇

技术的革命推动文化生产方式的革新,数字技术的涌现无疑为文化消费升级贡献了新的思路。文化消费是一种具有可持续性、延展性、不定时性的

---

① 《中国"互联网+"数字经济指数》,腾讯研究院,2018年2月1日,http://xqdoc.imedao.com/15bcc1fd9ab7133fd78fa1f6.pdf。

② 习近平:《决胜全面建成小康社会 夺取新时代中国特色社会主义伟大胜利——在中国共产党第十九次全国代表大会上的报告》,新华网,2017年10月27日,http://www.xinhuanet.com/politics/19cpcnc/2017-10/27/c_1121867529.htm。

综合消费活动。促进文化消费对优化供给侧结构、转变经济增长方式具有重要作用。随着新一轮"中国制造2025"强国战略的启动,人工智能(AI)、大数据(Big data)、虚拟现实(VR)等数字技术使文化消费朝虚拟式、碎片式、沉浸式等方向发展,数字技术在丰富文化内涵的同时,也为文化消费创造出新的机遇。

(一)技术进步带来文化生产方式的变革

技术的进步直接影响着文化生产方式的变革,而文化生产方式的变革也影响着大众对文化消费的预期。本雅明曾说:"在漫长的历史长河中,人类的感性认知方式是随着人类的整个生活方式的改变而改变的。"[1] 由此可见,技术的革新不仅改变了人们的生活方式,也影响到人们对世界的感知方式。以号称"第九类艺术形式"的摄影为例,摄影的诞生归功于19世纪人们对光学技术的研究,最原始的照相机形态十分庞大且笨拙,因其操作流程复杂,最初仅有少数人会使用。而随着光学技术的进步与工业设计的优化,相机早已被普及千家万户。如今,相机已不是专业人士所专属的文化生产工具,随着智能手机的普及以及手机拍摄功能的持续优化,我们正进入"全民创作时代"。"抖音短视频""快手""火山小视频"等大众视频平台的兴起,正反映出技术进步为人民文化生产方式带来的改变与革新。不难看出,技术的进步关乎文化生产方式的变革方向,而正处在"工业4.0"风口的今天,数字化技术的进步将为文化的生产方式带来无限可能。

(二)传播升级促使文化活动形式的转型

数字技术的发展影响着文化生产方式的革新,也加速了文化传播方式的升级。特别是在互联网技术出现之后,文化传播呈现辐射广、速度快、影响大等特点。传播方式的升级则影响了人们对文化活动的期待,总的来说,人

---

[1] 〔德〕瓦尔特·本雅明:《机械复制时代的艺术作品》,王才勇译,中国城市出版社,2002,第12页。

们正在经历一种从"重内容"到"重体验"的情感转变。具体而言，在文化传播的初级阶段，阅读是人们获取外界内容的习惯性手段，即人们通过主动阅读书本上所提供的文字，从而被动地接收外界信息，这属于一种单向感知的传播行为；随着互联网的普及，人们在网络上获取信息的同时，也可以在虚拟世界中公开表达自己的观点，由用户贡献的内容（UGC）甚至可以支撑互联网平台上的大部分内容，这种具有双向感知的传播行为，正随着技术的发展逐步演变成一种带有万物互联特质的特殊文化活动景象；而自虚拟现实、人工智能、大数据等技术的兴起，人们的文化活动则开始更加强调个人主义的情感体验，逼真的混合视觉技术刺激着人们的脑神经系统，人们的文化活动趋向于向沉浸式体验转变。无论是从情感、伦理还是安全等角度分析，这种转变将为人们未来的日常文化活动带来更多机遇与挑战。由此可见，数字技术的革新加速了文化传播方式的升级，也影响着文化活动形式的转变方向。

（三）数字创意为文化消费赢得新机遇

对大部分中国民众而言，消费结构正从物质型导向逐步升级为精神文化型导向。从2017年的文化消费趋势看，人们在文化消费方面的投入较之前有了明显提升。除此之外，《国家"十三五"时期文化发展改革规划纲要》中提出，要加强文化消费场所建设；开展促进文化消费试点，鼓励把文化消费嵌入各类消费场所；运用云计算、人工智能、物联网等科技成果，催生新型文化生态；加强虚拟现实技术的研发与应用。[①] 在国家各种利好政策指引下，人民精神文化消费需求日益增长，可以预见的是，数字创意将全面深入人们的日常消费生活，从而完成新一轮消费升级的使命。人工智能机器人AlphaGo横扫中、日、韩各路围棋高手赢取胜利，对文化消费升级来说就是一个显著的信号。它预示着数字技术已做好准备走进大众文

---

① 《国家"十三五"时期文化发展改革规划纲要》，中国政府网，2017年5月7日，http://www.gov.cn/zhengce/2017-05/07/content_ 5191604.htm。

◇跨界融合与文化创新

化消费的视野,数字创意技术的普及必将对人们未来生活的方方面面产生深刻影响。处在风口上的数字创意正为多类型的文化消费赢取新的机遇。

二 数字创意时代的消费特征

今天,我们正处在数字技术突飞猛进发展的时代。物联网、人工智能、虚拟现实等数字技术是未来文化消费革新的根本与关键。特别是自"新零售"概念被提出后,数字创意必将成为这场变革中的焦点。约翰·霍金斯曾表示:"数字化时代的来临彻底颠覆了原创物和复制物之间的阶层式主仆关系。"[1] 这种"颠覆"意味着传统经济的衰落与新数字化创意经济的诞生。技术的发展为大众带来更自由的文化消费选择。文化需求的增长依赖文化产品和服务的差异性。[2] 与传统物质化消费相比,数字时代背景下的文化消费已经呈现碎片式、沉浸式、延伸式、社交式和虚拟式的特征。

(一)碎片式消费

碎片式消费指的是人们利用有限的闲暇时间为优质的服务体验付费的一种消费模式。随着都市化工作节奏的加快,碎片式消费逐渐兴起。敏锐的市场观察者正在以各种各样的形式侵占消费者的碎片化时间场景,而文化消费是当前直逼消费者内心需求的重要入口,如迷你KTV、VR游戏体验中心等场景均成为碎片式文化消费入口。越来越多的消费者愿意为优质而碎片化的服务体验消费。这种消费模式在线上也受到了欢迎,其中较为成功的案例当属"得到"App。这是一个以"碎片时间,终身学习"为概念的线上学习平台,它迎合了现代人"在有限时间内渴求大幅度提升自我"的消费心理,为人们提供碎片式学习机会。这个平台自2015年11月1日开放至今已吸引

---

[1] 〔英〕约翰·霍金斯:《创意经济:如何点石成金》,上海三联书店,2006,第68页。
[2] 李凤亮、宗祖盼:《中国文化产业发展:趋势与对策》,《同济大学学报》(社会科学版)2015第1期。

了上百万粉丝的关注,其中部分付费专栏的订阅数已超过20万,创下同类知识服务产品付费用户数最高纪录。"得到"平台的成功印证了人们对精神文化消费的刚性需求。碎片式消费的发展,与其说是得益于社会对碎片化时间利用需求的持续爆发,不如说是得益于数字创意技术的发展与升级。碎片式消费正在崛起,在新兴行业内,它将以一种越来越细分的消费形态展现在文化消费的蓝海市场中。

(二)沉浸式消费

沉浸式消费是一种为用户提供生理及心理双重沉浸式文化体验服务的消费模式。虚拟现实产业的发展已被写入国家"十三五"规划纲要中。文化部发布的《文化部关于推动文化娱乐行业转型升级的意见》中提出:"鼓励生产企业开发新产品,鼓励游戏游艺设备生产企业积极引入体感、多维特效、虚拟现实、增强现实等先进技术。"[1] 这些政策为虚拟现实技术在娱乐行业的发展营造良好氛围。虚拟现实技术凭借其虚拟性、沉浸性、互动性特征吸引着消费者竞相体验。逼真的视觉影像与实时的交互设计满足了人们对文化消费升级的强烈需求。[2] 这种强烈的消费需求体现在中国庞大的VR市场规模之中。据《中国虚拟现实行业报告》估计:"2018年中国VR市场将突破百亿元大关。未来五年中,VR市场的年复合增长率将超过80%。预计到2021年,中国会成为全球最大的VR市场,行业整体规模将达到790.2亿元。"[3] 巨大的资本市场与高涨的消费者体验热情刺激着沉浸式文化产品的创作。虚拟现实技术在电影产业中的应用已赢得圣丹斯、威尼斯、戛纳等电影节的肯定与青睐。虚拟现实电影的成功制作、上映,预示着虚拟现实技术将逐步走向游戏、家居、旅行、游戏的可能性。与之前传统的文化消费模

---

[1] 《文化部关于推动文化娱乐行业转型升级的意见》,中国文化市场网,2017年3月17日,http://www.ccm.gov.cn/zgwhscw/gfxwj/201703/bb665daa3a114b8bb0905f68d11432ab.shtml。
[2] 温雯、单羽:《真实与拟像——论虚拟现实艺术的审美特征》,《暨南学报》(哲学社会科学版)2017年第6期。
[3] 《中国虚拟现实(VR)行业研究报告 - 市场数据篇》,艾瑞咨询,2018年2月1日,http://www.iresearch.com.cn/Detail/report?id=3016&isfree=0。

式相比，沉浸式消费更加注重消费者自身的体验。沉浸式消费将成为未来最具颠覆性的文化消费模式之一。

（三）延伸式消费

延伸式消费是一种以优质IP为中心，以多种数字技术为手段，将IP拓展、延伸至多个文化领域和最终促成文化交易的消费模式。数字创意的参与使文化消费朝多方面发展，而文化消费红利的爆发正得益于互联网、人工智能、全息投影等数字技术与优质IP的紧密结合。优质的文化IP经过数字技术的优化处理，也刺激了消费者在精神层面的文化需求。日本的虚拟偶像"初音未来"自2007年"出道"以来就一直受到广大年轻群体的追捧与喜爱，它是一位集全息投影、虚拟现实、人工智能、软件编程等数字化技术于一身的人气虚拟偶像。起初，"初音未来"只是一款虚拟人声软件，"初音未来"在音乐节迅速走红后，其运营团队将这一IP逐渐延伸至游戏、演艺娱乐、文化衍生品、广告代言等文化创意领域。据统计，"初音未来"在出道第五年便积累了估值至少10亿元人民币的商品价值。"初音未来"的出现改变了人们对文化消费的认知格局。优质的IP资源在数字创意时代正面临越来越多的机遇与挑战，它也激发了大众的文化消费机能。在数字创意的渲染下，优质IP呈现极强的文化消费延伸性。可以说，数字创意时代，技术革新为文化消费增加了内涵与外延。

（四）社交式消费

社交式消费指的是以增加社交机会来满足用户情感需求的一种文化消费方式。根据马斯洛需求层次理论描述，在满足了生理和安全需求后，人们便开始积极追逐情感和归属方面的需要，这种需要也可以概括为社交需求。在消费升级、互联网发展、数字技术风起云涌的今天，人们的日常消费和社交场所之间的边界逐渐模糊，年轻人渴望一种处在社交场景下的消费模式。观察如今的网络游戏、社交短视频等网络平台可发现：人们越来越习惯在文化娱乐活动中投入大量的时间或金钱。特别是"95后"游戏玩家更喜欢协作性强的游戏。① 特殊的游戏环境为年轻人在虚拟互联网上提供丰富复杂的社交网络。社交网络已成为现代年轻人日常生活中的刚性需求，他们对互联网上的社交消费往往表现出极高的参与度和强烈的付费意愿。《王者荣耀》是2017年由腾讯游戏开发的一款网络游戏。据网络数据统计，《王者荣耀》一个月可以带来30亿元人民币的流水，其中以赵云为游戏角色的皮肤曾在一天内产生1.5亿元的流水。这款游戏之所以受到追捧与其社交功能密不可分。《王者荣耀》在商业方面的成功也说明了人们越来越习惯通过文化消费和网络消费的方式与展开社交活动，满足他们内心的社交渴望。随着互联网、智能手机用户群的持续增长态势，未来如《王者荣耀》这种具有高度娱乐互动性的社交式文化消费将会越来越普遍。

（五）虚拟式消费

虚拟式消费指的是人们为虚拟商品或非物质性服务付费的消费模式。数字技术的蓬勃发展带动了文化消费的升级，数字创意产业正面临无数的变化与巨大的商业机遇。在以往，我们所认知的偶像一般是真实的人，而在当前，像爱酱、洛天依、荷兹这样的虚拟偶像，则受到了年轻消费群体的热烈追捧。随着"90后"逐渐成为消费主力以及二次元文化的破壁突袭，传统的偶像市场逐渐被侵蚀。面对这种虚拟与现实之间的切换，让·鲍德里亚曾说："从真实过渡到超度现实之境，微观化的拟像散发着无限的乐趣。"② 超越真实的虚拟偶像代表着一种文化符号，也代表着人们希望通过虚构的形象来寄托真实情感的诉求。得益于VR、AR、AI等技术的飞速发展与丰富IP资源的不断涌现，虚拟偶像正在吸引越来越多年轻粉丝的关注。截至2017年12月5日，虚拟偶像洛天依在QQ音乐的粉丝已经超过170万，百万级的粉丝数为她的开发运营团队带来大量商业变现机会。在当今的创意经济网络中，年轻群体对虚拟偶像的文化消费需求

---

① 《95后社交和娱乐消费报告》，搜狐网，2018年2月1日，http://www.sohu.com/a/165399724_455313。

② 〔法〕尚·布希亚：《拟仿物与拟像》，洪凌译，台北：时报文化出版社，1998，第66页。

日益增长，内容付费模式也逐渐走向成熟，虚拟偶像的未来具有极大的商业变现潜力。

三 文化科技融合驱动下的未来文化消费图景

文化与科技的深度融合改变了社会的经济形态，也刺激了人们的文化消费需求。人们的精神文化需求呈现重体验、重内容、重传承等特点，数字创意的加入也引发了业界关于未来文化消费应如何发展的思考。这些思考不仅关乎个人文化消费的多元与自由，也关乎"文化强国"战略的未来。

（一）"数字+创意"：多元开启新时代

中国正在迈入创意经济时代，城市化浪潮加剧着中等阶层体量的上升。此外，随着"80后""90后"新一代消费群体的崛起，中国整体的文化消费能力将持续增强，消费者对品质的关注度也将持续上升。应对如此机遇，数字如何叠加创意值得业界及学术界给予关注。2016年，我国电子商务交易市场规模稳居全球第一，电子商务交易额预计超过20万亿元，移动端消费成为主流，这也为未来场景化消费奠定基础。[①] 数字与创意的叠加将给未来的文化消费带来全新的创新模式。数字技术激发优质内容的生长，也激发文化创意的传播。多元的"数字+创意"业态将迎来更多成长机会。日本科技艺术团体teamLab是一个由艺术、科学、技术等多领域专业人士组成的数字艺术创作团队，他们利用物联网、CG、软件编程等数字化技术手段，为消费者呈现独特的互动沉浸式美感体验。teamLab数字互动展引入深圳后的不到两个月内，接待了超过30万人次的观众，teamLab随后被引入商业地产、时尚品牌、高端餐厅等领域，均取得巨大的商业成功。由此可见，"数字+创意"概念在产业界的延伸丰富了其他行业的品牌价值与文化内

---

① 《京东发布〈2016中国电商消费行为报告〉》，新华网，2017年1月12日，http://www.xinhuanet.com/tech/2017-01/12/c_1120298952.htm。

涵，同时，teamLab 的文化消费附加值也随着多元行业的介入与推广得到提升。

（二）"集群化+分众化"：版权衍生新业态

集群指的是由一组相互联系的公司或机构，由于具有相同性与互补性而相互联系在一起的状态。分众则指的是顺应市场分流、以消费者需求差异为变量对市场进行细分的一种手段。尽管二者在字面意义上有相悖之处，但这两个概念的叠加却成为一种新的产业趋势。在这种新趋势的带动下，由版权经济衍生而来的文化消费也迎来了新的生机。电影《捉妖记》是中国第一部将动画和真人结合在一起的商业电影，它的成功主要归因于各方面资源的集群化整合。从文化角度看，《捉妖记》的编剧团队从中国最古老的志怪古籍《山海经》中获得灵感，提炼出剧中主角胡巴的妖怪形象；从资本实力看，《捉妖记》由知名电影发行人江志强领投，融资3.5亿元人民币，投资数额号称当年最高；从技术层面看，导演许诚毅带领的"梦工厂"团队拥有26年CG制作经验，仅《捉妖记》后期1100多个特效镜头的制作就花费了团队两年的时间；从媒体影响力角度看，担任《捉妖记》演员的白百何和井柏然，在社交媒体新浪微博上拥有的粉丝数为"亿"数量级。在各种优质资源的集群化整合下，电影《捉妖记》最终以24.38亿元人民币票房收官，它的成功得益于融资方、数字制作、媒体推广等多方面团队的协同配合。《捉妖记》的成功使电影动画主角胡巴的形象迅速走红。随后，胡巴作为电影IP分散出现在2015年的央视春晚舞台、2017年的综艺节目《奔跑吧兄弟》以及2018春夏纽约时装周Vivian Tam的服装设计等活动中。胡巴形象的分众出现，也变相引起了文化消费市场的持续注意力。这为《捉妖记》未来开发衍生品计划奠定了坚实基础。集群化的资源整合与分众化的市场定位为版权经济衍生出了新的业态，版权衍生型业态也成为未来文化消费的核心趋势。

（三）"UGC+PGC"：用户打造新生态

在数字经济高速发展的今天，技术不再是问题，而创意才是问题。老话说高手在民间，创意也是如此。正如约翰·霍金斯所说："人人都有创意，创意需要自由，自由需要市场。"[①] 不受束缚的创意往往可以带来更丰富的社会效益，也可以引领更高数量级的消费市场。UGC（User-generated Content）指的是普通用户生产内容，PGC（Professionally-generated Content）则是指具有一定资质的用户所生产的内容。这两种内容侧重点不同，UGC更多地承载了大众渴望去中心化、平等表达自我的功能，自下而上的内容生产不仅丰富了平台内容，也实现了与传统平台的内容差异化。而PGC生产的则是专业化内容，它是数字化平台的核心与灵魂。二者的叠加促生了当前互联网平台的创意生态系统。Vocaloid是一款歌声合成器程序，借助该程序，用户可以通过简单输入歌词和音符的方式完成整首音乐制作，整个制作过程无须任何真人贡献声音资料。这个平台吸引了大量的PGC和UGC的加入。上至80岁的老人，下至十几岁的孩子，每天都有成千上万的粉丝通过这个平台创作音乐。Vocaloid程序的成功也归因于日本影片分享网站Niconico的传播，一些擅长插画的用户（PGC）为虚拟人物设计形象并发布在Niconico平台上，也有部分业余插画爱好者（UGC）在该平台争相上传未成熟的想法，期待能够被其他PGC用户优化或改变。普通用户和专业用户共同叠加所产生的内容和创意，为虚拟偶像的发展和传播带来很大影响。依托Vocaloid程序和Niconico平台的虚拟人物在商业模式上非常多元，主要是通过出专辑、开演唱会、开发游戏等渠道实现商业变现，同时，这些商业化运作也为大众的文化消费提供了多样化选择。UGC与PGC的叠加为数字创意产业提供优质内容的同时，也使文化消费焕发出新的生机。

（四）"传统 + 现代"：历史造就新思路

随着中国经济体在全球影响力的持续扩大，我国的传统文化也迎来了高度自觉与自信的时代。习近平同志在十九大报告中指出："文化是一个国家、一个民族的灵魂。文化兴国运兴，文化强民族强。没有高度的文化自

---

① 〔英〕约翰·霍金斯：《创意生态》，林海译，北京联合出版公司，2011，第151页。

信，没有文化的繁荣兴盛，就没有中华民族伟大复兴。"泛数字化时代，优质的内容成为稀缺资源，中国上下5000年的传统文化在数字创意时代的今天迎来了新的机遇。然而，当前情况下，科技企业的文化自觉依然高于文化企业的科技自觉，这也是很多科技类公司远比一些文化类公司发展更快的重要原因之一。以腾讯为代表的科技类公司越来越强调通过数字技术传承历史文化，2016年，故宫博物院和腾讯公司在故宫博物院端门数字馆联合宣布，双方将以故宫博物院的传统文化为IP，共同进行跨界合作和人才创新。这一举动鼓励年轻人把传统文化作为创意元素带入数字游戏、社交表情、动漫人物等创作开发中，从而达到用科技带动文化传播与消费的目的。以2017年最受欢迎的游戏《王者荣耀》为例，据统计，该游戏共设定了48名基于真实历史人物形象的游戏角色，该游戏的官方微博上也趁势推出《为你读诗》的话题，引发了海量玩家的跟帖与投稿参与。这足以见得，游戏引发了年轻人对中国传统文化的关注，中国传统文化在现代流行审美的世界里也焕发了新的生机。将传统文化以文化消费的形式代到现代人的日常生活，是数字创意时代传承历史的新思路。传统文化与现代数字技术的叠加，有望使中国的传统文化在全球文化产业中占据数字内容主导权。同时，二者的叠加也将为数字创意时代的文化消费提供新的发展思路。

[原载《福建论坛》（人文社会科学版）2018年第5期]

数字创意产业与国家文化软实力的提升路径

一 数字化技术：文化软实力提升的原动力

数字化技术已经在传统产业转型升级、社会生活或社会治理等生活生产各个方面广泛渗透，成为文化产业的新型推动力。虚拟影像、数字三维技术、全息投影技术不断提升传统演艺行业的观赏度，电影行业中 CG 技术、电脑特效技术的大范围运用已经成为主流。如何利用数字技术促进文化产业与科学技术紧密结合，从而推动文化创新，将是本文讨论的重点。

人们通常将数字技术描述成把信息、声音、文本、数据、图片、影像，编码成一系列通常被表现为 0 和 1 的断续的脉动。[①] 文化科技从"选择性介入"走向"整体融合"，为文化创新驱动力奠定了坚实基础。[②] 今天，文化发展的许多领域已经受到数字化技术浪潮的深刻影响。在家庭生活方面，家庭设备不再是简单的工具，而是可以在传感器收集使用者数据的基础上，计算机系统再对数千万字节进行分析，从而令设备更加智能化地服务于人；在游戏方面，增强现实技术（AR）和虚拟现实技术（VR）在不断进入游戏领

[①] 〔美〕约瑟夫·R. 多米尼克:《大众传播动力学：数字时代的媒介》（第七版），蔡骐译，中国人民大学出版社，2004，第 78 页。
[②] 中华人民共和国文化部调研组:《"文化科技对文化创新驱动力"调研报告》，《艺术百家》2013 年第 5 期。

域，游戏玩家通过沉浸式体验深入游戏环境，Epic Games 团队研发的《机械重装》（Robo Recall）与索尼公司开发的多人 VR 游戏《The PlayRoom VR》受到国外玩家一致好评。通过依靠文化内容的"内容为王"模式与"技术为王"的数字化观念结合，打通传播渠道，三位一体方能有效推动产业融合发展。其中数字化技术作为产品创新、企业转型、行业升级的主要助推器，有至关重要的作用。

（一）数字化技术推动文化产品更新

第一，数字化技术促使文化产品更新的周期缩短，提升产品生产效率。在技术更迭迅速的时代，数字化技术以高频率的速度促使传统产品转换成为深受消费者喜爱的新产品。当数字技术快速扩散后，产生了大量新兴业态，文化产品实现了由初级到高级的转变。数字化技术改变了文化产品的生产、存储、传播、消费方式及基本形态，文化产品的数字化成为不可阻挡的发展潮流。电子图书已经悄然改变了图书产业的结构，从写作到出售再到阅读，全部可以通过数字化技术在互联网或移动终端上进行。数字图书的阅读方式与现代人快节奏、信息化、网络化的生活方式不谋而合，移动阅读端是数字阅读的重要通道，阅文集团旗下的 QQ 阅读通过 App 的限时免费阅读、与新浪微博合作推出"全民 365 共读接力"等，极大地促进了全民阅读。数字化推动中国进入全民阅读时代。自 1971 年迈克尔·哈特在网络上创立了一个包括一万多本图书的自由图书馆，到现在中国不断涌现各类数字图书馆，这类新型图书馆以其存储量大、跨时间、跨区域等特质，已经成为公共服务普及的一项重要方式。数字化技术的诞生，使电影艺术迈入了全新的数字影像时代，曾经占据主流位置的胶片电影已经被数字电影替代，从《泰坦尼克号》到《阿凡达》，再到票房达 56 亿元的《战狼 2》，数字编辑的手段在不断完善中创造价值，数字技术不断推动文化产品的更新。

第二，文化科技融合带来的沉浸体验创造新的消费需求，拓展现有市场，打破原有壁垒，促使原有产品更新。数字化产品具有非毁坏性、传播速度快、复制性、可变性等诸多物理特性。电影、舞台剧通过数字化技术升级

◎跨界融合与文化创新

感官体验,促使消费者的需求不仅停留在浅层视听层面,还要求更深入的沉浸体验与文化内涵。20世纪90年代起数字化技术进入电影领域,今天数字化技术在影视、演艺领域已广泛渗透,对其制作、审美思维、传播方式有了巨大的影响,其中最重要的就是沉浸体验的出现。例如大型实景演出《又见平遥》中声光电手法运用带来的沉浸体验、华强方特将VR技术大范围应用到主题乐园和主题演艺等领域。

(二)数字化技术加快文化企业转型

企业数字化转型呈现多维度、多阶段的趋势,数字技术与不断出现的新型终端设备未来将全面介入企业。在此背景下,企业需要变革生产形式、商业模式、管理方式等诸多方面。传统纸质媒体已经无法满足成长于互联网时代的数字化原生代的文化消费需求,传统的渠道商正面临互联网的持续性冲击,需要不断革新自身的经营策略。不仅如此,电商平台也频频涉足线下,"体验中心"逐渐代替实体店铺,实体店铺的价值由买卖逐渐转向体验,接踵而至的消费节日已造就数字时代的新型消费文化,企业的经营模式由单一走向多元。2016年的东方财富Choice数据"中国上市公司市值500强榜单"显示,腾讯控股已成为2016年市值最高的中国公司,市值高达16081亿元,腾讯的业务范围早已从互联网通信发展到互联网增值服务。2015年腾讯成立企鹅影业,主要业务为电影投资,借助其腾讯视频和腾讯娱乐的成熟平台进行运作。

几乎每一件设备的数字化都会带来整个数字产品占有率的上升——把越来越多的科技带到用户手中。[①] 数字化技术的发展,让传统文化企业受到强烈冲击,不少传统文化企业为了谋求自身发展,纷纷加入数字化的队列。华侨城文化集团从最初单一的文化旅游模式到如今重点开发的"IP + VR"的战略布局,打造了"IP 创意 + 科技媒介 + 产业资本"的原创 IP 产业化运作

---

① 〔美〕肖恩·杜布拉瓦茨:《数字命运:新数据时代如何颠覆我们的工作、生活和沟通方式》,姜昊骞、李德坤、徐琳琪译,电子工业出版社,2015,第34页。

模式。雅昌集团从小型传统印刷公司，通过高端印刷、授权衍生、数字出版、艺术网站等数字化经营手段，建立起完整的艺术产业生态链，发展成为享誉世界的文化与科技高度结合的创意企业。尤其是雅昌推出全球最大的中国艺术品图片资源数据库——"中国艺术品数据库"，打造了一个有关艺术家、艺术品的知识库以及服务平台，为中国以及世界艺术界提供专业综合服务，令其成为业界翘楚。

（三）数字化技术助力文化产业升级

数字技术消除了稀缺性，数字化的知识和信息产生了数字经济，带来了前所未有的全产业的蓬勃发展。首先，数字化技术推动新兴产业的兴起，网络视频、数字动漫、手机游戏、网络杂志、网络文学等不断涌现。不仅如此，数字化技术还优化升级传统产业服务，催生新的文化业态，为文化产业的升级提供有力支撑。数字图书馆、数字博物馆、数字艺术馆的不断涌现改变了原有的只能"当时当地"的体验，甚至通过手机终端就可以接收文化信息。许多文化企业通过大数据、多媒体技术的挖掘和使用，大大提升了产品的生产能力和服务能级。例如，为缓解巨大参观人流而推出的敦煌莫高窟数字展示中心，通过播放电影《千年莫高》及《梦幻佛宫》，在创造新型体验、分流客流、减少对洞窟破坏的同时，形成了新的业态，吸引了大批游客驻足观赏。其次，数字化技术通过要素融合、技术融合等方式促进行业整体水平的提升，推动行业的生产效率加快、产业结构优化、产品内容丰富、产业链条延伸。在纸媒时代，漫画的投递、发行渠道仅限于漫画杂志页面，海量投稿中只有很少的作品能够被登载、发行。如今，随着腾讯动漫、快看等电子平台的兴起，只要内容质量高，容量限制、发行渠道、宣传渠道都已不再是问题，更新速度也大大加快。并且有数字技术支撑，动漫衍生品出现，使动漫产业形成全产业链条，在 IP 的引领下，漫画多边开发已经成为主流。华强动漫出品动漫《熊出没》授权产物涵盖玩具、文具、生产用品、家居用品、日化用品、食物饮料多方面，上市产物种别达到 2000 多种，年销售额约 20 亿元。数字化技术在演艺产业中也实现了融合创新，上海话剧中心

◎跨界融合与文化创新

2015年引入"英国国家剧院现场"（NT LIVE），该项目通过数字放映的形式，在全球多个国家呈现当今世界舞台上的优质剧目，包括在百老汇和伦敦西区获得巨大成功的剧目，让观众享受舞台剧的顶级盛宴。

二 文化科技融合数字创意产业发展的根本路径

当前数字技术进入了成熟运用期，数字创意产业不断爆发一个又一个新的经济增长点。如何打造数字创意产业核心竞争力，提高数字文化产品的供给水平是当前所面临的问题。目前许多文化产业的开发都离不开技术的支撑，比如动漫和网络游戏在开发过程中得到光学、信息学、数字技术等支撑。文化科技融合，已经成为当前数字创意产业发展的主要途径之一。2017年5月11日发布的第九届"文化企业30强"名单上榜企业中，北京歌华有线电视网络股份有限公司、宋城演艺发展股份有限公司等多家企业均在生产、制作、发行、宣传等方面将文化内容与科学技术高度融合。湖南省在"文化湘军"的战略背景下将文化内容与科技手段高度结合，打造的广播影视、新闻出版、原创动漫、娱乐演艺均位于全国前列。中南传媒打造的线上教育产品覆盖全国多个省市区县，输出世界9个国家。芒果TV聚集了大量用户，在享有湖南广电独家资源的条件下，实现了"一云多屏""多屏合一"的战略部署，通过对优质PGC内容的高效智能化处理，为用户提供了更加优质和方便的视频观看条件。科技对文化内容创造、文化传播方式、文化利用价值产生直接影响，而文化对科技创新的推动、科技主体的培育、科技成果的应用，更是具有不可或缺的支撑作用。[1] 因此文化科技的高度融合在数字创意产业中尤为重要。

（一）文化科技融合应增强文化原创

现代文化艺术与科学技术的发展息息相关，电影、CG动漫本就是科学

---

[1] 于平、傅才武主编《中国文化创新报告（2013）》，社会科学文献出版社，2013，第231页。

与艺术结合的产物,关于文化与科技交叉融合的讨论也一直存在。阿道尔诺曾用"文化工业"的概念批评在工业社会视域下大众文化追逐利益的最大化及文化产品的商业化和标准化。目前文化科技融合背景下的文化产品,仍然存在缺失文化原创力和缺少文化内涵等问题。目前,在文化科技融合方面,诸多大中型科技企业拥有较高的文化自觉,华强、腾讯等科技企业快速向文化科技型企业发展,而大多数文化企业却未能将科学技术与自身结合并合理化运用。因此在文化科技融合的过程中,除了要弥补"广度""高度""深度""跨度"的四度缺失,还要进一步推动文化原创解决制约新兴文化业态发展的瓶颈问题。以国内动漫产业为例,大部分动漫存在题材单一、创新意识不足、模仿痕迹明显等缺点。虽然近几年动漫作品的产量、出口都有了较大的改观,但是中国的动画创作者仍需在继承传统文化的基础上,结合时代背景,以此来创造优秀的作品。例如,原济南军区政治部电视艺术中心与深圳市环球数码影视文化有限公司、(北京)东方毅拓展文化协会联合制作的动漫电视剧《聪明的顺溜》以精良的画面和独特的军旅题材广受好评。一方面,文化原创是文化科技融合的核心动力所在,文化科技融合下的数字内容产业其核心就是以数字化技术为表现方式传播文化内容;另一方面,文化原创可以原创内容带动文化产业价值链循环增值,推动科技产品更具有文化附加值。

(二)文化科技融合应树立文化自信

文化不是孤立的名词,而是深深印刻在每个人的生活中。在科技与文化融合的新兴产品层出不穷的时代,不同文化与思想激烈碰撞,文化自信显得尤为重要。不同文化之间本就存在差异与冲突,如何面对差异,并在数字技术时代将中国优秀传统文化、中国精神、中国文化内涵传播出去是关键所在。文化自信之于文化科技融合的价值主要体现在当核心前沿技术已经掌握时,加强文化内容的建设和导向作用可以让文化产品打破不同文化间的藩篱,增加文化交流与沟通。电影是国家文化软实力的重要载体,不仅可以有效推动本国价值观和民族文化内涵,而且在本土文化的国际化表达方面也具

◇跨界融合与文化创新

有重要的推动作用。数字技术在电影领域的广泛应用已经使电影成为文化输出的重要载体。中国是文化资源大国，五千年的中华文化亟待以数字化技术手段进行开发。好莱坞将优秀的软件支持、3D技术与禅意文化、熊猫、功夫等中国文化符号结合拍摄而成的《功夫熊猫3》最终获得10亿元票房。动漫电影《西游记之大圣归来》以高质量的动画、特效、物理仿真技术和蕴含的东方美学精神，获得了票房与口碑的双丰收。2015年12月，故宫博物院打造的"端门数字馆"项目正式开放，该项目包含数字文物互动与虚拟现实剧场等多项科技展示手段，将数字参观和互动打造作为参观故宫的重要组成部分，使参观故宫的游客对中国传统文化有更加深刻的体验。通过以上案例不难发现，文化消费对于本民族的文化具有较高的文化契合感和高度的认同性。而文化自信的意义便是在文化科技融合中，科技手段不是将文化资源简单注入科技产品，而是让现代数字技术激活传统文化，深度发掘文化精髓与文化价值观，使之在获得市场经济效益的同时也带来精神文化的输出。

（三）文化科技融合助力文化"走出去"

中国文化"走出去"已成为一个国家战略，它恰逢一个科学技术高速发展，数字技术、数字网络传播盛行的时代，这使跨文化传播和交流变得更为通畅、便捷。网络传播的存储量大、内容资源丰富、形式多样，利用这一特点可将中国传统文化与现代气息巧妙融合，提升中国文化的传播力。文化科技融合下的数字创意产业对文化"走出去"主要有两点推动作用。一是文化科技融合令文化资源得以充分开发、文化传播渠道更丰富，其中以数字文化服务最为突出。数字文化服务创新了文化的呈现方式，拓宽了文化传播的途径，增强了文化内容的可读性与可视性效果，助力文化"走出去"。二是网络传播实时互动的特点使文化需求方的需求信息能够及时反馈，有利于文化生产者及时了解受众心理需求、市场动态，借以有针对性地调整文化产品和服务的内容与形式，以打破文化异质性、文化壁垒，减少文化折扣，推动中国文化有效"走出去"。中国文化"走出去"需要紧紧把握这一时机，利用好网络这一平台,发展数字技术,开发数字传媒,创新数字业态,占领文化制高点。

在国家大力发展数字创意产业的背景下,中国文化"走出去"也将在数字技术的渗入下面临新的变革。与发达国家相比,当前文化"走出去"的过程中数字化技术仍没有充分发挥效用。国家统计局 2016 年文化出口数据显示,近几年文化出口在全球布局较为不均衡、文化出口数额很大,但真正具有民族文化内涵的文化原创产品占比较低。其中,文教、工美、体育和娱乐用品制造业规模以上工业企业出口交货值较大,达到 4447.92 亿元。[①]游戏行业近年来略有提升,利用文化科技融合"走出去"的文化产品集中在游戏、动漫产业。据伽马数据编撰的《2016 年中国游戏产业报告》,2016 年中国自主研发的网络游戏达到 1182.5 亿元,全年海外市场销售达到 72.35 亿元。在手机端应用商店兴起的背景下,不少游戏供应商借助应用商店的全球性特点,使内游戏制作商的产品一旦成功上传到应用商店就获取了广泛的海外收入。这种模式让许多国内资本不足、海外发行能力欠缺的中小游戏企业开拓了市场。通过全球化的应用商店,中小型游戏企业获得了海外发行的机会,丰富了游戏出口的内容,大大提升了国内游戏企业的开发热情。

但是,中国文化"走出去"的过程中,文化与科技深度融合的产品和企业仍然匮乏,各地也积极探索数字创意产业的新途径、新形态。上海"文化云"利用大数据与数字化技术整合零散孤立的文化资源,为市民提供一站式数字文化服务,跨时空进行传播与消费,成为文化"走出去"的一个全新的尝试。2015 年联合国教科文组织与腾讯互动娱乐的合作项目"开放的传统游戏数字图书馆"(ODLTG)利用数字技术保护和传承全球范围内的传统游戏,建立了"过去"与"未来"的连接器,包含了图片观看、实时体验等环节,通过数字技术对传统游戏进行收集、整理、展示,使其通过

[①] 参见中华人民共和国国家统计局文化出口年度数据,http://data.stats.gov.cn/easyquery.htm?cn=C01&zb=A0N0Z&sj=2015。

◇跨界融合与文化创新

互联网进入普罗大众眼中,实现现代性的转化,同时将中国传统文化传播全球,令传统游戏在数字时代焕发新的生机。文化科技融合的本质并非仅限于提升产品的经济效益,更多的是发挥文化对人的精神感染力。

三 协同创新数字创意产业的创新生态

当前数字创意产业发展正处于重要战略机遇期与跃升期,应当努力创造、引领消费新热点,开辟文化生产力、文化产品供给力的新空间。数字创意产业创新生态的实质,在于构建一个完整的、多主体共同参与的、多维度的创新环境。因此,数字创意产业构建创新生态需要进一步推动协同创新。这里的"协同创新"是指在政府、企业、高校、科研机构等多主体的协同下,文化资源与科技资源有效会聚和互动,通过突破创新主体间的壁垒,充分释放创意、技术等创新要素而实现深度合作的一种模式。[1]

(一)协同创新需要政产学研各界进一步树立全局观念,突出顶层设计

政府应不断提升前瞻性战略研判能力,在数字文化业态的整体生态系统中起到基础支撑作用。中共十六大以来,我国不断加强文化体制改革的顶层设计,以出版业为例,为促进传统出版业向数字出版业的转型升级,截至2015年,先后成立了14个国家级数字出版基地,通过政府的优惠政策吸引大批优秀企业进驻基地园区,促进了数字出版产业发展。在推动文化科技融合的过程中,国家应抢占全球新一轮数字化技术的制高点,大力推进实施国家数字化文化工程、全国文化信息资源共享工程等,优化数字化技术发展布局。《"十三五"国家战略性新兴产业发展规划》对促进数字创意产业蓬勃发展、创造引领新消费进行了明确指引:首先是创新数字文化创意技术和装

---

[1] 李凤亮、宗祖盼:《化与科技融合创新:模式与类型》,《山东大学学报》(哲学社会科学版)2016年第1期。

备，这主要针对硬件的革新；其次是丰富数字文化创意内容和形式，这主要是针对数字文化产品内容原创水平提出的更高要求；再次是提升创意设计水平，对工业设计与人居设计水平的提高提出的相关要求；最后是推进相关产业融合发展，意味着数字创意和相关的产业要高度融合，建立起全面的生态体系。目前我们依旧存在数字创意产业领域的政策法规与业态发展不匹配等缺陷，国家应建立健全相关政策体系，在加强政府引导的同时做到政策扶持、资金支持，推动数字创意产业健康发展。这方面，既要尊重市场规律，也要发挥好政府在文化发展中的作用，协调好政府、社会、市场等多方面的关系。

（二）注重企业在整体创新生态环境中的作用

企业是技术创新的主体，要进一步强化数字化技术创新的引擎作用，促进数字化技术与文化产业深度融合。技术革新，也就是关键性的技术需要有突破。华为在技术研发上的高投入，令其有了分布式基站和 Single RAN 两个行业内部的顶级技术，尤其是华为在业界率先提出的 Single RAN 理念成为未来整个移动通信领域发展的一个方向，为众多厂商所遵循。同时实现技术的市场化应用才是最终实现技术创新的价值所在。企业在创新生态系统中不仅是创新的组织生产者，也是市场信息的收集者。企业一方面要将创新技术（数字技术、3D 技术、信息技术等）广泛应用于文化产业领域，通过文化产品实现技术创新的价值；另一方面，要利用数字技术与信息技术洞察消费者的消费需求、消费心理、消费模式，进行整合分析。

（三）在"协同创新"模式中，用户也就是消费市场必须受到重视

企业可以通过已知目标用户获得创新性产品的思路与未来技术走向，尤其是数字化产品，其用户需求变化快、要求高。所以，数字创意产业的发展，必须坚持以市场为导向，充分了解市场需求的变化，进一步培育文化消费市场，以数字文化消费牵引数字技术提升，从用户层面促使企业、大学、科研机构等创新主体共同实现转变。在充分了解数字消费市场的基础上，需

◇跨界融合与文化创新

要加强数字产品中文化内容，引发更深层次的文化认同感，满足甚至引导新生代青年消费群体的文化需求，而不是仅用表面化、浅层次的方式吸引年轻受众。数字化时代，用户体验和客户需求成为产品更新的参照物，例如数字出版行业，个体用户的需求对技术提出相应要求，企业加大对技术的研发与推广，行业形成技术发展的强大动力并与社会需求对接，从而构成技术发展动力的理想状态，进而整个行业得到提升。

（四）高校在协同创新中发挥着重要作用，数字化人才的培养为文化科技融合提供人才支持

数字创意产业的创新发展和数字文化业态的升级，需要技术与文化内涵兼备的复合型人才。复合型人才的缺乏已经成为中国文化产业发展的瓶颈，目前高校教育侧重于理论教育而缺乏对学生实践能力、创新能力的培养，导致学生缺乏实操能力和创意创作能力。高校应调整人才培养目标，创新培养模式，强化学生实践能力，通过跨学科、跨行业、跨校园、跨国境的协同合作，培育创新型数字化人才。在这方面，高校一要打破传统学科的藩篱，创新学科体系，用丰富的文化、技术、人文营养丰富人才培养元素，培养兼具艺术文化水平与技术的复合型的面向未来的创意人才。二要推进高校协同创新，形成多主体、多元素、多内容的相互合作与补充的体系：一方面，在高校内部形成协同创新分享模式，增强内部交流与合作，学科互补与沟通；另一方面，推动政产学研用模式，高校增强与企业和地方政府的合作，构建全新的培养平台。

[原载《广西民族大学学报》（哲学社会科学版）2017年第6期；
全文转载于《新华文摘》2018年第9期]

区块链与文化产业：数字经济的新实践与趋势

区块链又称分布式记账（Distributed Ledger）是近几年来兴起的新型网络信息技术。从诞生至今的十年时间里，与它相关的加密数字货币开发、货币交易、项目众筹、衍生品开发等一系列经济活动逐渐在金融、信息领域占据举足轻重的地位。在实践层面，中国区块链技术创新则不断加速，《中国区块链行业发展报告2018》显示，2015年12月至2017年末，中国成立区块链相关的行业协会（联盟）近20个[1]；2014年至2017年7月，中国区块链相关专利公开数量从2件增加到428件，增速超过美国。政府也在一定程度上引导区块链技术的研究和应用：2016年国务院印发的《"十三五"国家信息化规划》中，区块链与大数据、人工智能、机器深度学习等新技术一同被列为超前布局的战略性前沿技术；2018年3月，工业和信息化部提出将筹建"全国区块链和分布式记账技术标准化技术委员会"，推进该技术的标准化进程。可见区块链逐渐成为中国数字经济领域的热点技术。

原始的区块链强调货币属性而忽视了它在生产组织中的创造力，经过不断改进后的区块链技术在社会管理、智能合约、交易支付等方面的能力有所增强，但也不可规避某些缺陷。因此，虽然政府和企业关于区块链的探索如火如荼，但是目前较为成功的应用仍然局限在金融领域，其他产业只是初现雏形。视野

---

[1] 中国区块链应用研究中心：《中国区块链行业发展报告2018》，达沃斯世界经济论坛，2018年1月25日。

◇ 跨界融合与文化创新

聚焦文化产业，在已有的研究中，除了偶有区块链白皮书提及该技术在音乐、版权保护等领域的可行性外，具体分析它如何改进文化产业生产和消费模式的文献甚少。实际上，文化产业因为可数字化程度高、创意内容依附度高等特点，已经成为数字经济发展的最大受益者之一，具备较好的区块链创新应用基础。本文将在分析区块链技术原理的基础上，研究区块链技术将如何应用于文化产业；还将结合国内外相关实践案例，构造一个适宜中国音乐产业发展的区块链框架，探索以区块链为代表的数字经济与文化产业结合的未来方向。

一 区块链的本质和技术优势

区块链的基本原理见图1。原始区块被编写出来后，并不需要中央执行机构来保证运行，每个区块的产生会伴随着一定的虚拟货币发行作为经济激励，这种制度保证矿工（Minner）能源源不断地为区块延续下去提供算力支持。不难看出，加密代币（Tokens）是典型的区块链生态中的关键一环，它不仅作为经济激励存在，还能承担普通货币的一般等价物作用。中本聪创建原始区块链是意图"建立一个点对点的电子现金系统，使在线支付不需要通过任何中心金融机构，能直接由发起方支付给收款方"[①]，因此他把比特币等虚拟货币作为连接区块链账本与物理世界的纽带。然而随着代币交易平台的产生，代币与法币之间可自由兑换使之成为一种货币投资品。同时，由于区块链技术的开源性，相关衍生代币可无须审批经任何机构或个人任意发行，导致加密货币项目融资活动泛滥，其监管难度极大，金融风险极高。

上述的区块链生态系统与虚拟货币挂钩的特点导致一种认识误区，即区块链等同于加密货币技术，尤其是部分国家禁止虚拟货币交易后，一些人"谈链变色"。实际上，虽然加密货币令区块链技术在信息流和资金流两个回环上达到了高度的等效，但是区块链与虚拟货币并不是共生的。Davidson

---

[①] S. Nakamoto, "Bitcoin: A Peer-to-peer Electronic Cash System," https://bitcoin.org/files/bitcoin-paper/bitcoin_zh_cn.pdf, 2008.

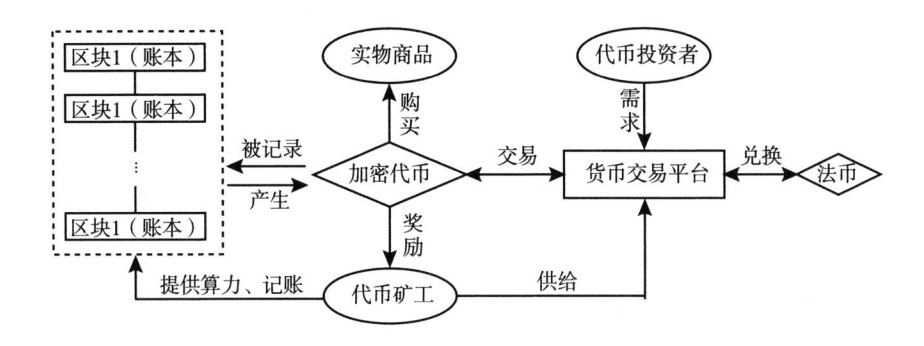

区块链与文化产业：数字经济的新实践与趋势

图 1　一个典型的区块链生态系统

指出"当区块链账本记录金钱时它就是加密货币，比如比特币；但是区块条目其实可以记录任何数据结构，比如财产契据、身份验证、合同等"。[①] Tapscott 的研究也证明了这一点："大银行和一些政府正在将区块链作为分布式账本实施，以改变信息存储和交易发生的方式……这些模式并不一定内建有用于支付的加密货币。"[②] 可见区块链的本质并不是由关联的虚拟货币决定的，而是通过加密和分布式记账建立一种新的社会信任体系，并在新的信任体系下构建的新社会生产组织和管理方式，可以称之为"信任互联"。

袁勇和王飞跃认为区块链技术的核心优势是去中心化。[③] 实质上，去中心化只是一种组织形式表象，它内含的是社会信任不需要再通过中心化的机构来保障，达到人与人（节点与节点）之间的"信任互联"，数据加密、时间戳、分布式共识和经济激励均是达成手段。进一步，Potts 和 Rennie 指出，如果第一代互联网技术是指信息网络技术，那么区块链可被描述为第二代互联网技术，强调从"数据互联网"向"价值互联网"的转变。[④] 基于此认

---

① S. Davidson, P. D. Filippi, J. Potts, "Blockchains and the Economic Institutions of Capitalism," *Journal of Institutional Economics*, 2018（1）.
② D. Tapscott, A. Tapscott, *Blockchain Revolution: How the Technology Behind Bitcoin is Changing Money, Business, and the World* (Penguin, 2016), pp. 6 - 20.
③ 袁勇、王飞跃：《区块链技术发展现状与展望》，《自动化学报》2016 年第 4 期。
④ J. Potts, E. Rennie, "Blockchains and Creative Industries," *Social Science Electronic Publishing*, 2017（11）.

识，如果将区块链技术应用到文化产业中，以下几个优势将会凸显。

一是能准确依序记录交易相关的数据，成为价值互联的信任基础。区块链中的数据与传统互联网中的数据不同，在互联网中，大部分信息具有延展性并快速流动，它们本身不具备时间维度的约束；而区块链采用的是仅增数据库（Append-only Database），即所有数据只能按照时间顺序被记录，不可回滚。每一条交易信息在区块链上均是不可更改且可溯源的，因而区块链技术在涉及商业交易、权利认证方面有巨大优势，可在不需任何第三方机构担保的条件下构建一个网络化诚信体系，大幅减少社会交易成本。

二是能实现分布化的记账结构，提高资源分配效率。在经济层面，这种分布化的结构分散了风险，降低了大型中心机构的运作成本，让日趋庞大的信息传递和网络交易成为一种多方社会契约行为，而非"个人-企业"的单方契约；在社会层面，分布式结构能够增加个人的参与度，通过分散的权利使得集体行动成为可能，提升市场运作效率。

三是能实现交易和权利保护的透明化，提供价值创造和流动的正向激励。得益于前两点优势，凡是在区块链上登记或执行的交易都是可公开访问和可溯源的，而且分布式记账法则保证其网络安全性，因此目标决定、执行过程、奖励机制就能够在达成共识的同时，实现完全透明化，个人或机构在社会交易中的初始权利和交易收益认证、违法交易的监管和调查取证等均得到有效的保障，形成有效的社会激励。

上述三条优势是对传统生产组织、交易、交流方式的底层改造，在此基础上，区块链利用密码学对于隐私的保护、安全性（避免攻击）保障、经济激励手段的设置等均是具体的技术特点。

二 区块链在文化产业中的应用形态

Swan指出区块链的发展会经历三个阶段：区块链"1.0"模式，即以比特币为代表的可编程货币，涉及数字货币领域的创新，如货币转移、兑付和支付系统等；区块链"2.0"模式，即以基于区块链的可编程金融为代表，涉及智能合约方面的创新，比如证券、期货、贷款的清算结算等；区块链"3.0"模式，区块链在其他行业的应用，涉及人类组织形态的变革，包括司法、科学、文化、知识产权、投票等。[1] 一般认为当前的区块链应用处于"2.0"模式的初期，部分企业正逐步探索该技术在金融领域以外的应用途径。如上文所述，区块链作为数字经济的基础设施规模化应用于文化产业时，数字内容的创造、授权、交易和保护，合同的组织和协调，交易的支付和认证等都变得更加便捷，文化产业中可数字化内容的生产与消费将发生根本性变革。结合文化产业的特质和区块链的原理，可以展望区块链技术会在以下几个方面得到应用。

（一）基于文化创意本身的价值链重塑

第一代互联网技术能高效率传播信息和数据，但是对于价值的传播能力相形见绌。在由互联网构建的初期数字经济中，文化产品的数字化使文化创意的内容载体由实物变成数字信息（如唱片逐渐被数字音乐取代、纸质书逐渐被电子书取代），文化创意的"文本"内容传播速度呈几何级数加快，但文化创意的价值并未被有效补偿。一方面，数字信息的易复制性导致盗版猖獗，创意的价值在盗版传播的过程中向消费者转移支付。另一方面，即使不存在盗版，在"生产－消费"的价值流通过程中，中心化中介机构的商业提成大幅度挤压了文化创意的原生价值。例如在国际著名流媒体音乐平台"声田"上，版权持有者若要挣到第一分钱，需要120～170次的收听流量，[2] 可见大部分的收益被平台占有。

区块链则能让价值的创造者先受益，使用一套用于创建和交易价值的基础协议体系，对发现和传播价值更具效率。主要通过两套机制得以实现。其一是通过点对点的交易去中介化，将文化产品交易中介商提成最大限度返还

---

[1] M. Swan, *Blockchain: Blueprint for a New Economy* (O'Reilly Media, Inc., 2015), pp.1, 9–27.
[2] Ryo Takahashi, "How Can Creative Industries Benefit from Blockchain?" https://www.mckinsey.com/industries/media-and-entertainment/our-insights/how-can-creative-industries-benefit-from-blockchain.

◇ 跨界融合与文化创新

给价值创造者,交易中间商转而通过执行汇总、处理信息、市场制定、专业服务来创造新的商业价值。其二是全方位的版权保护。分布式账本的数据是共享式的,且要经过大部分节点验证真实性和准确性才会被记录,实质上降低了验证成本和网络工作成本,[1] 因此在记录版权和许可条件等有关信息方面有天然优势,利用区块链很容易鉴别数字文化产品供应链中的复制和盗版,从而在根源上消除产品价值在传播中的损失。

(二)基于创意者的文化商业生态重构[2]

以互联网为基础的文化消费平台,如视频网站、网络文学网站、聚合媒体等,其基本商业模式是通过提供运营服务聚集庞大的用户群和数字内容,借助流量分配中心的地位获取产业链的大部分价值。由于价值链的重构,未来的文化产业可能会打破以中介机构为中心的商业模式,形成以创意者或艺术家为中心的商业模式。首先,可数字化的文化创意产品均可由互联网转移到区块链上(或二者并行),不需重新转换数据。其次,创意者可以不经过任何代理方,直接从创作内容的使用中获得逐次性收入,而且可以通过智能合约的方式批准或授权作品使用范围或转载方式,从而累积整个产业链中分散的"长尾"收益。最后,区块链的加密验证方式可以创建每个人身份的"黑匣子",将个人信用链接到区块链上的特定"地址",解决交易中的信任问题(上文中提到的"信任互联"),从而允许创意内容的制作者和消费者互相验证,并通过智能合约的形式促进内容创造者和消费者的互动开发和协作消费。创意生产者和消费者之间的联系更加直接和紧密,甚至消费者可成为创意内容的直接投资者。这不仅是一种新型的数字经济,而且是创新的共享经济,具有经济价值的创意产品可以改变更多人的生活方式。

---

[1] C. Catalini, J. S. Gans, "Some Simple Economics of the Blockchain," *Social Science Electronic Publishing*, 2016.

[2] "创意者"来源于佛罗里达(Richard Florida)著名的"创意阶层"概念,其将创意阶层的特点归纳为"从事旨在创造有意义的新形式的工作",本文在此用"创意者"是为了区别于对某一作品拥有版权的专业"创作者","创意者"应包含专业的创作者,还包含在工作和生活中创造新想法、新思维、新技术的人群。

（三）基于网络互信的文化金融创新

关联虚拟货币的区块链技术还将在资金层面改变现有的文化生产和消费。在融资方面的创新，一种是有潜力的新兴艺术家可以凭借个人影响力和声誉，通过加密股权众筹来获取创作的资金支持。不同于传统的互联网众筹，加密股权众筹采用加密代币作为投资标的，而且得益于区块链的公开性，每一笔代币的用途和去向均可追踪，避免了众筹资金使用的道德风险。另一种是创意者可利用作品的知识产权作为抵押在区块链获得相关融资，投资方既可以是机构也可以是个人。例如歌手 Gramatik 于 2016 年推出了一种名为 GRMTK 的代币，每一个均代表他所有作品的知识产权份额，开创了艺术家与其粉丝之间融资的新方式。区块链提供的这两种融资方式均不需要第三方担保机构，避免了复杂的融资手续和高昂的融资成本。

与此对应，区块链也为文化产品和项目的个人投资提供了渠道，利用粉丝的经济效应作为促进文化创意传播转化的金融基础。特别的，区块链金融还可以在传统的文化市场上发挥作用。例如通过向个人消费者或收藏家出售或赠送艺术品的所有权份额，可以将文化产业投资"民主化"。[①] 普通个人投资者一般无法承担市场价值较高艺术收藏品，但凭借加密股权投资，多个投资人可以共同成为某件艺术品的部分所有者，持有同一张画廊或收藏家契约，并在未来获取收益。在这方面已有相关实践——基于区块链技术的应用软件 Artlery，可将艺术作品相关的未来收入流（包含初次销售和二次销售）的百分比作为报酬回馈艺术品投资者。再如在文化旅游领域，也可结合区块链技术形成艺术家、景区、酒店、票务定制一体的旅游平台，采用加密货币将个人旅游消费与文化活动众筹在同一次支付中完成，实现个人消费者的定制化旅游投资。

可见，区块链技术同步关联文化消费和投资，是一种创新高效的文化金

[①] P. De Filippi, "Blockchain-Based Crowdfunding: What Impact on Artistic Production and Art Consumption?" *Social Science Electronic Publishing*, 2016.

融方案,也是其去中心化、加密技术、"信任互联"等特点的具体体现。此外,区块链技术便利的国际支付、点对点支付也可成为基础性技术,为未来的文化产业消费提供便利。

(四)基于内容监管的文化治理改良

区块链技术会颠覆文化产业的内容管理模式。一是从源头管理文化创意内容的发布及使用范围,区块链技术使用智能合约促进文化创意内容的管理优化,包括控制发布、授权许可、版本限定等。这对以内容为主的文化产业来说有潜在收益,因为它精准控制了文化创意内容的开放标准,例如可实现文化创意的共用授权许可,在公益性和非营利性文化领域有应用空间。二是通过声誉经济(Reputational Economies)的形式[1]创新实现文化社群或个人的贡献认定和评分机制。文化产品的特殊性和信息不对称导致文化内容的评估成本高昂,而且不容易在产品价格中体现。基于价值证明(Proof of Value)共识的区块链协议可以通过同行评估的方式有效地显示声誉和贡献,并可将其转化为代币形成价值激励。这在例如出版等行业能发挥独特作用,通过价值贡献评定为文学艺术创作者和粉丝之间的互动创造了一种创意性的治理模式。三是在传媒和社交领域,区块链也可作为一种新闻的质量保障体系被应用。以价值证明共识机制的区块链可用于社交媒体,通过声誉经济的形式来鼓励真实新闻发布者积累声誉创造价值;政府等官方机构也可参与新闻内容的管理,例如设置官方网络节点来验证信息发布,既能保证新闻发布效率,又能杜绝虚假新闻报道。

三 数字音乐产业的区块链模型与案例

虽然区块链"3.0"模式尚未普及,但国内外已经有一些文化企业正逐

---

[1] 关于声誉经济的具体模式可见 Potts 和 Rennie 在 "Blockchains and Creative Industries" 中的论述。

步探索相关应用，例如网易推出了"星球"区块链资讯平台、腾讯推出了"一起来捉妖"区块链游戏等，但这些企业内部的应用尚无法发挥区块链作为底层技术的规模优势。应用到产业中的区块链技术会涉及整个产业组织结构的变革，应由多方协同搭建联盟链（Consortium Blockchain）。[1] 考虑到文化产业实质上是涵盖多个行业门类的一种产业集合，尤其是一些传统的手工艺术、舞台表演、纸质出版等领域数字化程度不高，建立联盟链应从数字化程度高、应用需求最迫切的行业着手，逐渐推广拓展至其他行业。数字音乐产业正是这样的行业之一，因其数字化程度高、交易体量大、版权保护难和数据采集便捷等特点，最适宜当下区块链的应用。

（一）模型设计

本文以数字音乐行业为例，设计一个以保护版权为主要目标的区块链框架模型。它基于以下几个前提：一是鉴于虚拟货币的投机性和风险性，不能以发行代币作为此模型的应用基础；二是此模型不是作为企业内部的应用，而是包含整个音乐产业中参与交易的各方，包括创作者、商家平台、消费者、支付端等；三是创作者和其代理人可视为同一个利益主体参与交易，因而模型中仅以创作者来表示；四是政府及其法律机关在必要时或以监管者身份参与交易。

在这几个前提条件下，以保护版权为主要目标的音乐产业区块链模型可以设计如图 2。图中细实线表示结构关系，空心大箭头表示数字内容的流通，细实线箭头表示资金流，粗实线箭头表示区块链信息流。

1. 版权验证与数据管理

按当下的音乐产业的运行，一首音乐作品（歌词和曲谱）的初创需要到版权登记中心进行登记，发行后再连同版权一起打包销售给音乐平台运营

---

[1] 按照开放权限区块链可以分为公有链、联盟链和私有链。公有链权限要求最低，任何人都可读取信息、发送交易且获得有效认证、参与共识过程；私有链权限要求最高，写入权限仅限于一个组织内部的各节点，适用于企业或团体内部的去中心化结构；联盟链的权限要求则介于公有链和私有链之间。

◇跨界融合与文化创新

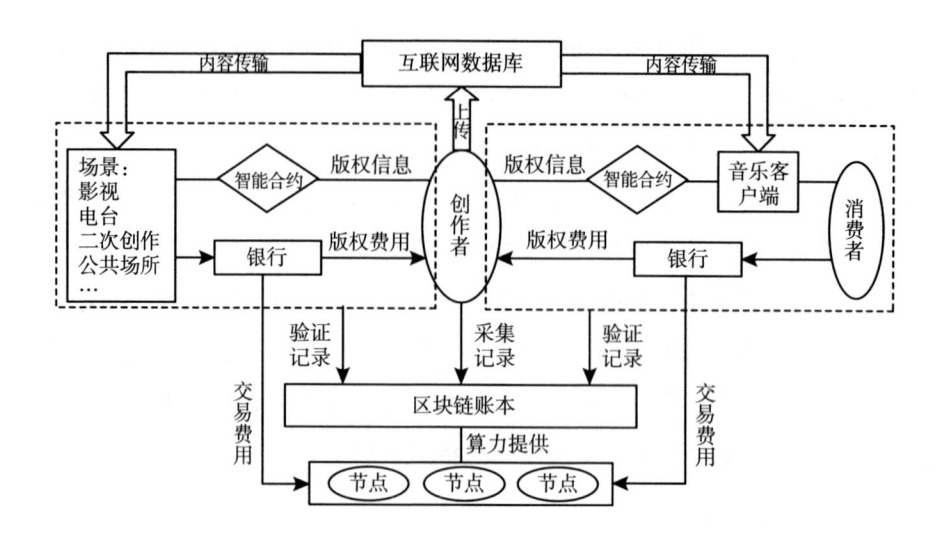

图 2　一个应用于音乐产业的区块链框架

商,实质是版权登记和内容传输分离的模式。如果发生盗版或侵权行为,只能通过事后维权来挽回损失,而版权领域维权普遍存在取证难、周期长、成本高、赔偿低等一系列问题。在图2的模型中,创作者同时将音乐上传到互联网和区块链系统中,采用两个数据库来记录同一首音乐的信息——原有的互联网数据库,只记录音乐的数字内容;由于成本问题,① 区块链数据库只验证和记录音乐的版权信息和交易信息。互联网数据库负责客户端(或其他形式的)的储存和播放。区块链系统利用智能合约采集该音乐元素、密度等特点信息,并以简单数据的形式储存在区块链账本上,独立、唯一且不可篡改。客户端也需开放连入区块链,提供每次购买(或使用)的交易信息,供区块链验证和记录。在新上传音乐时,区块链智能合约会自动对比已记录过的音乐信息,涉及侵权的内容无法通过审批,也无法在客户端上架供用户使用。

---

① 当前技术下,数量级为千字节的数据插入区块链的效率较高,具有成本优势,而储存数字音乐内容往往需要以兆字节来计算。

2. 交易与结算

图 2 中两个虚线框围成的是两种交易过程,一种是直接播放的版权交易,另一种是场景性使用授权交易。每一次交易(包括个人购买专辑、购买单曲、商家购买、免费提供播放等)均需经过区块链的验证,经过验证的交易才会进入结算环节,并被记录结算信息。由于不包含代币的发行过程,所以模型仍使用传统的银行或其他法定金融机构结算,结算中心关于版权交易的结算信息须对区块链开放,以供区块链验证和记录。本模型放弃了典型的区块链采用加密货币的优势,即结算与交易是同步完成的,区块链在记录代币流通的同时也记录了交易信息。这样意味着传统金融结算机构(如银行)和区块链记账系统必须保持高度的同步,这是本模型落地实行的最大难点。如果有金融系统普遍使用的公有链作为基础,那么这种对接则变得容易。

3. 权限与隐私保护

最初的区块链网络层没有设置身份认证要求,这意味着在下载并使用区块链软件时,所有人都不需要提供姓名、电子邮箱地址或其他个人数据。但为了方便政府在违法监管方面的行动需要,本模型中必须使用实名制的方式登记与注册,每个地址与经过真实验证的个人或机构绑定,但交易信息可以选择部分可读取式的权限设计。根 Schlager 和 Ostrom 提出的著名金字塔形权利关系,[1] 权限分布可以设置如下:最底层是授权消费者,他们只能访问并提取资源,并能读取自己的交易信息;播放平台除了这些权利外,还具有管理权,能读取与本平台相关的所有交易信息;创作者享有的权利最多,能够访问、使用、排除他人、管理、出售和租赁的权利,能读取与自己作品相关的所有交易信息。当然这只是一个初步的权限设计,在"大数据时代"信息即是资源,区块链如何在信息公开、个人隐私保护和商业信息竞争之间保持平衡,还需进一步深入研究。

---

[1] E. Schlager, E. Ostrom "Property-Rights Regimes and Natural Resources: A Conceptual Analysis," *Land Economics*, 1992 (3).

（4）节点与经济激励：模型采用外部竞争性的节点来提供算力和记账。不同于发行代币的区块链，模型的经济激励完全来自版权交易费用。中国音像与数字出版协会发布的《2017音乐产业发展报告》指出，2016年中国音乐著作权协会许可收入达到1.84亿元，数字音乐的产业规模达到529.26亿元。随着市场的进一步扩大，来自音乐产业的版权交易费用还会进一步增加。如果音乐市场逐步采用模型中的区块链交易，这笔费用将成为节点机构（或个人）参与区块链记账的重要经济激励。模型的计账节点应可以开放加入，任何机构或个人在政府登记备案后均可参与进来。如此将权利保护的行动主体从政府归还给市场，形成一种自发的、非政府主导式的社会版权保护机制。同时为了保证记账效率，可采用权益证明（Proof of Stake）的共识机制，其中一些重要的节点可由政府评估选定或参与区块链构建的企业投票决定。

（二）实践与挑战

国外已经有一些利用区块链来改进音乐产业的实践案例：英国艺术家Heap于2015年创立Mycelia区块链，并在以太坊上发布了一首"Tiny human"，开创了音乐行业区块链生态系统；另一个较出名的是Rogers创立的Pledge Music区块链系统，探索使用区块链技术来控制和管理音乐分配授权及付款。这些尝试会遭遇来自多方的挑战，O'Dair认为音乐行业的区块链应用阻力主要来自三个方面：一是虚拟货币的使用方面，例如对虚拟货币的法律监管、虚拟货币的稳定性和拓展性等问题；二是内容管理和数据的完整性方面，即区块链数据是不可更改的，如果发生错误需要如何处理的问题；三是如何达到技术的临界质量（Critical Mass）方面，即如何获取更多用户和大型唱片公司支持的问题。

关于第一个方面，由于本文设计的模型不涉及虚拟货币的使用，因而避开了这种风险。第二个问题则可以通过引进政府或法院等权威机构参与区块链交易来纠正错误信息的写入，例如错误版权信息的写入可通过强制交易给政府以防止它的再次流通和传播。当然随着区块链技术的进步，将来还可能出现更多技术方法解决此难题。关于第三个问题，Silver 指出许可制区块链（Permissioned Blockchain）可能更适合版权协会和主流唱片公司,[①] 因此将来的音乐区块链可能是许可制和非许可制共存的状态，以吸引更多的利益方参与进来。但就实践来看，这种担心显得多余，区块链作为基础技术无论是对创作者个人还是对音乐机构都是有利的，国际上已经有大型音乐机构正着手构建基础性的区块链系统。2017 年全球最大的三家会员制音乐版权协会——美国作曲家作家和出版商协会（ASCAP）、法国音乐人创作人和版权代理商协会（SACEM）和英国音乐表演权协会（PRS for Music）——宣布共同建立使用区块链技术管理权威音乐版权信息的新共享系统。利用这种区块链技术关联音乐国际标准录制代码（ISRC）和国际标准工作代码（ISWC），改进版税匹配流程，加速版权认证，减少错误并降低成本。可见，以区块链版权保护机制为核心的新业态将会成为未来音乐产业的发展方向。

四 结论与展望：区块链促进创意社会形成

区块链以创新性的数据记录方式、去中心化的组织结构和公开透明的权利保护机制正改变着数字经济的发展趋势。传统的数字经济单一的"数据互联"模式将会丰富为"信任互联"和"价值互联"，新的数字经济能在点对点信任的基础上有效传递信息和价值，从而颠覆产业生产、生活消费等各个方面。尽管当前的区块链发展面临技术、监管、市场等各方面的问题，但综观上文的分析，它仍然具有较大的潜力引领传统社会向创意社会[②]的转型。

如果区块链能有效结合文化产业，创意社会将成为一种可能：个人作品和创意的知识产权能得到全面保护，激励了创意者的创造热情；以创意者为中心的商业化模式大大简化了文化创意的传播程序，提升了创意者与粉丝或

---

① J. Silver, "Blockchain or the Chaingang? Challenges, Opportunities and Hype: the Music Industry and Blockchain Technologies," *Create Working Paper*, 2016.
② 谢俊贵：《信息社会之变：大数据催生创意社会》，《广东社会科学》2016 年第 5 期。

◇ **跨界融合与文化创新**

消费者的互动合作能力，提高了个人的创造所得，提升了创意参与度，创意会成为大部分人生活中的组成部分；文化产业或将不仅是以文化或艺术品生产为核心的产业，而且是以知识、思想、精神、价值传播和转化为核心的产业，产业链将会加长，产业内容会进一步细分，产业合作会更加紧密。可以预见，在区块链广泛应用的数字经济模式下，文化创意将会更有效地转化与传播，人的思想和创意价值会得到更充分的展现，创意活动无处不在，最终形成创意社会。

（原载《文化产业研究》2019 年第 1 辑）

腾讯数字文化生态的构建逻辑与创新战略

腾讯，中国最闪耀的互联网企业领跑者，从1998年创立至今，已走过19个年头。从一款单纯聊天工具起步，逐渐进入社交网络、互动娱乐、网络媒体、电子商务等领域，经过一系列后续产业的开发，成功缔造了一个世界性的"腾讯帝国"。目前，腾讯微信拥有近10亿用户的注册量，覆盖了90%的中国网民，已经成为人们工作和生活中不可缺少的一部分。《腾讯：开创数字文化的"新丝绸之路"》一文，从腾讯的传奇崛起，到"泛娱乐"文化生态构建，再到"国民应用"微信与IP市场的繁荣，最后落脚于腾讯对传统文化的继承及中华文化海外传播的贡献，全面翔实地介绍了腾讯"数字丝绸之路"的开创历程。

一 腾讯力量

短短十几年时间腾讯迅速成长崛起，不仅带动了深圳，更影响了中国、震撼了世界，是改革开放以来中国当之无愧的"现象级"企业。没有腾讯时的深圳，与广东大多数沿海城市一样，是一座制造业小城，产业结构以服装加工制造业及中低端电子产品加工业为主体。腾讯的诞生，直接加速了深圳三次产业结构调整，实现了从农业到现代制造业，再到高新技术产业的快速升级换代。当下"腾讯云创新驱动"战略，又将引发新一轮的科技创新驱动和产业升级转型，再度优化深圳产业结构，推动深圳市"互联网之都"建设，腾讯将再一次带领深圳扬帆起航。于中国而言，腾讯是中国互联网企业的门面，代表中国互联网企业的世界形象。"开拓创新、锐意进取"的企业精神和"产品为王"的创业内核,深刻影响中国互联网的行业格局与走势。同时不得不承认,当下腾讯公司的产品已覆盖了人们日常生活的方方面面,微信、QQ、网游、动漫、影视、文学已渗透人们的全部日常。QQ、微信两个即时通信软件打破了人与人之间的物理空间距离,人们在腾讯缔造的网络空间轻松完成交流实现合作。微信更被喻为互联网航班的头等舱,朋友圈点赞、公众号分享、微信支付已经成为全民的生活习惯,拓宽了社交方式,也丰富了交往内容,同时改变传统的产销方式,可以说,微信的"国民应用"地位已不可颠覆。此外,腾讯培育了中国的互联网文化氛围和消费习惯,互联网思维做经营是腾讯贯穿始终的经营哲学,有力地整合了全产业链,产业黏性极强。腾讯的崛起也改变了世界互联网格局,美国不再独掌世界互联网霸权,在技术创新和用户群体方面,腾讯可立于世界不败之地。

二 腾讯"连接器":加速文化资源整合

文化资源是文化产业发展的根本,腾讯通过互联网技术创新,有效整合文化资源,助力于文化资源转化为文化资本。腾讯通过QQ、微信两大核心连接器,将所有的人、服务、设备进行连接,整合了全产业链、大市场和大平台,重新定义市场各生产要素之间的关系,使产品与市场构建了全新的立体式连接方式,加剧市场要素流动。人们通过QQ、微信即时交流、分享、碰撞,越来越多的"民间高手"被挖掘、越来越多的点子被群策群力化作成熟方案并落地实施、越来越多的"人迹罕至"被推向世人……创意人才、创意内容、创意技术,这些文化产业最稀缺的资源,通过腾讯打造的国民社交平台,轻易实现量级累积,悄然不觉中为中国文化产业的发展积攒了最丰厚的民间创意智库,大大地扩张了中国创意基数,为整个创意经济体提供源头活水。近年来,马化腾在各类公开场合不断强调腾讯要回归本质,做回自己最擅长的事,即成为互联网的"连接器"。毫无疑问,腾讯这一核心战略是正确的,巩固了立身之本,也推动了文化资源整合,加之"互联网+"

思维的引领，中国正逐步实现文化的资源存量向资本总量的转变。腾讯，功不可没。

三 腾讯"泛娱乐"战略：催生文化产业业态创新

在经济新常态背景下，中国文化产业步入新的历史发展机遇期和战略调整期，文化产业总规模持续提升，结构不断优化，新兴业态层出不穷。在科技创新、产业升级、消费驱动、国家意志等多重因素的推动下，"跨界融合""科技引领""版权衍生""沉浸体验"或成为当下与未来文化产业业态创新的主要模式与战略方向。2012年3月，腾讯互娱事业群提出了"泛娱乐"战略，以IP授权为轴心，以互联网技术和网络游戏为基础进行的跨领域、多平台的商业开发与运作模式。"泛娱乐"战略包含四大实体业务——腾讯游戏、腾讯动漫、腾讯文学和腾讯影业，每项业务不仅各自进行专业的创意内容生产，还广泛吸纳外部的优质内容，其中，腾讯文学和腾讯漫画既是典型的内容子平台，也是明星IP的孵化器。腾讯互娱一方面可以通过腾讯文学和原创漫画平台创造和获取原创IP，另一方面则可以通过腾讯动画、腾讯游戏、腾讯影业等部门将IP进行多向度开发，实现内容发掘与产品变现的多线齐发，最终打造开放、协同、共融共生的泛娱乐生态，以行业领军身份推动中国文化产业业态不断创新。

当前，深圳的综合创新生态体系完善，创新创业氛围浓厚。总体上看，腾讯的"泛娱乐"生态构建，进一步解构传统产业运作模式，互联网技术与思维的应用，科技与IP加持，深圳正在实现全产业要素的快速融合与跨界重组，越来越多的综合性沉浸体验式文化产品和服务在深圳领先创造。腾讯的"泛娱乐"战略概念，也打破了原有的文化产业分业治理分业运营壁垒，使文化产业各行各业互动合作，新兴业态由此不断衍生。如今，"泛娱乐"已成为中国特色的文化发展模式，为中国文化创意产业发展提供了独特的方法论，对业界的创新实践产生了深远影响。"泛娱乐"概念是继"互联网+"之后，腾讯对中国文化产业发展的又一次伟大理论贡献，文化产业已逐步迈向无边界产业。腾讯，是最大推手。

四 腾讯产品：继承传统文化，助力中华文化"走出去"

中国传统文化源远流长，传统文化的继承与创新是每一个时代的使命。互联网时代的当下，腾讯独辟蹊径，以游戏为纽带，继承发扬中华传统文化。历经数年精心培育，人们的游戏消费心理已发生改变，腾讯重新定义了人们心目中的"游戏"概念，玩游戏不再是不务正业的消遣，而是一项文化与艺术的极致体验。其中，《王者荣耀》这一国民手游已火爆全网，玩家覆盖男女老少，"今天你荣耀了吗"已成为新一代网民的见面招呼语，其因受众广、频次高、黏性强，被谐称为"王者农药"，生动地描述了此款游戏让人欲罢不能的魅力。《王者荣耀》的火爆，除了腾讯一以贯之坚持的"用户体验为王"策略之外，更重要的是因为它一改过往由英语配音、国外英雄角色、虚构游戏场景等要素组成的游戏，从游戏的角色、场景到故事、配音等各方面，全部应用经典的中华传统文化符号，将博大精深的中华传统文化化为可视、可听、可感的文化元素融于游戏当中，以"寓教于乐"的方式带领人们穿越中华传统文化的时空。传统文化的创新应用是腾讯游戏的最大特色。除游戏之外，腾讯还与故宫合作推出"NEXT IDEA 腾讯创新大赛"平台，将挖掘更多优质的中华传统文化 IP 推向公众。2017 年在比利时召开第一届"世界人文大会"，腾讯是中国唯一受邀的互联网企业，会上腾讯将助推传统文化传承与创新发展的思路做了全面分享，以一家社会企业的责任自我要求。

习近平同志在十九大报告中论及推动社会主义文化繁荣兴盛的道路时明确指出，要坚定推动文化事业和文化产业发展，具体实施中要"加强中外人文交流，以我为主、兼收并蓄。推进国际传播能力建设，讲好中国故事，展现真实、立体、全面的中国，提高国家文化软实力"。近些年，国家积极推动文化"走出去"，取得了很大成绩。中国文化"走出去"有很多途径，包括政府与市场的、官方与民间的、现实与网络的等，但从实际效果上说，民间与市场方式相结合应该是最佳选择。腾讯这股强大的民间力量，精准地把握市场规律，紧跟用户需求，搭建平台，推出系列爆款游戏、影视、文学、动漫产品，加之深谙文化产品海外传播的市场经济规律，腾讯以民间之力打通了中华文化出口的"数字丝绸之路"，实现社会效益与经济效益的双效统一。归根结底，无论是政府还是民间，中华文化"走出去"都要寻求共鸣、获得认同，把中华优秀传统文化的精华、把中国故事与中国精神在全世界传播开来。

五　创新制胜

互联网时代更新换代迅速，众多曾经的互联网"王者"纷纷倒下，腾讯能够保持长盛不衰的秘诀就是不断创新。在创新思维、创业精神、创造价值方面，腾讯均具有强烈的创新特征。在创新思维方面，腾讯持续推出新概念，"互联网+""连接器""泛娱乐""物联网"等创新发展思维不断引爆行业变革。在创业精神方面，腾讯以"快速迭代"驰骋业界，将产品与服务快速地适应不断变化的需求，不断推出新的版本满足或引领需求，永远快于对手一步，系列"国民产品"的打造多得益于此。在创造价值方面，毫无疑问，在经济上腾讯已建立了自己的商业帝国。在自身发展进程中，腾讯也积极引导行业规范，勇于肩负社会责任，逐渐向社会企业的角色转变，并以文化企业的精神要求自身，主动承担中华文化传承的使命，以创新性的方式推动中华文化走向世界。作为深圳的文化名片之一，腾讯，当之无愧！

（原载《深圳文化名片》，深圳报业出版集团，2018）

第四辑 "一带一路"与文化交流

中国文化产业发展：趋势与对策

在世界第三次科学技术革命的推动下，商品、技术、信息、服务、文化、资本等生产要素跨国跨区域流动速度加快，产业间不断融合，各国联系更为紧密，给21世纪全球经济的发展和人类生活方式带来了崭新的图景。在此背景下，中国的文化产业发展也呈现了许多新的特征，如移动互联背景下的文化科技融合不断加深，以网络文化产业和数字内容产业为代表的新兴文化业态不断涌现，城镇居民文化消费需求呈现多元化特征，文化及相关产业之间的跨界渗透不断加深，文化产业发展进入国家顶层设计层面，文化"走出去"步伐不断加快，等等。这些特征不但清晰地勾勒出当今中国文化产业发展的新轮廓，也显现出未来五到十年中国文化产业发展的五大趋势：平台信息化、内容虚拟化、消费体验化、产业跨界化和贸易国际化。

一　平台信息化

近年来，随着以"移动互联""大数据""云计算""物联网""智慧城市"等为代表的新一代信息技术的发展和创新理念的提出，新业务、新模式、新业态不断涌现，不仅丰富了文化信息的传播渠道、传播秩序和传播内容，同时对传统的经济发展和社会生活模式产生了深刻的影响。[①] 信息技术的发展从来没有像今天这么迅速，信息技术对文化产业的影响也从来没有像今天这样深入，其至少可以表现为以下几个方面。第一，文化创意和文化资源可

---

① 参见《关于印发〈文化部信息化发展纲要〉的通知》（文信息发〔2013〕44号文件）。

◇跨界融合与文化创新

以通过信息网络无边界地传播和共享，知识和文化交流变得畅通无阻，创意氛围更易形成。第二，文化产品的信息比重不断增加，信息产品特征明显，以数字动漫、网络游戏、数字视听、移动内容、数字出版等为代表的信息内容产品占据着文化消费的主流。第三，信息技术渗透各类传统文化服务，凭借强大的信息处理能力来提升服务效率和展示效果，如现代舞台演出、数字会展、数字遗产保护开发、网上博物馆、IMAX 电影等。第四，文化实体广泛利用信息技术及互联网的传播效应，来开展产品推广和品牌营销，从"web 2.0"时代的官网、门户到"web 3.0"时代的微博、微信、自媒体等，网络已经成为最重要的信息发布和传播平台。第五，传统文化产业在信息化的推动下，实现了资源要素优化重组和产业升级。如今的出版业、广告业、会展业借助信息技术，催生了一大批新兴文化领域。第六，区别于传统线下交易和在场体验，消费者在文化消费上倾向于使用数据化智能终端设备来获取、分享、购买、传播文化信息和服务，并呈现"短频快"的消费特征。总之，网络信息技术与文化产业的双向互动，不仅极大丰富了人们的精神文化生活，拓展了人们的活动空间，对于促进经济发展和传统产业转型，也发挥着重要作用。

从以上几个变化可以看出，网络信息技术为文化产业发展提供了崭新的支撑平台，创造了前所未有的服务形式，并几乎覆盖了文化产业中文化产品和文化活动的整个生命周期。在这种背景下，文化创意和产品设计可以外包，形成众多协同创新平台；文化资金可以通过网络众筹等形式集聚，形成多元化投融资平台；文化企业可以采用先进的网络技术管理运营，形成高效的信息集成平台；文化推广可以通过社交媒体，形成快捷的信息发布平台；文化消费可以在线交易，形成在线交易和消费评价平台；等等。"文化产品天生的虚拟品性，使它比其他产业的产品更适合于网上生产、流通和消费。因此，当实体的文化活动与信息技术结合以后，数字化、多媒体、超文本技术能够统一处理文、图、声、像信息，促进了信息内容和类型的多样化，开拓了一系列全新的文化产业领域。"[①] 这对于延伸文化产业链、提升文化产

[①] 王国荣：《信息化与文化产业：互动、问题与对策》，《社会科学》2003 年第 12 期。

业能级产生了巨大的推动作用。

与此同时,信息技术在文化产业领域的应用带来了文本、图像、声音、视频、网页点击、超文本链接等非结构化数据量的几何式爆炸增长,那些以前被认为是"无用的"海量数据,通过超级计算机和新开发的程序得到处理,产生了许多创新性的用途。美国《连线》杂志创始主编凯文·凯利(Kevin Kelly)在其《技术元素》中提出:"几十年或更长时间以后,信息将是这个星球上生长最快的东西。"[1] 并且,随着"摩尔定律"的持续发酵,数字设备普及率将大幅度提升,数据因此变得多样繁杂和数量庞大。"大数据时代"已经到来,其核心就是要挖掘庞大的数据库独有的价值。[2] 目前,这种基于数据的"福利"已经在文化产业领域显现端倪。比如在影视领域,针对消费者观影偏好、点击搜索、分享评论、社交互动的数据分析,不仅被广泛运用到预测电影票房表现,助力影视剧精准营销,甚至可以嵌入影视生产,对创作产生影响。美国 Netflix 投资的《纸牌屋》在全球的风靡和《小时代》系列的 13 亿元票房成绩就是基于消费者数据分析而大获成功的。在网络游戏领域,玩家在游戏过程中的个性行为数据常常被用来设计游戏关卡,不仅大大提升了游戏产品的可玩性,延长了游戏的生命周期,也为玩家提供了独特的、定制化的游戏体验。互联网和数字化媒体给了消费者"话语权",促使他们从被动的接受者摇身变为产品的定制者,并用自身的活动数据影响了该生产什么样的产品。此外,在网络文化产业当中,企业通过大规模人群的偏好分析,不仅能创造出适销对路的文化产品,还在消费者有需求时及时进行个性化的推送,如一些网上书店和视频网站就是通过用户浏览的数据来适当地推送相关内容和服务的。由于文化产业源源不断地生产着内容,加上其广阔的用户基数和规模,"数据"成为继"文化""创意""知识""品牌"等无形资源之后的又一重要资产。

在信息时代,运用数据分析和数据挖掘实现文化产品创新和服务质量提

---

[1] 〔美〕凯文·凯利:《技术元素》,张行舟、余倩等译,电子工业出版社,2013,第335页。
[2] 〔英〕维克托·迈尔-舍恩伯格、肯尼恩·库克耶:《大数据时代》,盛杨燕、周涛译,浙江人民出版社,2013,第102页。

升,将成为文化企业的必然趋势。大数据能够帮助企业洞悉消费者文化需求,助力文化企业进行精准的营销,不仅提高了文化产业预测的回报率,同时为获得风险投资提供了切实可靠的依据。中国在文化产业发展的前十年是学习者和追赶者,总体进程远落后于欧美许多发达国家。进入互联网时代,中国与世界的距离不断缩小。未来谁能够更加积极主动地拥抱信息化,谁能够更好地将文化产业与信息技术结合起来,谁就更有可能在新一轮的产业转型中占得先机,成为市场竞争的胜利者。与工业时代不同的是,中国人口数量在信息化的过程中产生了集腋成裘的惊人市场效益。伴随着文化消费的日益高涨,那些富有多样性和复杂性的数据将引领中国文化产业走向无限的可能,我们理应以开放的心态、创新的勇气去拥抱这种发展机遇。

二 内容虚拟化

信息化推动了大数据的挖掘,也推动了人类由古典时期的仿造和工业时期的生产进入了由代码主宰的仿真历史阶段。在信息经济和虚拟产业的推动下,生产看不到材料、不需要工具、听不到声音,产品和服务不占据任何物理空间,但消费者依然会获得虚拟产品和虚拟服务,企业也可以从可处理、可演绎的数字化信息系统中获得可观的经济效益。当人类逐渐进入一个由数字网络覆盖的"虚拟社会"时,文化产业也将不可避免地被卷入这场虚拟化的浪潮之中。比如人们今天也在读书看报,但是媒体介质和翻页方式发生了变化;人们不需要真实的乐器,却同样可以在数字终端上演奏动听的音乐;书画创作和设计图稿摆脱了实体笔墨纸砚的束缚,却可以表现得更为真实;舞台艺术加入了声光电等现代元素,可以让演员与虚拟的影像共同演绎;休闲旅游可以不用出门,通过3D模拟和全景地图便能获得"坐地日行八万里"的切身体验;等等。在日本,文化产业又称为"内容产业",其"内容"在2004年公布实施的《关于促进创造、保护和活用内容的法律》(《内容产业促进法》)中被界定为"电影、音乐、戏剧、文学、摄影、漫画、动画、计算机游戏,其他文字、图形、色彩、声音、动作或影像,或使这些元素的组合，或是这些元素通过电子计算机表现的程序"。随后，日本又在 2007 年出版的《数字内容白皮书》中将"内容"界定为"在各种媒体上流通的影像、音乐、游戏、图书等，以动画、静止画面、声音、文字、程序等要素构成的信息内容，分为影像、音乐（声音）、游戏、图文（图书、报纸、图像、文字）四大类"。与英、美、德等其他发达国家所不同的是，这种表述直接契合了当下信息化的本质，即"无论存储是否采用数字化形式，其承载的信息内容都具备数字化的可能"①，这种对内容产业的超前认识，使日本在短短十余年间就缔造了一个庞大的数字内容产业帝国。显然，人类已经进入一个后现代图像增殖和电子媒介泛滥的文化数字化时代。与原始口头文化、现代书写印刷文化不同的是，当今超媒体文化的转型正在导致"虚拟现实"即一种具有后地理、后历史、后现代特征的迷宫式、镜像式"赛博空间"（cyberspace）的凸显，尼葛洛庞帝所言的"数字化生存"（Being Digital）日益成为人们后现代日常生活状态。②

正如鲍德里亚所言，消费社会具有鲜明的符号化的特征，人们疯狂享受着由"符号价值"带来的快感，并期望从中获得身份认同。而这种"符号价值"反映到视觉层面，为人们创造了一个"拟像化"的世界。文化产业之所以区别于传统产业，在于它除了能提供有形的文化产品外，还提供了大量具有象征意义的无形产品。在大众媒介和新媒体营造的仿真社会下，这些无形产品能够以前所未有的方式快速传播出去，并将人们引入消费的狂欢当中。由于文化产业具有生产图像和符号的特质，它在契合了当下大众消费心理的同时，反过来又加剧了这个社会的虚拟特性，因此人类的文化活动内容也不可避免地逐渐被虚构的或模仿的事物替代。那些文本、声音、图像、符号极度真实，却没有客观本源和指涉物，它能让人们在缺席于某种场景时，获得临场的感官享受和神经的快感。

虚拟现实（Virtual Reality，VR）技术在文化产业领域的运用大大增强

---

① 王斌、蔡宏波：《数字内容产业的内涵、界定及其国际比较》，《财贸经济》2010 年第 2 期。
② 段祥贵、麦永雄：《"拟象与仿真"理论与消费文化研究——兼论鲍德里亚的象征交换符号观》，《阜阳师范学院学报》（社会科学版）2006 年第 2 期。

◇跨界融合与文化创新

了这种虚拟的快感。"由于虚拟现实技术的发展，人与计算机生成的虚拟环境的交互作用能够创造一个客观现实中并不存在的空间，它根据人的生理与心理特点，运用图形学和人机交互技术，使人可以在虚拟空间中身临其境。"[1] 2009年，日本Vocaloid家族虚拟歌手初音未来（初音ミク）举办了一场大型演唱会，随后她与"V家族"其他歌手在全球各地巡演，其真实程度已与现实演唱会无异，有布满聚光灯的舞台，有一流的乐队伴奏，有现场观众的欢呼，也有客串的助唱嘉宾。而当演唱会进行到白热化阶段，欢呼的观众已然成为投入的歌迷，有血肉、有情感的人类观众欢呼雀跃地向台上的非人类演员挥舞荧光棒、发出叫喊，他们忘记了自己为之欢呼的只是一个电子偶像，忘记了"她"原本只是一个"它"。[2] 在国内，由深圳华侨城欢乐海岸打造的大型3D全息投影水秀节目《深蓝秘境》，通过超大舞台和水幕将虚拟背景与真实表演巧妙地融为一体，让观众仿佛置身于一个虚幻的世界。在舞台表演上，2013年周杰伦与邓丽君的跨时空对唱已成经典，当已去世13年的时代偶像突然出现在舞台上时，被"复活"的210秒将观众带入了虚幻的时空，真假难辨。在应用更广泛的游戏领域，类似头盔的穿戴设备已经得到运用，消费者可以真正以"第一人称"进入游戏，在模拟的环境中体验极为真实的场景。不仅如此，游戏场景中的虚拟广告位甚至可以用来出租售卖，既逼真又为游戏业提供了新的增值空间。此外，在影视、旅游、设计、展览、桌面软件、文化教育等其他领域，虚拟与现实的结合也越来越紧密。

文化产业内容的虚拟化生产，扩大了人类视听和娱乐空间，为人们认识世界提供了新方法，但这种"比真实更真实"的虚拟空间向现实世界的延伸，也在一定程度上加剧了主体精神的流失和社会伦理的消解。这种"阴暗面"的存在，往往会导致人们内心的失调：一方面，人们沉浸在虚拟世界的满足感中，合理地回避了现实；另一方面，人们一旦回到现实世界，这

---

[1] 周晓峰：《论网络艺术的拟像性与交互主体性》，《装饰》2007年第10期。
[2] 成怡：《"初音未来"：虚拟技术与现实世界的伦理碰撞》，《媒介批评》2013年第3期。

种由虚拟世界带来的满足感就会架空,进而创造了新的文化空缺。这解释了为什么青少年痴迷于游戏世界无法自拔,女性总是幻想偶像剧中的生活,等等。毋庸置疑,任何新技术的应用都是一把双刃剑,以致在任何历史阶段,都存在保守和激进之争。就文化产业而言,内容虚拟化创造总体上是时代发展和科技进步的产物,而由虚拟现实等技术带来的任何"不适应"的现象,则应置于时代大环境和多种文化角度下加以审视,这也是未来文化产业发展长期需要面对的命题。

三 消费体验化

文化产业是伴随着人类文化消费需求的增加而不断发展起来的。约翰·霍金斯在《创意经济》一书中指出,"物质需求在很大程度上得到满足并拥有相当多可支配收入的人,再加上其雄心抱负,就会在精神层面的事物上投入额外费用"。这种"精神层面的事物"可以理解为一种"心理审美体验",借用鲍德里亚的话来表述,就是人们添置洗衣机等生活用品不仅是"当作工具来使用",而且是"当作舒适和优越等要素来耍弄",并愿意为后者掏钱。文化产品所带来的体验形式,正是一种具有文化内涵深度的审美体验。电影、音乐、戏剧、展览、大型演艺,甚至网游、手机应用等多种文化产品与服务,给人们带来了激动、喜悦、欢乐、悲痛、忧愁、哀伤、憧憬等感受体验,让人们的情感和心灵得到了一次又一次的高峰体验,获得丰富的审美体验。[①]

约瑟夫·派恩和詹姆斯·H.吉尔摩所预言的"体验经济时代"已经到来,因此通过传统低价策略和广告营销难以吸引和培养消费者。文化需求的增长首先依赖文化产品和服务的差异性,其次是在消费过程中获得的独特体验,这在早期文化生产创造文化消费的年代还鲜有体现,即生产者提供什么

---

① 蔡晓璐:《论体验经济时代中审美体验与文化产品的关系》,《福建论坛》(人文社会科学版)2014年第4期。

◇跨界融合与文化创新

样的电影、书籍，受众就看什么，消费者相对被动，更无从谈"体验"和"感受"。新技术的应用极大地推动了全新体验形式的出现，例如电子游戏、网络游戏、移动式景观、3D电影、虚拟世界和扩增实境等。20世纪90年代中期，英特尔公司前董事会主席安迪格鲁夫在一次COMDEX电脑展会上曾预言科技推动型的新产出必将大规模出现。他说："计算机行业不应当是简单的组装和销售个人电脑（及产品），而应当是提供信息和逼真的交互式体验。"[①] 在移动互联时代，这种交互式、数字化、视觉化、娱乐性的体验需求出现了爆炸式的增长。这种动力驱使"马斯洛需求金字塔"顶端的社交、尊重和自我实现的需求不断凸显；相反，生理、安全需求则相对弱化。在一些发达城市，工薪阶层不惜一掷千金购买iPhone等昂贵的数码电子设备，正是反映出人们对数字社交和娱乐媒体的狂热追求。再如，现在"80后""90后"观众会关注3D、IMAX、4K等技术给电影视觉效果带来的变化，他们看完3D版《速度与激情6》，还会去别的影院看IMAX版，对他们而言，故事本身已经不重要，花钱看同样的影片就是为了追求不同的视听体验效果。

　　文化消费的体验化趋势反映到企业层面，会促使他们更加倾向于生产极具互动性和娱乐性的产品。以腾讯为例，其游戏收入居全球第一位，无论是客户端游戏、网页游戏还是手机游戏，都领跑全球，成为其支柱性业务；从苹果App Store排行前十位的免费和收费应用也可以看出，游戏娱乐类产品最受消费者青睐，这为软件开发者提供了明确的思路和方向。此外，增强消费者的参与感也是企业营造体验式消费时普遍采取的手段，通过开发兼具科技感和人文性的产品，吸引消费者参与其中并获得情感共鸣，成为企业提升产品关注度和销量的重要手段。比如未来市场前景可观的可穿戴设备市场，条件一旦成熟，将引领新一轮的体验浪潮。由于人们越来越愿意为了自己的感觉，或为了获得快乐而投资和消费，体验经济才有可能成为继产品经济、

[①]〔美〕约瑟夫·派恩、詹姆斯·H.吉尔摩：《体验经济》，毕崇毅译，机械工业出版社，2013年，第3页。

服务经济后的重要经济内容和形式。对消费者而言，"当购买过程已经变得和所购买的东西同样重要时，这为人们提供了多种机会表达自己的个性，并分享其他人的个性表达。大家都希望自己与某些人相似，而与另外一些人有所区别"。[①] 正因为体验是存在于内心的，是个人在情绪上的表达，所以体验因人而异。这为彰显个性和体现自我提供了源源不断的刺激点。

如今，生产创造消费的时代已经过去，网络时代的"民主化"、"扁平化"和"去中心化"还催生了消费者新的体验追求，即参与生产的"创造体验"。这种将生产者与消费者身份合二为一的个体被未来学者阿尔文·托夫勒称为"prosumer"（producer 与 consumer 拼缀而成），或者克里斯·安德森称之为"创客"（maker）。在中央电视台制作的 2014 年大型纪录片《互联网时代》中有这样一段表述："传统生产与消费之间曾经难以逾越的高墙被穿透了，新局面废黜了自工业革命以来制造商们所传承的支配地位，逼迫他们把'大脑'交给网络，让任何地方、任何人在任何时候都能发挥创造力，为诸如开发新工具、思考未来等方面做出贡献。"在文化产业领域，这种"消费即生产"的态势在许多领域已经开始出现，并有望在未来获得井喷式发展。比如影视行业出现了"私人订制"的情况，谁来拍、谁来演、用谁的剧本，观众可以投票来决定；文化软件如何设计、如何操作、如何改进由消费者反馈的信息决定；在新闻出版方面，人们读到的、看到的不再是传统官方媒体发布的消息，每个人都成为一个信息创造中心；等等。在未来，随着文化与科技融合日益紧密，类似 3D 打印、激光切割机等新技术也会被普及文化生产和创意设计当中，越来越多富有创造力的年轻人将摆脱资金、设备、场地等老时代桎梏，通过计算机手动描绘心目中的产品轮廓，并借用打印技术将数字信息转化为实体物品，真正达到生产、消费和体验的统一。

从消费体验到创造体验，体现了文化产业中消费者角色的转换，即从一个被动的文化产品和服务接受者发展成为主动参与文化生产的创造者，获得

---

① 〔英〕约翰·霍金斯：《创意生态》，林海译，北京联合出版社，2011，第 35 页。

◇跨界融合与文化创新

了参与创新的体验乐趣。当"大批量定制化时代"①和"个体创造时代"②真正到来以后,个性化的体验会进入一个新的高峰,这也必将引起文化产业发展的新一轮革命。

四 产业跨界化

随着经济全球化和高新技术迅速发展,传统工业时代产业边界固定、行业分立明显的局面被打破,"产业融合"(industry convergence)正日益成为现代产业发展的另一种新现象和新趋势。20世纪70年代,通信技术和信息处理技术的革新,推动了通信、邮政、广播、报刊等传媒间的相互合作,可以看作文化产业最早的跨界化表现。随后,以微电子技术、软件技术、计算机技术、通信技术为核心而引发的数字化、网络化、综合化信息技术革命,不仅改变了传统的产业结构模式,而且改变了产业间的交互关系。在这种背景下,文化产业也迎来了大融合和大繁荣时期。一方面,"通用技术的出现和管制条件的放松,降低了产业的壁垒,使产业之间的渗透、交叉和融合成为可能,推动了产业融合的发展"③;另一方面,由于"文化创意"所具有的高知识性、高增值性和低能耗、低污染等特征,文化产业的成功经验也常常被借鉴到其他经济领域,以促进经济结构的调整和发展方式的转变。在文化创意和科技创新的双引擎驱动下,文化与经济的交流日益密切,文化产业与旅游、信息、制造、建筑、体育、休闲、会展、商贸、零售等相关产业之间呈现多向交互的融合态势。

文化产业的跨界化趋势突出表现为"产业间的渗透发展,你中有我,我中有你,产业界限趋于模糊,新兴产业不断产生"④。因其出发点和集聚

---

① 〔英〕彼得·马什:《新工业革命》,赛迪研究院专家组译,中信出版社,2013。
② 〔美〕克里斯·安德森:《创客:新工业革命》,萧潇译,中信出版社,2012。
③ 胡汉辉、邢华:《产业融合理论以及对我国发展信息产业的启示》,《中国工业经济》2003年第2期。
④ 厉无畏:《产业融合与产业创新》,《上海管理科学》2002年第4期。

形式的差异，又呈现不同形态和模式。大体可分为"对内融合"与"对外跨界"两个维度。

就对内而言，一是发生在文化产业内部各门类优化重组过程中出现的"跨门类融合"，其目的在于适应市场需求，通过延伸产业链来提高行业核心竞争力和产品附加值。比如深圳雅昌集团首创的"传统印刷+IT技术+文化艺术"商业模式，形成环环相扣的文化产业链，为艺术市场提供全面、综合的一站式服务，就是这种业态的代表。此外，在动漫游戏和影视领域，这种跨门类的衍生产品开发尤其奏效，往往通过打造一个"高认知度"的形象，就可以在主题公园、图书出版、工艺美术、娱乐演艺、文化展览、文体产品制造等行业进行全产业链的布局，创造极高的附加值。二是以文化、科技、创意、资本、市场、人才、品牌、渠道等为代表的产业内部要素通过集聚创新形成的"跨要素融合"。由于信息时代提供了快速便捷的流通渠道，这些要素可以灵活多样的方式进行排列组合，以"文化+科技""文化+创意""文化+金融"等为代表的融合模式，已经在产业层面得到广泛的应用。

就对外而言，跨界化又可细分为三个层面。一是跨行业融合，主要指通过行业间的功能互补和延伸实现跨界融合。这种融合多表现为文化内容和创意设计服务等向第一产业、第二产业和第三产业的延伸。比如通过引入"体验经济"概念，将文化旅游服务与传统种植业、制造业结合，形成生态农业、观光农业、工业旅游等新兴旅游业态，同时表现为其他行业对传统文化产业的渗透，如"数字内容产业"概念的提出就是信息产业向传统新闻出版、音像制品跨界渗透的结果，许多优秀的创意设计作品也是基于新能源新材料领域的技术突破而实现的。二是跨地域融合，突出表现为跨地区经营和并购重组浪潮，并在此基础上形成的"赢者通吃"模式和"文化航母"景观。比如美国迪士尼乐园在全球市场的布局，阿里巴巴、腾讯、百度等互联网巨头在线上线下各领域的扩张等，改变了企业的竞争合作关系，两极分化趋势渐显。三是跨文化融合，主要是指通过糅合不同国家、不同地区、不同民族的文化内容或元素，使文化及相关产品或服务具有增强文化交流、降低文化折扣、提升产业价值等功能。比如近年来美国好莱坞影片为打入中国

◇跨界融合与文化创新

市场频频增加"中国元素",其目的正是迎合中国巨大的电影消费市场。

此外,这种跨界化趋势在近十年的文化产业相关政策层面也得到充分的回应。《文化及相关产业分类(2012)》修订说明中不再保留2004年提出的"核心层、外围层和相关层"三个层次的划分,正是因为文化业态不断融合,文化新业态不断涌现,许多文化生产活动很难区分是核心层还是外围层。近年来,随着我国新型工业化、信息化、城镇化和农业现代化进程的加快,国家又相继出台了促进"文化与科技融合""文化与金融融合""文化与旅游融合""文化创意和设计服务与相关产业融合"等一系列相关政策、规划和指导意见。文化产业的跨界化趋势在国家顶层设计中得到充分的体现。尤其是《关于推进文化创意和设计服务与相关产业融合发展的若干意见》中提出"加快文化软件服务、建筑设计服务、专业设计服务、广告服务等文化创意和设计服务与装备制造业、消费品工业、建筑业、信息业、旅游业、农业和体育产业等重点领域融合发展",表明文化创意与实体经济的深度融合将作为国家培育国民经济新的增长点、提升国家文化软实力和产业竞争力的重大举措。

跨界融合是产业发展的实际需要,也是时代发展的必然趋势。文化产业要实现"十二五"时期的倍增目标,抑或实现"国民经济支柱性产业"的跨越式发展,必须突破文化产业原有的框架体系,不局限于文化事业与文化产业的划分标准,不扎堆于个别文化领域的生产与创作,不拘泥于行政区域和部门之间的较量。否则,这一战略目标就难以实现,中国文化产业也将长期落后于西方发达国家。更为重要的是,跨界化催生了大量新产品、新业务、新服务和新的商业模式,不仅吸引了更多的人参与开辟新"战场",增加了就业机会,优化了资源配置,激发了市场活力,还将开辟一个文化消费的"长尾市场",蕴藏着巨大的商机。

五 贸易国际化

21世纪以来,人类社会闯入了弗里德曼所言"全球化3.0版本"的时代,世界从小号进一步缩小到微型,并且将竞争场夷为平地。① 世界各国无不希望在世界平坦化的过程中占据着有利的位置,大肆推销各自的文化。正如塞缪尔·亨廷顿在《文化的冲突与世界秩序的重建》一书中指出的,"由于现代化的激励,全球的政治正沿着文化的界限重构。文化相似的民族和国家走到一起,文化不同的民族和国家则分道扬镳"②。以中国为核心的中华文明作为冷战后世界七个或八个主要文明构成之一,将不可避免地面临与其他文明团体之间的"冲突"。这种文化软实力之间的较量将成为未来国与国之间竞争的主要形态。

作为目前世界第二大经济体,中国的"崛起"虽被许多西方学者预言为21世纪最重大的事件之一,但其内容多涉及政治、经济或军事上的影响力,文化地位与之极不匹配。正如活跃于世界政治舞台的"中国威胁论"一样,其矛头也较少指涉文化领域。相反,以美国主导的"文化帝国主义"却在20世纪后半叶以潮水般的态势涌向非西方世界,借助全球化的贸易手段,将美国价值观念和文化产品输出到全世界。"西方学者亨廷顿的'文明冲突论'、福山的'意识形态终结论'、汤林森的'文化帝国主义理论'、约瑟夫·奈的'软权力论'等便是为美国等国家通过文化产业国际化方式输出意识形态的政策辩护的主要理论依据。"③ 显然,在过去的半个世纪当中,美国无疑是世界平坦化过程中那个占据着最有利位置的国家之一,他们大肆倾销"美式精神鸦片",而中国等非西方国家,则可能在文化的阵地上再次"沦陷"。由此可见,中国要实现真正的民族复兴,只有经济上的崛起还远远不够。如我国著名文艺理论家钱中文先生所说:"一个伟大的民族自然要拥有丰富的物质财富,但是最终昭示于世人、传之久远的,则是其充溢着民族文化精髓的文化创造。"阿里巴巴集团创始人马云在大举挺进文化产业领

---

① 〔美〕托马斯·弗里德曼:《世界是平的》,何帆、肖莹莹、郝正非译,湖南科学技术出版社,2013,第9页。
② 〔美〕塞缪尔·亨廷顿:《文化的冲突与世界秩序的重建》,周琪等译,新华出版社,2010,第105页。
③ 曾荣平、侯景娟:《意识形态安全视域的文化产业国际化发展战略》,《社会科学研究》2014年第3期。

◇ 跨界融合与文化创新

域时更是戏称："文化产业不起来，中国就是一个暴发户国家。"可见大力发展文化产业、推动文化不断走出国门的历史意义之重大。

尽管目前中华文明在与西方文明的较量中还处于劣势，但是基于文化产业和文化服务的国际贸易已经成为全球经济的一个重要组成部分，中国借助文化贸易推动文化"走出去"的步伐也正在不断加快。以中国（深圳）国际文化产业博览交易会为例，2014 年文化产品出口交易额高达 161.38 亿元，占总成交额 6.94%，同比增长 30.33%，十年来累计出口已超过 1000 亿元，成果显著。但是我们也应看到，与美国等文化贸易成熟的国家相比，中国还处于起步阶段，不仅文化贸易逆差依然严重，还存在软件出口不足、出口地域不广、出口渠道过窄、贸易结构不合理等一系列问题。但总体来看，随着中国经济的迅猛发展与所处世界政治地位的明显提升，文化产业的国际贸易有望进入新的历史节点和快速增长期。更为重要的是，中国经历了农耕文明时代的辉煌、工业时代的落后，在互联网时代几乎与世界同步发展。由于人们具备了平等的"上传"能力，可以使本土文化成为全球化的成分之一，而低成本和低门槛制作文化内容的过程变得异常容易和流行，这意味着本土文化得到保护并发扬光大的机会增加了，本土的文化、习俗、艺术、风格、文学、观念和思想等将更多地参与全球化，越来越多的本土内容将变得具有全球性。[①] 这为中国文化产业在全球的市场布局提供了有利条件。

如今，美国、英国、德国、法国等西方发达国家的文化贸易出口引人注目。以美国为例，其文化产业的年产值已占 GDP 的 18% ~ 25%，是美国国民经济的支柱产业。借助"经济全球化"的进展，美国文化产业的出口也蔚为大观，成为其成功输出美国价值观的倾销平台。中国是文化大国，但文化输入远大于文化输出，所以尚不是真正意义上的"文化强国"。当前中国提出文化"走出去"战略时，仍然要面临两个问题。第一，哪些东西能够"走出去"？中国文化源远流长，文化宝库资源丰富，可开采的空间巨大。

---

① 〔美〕托马斯·弗里德曼：《世界是平的》，何帆、肖莹莹、郝正非译，湖南科学技术出版社，2013，第 394 页。

但是，西方世界对中国的了解，远不如中国之于西方。因此，把中国文化推向世界、去粗取精尤其重要。这一方面要靠挖掘，比如中国古典文学的新式演绎就深受西方人士追捧，而赵本山带团赴美演二人转却吃了"闭门羹"，这值得人们思考。另一方面要靠内容创新。美国、日本等国家不用多说，早已对此驾轻就熟，而中国"山寨""盗版"的印象短期内还很难消除。此外，我们对外传播中国文化时，选择合适的文化元素有时更为重要。并非"国粹"就一定是最佳的，比如过去我们尝试把京剧、昆曲推出去，却发现不太成功，这当中的文化差异反而成了最大的阻碍。如今，孔子学院作为中国文化"出口品"的代表作之一，虽然在全球掀起"汉语热"，但究竟应传播什么，还在"摸着石头过河"，可见并非易事。相比之下，国家交响乐团、上海芭蕾舞团在美国、欧洲分别巡演30余场，其以外国人喜闻乐见的艺术形式传播中国文化的路径很有启示。

第二，用什么方式走出去？中国目前已处于"半盘西化"的状态，这时采取"文化例外"无异于缘木求鱼。相反，中国应该在"文化入世"的进程中更加积极主动地拥抱世界。首先，政府要支持，这体现在相关配套政策体系上。日本在促进文化出口方面力度颇大，"80后""90后"中不少人是在日本动漫的影响下长大的，这是日本"文化立国"政策最直接的成果表现。其次，渠道要多元，除文化产业博览会之外，与海外企业合作、组建海外发行公司、并购重组外国企业等，也是重要的渠道。再次，手段要创新，如深圳原创大型文化交响乐《人文颂》和台湾地区"云门舞集"打造的创意舞蹈《九歌》，都是将中国传统文化融入了新的表演形式而成功走出国门的。最后，主体要明确，即谁承担"文化走出去"的任务，这一点中西差异较大。在中国，政府往往是主导者，相反，"欧美国家以及日本等文化贸易强国在文化输出过程中，往往都是企业做了急先锋，政府则主要起保驾护航的作用，其文化产品大都发挥出很好的经济效益"[①]。显然，在经济

---

① 刘文俭：《推进我国文化产业国际化发展的战略构想》，《国家行政学院学报》2007年第4期。

◇跨界融合与文化创新

化浪潮日益高涨的今天,"卖文化"比"送文化"更能产生实际效益。中国应积极转变思路,不断调动和发挥企业、非政府组织等多方面力量。只有存在积极主动的购买者和接受者,中国文化产品才能真正地"走出去"。

六 主要结论与应对策略

综上所述,信息化、虚拟化、体验化、跨界化及国际化作为未来文化产业发展的五大趋势,既遵循着产业实践的一般规律,也充分诠释了当今世界经济发展的新特征、新形势和新变化。这些趋势之间既相互依存,又相互促进,其中技术进步和科技创新扮演了极为重要的角色,尤其是互联网正日益成为文化创新驱动发展的先导力量,深刻改变着人们的文化生产生活。它解释了世界如何变得"平坦",文化交流如何变得通畅,文化产品的内容、形式、功能和服务如何得到丰富,消费数据如何创造价值,产业间的跨界融合如何得以实现,新奇的虚拟体验如何发生,"文化走出去"如何紧迫等一系列最新的前沿问题和产业现象。这些内容也清晰地显示出,继续推进文化与科技深度融合,发挥二者协同创新,仍将是未来中国文化和科技工作面临的新机遇和新挑战。同时,我们也看到,虽然中国文化产业迎来了新一轮快速发展的"黄金期",但与一些发达国家相比还有很大的距离,突出表现为"大而不强""多而不精""原创不足""活力不够"等问题。正如习近平总书记在2014年北京文艺工作座谈会上指出的,当前文艺创作还"存在着有数量缺质量、有'高原'缺'高峰'的现象,存在着抄袭模仿、千篇一律的问题,存在着机械化生产、快餐式消费的问题"。文化产业作为文艺创作的重要一环,在丰富民众精神文化生活,促进文艺精品创作,实现文化大发展、大繁荣的道路上仍担负着重要历史使命和责任。为此,在未来的工作当中,除了要认清当前文化产业发展趋势外,还应充分考虑目前存在的问题及其原因,并基于此提出合适的发展策略。

第一,要树立全局观念,不断提升前瞻性战略研判能力。发展文化产业要有"开放视野"和"国际眼光"。国家要做好顶层设计,加强宏观指导和政策支持;企业要立足实践,把握最新行业发展动态和发展趋势;科研院所则要立足社会前沿，做好科学研究和人才培养工作，提供必要的智力支持。第二，要继续发挥和强化科技创新的引擎作用。进一步推进与文化产业发展密切相关的信息、数字、网络等核心关键技术突破；强化部署前沿技术的研究，研发未来互联网、大数据处理、人机物互动、高性能计算与服务环境、虚拟现实与智能表达等重大技术系统和战略产品，推动文化科技融合向更深层次发展。第三，要制度先行，进一步破除文化体制机制障碍。当前文化产业出现新的趋势与旧的文化体制机制还存在许多矛盾和难以融合的地方，导致行业壁垒难以破除，市场活力得不到充分的激发。尤其是一些文化新业态的出现和跨界融合加速，给相关配套政策法规、制度创新、统计标准等提出了新的挑战，继续推进和深化文化体制改革势在必行。第四，要进一步培育消费市场，不断拉动新兴领域文化消费。要激发全民在创意设计和服务方面的消费意识，减少"山寨消费"和"盗版侵权"现象；要继续引导普通市民，尤其是城乡居民在图书、影视、音乐、展览、演艺、文化旅游等大众文化领域消费的自觉性和积极性。此外，要抓住正在成长的"网络一代"，大力开发适宜互联网、移动终端等载体的网络文化产品，促进动漫游戏、网络音乐、电子图书等数字文化内容的消费。第五，要加强人才培养，不断提升内容原创及其转化能力。中国要实现文化崛起，人才是关键，也是建设创新型国家最重要的战略资源。正如托马斯·弗里德曼所说，"平坦的世界只有高创想型国家和低创想型国家"，谁拥有更多的创新火花，谁就具备更强的竞争力。因此，面对文化产业发展的新形势，不仅要培养更多的素质型专业人才，还应注重创新科技型、跨界复合型、贸易经营型等类型人才的培养。而这些无数"创新体"的集合，将成为未来国家文化竞争战略的重要组成部分。

[原载《同济大学学报》（社会科学版）2015年第1期，全文转载于《新华文摘》2015年第11期、中国人民大学书报资料中心《文化创意产业》2015年第4期、《红旗文摘》2015年第8期、《文化深圳2015》、《深创协会刊》2015年第1期（创刊号）等]

数字创意产业对于"一带一路"跨区域嵌入的耦合意义

人类社会的发展史就是一部不断逾越、拓展地域空间障碍的奋斗史，从分散弱小的部族、村落发展到集中、强大的地区乃至国家联盟。这个进程，既是人类自身的进化史，也是"一种自然历史过程"①，区域之间的融合是贯穿始终的一条发展路线。伴随着当代全球化思潮的兴起，人类发展需要突破的"区域"越来越宏大，地区与地区之间、国家与国家之间的政治、经济、文化联系愈发紧密和不可分割，各国人民的全球意识也在不断加强。中国政府提出的"一带一路"合作倡议正在成为全新的全球化发展动力引擎，将"一带一路"区域内地区、国家的共同发展视为基石，将相关地区和国家间的务实合作和平等互利视为行动原则。② 有如全球化趋势，"一带一路"建设也必然是"一个内在地充满矛盾的过程，它是一个矛盾的统一体"，"既有单一化，又有多样化；既是集中化，又是分散化；既是国际化，又是本土化"。③ 在集中与分散、单一与多样、国际化与本土化之间合理嵌入发展行为与要素，是"一带一路"倡议得以持续推进的基本前提。

数字创意产业，一般认为是以创意和内容为核心，依托数字技术进行创作、生产、传播和服务，作用于人的各种感官，广泛渗透经济社会

---

① 马克思在《资本论》第一卷第一版序言中指出："我的观点是：社会经济形态的发展是一个自然历史过程。"
② 金玲：《"一带一路"：中国的马歇尔计划？》，《国际问题研究》2015年第1期。
③ 俞可平：《全球化的二律背反》，《马克思主义与现实》1998年第4期。

各领域的新型业态。① 作为一种新型的融合产业形态，在国家相关产业发展规划中已经成为与新兴技术、生物、高端制造和绿色低碳产业并列的五大新兴支柱产业。② 数字创意产业本身具有的"文化+技术+产业"的多重属性，能够为"一带一路"沿线国家、地区的一体化融合提供最为契合的发展内涵。

一 文化包容和产业融合："一带一路"和数字创意产业的耦合价值

（一）"一带一路"的共同体发展目标

2013年9月7日，习近平在哈萨克斯坦纳扎巴耶夫大学发表演讲时首次提出共同建设"丝绸之路经济带"的倡议。2013年10月3日，习近平在印度尼西亚国会发表演讲首次提出建设"21世纪海上丝绸之路"的倡议。同年12月的中央经济工作会议中将"一带一路"定为专有名词，特指"丝绸之路经济带"和"21世纪海上丝绸之路"。"一带一路"倡议的提出，是新时期我国全方位对外开放的旗帜和主要载体，③ 也是新时期"一带一路"沿线国家和地区基于国际分工合作、互联互通的全球化发展模式创新。"一带一路"倡议以"丝绸之路"文化符号起源地——中国为核心纽带，致力于将沿线国家和地区建设成为政治互信、文化包容、经济融合的三大目标共同体。

政治互信，就是发展互信。包含一切政治行为的人类逻辑，在本质上都是发展的逻辑，包括人类基本生存条件的发展，人类自身改造和对社会改造

---

① 范恒山：《加快发展数字创意产业培育壮大新动能》，《宏观经济管理》2017年10期。
② 国家发展和改革委员会：《战略性新兴产业重点产品和服务指导目录（2016版）》，2017年1月25日。
③ 刘卫东：《"一带一路"：引领包容性全球化》，《中国科学院院刊》2017年第4期。

◇ 跨界融合与文化创新

的自由①及能力的发展。在"类"②的发展藩篱之下,"群"的发展、"个体"的发展就不再是抽象的、一致的发展,而是不平衡的、不同步的、有差异的个体之间的竞争性与合作性相统一的发展。在这样的发展含义下,不管是绝对的还是相对的竞争或者合作,个体之间的双边互信必然成为基调。"一带一路"倡议的目标之一就是促使沿线国家(或地区)在尽可能涉及的文化、经贸、安全、环境与健康等合作领域达成一定的发展互信状态。

文化包容,展示的是文化自信。在文化自信的基础上,坚持开放、兼容、多样化和对话的原则,是文化包容的本质。无论有多少种界定,文化都是一种人化,即沉淀在物质器具中的人类意识、思维、观念、精神的提炼,以及这种意识、思维、观念、精神本身在人们之中的传递、承袭与创新。文化的根植性不仅说明了文化的产生之源,更是说明了文化对于整个社会领域持续发展的决定性意义。"一带一路"倡议下,沿线各国家(或地区)在文化上是"和而不同"的状态,在坚持和包容传统性差异的基础上,采取开放和对话的文化发展策略,互学互鉴,取长补短、共同提高。③

经济融合,是区域共同体发展的最基本的主题。经济发展是各国人民的共同奋斗目标,各个国家和地区因为资源禀赋和比较优势的不同,在一定的区域范围内,相关产业价值链上的位置也不相同。融合各国的要素优势,合理分工将是各国经济发展的必然趋势:只有把各自独立的经济发展由外部经济转化为内部经济,才能大大降低交易成本;只有通过产业融合,才能使各国各地区在相同产业或相似产业的发展中实现聚集与联合,避免过度竞争造成资源浪费的同时促成共同发展。"一带一路"下的经济发展,我们更加强调的是合作共赢、融合发展,强调沿线各国在诸多产业领域的合作与分工。"一带一路"是互利共赢之路,将带动各国经济更加紧密结合起来,推动各

---

① 阿马蒂亚·森在《以自由看待发展》(2002年)中把实质的自由作为新式发展观的基石。
② 这里的"类"是从马克思关于人的类本质理论而引发,强调的是人类异于其他动物的本质共性,"类"之下的"群"和"个体"是一定范围的集合和单个体,在国际关系范畴内就是国家(或地区)的集合和国家(或地区)的单个体。
③ 习近平在2014年6月中阿合作论坛第六届部长级会议开幕式上的讲话,提出了"和平合作、开放包容、互学互鉴、互利共赢"的丝路精神。

国基础设施建设和体制机制创新,创造新的经济业态和就业增长点,增强各国经济内生动力和抗风险能力。

(二)数字创意产业内在属性与"一带一路"的耦合价值

充分利用数字创意产业的战略性作用,是推动"一带一路"倡议实现的突破口。数字创意产业是一个兼具文化创意内容、技术呈现手段和经济融合产业三大属性的新型载体,数字创意产业的这三大属性能够完美耦合"一带一路"倡议的文化包容、产业融合发展愿景,继而更好地促成沿线国家(和地区)在"一带一路"框架下达到高度的、全面的、可持续的发展互信。这种发展互信既是个体之间文化包容和经济融合的前提内容,也是其最终发展的结果形式。

数字创意产业的文化创意内容属性,无疑是其发展的基础。这是"一带一路"倡议在文化包容方面必须完成的、对于沿线国家之间的双向文化嵌入的基本内容。使各国的文化在其本质内容上得到相互的了解、尊重、认同、学习、借鉴,只有在对各自文化在本质内容上有了一定的双向嵌入,才能做到文化认同,才能得到一个国家或地区在文化性格上的基本认同与接纳,这就是信任的基础。而这个基础,我们称之为"文化内容"的东西,其相互认同与接纳的长期积淀形成的将是制度安排,而制度就是固化和确定性,也是外部问题的内部化,外部的经济走向内部的经济。制度形态不论是正式制度安排还是非正式制度安排,实际上恰恰又与"文化内容"存在或息息相关,或合而为一的客观关系。

数字创意产业的技术呈现属性,不仅是文化内容的传播、交流与相互吸引,更是引发文化内容传递途径和形式的技术变革之源。技术形态是改变经济行为模式的最强大动力,以文化创意的精神意识层面内容为基础,以数字化为技术手段,从文化创意的生产、研发、发行、消费到再生产、扩大再生产的完整流程,数字化都是一剂强力,它改变着文化创意产业的发展,使数字创意几无边界。即便跳出数字创意产业,延伸到更为宏观的整个社会经济产业发展,技术变量也总是产业结构优化升级的最大驱动力。数字创意产业中的技术驱动,一是其诸多边际融合产业都能够直接共享互通的,二是可以通过跨区域传播产生技术溢出效应的,因而数字创意产业的技术呈现属性是推动整个经济产业技术升级甚或一定区域共同体技术发展的同向驱动。而无论如何,更为醉人的永远是技术发展本身的价值,这也是"一带一路"倡议中实现经济融合的利益共同体的基本前提。

数字创意产业的经济产业属性,是其简单粗暴而又必然的目的指向。没有产业化的数字技术也好,文化创意也好,都不会引导现代社会人类福利的(直接的)创造行为与结果分配。不管我们多么不懈地强调文化的高大、云端和植根性,文化的根本还是"人化"(人的本质对象化,"广义的文化本质即自然人化,按照马克思理论,自然人化即人的本质力量对象化"[1]),因此文化必须是为人类的福祉进步服务的,包括前面谈到的文化认同。也就是说,产业化发展的文化形态一定是文化与文化之间相互认同、包容、融合的基本目标。"一带一路"倡议的共同体发展本质,不谈共同体内各成员国家的共同福祉的促进,不谈各成员国家人民生活水平的提升,不谈各成员国家共同抵御经济社会发展危机、自然环境危机能力的提升,都将是一纸空谈。

二 区域个体异质性:共同体发展的障碍抑或动力

(一)异质性假设在经济学中的分析逻辑链

"异质性(heterogeneity)是与同质性相对的,其本质内涵就是具有参照意义的个体之间的差异性、特征性和多样性。"[2] 本文认为,异质性假设在经济学领域的发展应该存在产品异质性—企业异质性—区域异质性这样的微观到宏观的递进分析逻辑链(见表1)。

---

[1] 张建云:《自然人化:马克思主义文化本质观及其当代意义》,《学术论坛》2015年第6期。
[2] 陈能军:《发展数字产业推进国际传播能力建设》,《中国社会科学报》2017年12月28日。

数字创意产业对于"一带一路"跨区域嵌入的耦合意义

表 1　异质性的递进分析逻辑

	产品异质性	企业异质性	区域异质性
基础理论	新古典经济学 市场结构理论	新新贸易理论	嵌入理论 GVC 理论 竞争优势理论
分析层次	微观层面	中观层面	宏观层面
表现形式	产品（质量、品类、价值）及其生产要素诸如劳动、资本、土地等	企业人力资源及非人力资本（物质资本）的使用效率	区域个体的文化、体制、科技、自然资源等总体性差异、特征
特征	要素片段	企业综合归总	区域持续累加、稳定

传统的新古典经济学分析中，产品以及包括劳动、资本、土地在内的生产要素都被认为是同质的，同质性假设是完全竞争市场理论的特征和前提，是对现实环境中复杂情况的简单化处理。而不完全竞争市场认为产品及其生产要素之间存在差异性和不可替代性，异质性假设才是更具说服力和现实意义的，由此说明了异质性的凸显实际上是对古典经济学理论的具体化扬弃；不同于市场结构理论的产品与要素视角的异质性假设，新新贸易理论[①]主张把异质性上升到企业异质性的高度，企业异质性是一种综合性的、总归为企业生产率的异质性。这种异质性基于企业的人力资本和非人力资本（物质资本）的使用效率，使二者的投入比率适用企业内部生产率的最优化发展，这是从企业层面对于产品及其生产过程异质性的综合归化；随着对异质性的持续关注，"迄今的研究实际上隐约地触及一个因素，这便是不同经济体之间的异质性（heterogeneity）。迄今研究已经触及的异质性包括收入水平、制度、贸易、FDI 与国际分工等异质性，实际上除了此类异质性外，还有许多别的异质性，包括文化、大众偏好等异质性"[②]。这类异质性是更为宏观层

---

① 新新贸易理论是以 Melitz（2003）等学者提出的异质企业贸易模型和 Antras（2003）、Helpman（2004）等人提出的企业内生边界模型为基础，更多地从企业层面解释国际贸易和国际投资现象的贸易理论。
② 赵伟：《产业异质性与中国环境拐点：一个空间经济学分析框架》，《社会科学战线》2017年 03 期。

◇跨界融合与文化创新

面的区域经济体之间的异质性,也是各种微观层面和中观层面异质性持续累加形成的较为稳定的区域异质性,是更难以突破的、对共同体发展的阻碍或激励效果尤为显著的一种异质性。我们可以从社会经济学的嵌入理论以及全球分工思想的全球价值链(Global Value Chains, GVC)等理论中找到这种宏观意义上的异质性理论的身影。

(二)区域个体的异质性对"一带一路"倡议的作用影响

在论述区域异质性对"一带一路"倡议的作用影响之前,需要厘清异质性、共同体、同质性几个概念的关联。简而言之,共同体发展不等于同质性发展,促进共同体发展需要突破一些异质性障碍。具有区域异质性的异质体之间,要实现相互融合走向共同体的发展蓝图,既要突破区域异质性的负向阻力,也要激活区域异质性对于区域共同体发展的正向动能。因而对区域异质性的进一步认识和探讨就是我们需要完成的基础工作。基于"一带一路"倡议构想的特设背景,以及数字技术发展对于数字创意产业的深刻影响,本文着重讨论文化、体制、技术、资源四个方面的区域异质性。

1. 文化异质性

区域个体的文化异质性,尤其是"一带一路"下的文化异质性,可以解释为"一带一路"沿线国家和地区之间在价值观和道德规范等精神因素上的差异化和多元化程度。相对制度体系来说,文化的异质性更强调的是非正式的、不成文的、心理上的、缄默性的精神因素差异。一个国家或地区的文化异质性形成和发展是多方面因素合力促成的,最为主要的有地理环境差异、民族构成差异、宗教发展差异、历史选择差异、传统习俗差异几个方面的原因。其中的宗教发展、传统习俗与文化异质性存在互为因果的双向关系,而传统习俗与地理环境、民族构成息息相关,体现的是地理限定性和族群遗传性(文化遗传性而非生物遗传性)。

区域个体的文化异质性的存在对"一带一路"的共同体发展战略具有抑制作用,一方面文化异质性不利于各国建立起双边发展信任,差异的存在必然引致相互了解、相互适应乃至试探性接触等一系列信息成本、信任成本或者其他交易成本，这意味着双边信任关系建立的难度及成本会随着文化异质性程度的增加而增加；另一方面，文化异质性的存在不利于包括劳动者、资金、技术乃至生产企业在内的经济要素和经济产业的交流融合，文化差异俨然已经成为区域个体对外经贸交流的障碍，"文化中根深蒂固的观念是重要的决定经济交流的因素"[①]。于是我们便可以看到"七七定律"[②]的经济文化现象：跨国并购中70%的并购没有实现预期的商业价值，其中70%的失败在于并购后的文化整合，文化差异越大，失败的可能性越大。

2. 体制异质性

区域个体的体制异质性，是指区域个体在政治、经济、科技、教育、文化等各领域的管理机构及其运行制度的差异性和多样性，它由管理机构的异质性、管理制度及其运行的异质性两部分构成。从职能上讲，各国（地区）管理机构的构成在意识形态之外的差异并不明显。从动态性和根本性来讲，管理制度的运行远比组织机构的构成更具差异性、动态性和开拓创新的空间，这种认识是对结构—功能主义范式的发展和超越。"制度提供了一个国家的法律、经济和社会体制的安排，决定了商业活动中的交易和协调成本及创新活动的程度。"[③] 关于体制异质性的产生原因，一种比较洪亮且易于接受的制度主义声音来自政治科斯定理："当各方可以毫不费力地谈判时，他们会努力内部化各种可能的外部性……剩余如何分配不会影响制度的选择，社会基本需求的差异才是导致国家间制度差异的原因。"[④]

异质性的体制供给对"一带一路"跨区域经济嵌入具有抑制作用，这种抑制作用是通过"一带一路"协作主体的投资动机和协调成本传导到嵌入进程的。投资动机包含追逐利润和规避风险两类情形，"体制"语境下的利润主要有各国（地区）的资源政策红利、税收政策红利、产权保护红利、

---

① 黄新飞、翟爱梅、李腾：《双边贸易距离有多远？——个文化异质性的思考》，《国际贸易问题》2013年第9期。
② 吴晓云：《全球营销管理》，高等教育出版社，2008。
③ 潘镇、殷华方、鲁明泓：《制度距离对于外资企业绩效的影响》，《管理世界》2008年第7期。
④ 黄新飞、舒元、徐裕敏：《制度距离与跨国收入差距》，《经济研究》2013年第9期。

法制程度红利等;"体制"语境下的风险主要有各国(地区)的社会稳定性风险、政府效率性风险(包括腐败控制、政府支出、社会监督等)、经济自由度风险(包括关税壁垒、汇率制度、版权制度等)。体制异质性导致"一带一路"跨区域经济嵌入的协调成本来源于生产和流通的多个环节,比如环境保护和污染控制方面的制度协调成本、政策壁垒成本、合同实施成本、资金给付制度协调成本等都是不可回避的。

3. 技术异质性

区域个体的技术异质性,应该从静态的技术异质性和动态的技术异质性两个方面来阐述。静态技术异质性,即区域个体的技术发展水平在地理空间上呈现的非均衡性和差异性,可以通过人力资本存量、技术研发投入量、专利和知识产权数量等存量指标刻画出来。动态技术异质性,是指区域个体技术水平对于区域以及区域间经济、社会、文化等多方面发展的交互作用的差异化体现。这里的技术异质性已经将技术变量纳入突破地理空间和融合发展领域的理念,所以动态技术异质性是比较难以刻画的,但是这种技术异质性对于"一带一路"倡议和数字创意产业发展具有更加显著的现实意义,因为它是已经涉及区域一体化、产业融合和嵌入性问题等层面的动态考察。引致区域个体技术异质性的因素同样是多方面、多层次和不断更迭的,通常包括人力资本积累、教育发展水平、研发资金投入、FDI技术溢出、技术引进消化、创新文化氛围、产权制度安排、贸易及产业政策、金融深化进度、市场竞争与自由程度等因素,以及上述因素之间相互作用结果。

区域个体技术异质性的存在,对"一带一路"沿线国家和地区来讲,更为重要的是意味着合作与分工的动力所在。一方面,这是由"一带一路"倡议的比较优势发展原则决定的。由亚当·斯密的绝对优势理论发展而来,大卫·李嘉图最终确立的比较优势理论,就是基于生产技术差异导致的成本差异,因而鼓励国际贸易采取比较优势的贸易分工策略。并且此后陆续发展的以技术创新为最重要出发点的动态比较优势的相关理论逻辑,比如转换比较优势理论、逆比较优势战略、相对性逆优势战略等,其基础和核心都离不开区域个体的技术异质性。另一方面,区域共同体的合作与分工在经济上就是区域价值链的构建，工艺技术资产是构建区域价值链控制权的有效途径，异质性的技术禀赋对应着、匹配着异质性的价值链治理权限或者价值链租金分配所得。

4. 资源异质性

区域个体的资源异质性，特指区域个体在人口构成、基础设施、地理环境、自然物产方面的差异性。这里的"资源异质性"跟"异质性资源"是截然不同的，前者是对资源状况的差异性描述，强调差异性和多样化，更多用于经济学范畴；后者是对企业竞争优势的稀缺性发掘，强调有价值的稀缺性和不可模仿性，更多用于管理学范畴。资源异质性是区域个体异质性的物质起点，是区域个体的差异化的硬件构成，主要包括如下区域要素的差异化体现：人口数量与结构、土地面积、地形地貌、气候环境、自然矿产与资源，以及包括交通、能源、通信、卫生、教育、文化、旅游、体育等各类生产和生活基础设施。区域个体的资源异质性直接影响区域个体之间的合作方式、合作方向、合作深度和合作效果，"一带一路"沿线国家（或地区）的合作重点之一——"设施联通"，就是针对合作国家之间的基础设置建设状况开展的。仅就信息基础设施而言，基础设施的大力发展"对于经济贸易具有重要的促进作用，对于增强国力具有显著意义，对于互联网区域治理也具有决定性的作用"。[1]

三 发展数字创意产业：突破区域个体异质性

"以数字技术和先进理念推动文化创意与创新设计等产业加快发展，促进文化科技深度融合、相关产业相互渗透。到2020年，形成文化引领、技术先进、链条完整的数字创意产业发展格局，相关行业产值规模达到8万亿元。"[2] 这是国务院《"十三五"国家战略性新兴产业发展规划》中关于发

---

[1] 中国电子信息产业发展研究院：《数字丝绸之路——"一带一路"数字经济的机遇与挑战》，人民邮电出版社，2017，第64页。
[2] 《"十三五"国家战略性新兴产业发展规划》国发〔2016〕67号，2016年12月。

◇ 跨界融合与文化创新

展数字创意产业的总体性阐述，是中国政府在全球科技变革与中国产业结构调整交会这个时间节点上，首次将数字创意产业纳入国家战略性新兴产业的范围。发展数字创意产业的重要性是毋庸置疑的，但是这种重要性推力的衍生之源在哪里呢？除了从数字化到数字经济、再到数字创意产业的科技牵引逻辑与路径，贯穿本文研究的一个基本方向，即"一带一路"的共同体发展路径，同样是一个重要的牵引源头。

发展数字创意产业，与突破区域异质性的负向阻力、激活区域异质性的正向动能，实际上是一个同步共轨、耦合联动的复杂过程。从另一个角度来讲，基于区域异质性与"一带一路"倡议的关系，发展数字创意产业与"一带一路"倡议的实现和深化推进，也是一个同步共轨、耦合联动的复杂过程。这两个"同步共轨、耦合联动"过程，具体可以通过发展数字创意产业形成四个方面的效能传导机制而实现。

（一）发展数字创意产业促进文化包容

数字创意产业的数字化形式是区域文化内容深度融合和传播的最佳工具。随着互联网、人工智能、大数据等新兴技术的蓬勃发展，以互联网为载体的数字化信息处理技术已经成为跨区域文化交流和融合的最主要手段。北京师范大学文化创新与传播研究院课题组的调查研究发现："在7国[1]青年接触中国文化的渠道方面，互联网占比为53.60%，社交网站和搜索引擎成为青年群体了解中国文化的主要方式……社会文化信息的传播已不再完全依赖传统媒介渠道，网络传播与人际传播打破了原有的传播格局，实现了一定范围的自由流动。"[2]

文化的传播与融合被限于地理空间，又将超越地理空间的限制。"多元文化之间虽存在差异，却不必然导致激烈的文化冲突。相反，不同文化之间

---

[1] 课题组综合考虑沿线国家不同的政治、经济、文化、信仰等因素，分别选取了俄罗斯、哈萨克斯坦、印度尼西亚、印度、土耳其、以色列、埃及等七个国家展开调研。

[2] 北京师范大学文化创新与传播研究院课题组：《"一带一路"沿线七国青年对中国文化认知的调查》，《光明日报》2017年8月24日。

的兼容并包、相互尊重、求同存异，才是人类文化的共同繁荣之道。"[1] 数字创意产业的核心力量之一是数字化的力量，数字化的信息手段能够深化文化融合、强化文化包容、加速文化传播、扩宽文化认同。从信息与文化互为转化的角度，文化及文化的传播本质上也是一种沉淀化、凝练化、抽象化的信息及信息传播，因而无论是加快单个族群文化事业的发展，还是推进多个文化体系之间的相互融合和认同发展（当然也涵盖文化传播），数字化都是必须顺应而且大有可为的技术浪潮。发展数字文化创意产业符合这一趋势，也正是对这一趋势的具体化拓展。

数字创意产业在跨区域之间的融合发展，尤其是对"一带一路"沿线区域个体之间的文化包容起到的促进作用，本质上就是技术对于不同内容的传播、认同、包容的促进作用，是从技术的角度出发推进跨文化的精神包容。数字化技术手段使文化内容得到更为完美的传播效果，使文化及"跨文化"的受用者得到更为理想化的审美体验。数字化技术打破了物理空间的障碍，改变了人们的文化消费形态，文化的内容与形式在远远超出地域国界的市场上、在跨越文化国界的道路上被创造、传播和认同，为跨区域的文化包容节省了大量时间成本、沟通成本、信息成本。

（二）发展数字创意产业促进发展互信

数字创意产业的发展与共同体多边信任机制的构建，在作用形式上有同一性，发展数字创意产业的制度措施在客观上能同步促使发展互信的建立。关于这个命题，我们就正式制度安排、非正式制度安排和发展资金等方面的内容，探讨发展数字创意产业和构建发展互信的同步性。

1.正式制度安排在发展数字创意产业和构建发展互信中的同步

在制度经济学的共识中，制度的本质就是约束，[2] 确定性的约束。只有

---

[1] 李凤亮、宇文曼倩：《"一带一路"对文化产业发展的影响及对策》，《同济大学学报》（社会科学版）2016年第5期。

[2] 比如道格拉斯·诺斯就曾在《制度、制度变迁与经济绩效》（1994）中论述："制度是一个社会的游戏规则，更规范地说，它们是为决定人们的相互关系而人为设定的一些制约。"

◇ 跨界融合与文化创新

确定性约束的存在，才能最大可能地避免知识和信息的非对称造成的风险或损失。经济人假设加剧了这一行为理性的蔓延，尤其是在与外部区域、外部组织和外部文化的博弈中，因而制度范畴下的法律、制度、规范、章程、公约等成文性正式制度体系的构建成为现代经济的基础，也自然成为数字创意产业发展的基础（涉及跨区域便应升级为共同遵守的多边制度体系，如"一带一路"情境下的多边体系）。

信任在某种意义上类似马克斯·韦伯的经典权威理论，[①] 也可以分为两类：一是传统的基于个人魅力、个人信息、个人情感的人格信任机制，二是基于契约、合同、规则、法律等正式制度体系的契约信任机制。不难发现，传统的非制度信任机制具有极为浓重的地域根植性，是传统经济活动的地理限制导致的。在现代社会的跨区域行为越来越频繁和深入的条件下，尤其是我们特别关注的"一带一路"背景下，制度结构型信任机制以其稳定透明和可预测性强已经对传统的人格信任机制发起了冲击。比如在我们的财务管理实践中的应收款制度、保障金制度、担保制度等都为信任的建立提供了稳定的、可预期的保障，而这些几乎不可能仅基于人格信任，在区域发展互信中，这也正是"一带一路"资金池形成的根本原因。

2. 非正式制度安排在发展数字创意产业和构建发展互信中的同步

非正式制度安排相对于正式制度安排，其对人类社会经济行为的影响更加具有潜在性、缄默性和无意识性。新地理经济学者们在"社会嵌入理论"中，将"文化嵌入"（笔者认为还应该包含人格关系嵌入，但不含法理关系嵌入）看作影响社会经济发展的一个重要变量，这里的"文化嵌入"即非正式制度的嵌入，包括观念、宗教信仰、民俗、传统意识、道德评价等非正式制度约束，以及人们之间的基于血缘、学缘、地缘、业缘的人格关系约束。

非正式制度安排对于数字创意产业在不同区域间的融合发展也是十分重

[①] 马克斯·韦伯将政治权威分为传统型、魅力型和法理型三类权威，而本文对信任的划分则减去了传统型，保留人格魅力型和法理契约型两种分类。

要的。同时，充分的、对话性的、认同性的非正式制度安排的长期重复嵌入，也是建立多边信任机制的必要途径，正如制度型信任是人格型信任的某种积累，信任应源于了解、认知、认同诸如此类潜在性、缄默性、无意识性的文化包容。

3. 资金规模的壮大在发展数字创意产业和构建发展互信中的同步

资金规模的壮大无疑是数字创意产业发展的最大助力。数字创意产业不同于其他产业，其自身具有的发展历史短、资金积累少、企业信用低、资产结构轻量化等特点，都对其发展融资提出了巨大挑战。创新融资模式，加速数字创意产业与金融、科技等产业的深度融合能一定程度解决产业价值链之间的融资问题。而加速区域之间的相同产业链内部的融合发展，依托"一带一路"倡议资金池，包括丝路基金、亚洲基础设施投资银行、金砖国家开发银行、上海合作组织开发银行及其他地方"一带一路"资金池，将是数字创意产业走向跨区域融合发展的强劲动力。从另外一个角度来讲，资金规模就是实力保障，而信任则部分地、天然地来自对实力的认同，所以强大的资金保障在经济活动的信任机制构建中至关重要，"一带一路"倡议资金池及其金融制度体系的存在，为我们跨区域对外经济投资和产业融合提供了坚实的信用基础。

（三）发展数字创意产业促进区域技术进步

1. 数字创意产业的技术创新是整体科技创新的主要部分

数字创意产业领域的装备与技术发展，主要体现在两个方面的发展。首先是在创作技术水平与装备方面的创新,[①] 包括虚拟现实（VR）、增强现实（AR）、全息成像、裸眼三维图形显示（裸眼3D）、交互娱乐引擎开发、文化资源数字化处理、智能语音与视觉识别、互动影视等空间情感感知性和数字信息转化性基础技术的创新发展；其次就是在传播服务技术水平与装备方

---

① 笔者对于数字创意产业装备与技术的涵盖和分类，主要依据国务院《"十三五"国家战略性新兴产业发展规划》中的第六部分内容"促进数字创意产业蓬勃发展，创造引领新消费"。

◇ 跨界融合与文化创新

面的创新，包括超感影院、混合现实娱乐、广播影视融合媒体制播、新型移动媒介传输、互联网数字传播等配套装备和平台等媒介传播装备及技术的创新与发展。这两个方面装备与技术的发展与创新，必然促使其他领域其他方面的技术发展与创新，一来是因为数字创意产业的外延形式具有较大的宽泛性，数字创意产业能够广泛融合影视、文艺、会展、教育、科研、交通、玩具、家具、家居用品、包装品、文具、食品、图书、鞋帽、服装、酒店、主题游乐等多种泛文化、泛娱乐业态，二来是因为技术创新本身的交融性。现代科技情境下，绝大多数重大技术的突破，都是通过多领域基础性技术的融合与协同创新而实现的，一个产业领域的技术进步促进多个产业领域的技术进步已是常态。

2. 技术进步在数字创意产业价值链上的治理权日益凸显

数字创意产业中，创意是内容和核心，技术是手段和衍生，他们在数字创意产业整个价值链上的作用都非常显著。但无论是更广泛的文化与科技层面，还是数字技术与创意产业层面，"当现代科技强制助推文化符号成为被消费的对象时，文化与科技之间的失衡也随之浮现"[①]，其中最重要的表现就是在文化创意产业价值链的租金分配或价值链治理权问题上，技术与创意的相互拉锯和争论早已开始喋喋不休。2009 年谷歌数字图书馆侵权案发生后，美国社会各界出现了不同的声音，"美国作家协会主席 Roxana Robinson 认为，'法院的判决将使创意产业的财富向技术领域大量转移'，'法院正在让技术产业不公正地站在创作者的背上攫取利益——这已经成为一场渐渐成型的版权政策斗争的原则'"[②]，"一些人则意见相反，如 The Washington Post 认为'该案是合理使用的巨大进步，Samuelson 和 Pamela 认为'谷歌诉讼胜利对作者非常有利'，Palfrey 和 John 认为'谷歌图书馆比以往任何时候都更

---

① 李凤亮、宗祖盼：《文化与科技融合创新：演进机理与历史语境》，《中国人民大学学报》2016 年第 4 期。
② 张军华：《美国版权法中数字图书馆合理使用规则及对我国立法的启示》，《图书馆建设》2017 年第 4 期。

为重要'"①。

关于创意与技术在数字创意产业价值链中的治理权问题，本文认为，在尊重创意的核心性和决定性的同时，技术力量对于创意及其衍生价值的放大效应越来越具有关键的意义。数字创意产业区域价值链的构建中，来自技术的价值链内生租金所占整个价值链租金的比重越来越大，技术进步对于价值链升级关键的附加值提升更加具有决定意义。这种指向的结果是，区域价值链片段分工的参与者们，包括微观层面的厂商和宏观层面的国家与地区，都将视抢占技术高点为目标，以提升自己在区域价值链中的治理权限，从而实现更大限度推进更大范围的技术进步，那么区域技术进步就必然成为演化目标，也是"一带一路"实现沿线国家（或地区）整体性技术进步的基本路径。

（四）发展数字创意产业促进区域分工

文化和产业资源上的融合性、交互性、互补性是共同体发展的基本逻辑，将突破或者激活区域个体之间文化内容的异质性和经济资源的异质性，统一到数字创意产业的区域融合上来，就意味着促进区域分工的发展。就其基本功能来讲，数字创意产业就是将文化内容或创意IP进行数字化的加工，直接生成或者衍生创意产品和创意服务的过程。这个过程中从创意或IP的输入，到产品和服务的输出都存在文化内容和资源附加的区域差异，而这些差异在共同体发展趋势的推动之下必须实现互补。那么各区域个体，同样包括微观层面的厂商和宏观层面的国家或地区，他们的IP创造也好，数字化加工也好，资源附加生成产品也好，就必然根据各自文化内容和资源禀赋的不同而开展分工合作，以达到资源配置与价值分配的最优化组合。

此外，数字创意产业以技术创新为引导，是促进文化产业向新兴业态的

---

① 张军华：《美国版权法中数字图书馆合理使用规则及对我国立法的启示》，《图书馆建设》2017年第4期。

◇跨界融合与文化创新

跨区域融合发展的根本动力,"新兴文化业态作为文化产业未来增长的关键领域,相对于传统文化业态在价值传递、审美增值、资源活化、原创培育、经济增长等方面的作用更加凸显,可以大幅度提高文化产业规模化、集约化、专业化水平"①,我们认为,区域分工无疑是新兴文化业态区域融合发展的主要指向。

发展数字创意产业促进区域分工是基于资源异质性来讲的,当然我们如果可以广义地将文化内容上的异质性,也就是创意或IP输入端的异质性纳入资源异质性,就使"发展数字创意产业促进区域分工"的论证显得更加自然、严谨和具有说服力。

四 "一带一路"倡议背景下的数字创意产业发展建议

本文首先开展了"一带一路"和数字创意产业在共同体发展目标和产业属性的耦合性价值的论述,然后就区域个体异质性基于经济学理论进行逻辑路径分析,以及对几类主要区域个体异质性进行分类探讨,接着对发展数字创意产业与突破(或激活)区域异质性的正、负向效能的"四向效能传导"机制进行了分析。在此基础上,本文拟就"一带一路"倡议背景下中国数字创意产业发展提出三点建议。

(一)重构区域价值链,完善区域发展分工

"一带一路"共同体发展背景下的数字创意产业,要打破传统的全球价值链结构,尤其是来自中国等新兴市场的对于区域价值链主导权的需求应该得到满足,"若'一带一路'倡议在经济上可行,中国将从嵌入欧美日主导的全球价值链转换为自我主导的区域价值链"②。中国数字创意产业企业应

---

① 李凤亮、宗祖盼:《经济新常态背景下文化业态创新战略》,《北京大学学报》(哲学社会科学版)2017年第1期。
② 魏龙、王磊:《从嵌入全球价值链到主导区域价值链——"一带一路"的经济可行性分析》,《国际贸易问题》2016年第5期。

该从过往的全球价值链低端锁定的局面和位置，转向以数字化、智能化、网络化技术为竞争优势的区域价值链顶端，抢夺治理权，占据区域价值链的高附加值片段。要以中国为数字创意产业的制造、流通和消费的枢纽中心，加快与共建"一带一路"国家和地区之间的产业分工。

（二）强化区域个体之间的嵌入式重复博弈

中国数字创意产业要勇于"走出去"和"引进来"，充分强化与其他区域个体之间的嵌入式博弈，并且持续稳定地重复下去，逐渐固化文化认同和发展互信，达到使区域个体之间的异质性障碍逐步减少、异质性活力逐步张扬的目的和状态。中国数字创意产业和企业与"一带一路"沿线国家企业之间的每一次互动，都是一笔双边信用记录，长时段的重复博弈就形成了中国数字创意产业与沿线国家和地区之间在文化与经济融合方面的信用档案，也是中国数字创意产业逐步走向世界的轨迹刻画。

（三）加强金融创新支持数字创意产业发展

数字创意产业的高技术性必然引领其高创新性，高创新性则依赖更高的资金投入，而融资难一直是制约其快速发展的重要因素。金融业作为引导资源配置、调节经济运行、服务社会发展的主导行业，应加强各类金融创新支持数字创意产业发展。以亚投行为例，亚投行聚焦整个亚洲的基础设施建设，其运营致力于促进亚洲经济发展、缩小国家间经济发展鸿沟。从亚投行未来三个重点领域来看，可持续基础设施投资、跨境互联互通、动员更多私人资本参与都可以与"一带一路"数字创意产业进行关联和获得金融支持。

总之，以数字创意产业为"伟大工程"的突破口，是推动"一带一路"倡议，将中国文化和中国经济的双重价值融合到区域共同体发展之中，实现区域发展利益共同体和人类命运共同体的可行路径。

跨文化交流视阈中的"一带一路"文化产业合作

习近平主席在 2013 年提出建设"丝绸之路经济带"和"21 世纪海上丝绸之路"的构想。"一带一路"是由我国发起的国家级顶层合作倡议，旨在激活"丝绸之路"这一历史符号，加强与沿线国家政治、经济、文化的交流合作，共同打造人类命运共同体。"丝绸之路"本身就是一个具有悠久历史和深厚文化内涵的空间概念和文化概念，是沿线各国、各地区共同的文化记忆和文化符号。① 可以说，"一带一路"不仅是一条商贸之路，也是一条文化之路。②

跨文化交流是"一带一路"建设过程中的重要环节。"一带一路"横跨亚非欧 60 多个国家，沿线国家均有属于自己的风俗习惯、宗教信仰和文化传统。单从使用语言和宗教信仰来看，"一带一路"沿线国家分布着汉藏语系、印欧语系、马来—波利尼西亚语系等七大语系，以及佛教、儒家、道教、伊斯兰教、基督教、印度教、犹太教等诸多宗教和价值观。可以说，"一带一路"沿线具有丰富多样的文化元素和种类。同时，加强跨文化交流也是"一带一路"建设的目标之一。习近平主席指出："要尊重各种文明，平等相待，互学互鉴，兼收并蓄，推动人类文明实现创造性发展。"③ 促进跨文化交流可以有效带动"一带一路"沿线国家和地区民心相通，增强互

---

① 尹宏：《丝绸之路经济带文化产业发展研究》，《中华文化论坛》2015 年第 8 期。
② 孙颖：《国内"一带一路"相关文化研究综述——基于中国知网的分析》，《兰州大学学报》（社会科学版）2017 年第 6 期。
③ 习近平在第 70 届联合国大会一般性辩论时的讲话。

信,加深了解,夯实"一带一路"互联互通的共识基础。

在跨文化交流视阈下分析"一带一路"文化产业发展具有显著的现实意义。文化产业是"一带一路"的重要产业。2014年,文化部提出了"丝绸之路文化产业带"的战略构想,旨在通过文化经贸加强与周边国家的贸易往来与文化交流,具体表现在加强影视艺术、演艺娱乐、动漫游戏、工艺美术、文化旅游、体育休闲、非物质文化遗产、民族文化与建筑设计等多领域的交流合作。发展"一带一路"文化产业,有助于加强跨文化交流、打通文化壁垒,加速文化贸易往来,达成合作共赢。"一带一路"沿线文化资源的丰富性和特殊性、经济发展水平的不平衡不充分,为其沿线文化产业的发展提出了挑战。结合"一带一路"沿线国家的经济文化特点,分析在跨文化交流视阈下的"一带一路"文化产业的合作和发展是本文的主要命题。

一 跨文化交流的影响因素

跨文化交流是指异质文化间的交流活动,[①] 交流的主体既可以是来自不同文化背景的个体和群体,也可以是具有不同文化的国家。美国学者爱德华·霍尔(Edward Hall)最早提出跨文化交流的相关概念。跨文化研究开始于20世纪50年代,回答跨越文化交流中的问题、形态、特点、技巧,以及提高不同背景个体之间交流的方法是该学科的主要内容。[②] 此外,国内研究着重于跨文化交流在人们政治经济生活中的重要性、网络发展对跨文化传播形态和效果的影响、商业信息的跨文化传播效力、新闻的跨文化传播特点。其中,分析影视、文学等文化作品的跨文化传播是国内跨文化研究的重要组成部分。国外学者更多地关注跨文化传播实践中涉及的问题,比如人们

[①] 陈先元:《跨文化交流的动因、趋向和形态》,《上海交通大学学报》(哲学社会科学版) 2000年第3期。
[②] 徐明华:《我国跨文化传播研究的文献综述——以2000~2011年中国跨文化传播研究为背景》,《新闻爱好者》2012年第17期。

◇跨界融合与文化创新

接触外来文化和消费外来文化产品时的心理变化和接受过程、移民等跨文化背景人群的身份认同、跨文化人际交往中的技巧和方法等。

在全球化日益深入和信息技术快速发展的大背景下，跨文化交流活动已经相当普遍。在个人层面上，跨文化交流可以拓宽个人的眼界，提升个人对不同文化的包容力和理解力，强化个人的文化认同意识。这是因为跨文化交流可以帮助个体更好地意识到不同文化之间的差异，个体以更加客观的态度审视自身的文化属性，并在此基础上更好地理解其他文化属性。可以说，跨文化交流有利于培育相互包容的精神气质。在集体层面，跨文化交流可以增进不同文化间的包容和信任。跨文化交流强调双向的沟通，而不是单向的信息输出。双向的沟通增进不同文化间的相互理解，加强不同背景民众之间的往来，使民众之间能消除偏见和误解，实现求同存异、民心相通。在国家层面，跨文化交流能促进国家间的合作和理解，为达成广泛的共赢互利奠定基础。

（一）文化差异：跨文化交流的动力和影响因素

文化差异是跨文化交流的动力。[①] 陈先元认为可以从物质、制度和精神观念三个层面理解文化。广义的文化指人类社会所有物质财富和精神财富的总合，然而，当人们在研究文化时，多是抽象出人类社会生活的特征并对这些特征进行研究。各民族的发展都离不开基本的生存需要，每个民族都需要穿衣、吃饭、繁衍，这些共同之处是各民族之间跨文化交流的基础。同时，各民族文化的发展存在差异，这些差异是跨文化交流的动因。从文化哲学的角度来讲，文化特征之间的差异反映了文化之间的矛盾，这一内部矛盾的相互作用可以推动跨文化交流活动的发生和扩大。也有学者曾指出文化差异主要包括权利距离、个人与群体的关系、不同性别的角色分工、对未知事物的容忍程度、对长期收益和短期收益的权衡、信息关联的程度六个方面。

---

① 陈先元：《跨文化交流的动因、趋向和形态》，《上海交通大学学报》（哲学社会科学版）2000年第3期。

其中，个人与群体的关系表现在集体主义文化中的个体更注重群体利益，服从权威；而个人主义文化中个人的表现更被看重。

文化差异直接影响跨文化交流的效果。交流活动的主体是信息的发送者和接收者。信息发送者对信息进行编码并传递出去，接收者在理解信息时对发送传递出的信息进行解码。处在不同文化中的个体对同一信息的编码和解码方式可能存在差异。价值观、交流习惯、信仰、沟通方式的不同均会导致跨文化交流中障碍的产生。同时，交流中信息除了语言文字，还包括非语言信息。不同文化体系可能使用不同的语系，对于语言文字的理解会有偏差和缺失。在面对面交流中，动作、眼神等传递出的信息量可能不亚于语言。不同文化背景的人对动作等非语言信息的解读可能完全不同。

（二）文化认同：跨文化交流的重要性和意义

增进对异质文化和自身文化的认同是跨文化交流活动的重要意义。文化差异是跨文化交流的动因，文化交流是民心相通的前提，而民心相通的重要表现之一是对彼此文化的认同。加强对异质文化的认同是增进友谊、建立交往的基础，加强对自我文化的认同是提高文化自信的基础。

2013年9月7日，习近平主席在哈萨克斯坦纳扎尔巴耶夫大学发表演讲，首次提出加强政策沟通、道路联通、贸易畅通、货币流通、民心相通，共同建设"丝绸之路经济带"的倡议。2013年10月3日，习近平在印度尼西亚国会发表演讲首次提出建设"21世纪海上丝绸之路"的倡议。同年12月的中央经济工作会议中将"一带一路"定为专有名词，特指"丝绸之路经济带"和"21世纪海上丝绸之路"。2015年3月28日，中国政府在博鳌亚洲论坛2015年年会期间正式发布《推动共建丝绸之路经济带和21世纪海上丝绸之路的愿景与行动》，提出要以"政策沟通、设施联通、贸易畅通、资金融通、民心相通"（以下简称"五通"）为主要内容，打造"一带一路"沿线国家政治互信、经济融合、文化互容的利益共同体、责任共同体和命运共同体。

习近平主席指出，"民心相通"是"一带一路"建设的重要内容。国家之间的合作和信任,无不以民心相通为前提。"一带一路"倡议对于增进沿线各国人民之间的文明互鉴和人文交流、实现民心相通具有重要意义。2016年,习近平主席在塔什干乌兹别克斯坦最高会议立法院的演讲中指出:"'一带一路'建设倡导不同民族不同文化要'交而通',而不是'交而恶'。"实现民心相通离不开跨文化的交流和对彼此文化的认同。跨文化交流不仅可以增进异质文化间的文化认同,而且可以增进对自身文化的认同。跨文化交流为来自不同文化背景的个体提供了接触和了解其他文化的机会,对其他文化的接触了解有利于个体培育包容的精神气质,同时给个体提供了审视自身文化特性的机会。在差异化文化的冲击下,个体能更加全面地认识和了解自身文化的特性。

(三)文化折扣:跨文化语境中文化产品消费面临的问题

文化折扣是进行跨文化产品贸易和消费时不可忽视的因素。文化折扣是文化产品区别于其他一般产品的特征之一。[①] 文化产品具有文化属性,其内容来源于某种或者多种文化。在传播学上,文化产品的文化属性的表现形式是其传递象征性信息。而象征性信息的传递受到文化折扣的影响。文化折扣这一概念最初被希尔曼·埃格伯特(Seelmann Eggebert)使用,指少数派文化(minor cultures)或语言应得到关注和保护。在跨文化背景下,文化折扣是考虑文化相关的商业产品的经济价值时所必须考虑的因素。

文化差异是文化折扣存在的客观基础,文化产品的国际贸易需要重视文化折扣现象。文化折扣产生的因素包括语言、宗教信仰、文化背景、审美、历史传统等。文化产品的消费中涉及对其所内含的象征性信息的解码。文化背景的不同可能导致解读错误或者关键信息的遗失。一个简单的例子是语言。在文字类文化产品的跨文化贸易和消费中,语言是导致文化折扣的主要因素。不懂英语,很难欣赏原汁原味的英语文学作品。影视作品、艺术表

[①] 闫玉刚:《"文化折扣"与中国对外文化贸易的产品策略》,《现代经济探讨》2008年第2期。

演、文学作品等产品的跨文化传播均涉及文化折扣的问题。如何在跨文化背景中尽量弱化文化折扣的影响,是促进我国文化(产品)"走出去"和加强文化产业交流合作所面临的挑战。

二 "一带一路"沿线文化资源的多样化和文化经济的不均衡

"一带一路"倡议是建立在历史文化概念"丝绸之路"上的面向全球化的战略构架。"丝绸之路"是古代东西方经济、文化、宗教、科技持续而广泛交流的大动脉。"陆地丝绸之路"形成于公元前2世纪,连接中国腹地与欧洲诸国,是东西方之间主要的贸易通道;"海上丝绸之路"形成于秦汉,繁荣于唐宋,是古老的海上通道。"一带一路"是"丝绸之路经济带"和"21世纪海上丝绸之路"的简称。"丝绸之路经济带"畅通中国经中亚、俄罗斯至欧洲,中国经中亚、西亚至波斯湾、地中海,中国至东南亚、南亚、印度洋。"21世纪海上丝绸之路"从中国沿海港口出发,途经中南半岛、马六甲海峡、印度洋、东非和欧洲多个港口,连接起东南亚、南亚、西亚、北非和欧洲。

"一带一路"沿线国家和地区具有丰富且多样的文化背景和资源,多样化的文化为跨文化交流提供了动因,也提出了挑战。"陆上丝绸之路"自东向西经过黄土高原—河西走廊—昆仑山脉—天山山脉—帕米尔高原—图兰低地—伊朗高原—美索不达米亚平原—托洛斯山脉—黑海海峡—巴尔干半岛—多瑙河中下游平原—阿尔卑斯山脉—波河平原—亚平宁半岛。[1]"一带一路"沿线涵盖的主要文化类型包括中国文化、印度文化、伊斯兰文化、阿拉伯文化、古希腊文化和罗马文化。[2]

---

[1] 张国刚:《丝绸之路与中西文化交流》,《西域研究》2010年第1期。
[2] 王心源、刘洁、骆磊等:《"一带一路"沿线文化遗产保护与利用的观察与认知》,《中国科学院院刊》2016年第5期。

◇跨界融合与文化创新

（一）"丝绸之路经济带"国内沿线少数民族聚集

"丝绸之路经济带"国内沿线地区包括西北的新疆、陕西、甘肃、宁夏、青海、内蒙古6省（区），东北的黑龙江、吉林、辽宁3省，西南的广西、云南、西藏、重庆4省（区、市）。这部分地区少数民族集聚，形成了相对独立的区域单位和区域文化，并积累了丰富的民俗、节庆等传统文化资源。西北地区以黄河、黄土高原为依托，特别是黄河孕育了灿烂辉煌的华夏文明。其中，甘肃省内居住着54个少数民族，其中东乡族、裕固族、保安族为甘肃省独有民族。河西自古是羌戎之地，匈奴、氐、羌、鲜卑、吐蕃、回鹘、党项等族先后生息于此。内蒙古以蒙古族和汉族为主，还有朝鲜族、回族、满族、达斡尔族、鄂温克族、鄂伦春族等民族。传统节日有兴畜节、马奶节、篝火节、查干萨日、祭敖包、赛骆驼、蒙古八旗祀祖、祭成吉思汗陵、鄂温克瑟宾节、蒙古族大年等。此外，还有那达慕草原旅游节、喀喇沁王府旅游节、科尔沁艺术节、蒙古草原旅游节等现代节庆活动。

宁夏居住着回族、维吾尔族、东乡族、哈萨克族、撒拉族和保安族等众多少数民族，其中又以回族最多，回族占全区人口1/3，形成了独特的民族文化。青海以藏族人数最多，其次是回族。青海宗教主要有藏传佛教、伊斯兰教和基督教，汉族信仰的还有道教，藏族、蒙古族、土族信仰藏传佛教，回族、撒拉族信仰伊斯兰教。陕西有满族、蒙古族、壮族等42个少数民族。新疆的世居民族有维吾尔族、汉族、哈萨克族、回族、柯尔克孜族、蒙古族、塔吉克族、锡伯族、满族、乌孜别克族、俄罗斯族、达斡尔族、塔塔尔族等13个，并蕴含了吐鲁番文明、楼兰文化、米兰文明、西域伊斯兰文化、古丝绸之路文化、龟兹文化等多种文化形态。

（二）"丝绸之路经济带"国外沿线传统文化资源丰富

"丝绸之路经济带"绵延7000多公里，东牵亚太经济圈，西系欧洲经济圈，主要包括哈萨克斯坦、塔吉克斯坦、乌兹别克斯坦、吉尔吉斯斯坦和土库曼斯坦5个中亚国家，伊朗、约旦、叙利亚、伊拉克、土耳其、沙特阿拉伯等西亚国家，此外还包括高加索的阿塞拜疆、亚美尼亚、格鲁吉亚，东欧的乌克兰、摩尔多瓦和白俄罗斯，以及俄罗斯、阿富汗、巴基斯坦和印度等。

"丝绸之路经济带"国外沿线国家大多为发展中国家，但旅游、工艺品、文化遗产等传统文化资源丰富。据联合国教科文组织（UNESCO）统计，全球超过一半（400余项）的文化遗产分布在"一带一路"沿线，且主要分布在"丝绸之路经济带"上。其中，50%以上的文化遗产属于建筑群类，30%属于遗址类，文化景观和文物类各占10%。"丝绸之路经济带"沿线国家多具有鲜明而强烈的文化特征，拥有自己的语言、文化传统和宗教信仰。以印度为例，印度文化具有浓郁的宗教性，其传统风俗习惯、个人道德观念、国家政治法律等均受到宗教的影响；其建筑风格、文学艺术、舞蹈音乐等也都以宗教为中心。印度拥有卡杰拉霍遗址群、泰姬陵、阿格拉红堡等著名的世界文化遗产。独特的文化背景为"丝绸之路经济带"沿线国家的手工艺品发展和文化旅游业的发展提供了良好条件。

（三）"21世纪海上丝绸之路"沿海地区文化经济发展良好

海上丝绸之路国内沿海地区主要包括上海、福建、广东、浙江、海南五省市，其中福建是"21世纪海上丝绸之路"的"核心区"，重要港口包括上海、天津、广州、烟台、大连、厦门、深圳、海口、三亚等。海上丝绸之路在历史发展中形成了东洋、西洋和南洋三条主要航线：东洋航线是由中国北部沿海港口向东出发面向韩国、日本，西洋航线是由中国东部沿海港口向西出发面向南亚、阿拉伯与东非诸国，南洋航线是由中国南部沿海港口向南出发面向东南亚诸国。[①]

"21世纪海上丝绸之路"沿海地区是我国改革开放的先行区，随着沿海城市开发、港澳台合作建设和经济特区建设，沿海地区经济状况普遍好于内陆地区，具有良好的产业发展基础。上海、福建、广东、浙江、海南东南五

---

① 罗帅：《贵霜帝国的贸易扩张及其三系国际贸易网络》，《北京大学学报》（哲学社会科学版）2016年第1期。

省市的第一产业比重都非常低,其中,上海、广东、浙江三省市的第三产业占比超过了第二产业。由于沿海城市便利的地理位置,其文化多呈现开放、包容的气质,如上海地区独有的江南传统吴越文化与工业文化融合形成的海派文化,广东地区的华侨文化和福建地区的闽西客家文化和泉州伊斯兰文化等。

三 理性认识"一带一路"沿线文化产业发展现状

"一带一路"沿线国家和地区多是发展中国家或新兴经济体,且传统文化资源丰富,具有发展文化产业的内在要求。然而,由于历史、经济、地理位置等原因,其沿线国家文化产业的发展呈现了不同的特点。

(一)"丝绸之路经济带"国内地区:资源型文化产业为主

我国西北地区的文化特色鲜明,文化产业起步较晚,文化市场规模较小、发展较为落后,但文化产业发展动力强。陕西独特的历史文化资源是文化产业发展的优势所在,近年来陕西省积极实施特色文化产业品牌战略和重大文化产业项目带动战略,呈现良好的发展势头。青海有地方特色的民族文化企业较多,昆仑玉、热贡艺术、藏族织毯等民族民间工艺品,不断拉动青海文化产业向前发展。甘肃历史文化资源、文物资源优势明显,特色旅游业成为文化产业支柱产业。宁夏将黄河文化、丝绸之路文化、西夏文化、回族文化、贺兰山与六盘水文化进行深度开发,从单纯地发展文化旅游到展览馆、剧院展演,从动漫电影到歌剧、舞蹈、主题公园等形成齐头并进发展态势。新疆文化资源丰富,展现出独特的西域民俗风情,文化旅游业发展较好。内蒙古依托草原文化资源,发展蒙古族草原特色文化产业。可以说,陕西、青海、甘肃、宁夏、新疆、内蒙古等西北六个省(区)的文化产业发展形态集中在文化旅游业、演艺娱乐、工艺美术产业,并涵盖文化博览、民俗、民族节庆、影视制作等产业。总之,西北地区文化资源主要开发模式是发展资源型文化产业,利用文化资源优势,发展区域特色文化产业。

广西、云南和西藏西南三省（区）的人均GDP远低于全国平均水平，文化消费基础薄弱，但走出了一条区别于东部地区的差异化文化产业发展道路。随着"藏羌彝特色文化产业走廊""滇西北特色文化产业带"以及"昆玉旅游文化产业带"等特色文化产业集群的加快建设，文化产业整体呈现集聚融合和互动发展趋势。云南文化产业与旅游业紧密结合，成为西部民族地区文化产业发展的"领头羊"。广西依托良好的经济社会基础和地缘优势，成为面向东盟的北部湾民族文化强区。西藏厚重的藏族文化底蕴和跌宕壮观的历史脉络，为其文化旅游业发展提供了丰富的文化资源。此外，重庆作为西部唯一的直辖市和长江上游地区经济、政治、文化、教育、科技中心，文化产业正呈现加速发展的态势。东北地区有良好的工业基础和巨大的发展空间，目前主要发展影视娱乐、软件、演出演艺、动漫和文化旅游等产业形态，以民间说唱艺术为主体的文化产品开发与文化服务不仅形成产业发展规模，并且成为东北文化产业发展的区域象征。

（二）"21世纪海上丝绸之路"国内地区：新型文化业态快速发展

"21世纪海上丝绸之路"国内沿海地区经济发展水平处于全国前列，文化消费综合指数位居全国前列，文化市场活跃，具有非常好的文化产业发展基础。在东南沿海地区，以文化创意、数字出版、文化艺术、演艺娱乐、文化会展、动漫游戏、网络文化服务等为代表的新型文化业态和文化内容产业不断发展，特别是数字出版、动漫、网络游戏等在全国有较高份额。2016年，广东文化及相关产业增加值占全国文化产业增加值比重超过1/7，连续15年居全国各省（区、市）首位。其中深圳文化产业增加值达到2243.95亿元，占全市GDP比重超过10%，十余年来保持年均20%的速度增长。全国网络音乐2/3的产值、全国游戏产业7成收入、全国动漫产业1/3的产值、全国数字出版1/5的产值都来自广东。浙江2016年文化产业增加值达到3200亿元，占全省GDP比重为6.8%，2017年文化及相关特色产业增加值增长12%左右，整体发展态势良好，已经成为浙江经济的支柱性产业。

浙江已明确规划，拟在2020年将文化及相关特色产业增加值提升至5000亿元，占GDP比重达到8％以上，发展后劲较大。

（三）"一带一路"国外地区：大多发展传统文化产业

"一带一路"国外沿线地区的文化产业发展呈现差异化和不均衡的特点。大多数国家和地区历史传统文化资源丰富，但文化产业基础薄弱，多侧重于开发传统文化资源，发展文化旅游、手工艺、民俗文化产业，并辅以影视、出版、艺术表演等产业。以印度为例，旅游业是印度政府重点发展的产业，提供了2000多万个就业岗位，其电影业和出版业发展良好，产量高、产业链条完善。同时，欧洲诸国和日本、韩国等亚洲国家的文化产业发展良好，新型文化业态发展迅猛，文化产品在国际市场上极具竞争力。以动画产业为例，日本动画协会发行的《2017年动画产业报告》指出，2016年日本动画工作室总数为622家，相比于2011年的419家，增长了近50％；日本动画产业2016年国内销售额为1.23兆日元，海内外销售总额突破2兆日元；动画消费类型涵盖动画电影、动画配信（アニメ配信）、动画音乐、现场娱乐（ライブエンタテイメント）、电视动画、动画录像带、动画授权等。①

四 多措并举推动"一带一路"文化产业合作与发展

"一带一路"是一条合作之路、发展之路，"一带一路"文化产业发展也将是开放包容、互利共赢的。《文化部"一带一路"文化发展行动计划（2016—2020年）》指出，"一带一路"文化的基本原则是政府主导、开放包容，交融互鉴、创新发展，市场引导、互利共赢。文化部、财政部等单位联合召开了"丝绸之路文化产业合作发展论坛"，深入研讨了如何促进丝绸之路沿线地区文化产业的交流与合作，提升沿线地区文化产业发展的整体实

---

① 罗小艺：《日本动画对我国的启示：基于新背景的分析》，《出版广角》2018年第18期。

力。同时，"一带一路"沿线国家和地区文化的多样性，使跨文化交流成为推动"一带一路"文化产业发展中不可回避的问题。在这一背景下，研究如何使发展文化产业与打造跨文化竞争力紧密相连、相互促进，更具现实意义。

（一）明确文化差异，区分产业发展策略

"一带一路"沿线文化资源分布和经济发展水平不平衡、不充分，这使对"一带一路"沿线的国家和地区进行合理划分并分别制定发展策略很有必要。以国内沿线省市来说，"丝绸之路经济带"西北六省区少数民族集聚，民族文化资源丰富，但产业基础薄弱；东北三省具有良好的产业基础和工业化背景，具有良好的影视娱乐资源；西南三省区文化旅游资源丰富，但经济发展远落后于全国平均水平。相反，"21世纪海上丝绸之路"国内沿海地区经济水平多处于全国前列，民族资源不如西部诸省丰富，然而文化创意、数字出版、动漫游戏、网络文化服务等新兴业态得以快速发展。文化资源禀赋和产业基础水平不同，应采用不同的产业发展策略。

按照文化资源禀赋、产业发展水平、人口社会因素、文化差异距离等因素对"一带一路"沿线广大的地区或者业态进行划分，并针对不同类别的国家或者业态采取不同的产业合作方式。其中，划分的标准不一定局限于地理位置，更应该考虑到文化的差异度等因素，划分类别并分别制定文化产业合作发展策略，能更高效促进"一带一路"沿线文化产业协同发展。例如，针对文化遗址这一特殊的文化资源，可以加强病害与保护的联合研究、建立开发和保护信息共享平台、建立联合开发机制等。针对文化资源禀赋高而产业发展水平低的国家和地区，可以通过构建通畅的贸易渠道、推广文化旅游、加强固定资产投资等方式实现文化产业的共同发展。

（二）降低文化折扣，统筹国内国际市场

统筹国内国际两个市场是实现"一带一路"文化产业合作发展的必然要求，而文化折扣是拓展海外文化市场时必须考虑的因素。"一带一路"沿

线国家的语言、宗教信仰、文化背景、历史传统等存在广泛且深刻的差异性，这些差异均可能导致文化折扣现象的产生。因为文化产品自身的文化属性，文化折扣现象广泛存在于文化产品的贸易和消费中。降低文化折扣是统筹国内国际两个市场的有效手段之一。

在文化产业层面降低文化折扣的方法包括两个方面。一是发展和生产文化折扣相对较低的文化产品。以影视产品为例，动作类影片比情景喜剧具有更低的文化折扣。动作表达具有共通性，可以大大削弱语言、传统、文化差别导致的文化折扣；而情景喜剧需要观众对影片的文化背景、语言习惯等具有初始的理解。合作生产文化折扣相对较低的文化产品是快速打通跨文化市场的方法之一。二是本土文化产品国际化。每一种文化都有其保持恒久生命力和吸引力的元素，抽象出普适的共通的元素并用现代化方法呈现可以有效帮助本土文化产品国际化。例如，和平、奋斗、亲情、爱情等是人类共有的感情和话题，基于这些元素的文化产品能更容易进入跨文化市场。三是发展文化亲缘性市场。在文化产业合作的策略上，可以优先发展与本国文化具有文化亲缘性的市场，通过相互文化产品的消费逐渐加强文化信任和了解，并逐渐扩大到文化差异较大的市场。

（三）加强文化认同，着力开发传统文化资源

依托"一带一路"沿线丰富的文化资源，在提升我国文化跨境竞争力的同时促进各国文化产业协调发展，是积极推进"一带一路"实施和加强"一带一路"建设文化认同的重要举措。对异质文化的认同能保障跨文化交流顺利进行，对自我文化的认同则是文化自信的基础和核心。加强文化认同离不开对传统文化的接触和了解。以文化遗产保护与开发为核心，通过"文化旅游+"联动传统文化业态，通过"互联网+"联动新型文化业态是"一带一路"文化产业可供选择的开发模式之一。

文化遗产是"一带一路"沿线地区最宝贵的文化资源之一，文化遗产资源的独占性、历史性和唯一性决定其成为"一带一路"地区文化产业合作和发展的重点产业形态。以投资"文化遗产保护与开发"为核心，通过

文化旅游带动"一带一路"沿线工艺美术、节庆会展、影视产业发展,同时可借助于互联网加强传统业态的现代表达和新型业态对传统业态的渗透。结合"一带一路"沿线文化资源丰富、民族多样性的特点,可以重点开发民族、民俗文化旅游。在进行旅游开发时可利用信息化、数字化、虚拟化等手段增加文化消费体验,实现传统文化资源的数字再生产和IP开发等。

[原载《西北工业大学学报》(人文社会科学版)2018年第4期]

"一带一路"对文化产业发展的影响及对策

在近年来国家提出并实施的一系列举措中,"一带一路"倡议因其全局性、外向性、持久性而备受国内外瞩目。"一带一路"作为经济贸易与文化发展并存的"双核倡议",为我国文化产业的新一轮发展、国家文化软实力的稳步提升提供了契机。了解"一带一路"倡议的政策导向,分析其对文化产业的影响,在跨界融合的背景下寻找我国文化产业外溢式发展的新路径,应该成为当前我国文化产业发展的一个重要内容。

一 背景:"一带一路"引领新一轮开放合作

2013年9月和10月中国国家主席习近平在出访中亚和东南亚国家期间,先后提出"丝绸之路经济带"和"21世纪海上丝绸之路"的重大倡议,成为国际社会高度关注的热点。"一带一路"倡议由此拉开序幕,成为当今世界多极化、经济全球化、文化多样化时代,在政治、经济、文化等多个层面上具有重大意义的倡议。2015年3月,由国家发展和改革委员会、外交部和商务部联合发布的《推动共建丝绸之路经济带和21世纪海上丝绸之路的愿景与行动》(以下简称《愿景与行动》),进一步明确了推进"一带一路"建设的路径,为"古丝绸之路"开拓了一条更广阔的新路。"一带一路"以"互联互通"为核心,其在引领新一轮开放合作上的意义可以从政治、经济、文化等不同层面去理解。

"一带一路"对文化产业发展的影响及对策

（一）加强政策沟通，打造政治互信

"丝绸之路"古已有之，而进入21世纪以来，在以和平、发展、合作、共赢为主题的新时代，共建"一带一路"是中国政府根据复杂国际形势的深刻变化，以及当下中国发展面临的新形势提出的重大倡议。"一带一路"倡议提出以来，中国已经和"一带一路"沿线国家及地区建立了多层次、多领域、多形式的政策协调与沟通，如上合组织框架、"丝绸之路市长论坛"、"欧亚经济论坛"等对话形式。"一带一路"倡议在政策层面的"互联互通"，将推动沿线国家及地区发展战略的对接与紧密配合，达成政治合作新共识，维护沿线国家的和谐稳定。

"一带一路"沿线具有重要的地理区位优势，共同的利益促使沿线国家和地区产生和平稳定发展的和谐共鸣，促使沿线区域地缘政治条件向好。因此，这将进一步使沿线国家和地区增强相互间的政治互信，确保政治安全，维护沿线区域政治环境的和平、安全和稳定，并推动世界秩序的和平稳定。

（二）深化经济融合，寻求经济增长

2008年国际金融危机后，全球经济整体复苏缓慢乏力。因此，融入经济全球化、加强区域经济合作是推动世界经济发展的重要动力和必然趋势。如美国推动的《跨太平洋伙伴关系协定》（TPP）和俄罗斯主导的"欧亚经济联盟"等。除此之外，亚太地区的自贸区和其他各种形式的区域经济合作组织也都在发展。当前，中国经济和世界经济高度关联，密不可分。"一带一路"东连亚太经济圈，西接欧洲经济圈，具备形成深层次区域经济一体化新格局的现实条件。开展以中巴经济走廊为代表的合作项目，促进投资贸易便利化，以亚洲基础设施投资银行和"丝路基金"等为代表的金融合作不断深入，使"一带一路"沿线国家及地区间的经济联系更加紧密。"一带一路"倡议贸易畅通、资金融通的合作重点顺应了经济全球化新形势，有利于我国和"一带一路"倡议范围内国家及地区扩大和深化经济合作，互利共赢。

◎跨界融合与文化创新

根据当前国内外的经济环境，我国经济已不再处于高速增长状态，而步入中低速增长"新常态"。随着实体经济增速放缓，产能过剩的问题日益凸显。"一带一路"建设将为沿线国家和地区的经济发展创造新空间，促进国内资本对外扩展，同时为各国吸引更多的资本流入，进一步拓宽贸易领域，挖掘新的经济增长点。"一带一路"倡议的实施为我国自身和沿线各国共同寻求新的经济增长点提供了机会，有利于经济的稳增长。

（三）减少文化折扣，促进文化交融

如今，在世界多极化、经济全球化不断向纵深推进的趋势下，维护人类文化的多样性日益受到重视。正如美国传播学学者萨默瓦和波特在《跨文化传播》中所说："人类世界是一个由多元文化组成的社会。各种不同文化模式之间的交流、沟通和互动是人类文化发展的基本动力。"[1] 多元文化之间虽存在差异，却不必然导致激烈的文化冲突。相反，不同文化之间的兼容并包、相互尊重、求同存异，才是人类文化的共同繁荣之道。

"一带一路"倡议为促进文化交融提供了坚实的历史基础和丰富的现实条件。两千多年前的古代丝绸之路为中国文化首次对外开放开辟了道路，曾联结了古老的中华文化、波斯文化、印度文化、阿拉伯文化、古罗马文化及古希腊文化，促进了东西方物质文化和精神文化的交流与发展。在此基础上，"一带一路"倡议继续传承着"古丝绸之路"的友好合作精神。通过与沿线国家和地区建立多层次、多形式的人文交流机制，广泛深入开展国家间的文化交流、学术往来，增强国家间文化机构的密切合作，以促进不同文化间的相互尊重与欣赏。"一带一路"倡议的建设将会谱写沿线国家及地区文化建设合作共赢的新篇章，挖掘彼此更多的文化关联，减少国家及地区间的文化折扣，以文化交融为纽带，促进人类文化共同繁荣。

---

[1] 〔美〕拉里·A. 萨默瓦、理查德·E. 波特：《跨文化传播》（第四版），周琪译，新华出版社，2002。

二 影响："一带一路"助推中华文化"走出去"

"一带一路"倡议在政治、经济、文化等层面引领了新一轮的开放合作，具有深刻的时代背景。其中，发展文化产业是"一带一路"倡议实施的重要切入点之一。明确"一带一路"倡议对我国文化产业发展带来的实质性影响，是"一带一路"文化建设的重要基础。虽然国际文化市场这块蛋糕巨大，但在激烈的竞争之下，我国文化产业的市场份额却很小。"一带一路"倡议不仅可以解决上述问题，还可助力中华文化"走出去"，整合文化产业资源要素，推进文化产业区域协作，充实文化产品内容，其重要性可见一斑。

（一）助力文化产业"走出去"

中国现阶段的文化产业发展虽已初具规模，但与美国、英国、日本、韩国等国家相比，文化影响力尚显不足。文化产业标志性项目、精品工程以及外向型文化产品数量不足，且覆盖面窄，无法进行全面的扩散推广。而"一带一路"倡议的实施为文化产业的"走出去"提供了动力因素。

"一带一路"倡议提出后，辐射范围内省份的相关部门和企业积极进行"一带一路"特色文化产品和项目建设，以文化产品、文化项目带动中国文化"走出去"，推动文化产业的真正落地。例如，在陆上"丝绸之路"——"丝绸之路经济带"的黄金段甘肃，由深圳华强文化科技集团运用高科技技术自主研发、设计、完成的"方特"系列主题公园的嘉峪关站，自2015年投入运营后，便吸引了来自世界各地的众多游客。现嘉峪关市仅有约23万人口，而进园游客数量最多时却能够达到一天约2万人次。此外，嘉峪关"方特"二期丝绸之路文化博览园也在筹建当中。同时，"方特"这一项目已经以授权方式在伊朗落地，并完成了乌克兰等"一带一路"沿线国家的主题公园设计。可见，凭借"一带一路"倡议带来的机遇，深圳华强有望打造成"中国迪士尼"走出国门，占据一方天地。

◇跨界融合与文化创新

除此之外,"一带一路"倡议加强了我国与沿线国家和地区的人文交流及文化合作。中国文化产业海外推广的市场区域主要分为亚洲、欧洲和北美三个地区,其中亚洲市场理所当然应占据主体地位。"一带一路"倡议为中国文化产业海外推广,特别是亚洲推广提供了有力的保障。然而由于文化多样性、差异性产生的文化折扣和中国文化产业竞争力较弱等原因,中国文化产业在欧美地区的推广遇到重重困难。以电影行业为例,2015年在北美电影市场上反响最佳的华语片是《港囧》,票房仅约130万美元,位列北美外语片票房排行榜第18位。[①] 相比而言,文化差异较小的亚洲市场更易作为我国文化产业海外推广的主体区域。"一带一路"倡议贯穿亚欧非大陆,把沿线国家和地区的经济社会联合为一体,有利于更加广泛深入地进行人文交流。依托"互联互通"的合作网络,不仅可以打通文化产业"走出去"的亚洲市场,更有利于文化影响蔓延至欧美,促使东方元素遍地开花。

(二)整合文化产业资源要素

文化产业以内容为王,产业链长且构成比较复杂,各个环节都需要有文化产业资源的支撑才能够环环相扣。文化产业资源是经过产业化整合的文化资源,是文化产品生产的一系列要素,包括资金、设施、技术、人才和文化等资源。

目前,制约我国文化产业发展的另一个因素是文化产业资源支撑不足。我国拥有大量的文化资源、巨大的文化消费市场以及潜在的消费能力,但目前文化产业的资源配置与整合仍存在诸多问题。例如,部分省区的文化投资不足,文化产业基础设施建设较为滞后,文化交流不畅通,以及文化产品科技含量低等。此外,在无形的文化产业资源方面也有所欠缺,如缺乏高端文化产业人才,且对文化资源开发程度不高,难以将文化资源转化为文化资本,等等。

[①] 如今编译《攻占北美市场哪家强?〈港囧〉〈夏洛〉领衔》,《中国电影报》2015年11月28日。

"工欲善其事，必先利其器"，在"一带一路"的架构中，上述问题将得到改善和解决。"一带一路"倡议促使与文化产业相关的多重资源得到科学、全面、高效的配置，进而完善文化产业链，扩大产业规模，为文化产业的发展扫清诸多障碍，带来无限潜能。我国西部地区，尤其是西北五省区的文化产业发展将直接受益于"一带一路"倡议的实施。以新疆地区为例，新疆是"丝绸之路经济带"的核心区，占据着东联西出的重要位置，拥有得天独厚且兼具民族特色和"丝路"特色的文化资源，但本地的文化消费需求有限。因此，新疆文化市场的对外开放是其发展的关键环节。从具体实施来看，"一带一路"倡议在新疆基础设施的"互联互通"方面已推进了一批成熟的重点合作项目。新疆的立体化交通网络日益便捷畅通，并将逐渐与国际接轨，为文化产业的发展与合作、文化的沟通与交流奠定了基础。在"一带一路"建设下，新疆由一个历史上的边缘地区转变为对内与对外双向开放的核心区，其开放程度会对周围地区产生虹吸效应，大量资金、技术、人才等会因其优势政策的实施而得以进入。与此同时，多元投融资平台也将直接或间接地为新疆文化产业和文化市场提供金融支持。

（三）推进文化产业区域协作

习近平主席在联合国教科文组织总部演讲时，曾引用"物之不齐，物之情也"来佐证文化的多样性。当今世界，在经济全球化和网络信息化趋势的相互作用下，全球文化呈现多元化特征。受时代的大背景影响，中华文化虽具有一脉相承的整体性，却也呈现"和而不同"的区域多样性。各区域文化资源的优势和特色各有千秋，而反观各地的文化发展却隐忧凸显：区域间定位雷同、各自为战，竞争大于合作是常态，这也使文化产品和项目千篇一律的现象时有发生。而重复建设及盲目发展文化产业所导致的文化项目过于同质化也会令区域文化产业的自有特色和生命力成为空谈。

在社会日趋开放、市场竞争日益激烈的环境下，区域文化旅游正成为旅游业日后发展的必然趋势。尤其是近几年来，"京津冀""粤港澳""江浙沪"等地区已成为区域文化旅游的典范。以"江浙沪"地区为例，江苏、浙江、上海的方言、文化、风俗相近，使两省一市的旅行社"互发团"成为普遍现象。为消除旅游壁垒，建成无障碍的跨省市文化旅游区，两省一市在加强区域旅游协作、旅游资源的开发和保护、旅游信息的交流、旅游设施的便利等方面达成多项共识，各地串联城市旅行线路多且设计便捷合理，其畅通无阻的一体化旅游服务成功吸引了四方游客。这种跨区域旅游合作的方式成为国内区域文化旅游的典范，对文化产业的区域协作起到了先行和示范作用。

文化资源的分布和文化产业的开发虽然是跨区域的，但是"一带一路"倡议从某种程度上来说，就是为了促进区域经济的合作和发展，这在文化产业方面表现得更为明显。根据对沿海相关区域地理环境的整体性和差异性进行初步的区域定位和布局，"一带一路"倡议能够使文化产业加速冲破区域划分和空间割据的限制，打破不同区域间的文化壁垒。"互联互通"的合作，有利于发挥各区域之间的联动性，深度挖掘并合理利用各自的特色文化资源，互通有无、分工合作，实现优势互补，谋求共同发展。"一带一路"今已开局，文化市场的全方位开放、文化产业的进一步跨区域共同协作将成为必然，这也令"丝绸之路文化产业带""海上丝绸之路文化产业带"的新趋势成为可能。

（四）充实文化产品的内容

"丝绸之路"这一概念最早来自德国地理学家费迪南·李希霍芬于1877年出版的《中国——亲身旅行和据此所研究的成果》一书，用来指中国和中亚南部、西部以及印度之间的贸易通道。[①] 贸易之中必然含有广泛的文化交流，古老的"丝绸之路"同样是一段漫长的文化取经之路。无论是汉唐的陆上"丝绸之路"，还是元明的海上"丝绸之路"，都蕴含着人类宝贵的文化遗产，而这些文化资源却并没有得到有效的保护、开发和运用。目前我国文化产业发展有了长足的进步，但文化产品空心化、去文化化现象也颇为

---

① 尹宏：《丝绸之路经济带文化产业发展研究》，《中华文化论坛》2015年第8期。

"一带一路"对文化产业发展的影响及对策

严重。文化产业满足人们的精神需求,人们需要文化来启迪心智、传承知识,也需要文化来愉悦身心、陶冶情操。因此,离开了文化自觉的文化产业是无法想象的。文化产业发展需要相关从业者达成共识,不能偏离轨道,只见产业而不见文化。

如今"一带一路"倡议的落实使"古丝绸之路"的文化内涵得以延续。"一带一路"区域范围大、跨度广,辐射区内有基于不同民族、不同地域、不同文化特性的传统文化、宗教信仰、民俗文化和丰富的非物质文化遗产等特色文化资源。古董文物之所以昂贵,是因为"文"赋予"物"以价值,真正有价值的、昂贵的恰恰是无形的文化。《愿景与行动》中明确提出,"支持沿线国家地方、民间挖掘'一带一路'历史文化遗产,联合举办专项投资、贸易、文化交流活动"。[①] 这些优良的特色文化是"一带一路"倡议中不可或缺的资源,是发展文化产业取之不尽、用之不竭的源泉,其独特的优势能够充实和丰富现代文化产品的内容。

文化资源是文化产业的基础,如何利用这些优秀的特色文化资源来丰富文化产品的内容是发展文化产业的重中之重。"一带一路"沿线以地方特色文化资源为基础的各种文艺形式可以推陈出新,深入"一带一路"的联通地区演出。如在2016年的新春之际,老挝中国文化中心在老挝首都万象主办了"欢乐春节"的庙会活动,庙会上中国传统舞狮、文艺演出、中国美食以及中国剪纸技艺、春联等中国春节元素深受老挝民众的喜爱,让老挝民众体会到了中国传统文化的魅力,加深了中老两国的文化交流。[②] 此外,民间素材的有效挖掘又可以成为影视、演艺、文学、动漫等方面很好的内容素材。如2016年央视春晚便有各地的民俗文化符号涌入,歌手谭维维和华阴老腔艺人一首《华阴老腔一声喊》吼出了非物质文化遗产的蓬勃生机,震撼全场。

---

① 参见国家发改委、外交部、商务部联合发布《推动共建丝绸之路经济带和21世纪海上丝绸之路的愿景与行动》,2015年3月28日。
② 参见外交部发布《"欢乐春节"庙会活动在老挝首都万象举行》,驻老挝使馆供稿,2016年2月1日。

三　对策：多元跨界融合，提升文化产业发展能级

"一带一路"倡议给文化产业发展带来了光明的前景和广阔的发展空间，产生的积极影响是多方面的。因此，把握机遇，率先在"一带一路"文化产业建设中取得突破，需要进一步明确对策，找准路径。依笔者看，"一带一路"倡议背景下的文化产业发展至少应把握以下几个方向。

（一）坚持文化引入，突出交流先行

两千多年前中国汉代张骞出使西域，开辟了横贯东西、连接欧亚的古"丝绸之路"，其目的是联合西域国家共同夹击匈奴。与此同时，以政治、军事目的带动经济、商品的交流，中国的瓷器、茶叶、丝绸等资源输送至中亚和西方，进一步形成了以贸易货物为载体带动文化交流的格局。以"经济搭台"，为"文化唱戏"，以商品贸易为文化的载体，使东西方文化得以交融，体现了友好与合作。

与古代"丝绸之路"相比，21世纪的"一带一路"倡议，却应反其道而行之，以文化先行，打通贸易壁垒，为经济"搭台"。以美国的文化发展为例，2013年美国总统奥巴马曾在著名动画公司梦工厂发表演讲，表示"好莱坞是美国经济的引擎""好莱坞在帮助塑造世界文化"。的确，美国好莱坞作为世界闻名的电影中心，可谓美国文化的一张金名片。好莱坞电影不遗余力地为世界推行美国的核心价值观，如以《阿凡达》《拯救大兵瑞恩》等为代表的高票房、高口碑电影，都在为全球观众输送人道主义、理想主义和深度人文关怀的"美国精神"。

正如《红高粱》《黄土地》《卧虎藏龙》等影片的辉煌已成为过往一样，功夫片、武侠片也无法代表中国文化的全部。文化产业需顺应"一带一路"倡议所带来的开放态势，让世界全面客观地了解当下的中国。通过优秀文化产品的"走出去"，消除文化隔阂，加强与周边国家的文化交流和贸易往来。以文化先行减少文化差异带来的折扣，传递和交流先进的文化价

值理念，获得他国情感上的认同。通过文化交流打造属于我们中国的新名片，提升文化软实力，让东方元素、中国元素遍地开花。

（二）打造文化载体，发展文化旅游

发展旅游业是促进文化交流的重要方式，有很多文化产品的消费实际上是以旅游为载体带动的。"文化旅游产业"概念提出已久，"以文化为内容""以旅游为依托"的文化旅游产业[①]，因其综合性、开放性以及产业链长的特点，需要产业链各个环节的提升和质量保障。"一带一路"倡议在平台上为文化产业的发展提供了软硬件支撑，其所倡导的以对外开放、"互联互通"为核心的理念对文化旅游产业的促进作用毋庸置疑。要做到准确把握国家推动"一带一路"倡议的历史性机遇，发展文化旅游可从以下两方面展开。

第一，在"一带一路"倡议所倡导的各区域"互联互通"的背景下，发展文化旅游应提倡"双向旅游"。近年来，伴随着我国国民收入的稳步增长，出境旅游人数不断上升。根据国家统计局公布的数据，2014年我国出境旅游人数约为1.07亿人。[②] 习近平主席在俄罗斯中国旅游年开幕式上的致辞也指出："旅游是人民生活水平提高的一个重要标志，出国旅游更为广大民众所向往。"从国家战略层面来看，"一带一路"必将为入境旅游的发展带来新的契机。因此，在国民日益具备跨境旅游能力的当下，我们更要提倡"双向旅游"，除了"走出去"，也要"引进来"，要更多地吸引海外游客入境旅游。需积极利用现有的"旅游部长会议""境外旅游交易会"等多边机制加强旅游市场的宣传，积极与境外客商尤其是"一带一路"沿线国家和地区的客商进行交流。同时，在此过程中，我们还要提升自身的旅游产品品质，深度开发旅游资源，规范旅游市场的秩序。

第二，在"一带一路"倡议的助推之下，应多加开辟新的旅游项目。

---

① 邵金萍：《再论文化旅游产业的特征、作用及发展对策》，《福建论坛》（人文社会科学版）2011年第8期。

② 参见国家统计局发布《旅游业发展情况（2014）》。

◇跨界融合与文化创新

我国汇集了得天独厚的文化旅游资源，有数不尽的自然风光、名山大川、历史遗迹可供游览。《愿景与行动》中圈定的重点涉及 18 个省份，包括新疆、重庆、陕西、甘肃、宁夏、青海、内蒙古、黑龙江、吉林、辽宁、广西、云南、西藏、上海、福建、广东、浙江、海南等，均是拥有特色旅游资源的著名旅游省份。"一带一路"虽是世界精华旅游资源的汇集之路，沿线省市及地区现有的却大多是资源依托型的旅游项目。大型文化旅游项目的引爆，会引发、带动整个旅游产业链的发展。目前我国的旅游城市的确需要打造 5A 级景区，但是更加需要可以吸引当下境内外年轻旅游群体的引爆型的旅游产品出现。

国家旅游局将 2015 年定为"丝绸之路旅游年"，相关各省市及地区都积极开展了特色旅游项目建设。例如，内蒙古包头市的达尔罕茂明安联合旗（以下简称"达茂旗"）在"一带一路"倡议提出后，原本季节性开放的满都拉口岸于 2015 年底转为常年开放。并且，除了继续开展原有的传统旅游项目外，还重新规划、开展了多项富有民族特色的文化活动、节事活动和特色旅游项目，如境外自驾游及沙漠越野赛等。此类创新性、引爆型特色旅游产品的开发，使达茂旗由一个小小的旗县变为风生水起、吸引国际目光的旅游胜地。

因此，"一带一路"沿线省市及各区域应充分挖掘当地的特色旅游资源，多开辟新型旅游项目，并注入科技和创意元素，打造具有"丝绸之路"特色的国际精品旅游线路和旅游产品，以旅游项目为载体，传播中国文化。

（三）深入跨区域融合，开拓发展空间

我国各省份文化发展的不平衡现象早已凸显，因此，国家相关部门在顶层设计和文化产业相关制度建设上的规划就显得尤为重要。断裂是"一带一路"倡议实施的最大痛点。[1]"一带一路"倡议致力于推进区域合作、平

---

[1] 赵磊：《"一带一路"如何避免"雷声大"，"雨点小"？》，思客网，2015 年 12 月 14 日，http://sike.news.cn/statics/sike/posts/2015/12/219487545.html，2015 年 12 月 14 日。

衡发展，在全球化背景下，"共赢"已成为不同利益主体的共同价值原则。因此，"一带一路"倡议辐射范围内各省份应以《愿景与行动》的明确定位为基础，突出特色，摒弃陈旧过时的自我设限观念，形成文化产业"多元一体"的格局，加强周边地区的联合协调和国际合作，追求合作共赢。

"一带一路"联通地区应进行地方联合。各地应注重政策和文化产业发展的统筹协调，明确各自文化产业的定位和功能布局，避免彼此间的同质化竞争。地方之间也要形成真正的联动，抛弃旧有的保守观念，积极主动地参与其他地方的文化产业交流和项目建设。通力合作，优势互补，才能谋求文化产业的共同发展。

正如法国香波堡的主任让·德奥松维尔所讲，"今天的中国需要在除了贸易全球化之外的其他方面与世界沟通"。[1]"一带一路"联通地区还应进行跨境交流。我国的海域非常广阔，但国民的海洋意识却稍为薄弱。各沿海省市对于海洋文化资源的管理非常分散，难以形成有效的整合，造成海洋文化资源的分割和断裂，不利于海上丝绸之路沿线地区文化产业的可持续发展。推动跨境交流，建立有效的合作机制，减少和化解分歧，共同挖掘和保护文化资源，以节约合作的资金成本和时间成本，是推动"一带一路"沿线地区文化发展的有力保障。如2015年在浙江舟山朱家尖岛举行的"国际海岛旅游大会"。该大会举办了世界海岛旅游论坛、世界海岛旅游产品专卖会等主体活动和中国舟山国际沙雕节、舟山群岛海鲜美食节等配套活动，吸引了包括美国、俄罗斯、澳大利亚、马尔代夫、新西兰等在内的多个海岛旅游国家、城市和旅行社前来参与洽谈，有力地推动了跨区域文化旅游合作。

（四）加强跨文化交融，扩展文化内涵

跨文化交融是文化产业跨界化发展的一个突出表现，"一带一路"倡议

---

[1] 参见国家旅游局发布2015年旅游外交参考第17期：《香波堡——颐和园牵手世遗保护》，2015年12月3日，原文参见法国Slate网站，Richard Arzt, "Comment Un Chateau Franais Et Un Palais Chinois Ont Tourné Une Page De La Relation Franco-Chinoise," 2015年10月30日。

◎跨界融合与文化创新

全方位、立体化的联通必将使跨文化的交融变得更加频繁和深入，在不同文化的碰撞和交流中，扩展和丰富文化产品的文化内涵，为文化产业发展增添生命力。

加强跨文化交融，要突破区域内部的纵向传递界限，进行跨空间的文化要素混合与交融。"一带一路"是国内和国际大量优秀文化集中对话和交会之路，在此基础上，发展文化产业应立足本土文化，充分展示我们的价值观念，塑造文化身份，在世界范围内形成广泛普遍的文化认同。同时，要结合实际，吸收不同民族、国家和地区的优秀文化，不断进行创新与整合，并采取利用跨国资本、跨国版权运营等途径更加有效地将文化资源转化为文化资本。美国《功夫熊猫》系列电影的成功便是这方面的案例。"功夫"和"熊猫"都是中国文化的象征要素，却被运用在美国制作的电影中表现美国的价值观，并且在影片的宣传推广中甚至将中国作为影片的主打市场，最终获得了好口碑和高票房。因此，文化资本并无国界，擅用拥有"共同喜好度"的跨空间文化资源，做"都可接受的"创意开发，将是未来中国文化产业发展的方向。单一的文化很难获取认同，只有尊重文化的多样性，吸收各个国家、地区、民族优秀文化的精髓，才能使文化产业的发展更具世界性，实现中华文化的跨文化传播。

加强跨文化交融，还应实现跨时间的文化要素重组与文化资源挖掘，促进传统文化的再生。随着经济的发展和生活方式的转变，人们的消费需求也不断发生变化。"一带一路"是古代"丝绸之路"的传承和延续，同样为传统文化和现代文化搭建了一个跨越时间的传播平台。传统文化资源无疑是人类的文化瑰宝，但原有的文化形式却不再受到大众的青睐。促进传统文化的再生，需要按照现代消费需求对其进行创新调整和改进，古为今用，推陈出新，寻求文化资源与现代文化发展的对接。只有系统挖掘、整合历史文化资源，不断为文化产品的整体创新提供充足的储备，进行创意开发，才能促进新型特色文化项目的建设。

实际上，合理的开发和运用就是对传统文化资源最好的保护，文化瑰宝不应该只保留在博物馆里。例如，在盛行快餐文化、传统文化艺术传承处于颓势的今天，明代汤显祖的中国四大古典戏剧之一《牡丹亭》和作为"百戏之祖"的昆曲，也曾同很多传统文化一样，不可避免地走向没落。然而，由白先勇先生领衔众文化精英共同打造的青春版昆曲《牡丹亭》在国内和海外巡演时却得到了高度评价，观演者场场爆满。《牡丹亭》本身的文学价值固然重要，但青春版的成功之处却不止于此。其创作牢牢立足于本土，并坚持继承传统与适当吸纳现代元素并存。探索培育年轻演员，培植年轻观众，并通过符合现代审美标准的舞台效果，给观众带来了不同寻常的视觉体验，唤起了社会特别是社会中的年轻人热爱昆曲和传统文化的风尚。作为文化跨时间融合的典范，青春版《牡丹亭》将中国昆曲"原汁原味"的本色魅力展现给了世界人民，在为昆曲留下独特而经典的文化遗产的同时更促进了文化的融合。

"一带一路"倡议的提出和政策的落实为文化产业的发展提供了更多元、更便捷的机会，并将完善文化产业的合作机制，提升文化产品的文化内涵。而在这一重大机遇下，如何抓住时机进一步推动文化产业的快速发展是我们亟须思考和解决的问题。因此，采取具有针对性的对策，深入开展文化交流，发挥文化产业在促进民心相通方面的关键作用，是"一带一路"和文化产业共同的发展之道。

[原载《同济大学学报》（社会科学版）2016年第5期，
《新华文摘》数字平台全文转载]

第五辑　创意之都与未来城市

新业态视阈下的广东文化产业竞争力研究

从个人电脑到互联网，再到云计算、物联网和大数据，电子信息产业发展的每一个阶段，都能催生一批新业态和新模式。新业态不断涌现是信息时代产业蜕变升级的重要标志。文化产业是受益于信息技术革命的产业之一，大量新技术应用促使文化产品不断更新、文化业态不断创新。长期以来，广东文化产业在总量上居于全国领先地位，但由于文化新业态的蓬勃发展，文化资源正在被重新定义和分配，文化产业竞争格局悄然发生变化，一些地区的文化产业呈现"弯道超车"之势。文化产业能够持续发展与突破，是广东产业转型升级、应对全球竞争的关键所在，也是提升广东文化软实力和凝聚力的重要基石。在新业态视阈下研究广东文化产业的竞争力，一方面可通过总结广东现有的竞争优势，进一步强化核心竞争力；另一方面可通过与国内外地区的比较，发现不足之处，并借鉴相关经验补足短板，提升整体竞争力。

一 新时期文化产业竞争力的内涵转变

（一）文化产业竞争力的传统认知

产业竞争力优势理论最早由美国经济学家波特（Michael E. Porter）提出。在他的"钻石"模型中，生产要素、需求条件、相关产业和支持产业的表现以及企业的战略、结构、竞争对手的表现构成四种作用力，并结合政府行为和机会，共同形成一个产业的竞争力优势。祁述裕将"钻石"理论

◇跨界融合与文化创新

应用到文化产业，提出了评价文化产业竞争力的理论模型——围绕企业战略，生产要素、消费需求、政府调控、产业集群四个要素共同组成文化产业"钻石体系"。祁述裕认为，从市场占有率角度来看，文化产业竞争力表现为一国文化企业在国际市场上有较大的市场份额；从投入产出的角度来看，文化产业竞争力表现为合理配置要素资源，利用最小投入获得最大收益的能力；从创新能力角度来看，文化产业竞争力表现为与其他产业协调发展，能激发新产品新业态，并有效促进产业融合升级；从文化产业所具有的精神属性来看，文化产业竞争力表现为为公众提供越来越丰富的文化产品，满足公众的精神生活需要。[1]

花建则将竞争力分为宏观、微观、中观三个层次：微观竞争力以企业为主体，体现出企业的投入产出能力；宏观竞争力以国家或地区为主体，体现一个国家或地区的"硬权力"与"软权力"的综合；中观竞争力则以产业为主体，体现产业的要素资源配置能力。据此花建提出文化产业竞争力核心应体现在四个方面，即整体创新能力、市场拓展能力、成本控制能力和可持续发展能力。文化产业围绕这四个核心，在产业实力、产业效益、产业关联、产业资源、产业能力、产业结构、产业环境等内容上构建竞争力体系。[2] 从传统认知中可见，从企业和产业的角度、宏观和微观的角度，因分析重心不同会得出不同的结论。但不难看出，创新与市场是被普遍认同的两个核心竞争力，围绕这两个核心构建完整的产业体系是传统文化产业竞争力理论的基本框架。

（二）新业态视域下的嬗变

当前，以数字信息化为核心的第三次工业革命正席卷全球，[3] 信息技术广泛应用于各行业并逐步深度融合，由此诞生的新业态成为推动产业升级的

---

[1] 祁述裕：《中国文化产业国际竞争力报告》，社会科学文献出版社，2004，第18页。
[2] 花建：《文化产业竞争力的内涵、结构和战略重点》，《北京大学学报》（哲学社会科学版）2005年第2期。
[3] P. A. Markillie, "Third Industrial Revolution: Special Report Manufacturing and Innovation," *Economist Newspaper*, 2012, pp. 1 – 2.

主要力量。新业态极大地促进了文化产业的繁荣，无论是从传播手段到盈利方式，还是从文化载体到文化内容，文化产业都已超越了传统模式，呈现新的时代特征。在新业态视阈下，一个地区的文化产业竞争力体现在以下几个方面。

1. 产业的融合能力

文化产业新业态的"新"，主要体现在三个方面。一是传播手段的网络化。以信息技术为依托的互联网产业从根本上改变了传统文化产品销售和服务方式，并诞生了一大批诸如在线视频、数字音乐、网上博物馆等新兴文化业态。二是文化载体的集成化。传统文化产业中不同的文化产品对应着不同文化载体，比如电视剧一般只在电视上播放，新闻多见于报刊等，但是随着可移动终端和新型智能设备的出现，多元文化产品可以集中于单一载体平台销售或传播，文化产品的融合性大幅增强。三是内容的衍生性。由于文化创意的传播能力和跨平台应用能力增强，原生性的创意显得尤为重要，围绕原创内容衍生出IP（Intellectual Property）生态圈是文化产业发展的新趋势。文化产业新业态的这三个特征，决定了新时期文化产业发展必定是融合式的、跨界式的，而非孤立的、单一的。因此一个地区产业的融合能力，尤其是文化与科技的融合能力是新业态繁盛背景下的文化产业核心竞争力。

2. 产品的创新能力

文化产品的创新包含两重含义，一是文化艺术本身的新创作过程，二是文化产品与新技术结合过程。在传统文化产业中前者重要性居首，而在新业态视阈下，后者逐渐显现出同等甚至更关键的作用，企业不仅要关注文化艺术的创新，还要关注如何通过创意和技术手段将文化创新赋予相关商品。互联网时代文化产品的低廉复制成本使文化产品本身的精神价值贬值加速，在现代文化产业领域，没有创新精神或创新能力的企业会被迅速淘汰。例如，饭否网、校内网曾经是社交类互联网企业的佼佼者，具有技术和经验优势，但缺乏产品创新精神令其地位很快被新浪微博、腾讯微信等替代。不断保持产品创意创新是提升产品价值、保持竞争地位的必然选择。

3. 资源的整合能力

从文化的精神价值与审美价值，到文化的商业价值，文化资源的概念在新业态中被颠覆——不仅是有深刻内涵或美学思维的内容有商业价值，也不仅是职业的文人、艺术家才能创造文化资源，世俗化与个性化的需求同样能为文化产业创造更多的取材之处。加之互联网时代文化资源的跨空间配置更加便捷化，利用从业者的智慧和科技手段对文化资源进行挖掘与扩展是丰富文化资源的新途径。新业态视阈下文化产业的资源是文化资源、经济资源、技术资源三者在现代思维下的有机结合。文化资源是无穷的宝藏，具有内涵的推动力；技术资源是挖宝的利器，具有多重的开发力。政府和企业通过一定的规划引导，深度整合三种资源，实现文化资源的跨空间、跨时间、跨领域、跨文化的配置，是一种竞争力的体现。

4. 市场的拓展能力

新业态下社会生产生活已由"生产力经济"逐步转向"注意力经济"，美国社会科学家西蒙（Herbert A. Simon）曾说："在这样一个信息极其丰富的世界，信息的充裕意味着其他某些事物的匮乏：被信息消耗掉的任何事物都处于稀缺之中。信息消耗掉哪些事物是相当明显的：它耗尽了信息接收者的注意力，因此信息的充裕造成了注意力的缺乏。"[1] 文化产业的市场价值除了文化商品的价值外，还包含注意力的价值，而且文化产品并非传统意义上的生活必需品，大多数文化产品之间具有替代性，因此对文化需求的精准定制和文化市场的精细划分变得必不可少，例如现代传媒企业用大数据对新闻和广告受众分类就是抓取注意力资源、细分需求和拓展市场的典型例子。传统的集中批量生产方式将逐步被个性化和差异化的市场需求割裂，企业通过转换价值衡量标准、推广策略、运营手段等方式，充分利用注意力的"长尾"优势，拓展消费人群，挖掘稀有需求甚至创造新型消费空间，保持市场竞争力。

---

[1] H. A. Simon, *Designing Organizations for an Information-Rich World*, (Johns Hopkins Press, 1971), pp. 37 - 72.

二 广东文化产业现状及竞争力优势

广东自 2003 年确定建设"文化大省"战略以来，文化产业迅速发展壮大。2015 年，广东文化产业及相关产业增加值达到 3648.8 亿元，同比增长 2.7%，占地区生产总值的比重为 5.01%，[①] 位列全国第一。广东具有良好的文化产业基础，其竞争力优势体现在以下四个方面。

（一）科技与文化产业融合能力强

正如上文所述，文化产业新业态中科技的作用不容忽视。无论是文化企业利用科技手段开发产品，还是科技企业借用文化创意提升产品，均体现了科技与文化融合的作用。广东在科技与文化融合层面有大量实践经验，已经涌现了一批以高新技术为支撑、以数字内容为主体、以自主知识产权为核心的文化科技型企业。如深圳华侨城文化旅游科技股份有限公司，利用科技创新驱动实施"文化+智慧+旅游"战略，开发运用智慧旅游终端提供票务、导游、管理支持等便捷服务，构建集合游戏、社交及电子商务功能的"中国智慧旅游在线"综合服务平台，目前拥有 100 余项自主知识产权，年产值近 10 亿元，成为文化产业新业态的成功典范。

科技创新是文化产业推陈出新的主要动力，广东各地通过推动文化内容创作、生产、传播和消费等领域具有自主知识产权的核心技术研发，有力推动了文化与科技融合，促进了文化新业态的迅速崛起。2015 年下半年以来，在移动互联网技术革新的背景下，广东互联网相关企业以每月 1 万家的速度增长，目前已突破 70 万家。一批文化大数据、云服务平台建设运行，文化科技前沿领域的物联网、可穿戴智能设备、虚拟现实和增强现实、人工智能等技术也崭露头角，部分技术已经进入实用化阶段。

[①] 根据广东省统计局相关统计整理获得，参见 http://www.gdstats.gov.cn/。本节中其他数据如不做特殊说明，均来源于此。

（二）企业多元化与产品多样化

虽然广东互联网信息服务、印刷、珠宝首饰制造、工艺美术品制造、玩具制造等行业在全国都举足轻重，但广东文化产业发展并未局限于这些优势行业，而是呈现"百花齐放"的多元化局面。从产出角度看，2015年广东文化及相关产业增加值超过百亿元的行业有11个，比上年新增加专业化设计服务、影视录放设备制造2个行业；2016年1~8月广东新设立网络文化经营单位近900家，是2015年的2倍，而同期审批的营业性涉外演出也达506个，较上年同期增长33.8%。文化企业多元化为文化产品创新、扩大科技融合范围预留了产业空间。

与企业多元化相对应的是文化产品的多样化，由于受国家政策的鼓励，2015年广东以网络文化为主的文化产品和服务呈现井喷态势，以"互联网+"为主要形式的文化信息传输服务业总产值达到324.2亿元，比上年增加40.7亿元，位列全省各行业第一。2016年全省动漫总产值近300亿元，约占全国的1/3，形成集研发、生产、销售"一条龙"服务的产业群，涌现《熊出没》《猪猪侠》《巴啦啦小魔仙》等知名作品和品牌；网络音乐产值约占全国2/3；游戏产业产值超过千亿元，占全国总产值的70%和全球产值的20%，在端游、页游、手游、游戏游艺等方面处于国内领先地位。[①]

（三）产业规划有效推进资源整合

近年来，广东文化产业展现出较强的资源开发与整合能力，具体表现为两个方面。一方面是政府对文化产业整体规划能力强。广东省政府大力推动以"珠江两岸文化创意产业圈"为核心的文化创意产业园区与基地建设，初步形成了以广州和深圳为中心、以珠三角地区为主体、以粤东西北特色地市为补充的产业布局。[②] 从产业类型的角度看，珠三角地区以创意设计、动

[①] 参见《广东省文化厅多措并举促进文化消费结构转型升级》，http://www.mcprc.gov.cn/whzx/qgwhxxlb/guangdong/201609/t20160921_463520.html。

[②] 李惠武、叶彤、李哲等：《发展壮大文化创意产业政策研究》，《广东经济》2015年第2期。

漫游戏、数字音乐、工艺美术、艺术品等产业为主，现代产业特征突出，体现文化与创意、设计、科技融合发展，如华强集团、雅昌文化、佛山创意产业园等；粤东西北地区则更多以文化旅游和工艺品产业为主，如广东禅文化创意产业园区、麓湖山文化产业园、广东长城集团等。一些行业在部分地区形成了产业集群，如新闻出版、影视等产业主要集中在广州和深圳；印刷复制业集群主要集中在广州、深圳、东莞；广告业集群形成的重点地区是广州和深圳；动漫产业集群也是围绕广州和深圳。①

另一方面是企业对文化资源和自然资源的利用效率高。一类是将广东历史文化融入现代产业，就地取材形成新的经济活力。如深圳灵狮、羊城创意产业园、东莞南城艺展中心等均是利用旧厂房改造，通过注入现代元素实现转型升级，建成独具特色的知名文化产业园区；又如佛山岭南天地则通过保护佛山祖庙东华里片区，活化了具有典型岭南民居风格的珍贵历史建筑群，让历史与现代元素融会贯通，创造了新的产业价值。另一类则是将文化创意融入自然资源，形成开发自然、提升产业链价值的新模式。如依托叶帅故居和阴那山的梅州雁洋生态旅游产业园，结合文化资源和自然风景构建一条"观光+休闲+创意农业"产业链；又如佛山南风古灶陶瓷文化创意旅游产业园、肇庆端砚文化创意旅游产业园、广宁县竹文化创意旅游产业园等，均是结合当地特色文化，形成"文化+旅游"的产业模式。

（四）充足的本地需求与开阔的海外市场

广东通过加强文化基础设施建设，加大惠民力度，提高文化消费覆盖人群；通过发挥珠三角中心城市文化产业集群效应，引领文化新消费扩张。目前广东有广州和深圳两个文化部批复的第一批国家文化消费试点城市。以广州为例，2014年广州城市居民家庭人均文化教育娱乐消费支出为2987元，位于内地各大城市首位，为全国平均水平的2.75倍。从城镇居民人均文化

---

① 马春、陈振旺、张坚胜：《广东文化创意产业集群发展现状与策略》，《开放导报》2008年第6期。

消费支出占其消费总支出的比例来看，广州居首，占 8.95%，其次为北京（7.81%）、上海（6.71%）、重庆（4.88%）和天津（4.74%）。此外，广州农村居民人均文化娱乐消费支出同样居于全国首位，接近全国平均水平的 7 倍，是北京的 3 倍，天津和上海的 4 倍多，重庆市的 8 倍多。[1]

广东不仅本地文化消费旺盛，也有较开阔的海外市场。2015 年，广东文化产品出口 476.8 亿美元，实现贸易顺差 448.7 亿美元，[2] 出口额位居全国第一。近年来，广东逐步形成完备的文化贸易体系，文化贸易涵盖了文化产品和服务的各个领域，且覆盖近 150 个国家和地区。在"互联网 +"背景下，广东除传统的文化制造业出口外，以网络游戏、动漫等为代表的新业态产品和服务成为出口市场的一大亮点，全省网络游戏海外营业额超过 100 亿元。一些知名网络游戏企业通过成立海外运营部门拓展市场，诸如广州网易、深圳中青宝和第七大道、珠海金山等企业相继实现了网络游戏产品"走出去"；深圳华强文化科技集团公司的动漫产品累计出口超过 7 万分钟，输出到 100 多个国家和地区。

三 国内外比较视野中广东文化产业的不足

由于得改革开放之先机，广东文化产业起步较早，实力在全国居于领先地位。但近年来，一些省市文化产业迅速崛起，部分领域甚至已经赶超广东，与国内其他文化产业强省（市）相比，广东仍有不足之处。国外文化产业发展的典型方式有美国模式、英国模式和日本模式等，与这些文化产业发达的国家和地区相比，广东还有提升空间。

（一）与国内主要省（市）的比较

1. 文化产业面临扩大规模和深化集聚的瓶颈期

一般而言，企业数量可以直接反映地区文化产业总体繁荣程度，而规模

---

[1] 《广州文化创意产业发展报告：文化消费再居全国第一》，《广东日报》2016 年 9 月 10 日。
[2] 《综述：广东文化创意产业插上科技翅膀"飞出"国门》，中国新闻网，2016 年 5 月 13 日，http://www.chinanews.com/cj/2016/05-13/7869467.shtml。

以上企业数量则反映了行业的集聚水平和规模竞争力。广东规模以上文化企业数量在全国所有省份中排名第一位，但2012~2014年，广东规模以上文化企业数量从5648家增加至6788家，三年时间只增加了1100多家，同时期江苏却从4395家增加到6434家，增加了2000多家，两省之间的差距大幅缩小；2014年，广东规模以上文化企业占全部文化企业比重为6.1%，而江苏的比重超过广东达到了6.6%。[①] 由此可见，广东文化产业处于规模经济时期，如何进一步深化产业集聚、培育创业企业快速成长成为广东文化产业面临的难题。

2. 传统企业利用文化创意转型升级的任务艰巨

与国内其他文化产业相对发达的地区相比，广东强于文化制造，弱于文化服务。2014年，广东规模以上文化制造企业数量达到3475家，多于江苏的2698家和浙江的2182家，远多于北京的186家，然而广东文化制造企业的利润总额却比江苏低；同年，广东规模以上文化服务企业数量为2237家，低于江苏的2733家和北京的3121家，企业利润总额为364.1亿元，与仅有1259家规模以上文化服务企业的上海相当，低于浙江的525.7亿元和北京的432.6亿元。文化制造与文化服务比重不均的一个重要原因是广东为传统制造业强省，如仅佛山就有美的、格兰仕、志高、万和、海天等一大批本土知名制造企业，在经济转型和产业结构升级的过程中，这类传统制造业面临如何融入文化创意、提升产品附加值和竞争力的问题。

3. 科研投入集中于大文化企业，万众创新潜力有待进一步激发

2014年广东规模以上文化制造业的R&D（科学研究与试验发展）经费投入达到78.2亿元，R&D项目数为3067个，均排全国第一位。但是广东有R&D活动的企业只有502家，少于江苏的797家和浙江的635家，如果按比例算，广东有R&D活动的企业占文化制造企业总量的比例仅为14.4%，低于天津的36.3%、江苏的29.5%、浙江的29.1%和上海的

[①] 根据《中国文化及相关产业统计年鉴2015》整理获得，本节中其他数据如不做特殊说明均来源于此。

◇ 跨界融合与文化创新

16.5%。上述数据表明，广东是一个文化制造强省，也是文化科技研发强省，但参与研发的企业比例不高，研发集中于大文化企业，没有科技研发的企业可能仍通过传统生产或仿制的方式生存。因为研发具有风险性，参与科研的企业比例越高，研发的社会平均风险越低，研发成功的概率也越高。鼓励更多企业投入研发而非模仿，是万众创新的需要，也是分担产业创新风险、提高创新效率的需要。

4. 文化产业投资需求增长较缓慢

图1描述了2005～2014年广东、江苏、山东、浙江四省文化及相关产业固定资产投资情况。2005年以后，江苏与山东两省对文化产业投资大幅增加，而且与广东的差距逐年拉大。以江苏为参照，2014年，广东共完成对文化产业的固定资产投资为1233.3亿元，比上年增长22.8%，占全部固定资产投资的比重为4.8%，比上年提高0.4个百分点；同年江苏完成对文化产业的固定资产投资为2409.8亿元，比上年增长32.2%，占全部固定资产投资的比重为5.8%，比上年提高0.7个百分点。江苏文化产业投资总额、占全部固定资产投资的比重以及提高的幅度均超过广东。文化产业投资增加是一些省份文化产业地位迅速攀升的主要原因，广东引导资源流向文化产业以及联合社会资本开发重大项目的能力需要进一步加强。

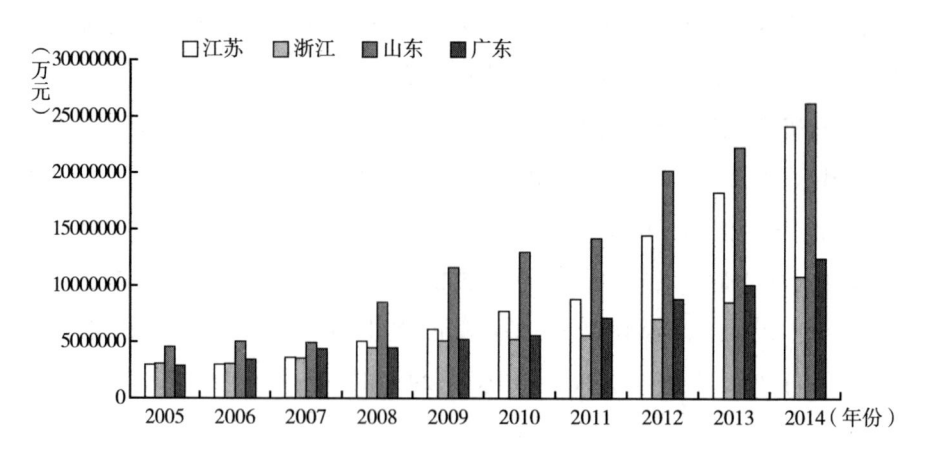

图1 四省份历年文化及相关产业固定资产投资情况

（二）发达国家和地区的经验

发达国家因工业化时间早，文化产业发展的时间普遍较长，如今已形成典型的有美国模式、英国模式和日本模式等。美国文化产业特点鲜明，相较于欧洲和亚洲其他发达国家，美国发展文化产业信奉市场的力量，除了保护各行业版权的法律，政府很少以产业政策的形式规制或规划产业。视听行业是美国最成功的文化产业之一，其影视及音乐产品在全球范围内占有绝对垄断地位，如好莱坞影片在全球150多个国家和地区放映，占欧洲票房收入的70%；美国电视节目在全世界125个国家播出，全球销售的各类影视录像制品大多数都是美国公司生产的。美国影视产业发展的经验有两点值得借鉴。一是促进单一的技术应用升级到多维的科技整合。美国的文化产业融合了大量科技元素，例如好莱坞影片中声音、特效、IMAX等一系列技术的有机结合给人带来强烈的视听享受，每一项技术在我国都能实现复制，但是很少有企业能做到将多种技术完美嵌入。广东在促进科技成果向文化产品转化的同时，也应增强不同类型企业之间的互动合作，增强企业的科技综合应用能力。二是引导企业完善产业链，重新划分需求与细分市场空间。文化产业竞争力优势的培育需要在生产、流通、消费等各个环节获得相关辅助产业的支持，并形成多级市场。如美国电影行业从20世纪80年代开始，就形成了包括"影院—电视计次点播—付费电视—音像租售—开路电视—衍生产品"等的多级市场，还包括在海外发行的每一个国家和地区的上述多级市场。[1]完整的产业分工，能保证文化生产过程中的每个环节资源充分利用，并最大化产品的附加值。

英国文化产业强项在于表演艺术产业和音乐产业。表演艺术主要包括舞蹈、歌剧、话剧和音乐剧创作、演出、节目制作、灯光道具的设计生产等活动，并由此带动广播影视、音乐、设计、出版、传媒等行业的发展。英国共有1300多个演出场所，有舞蹈公司或团体200家左右，每年有300多万名

---

[1] 张毅：《美国文化产业发展的经验及启示》，《商业时代》2011年第24期。

◇跨界融合与文化创新

成年观众观赏歌剧。同时英国每年都要举办各种形式的音乐节。表演艺术和音乐产业的繁荣还促进了英国旅游业的发展,例如伦敦西区剧院大约有1/3的观众来自国外,一并带动了附近的餐饮、交通、购物等消费。与美国不同,英国文化产业的繁荣与政府的支持密切相关,英国政府最早提出"创意产业"的概念,由政府做出相关规划并实施。对广东而言,英国政府管理文化产业的方式值得借鉴。一是整合政府部门,加强组织管理。英国政府成立"创意产业特别工作小组",小组成员包含了政府各个相关部门人员以及商业公司负责人和社会学者,还专门设立创意出口小组、表演艺术国际发展小组、设计伙伴计划、文化遗产与旅游小组等负责各行业的具体事务,提高了政府部门效率,保障了政策执行力度。二是英国政府通过引导社会资金进入文化产业,为企业提供资金支持。例如英国政府采用同比例资金配比的融资模式,政府对投资文化产业的企业提供1∶1的资金配比支持,并当企业多次投资时,提高配比至1∶2的比例,[1] 有效激发文化创意产业的投资积极性。

日本文化产业同时包含内容产业、休闲产业和时尚产业三大类,其中内容产业是其主要支撑,强调的是文化产品中的内容属性。日本政府注重文化因素对产业发展的带动力,并制定相关产业发展规划。例如2010年日本经济产业省通过的《产业构造前景2010》规划,在明确文化产业立国这一政策方向的同时,还提出促进日本文化的产业化、创造内需和开拓海外市场[2]。日本内容产业的一个典型代表是动漫产业,2015年日本动画产业市场规模达到1兆8253亿日元(约合1184亿元人民币),同比增长12%;海外销售额达到2569亿日元,这一数字相较2014年增长78.7%,占2015年动画产业的32%,其中中国大量购买日本动画播放权和游戏改编权成为日本动画市场规模扩大的重要因素。[3] 广东是中国动漫产业的聚集地,有诸如奥

---

[1] 张瑾:《国外发展文化创意产业的融资经验借鉴》,《现代经济信息》2010年第24期。
[2] 卢坦:《日本发展文化产业中的海外输出策略》,《福建论坛》(人文社会科学版)2016年第4期。
[3] 参见日本动画协会《2016动画产业报告》,http://m.v4.cc/News-2521090.html。

飞、华强、原创动力等一批优秀动漫企业，日本动漫产业的繁荣值得广东借鉴。一是注重动漫产品的原创性和精致性。例如日本著名卡通形象Hello Kitty风靡全球，因为设计之初的理念是"希望设计一个全新的卡通形象，其风格是以前日本乃至全球都没有的"。本着这种精神，日本动漫创作在主题、题材、情节、技巧、风格等各个方面都在不断追求创新，乃至殚精竭虑。二是重视对海外市场的开发。除了一些大型动漫企业有专业部门负责海外市场之外，日本还有很多为中小型动漫制作服务的中介公司，此外定期举办海内外动漫展销会，也能扩大品牌影响力，拓展市场空间。

四 新业态背景下的提升空间

（一）整合政府资源，拓展新兴产业链

广东具有良好的文化产业集聚基础，但产业链不够精细化，例如一些地区建立文化产业园，但缺乏对园区入驻企业的分类指导，导致园区企业类型单一，同质化竞争严重，不利于产业创新。加强政府对文化产业的引导作用，一种可行的方案是整合政府资源，如成立由省政府主导，各厅局部门成员构成，企业家、学者等社会人士共同参与的文化产业工作小组，通过整合政府资源完善对文化产业的规划和管理。新业态背景下，如虚拟现实、人工智能、智慧生活等一大批新产业将兴起，产业分工越精细，创新的领域就越丰富，能创造的市场空间就越大。专项工作小组可以保持关注新兴产业，并通过组织企业考察学习、提供融资配比等方式引导企业投资相关产业链中的空白领域。

（二）扩大创新范围，创新保护落实到基层

如上文所述，广东文化产业的不足之一是科研投入集中于大型文化企业。大企业的科研转化能力和创新保护能力都相对较强，而中小企业相对缺乏经验和能力。广东已出台一系列鼓励创新的政策，要扩大创新范围，还需

◎跨界融合与文化创新

从监管、执法、宣传等方面细化知识产权保护工作，以保障中小企业的创新收益，提高万众创新积极性。新业态背景下文化产业将进入从产业经济向知识经济转变、从传统的物权保护到知识产权保护转变的阶段，国内一些省市文化产业发展之快与其对创新的保护不无关系。如江苏无锡市检察机关在大型科技园、软件园、重点骨干企业设立众多"知识产权保护检察法律服务点""人才创新创业检察法律服务中心"等基层工作站，为企业提供知识产权保护的"管家式"服务。类似于此，广东可联合司法、检察、公安以及专家资源，定点定期深入一些重点产业园区提供咨询或协助服务，加强对基层的创新保护。

（三）加强企业合作，促进传统产业的转型升级

在文化科技融合和传统文化产业转型发展方面，我国文化产业目前仍普遍存在"文化企业的科技自觉明显落后于科技企业的文化自觉"[①] 的问题，而广东是个制造业强省，面临的更现实的问题是传统制造业中文化自觉和科技自觉的"双重缺失"。传统加工制造、批量生产的利润空间已经被日益高涨的人力成本和个性化的社会需求挤压殆尽，通过文化创意或科技手段提升产品价值是制造业升级的必经之路。相比较科技企业或文化企业，大部分传统制造企业对文化潮流的敏感度低、对文化创意的挖掘能力弱，可通过企业合作的方式加快转型升级。一方面，广东省政府可通过举办或支持交流会、博览会、产业论坛的形式促进行业间的交流合作，还可鼓励高校开设相关专业、鼓励企业人才交流学习计划以培养综合型人才；另一方面，传统制造企业应转变观念，主动寻求与创意设计企业或研发机构的合作。

（四）面向全球竞争，提升产品的文化内涵

从长远看，广东文化产业要面向全球竞争，在"产品走出去"的同时

---

① 李凤亮：《大力推动协同创新，打造新型文化智库》，《中国社会科学报》2014年12月18日。

应更加重视"文化走出去"。虽然广东文化产业每年出口规模不小，但应看到出口种类多是与制造相关，与文化精神相关度更高的影视、演艺、动漫等产业全球竞争力不足。文化在"走出去"的过程中难免会遇到适应性的问题，科技则可提供有效帮助。例如国内无法拍出《钢铁侠》《美国队长》这样的美国大片，不仅是技术原因，还有文化差异的原因。美国电影借助科技手段，从技术层面增强了美国文化的适应性——高科技美国大片的视听感受是刺激、有趣，观众在感官享受的同时潜移默化地接受了美国文化。文化与科技是文化产业发展的双引擎，科技可以模仿、可以批量生产，但文化是特有的、不可复制的。在科技引领文化产业新业态成为全球浪潮的契机和"一带一路"倡议思路下，广东文化企业一方面要充分利用科技融入产品抢占市场，另一方面也应通过发挥文化内涵的吸引力来增强自身竞争力。

广东文化产业因起步较早，具得天独厚的竞争优势。在新业态蓬勃发展的背景下，广东已经在科技融合、产品创新、资源整合和市场拓展等方面取得先机。通过进一步优化政府管理、扩大创新范围、促进产业升级和提升文化影响力，广东将成为文化产业新业态生长的沃土，成为国内外经济交流、文化合作的胜地。

（原载《广东社会科学》2017年第4期）

以创新思维构建新时代广东文化体系

习近平同志在党的十九大报告中鲜明地指出，文化是一个国家、一个民族的灵魂。文化兴国运兴，文化强民族强。没有高度的文化自信，没有文化的繁荣兴盛，就没有中华民族的伟大复兴。要坚持中国特色社会主义文化发展道路，激发全民族文化创新创造活力，建设社会主义文化强国。发展中国特色社会主义文化，就是以马克思主义为指导，坚守中华文化立场，立足当代中国现实，结合当今时代条件，发展面向现代化、面向世界、面向未来的，民族的科学的大众的社会主义文化，推动社会主义精神文明和物质文明协调发展。

2017年4月4日，习近平总书记对广东工作做出"四个坚持、三个支撑、两个走在前列"的重要批示，充分肯定了党的十八大以来广东贯彻落实党中央决策部署取得的成绩，从战略和全局高度为广东发展把脉定位，体现了总书记对广东在新起点上再创新局的殷切期望。党的十八大以来，为适应新形势新任务新要求，以习近平同志为核心的党中央确立了"五位一体"科学发展的总体布局。广东要在全面建成小康社会、加快建设社会主义现代化新征程上走在前列，政治建设、经济建设、文化建设、社会建设以及生态文明建设不可偏废其一。其中，文化建设作为未来"两个一百年"奋斗目标的重要衡量指标之一，是坚定文化自信，扎实推动社会主义文化繁荣兴盛，满足人民日益增长的美好生活需要，提供丰富精神食粮的重要保障。对广东而言，如何构建与经济、政治、社会、生态文明相匹配的文化体系不仅关系广东未来文化软实力的整体提升，更关系社会主义文化强国的顺利实现。广东要成为在全国具有引领性的区域文化中心，必须坚持全省文化发展统筹安排，积极构建实现社会主义现代化所需的文化体系。这样才能保持奋勇争先的精神状态，保证文化建设与各项工作同步走在新时代前列。

一 广东率先实现社会主义现代化亟须构建文化体系

广东实施"文化强省"战略以来，文化建设取得了丰硕成果和巨大成就，为全省经济社会的持续发展提供了强有力的文化支撑。但是，与其他领域尤其是经济总量相比，广东文化建设依然相对薄弱。广东省第十二次党代会提出，经过近40年改革开放，广东发展已经站在了一个新的历史起点上。当前和今后一个时期，是广东加快转型的重要战略机遇期。广东要在率先实现社会主义现代化的道路上有所突破，亟须加快建构文化体系。

（一）广东文化建设成就巨大，但不充分不平衡问题依然突出

"十二五"期间是广东经济社会大转型大发展的五年，也是文化建设大跨越大提升的五年。广东文化强省建设的步伐更快，文化发展的成果共享面更广，人民群众的文化生活更丰富。

1. 文化产业全面快速发展，整体实力和竞争力持续增强

"十二五"期间，广东大力实施创新驱动战略，加快推动文化产业转型升级、提质增效，取得积极进展。"十二五"末期，广东文化及相关产业增加值达3648.8亿元，占全省地区生产总值比重达5%，年均增长14.5%，连续居全国各省市首位，为满足人民群众精神文化需求、拉动经济增长、推动转型升级做出了重要贡献。其中新型文化业态成长迅猛，成为全省文化产业发展的突出亮点。广东是全国最大的游艺游戏设备生产和演艺设备制造基地，年产值占全国4/5以上。游戏产业产值规模超千亿元，占全国总产值的70%，网络音乐产值约占全国2/3，动漫企业产值占全国1/3，数字出版产值占全国20%。

2. 文化基础设施建设成绩斐然，公共文化服务能力大幅提升

从2011年起，广东省政府连续数年把推进基层文化设施建设列为"十

◇跨界融合与文化创新

件民生实事"的重要内容,广东省各级财政对公共文化服务体系建设的投入逐年加大,广东省财政更投入9亿元专项资金扶持粤东西北地区基层公共文化设施建设。截至2015年12月,全省已建有县级以上公共图书馆140个、文化馆147个,乡镇(街道)综合文化站1599个,行政村(社区)文化室27383个。全省基层公共文化设施建设基本实现"十二五"规划确定的全覆盖目标。广东公共文化服务建设特色凸显,创新发展成为"新常态",有"粤味"、有新意。东莞在2014年成为广东首个入选的国家公共文化服务标准化试点城市。

3. 文艺精品层出不穷,文艺活动品牌凸显

"十二五"期间,广东开展"广东省青年创作扶持计划""'中国梦'主题创作计划"等,建立文艺精品创作专项资金。连续成功举办第11届、第12届省艺术节,推出舞剧《沙湾往事》等一批精品力作和舞台新秀。启动"海上丝绸之路"题材创作计划,推出大型民族交响套曲《丝路粤韵》。广州交响乐团的交响诗《霸王别姬》、广东省话剧院的话剧《小战士与大俘虏》、广东粤剧院的粤剧《梦红船》、南方歌舞团的音乐剧《烽火·冼星海》等一批优秀作品先后推出。全省各地陆续推出粤剧《凉茶王传奇》、话剧《康有为与梁启超》、音乐剧《啊！鼓岭》、歌舞剧《梦幻客都》等优秀作品。推出"广东省百台地方戏发展扶持计划"。着力打造粤剧新盛会、广州新年音乐会等多个文艺品牌,成功举办"首届亚双展暨广州三年展",广东省博物馆、广东美术馆馆藏精品展览等重大美术活动。

4. 文化遗产保护稳步推进,文化"走出去"增长迅速

"十二五"期间,全省历史文化遗产得到较好保护。获得2项"全国博物馆十大陈列展览精品"奖,2项"全国十大考古新发现"奖,1项"全国十佳文物修缮工程"奖,4条历史文化街区获"中国历史文化名街(街区)"称号。新增国家历史文化名城2处,全国重点文物保护单位32处。完成第三次全国文物普查,全省登记不可移动文物37156处,核定公布25195处。广州南越国遗迹和海上丝绸之路被列入中国世界文化遗产预备名单。全省国家三级以上博物馆达49家,居全国第一位。非物质文化遗产保

护稳步开展。广东省人大常委会制定《广东省非物质文化遗产条例》，在全国各省市首开先河。加快非遗数字化建设，加强全省珍稀剧种的保护传承。"十二五"期间，广东派出出境文化团组1562批、27857人次，均居全国前列，成为中华文化"走出去"的主力省。文化产品出口年均增长约20%，文化出口总额居全国榜首。

但是，在肯定成绩的同时，必须清醒地看到，广东文化建设的现实矛盾依然突出，与其经济大省的地位不相适应，"文化生产力强、影响力弱"是长期困扰广东文化发展的核心问题。同时，人民日益增长的精神文化生活需要和不平衡不充分的文化发展之间的矛盾日益明显。广东省人均GDP已经超过10000美元，根据国际经验，当人均GDP超过5000美元，文化消费则会出现"井喷"。广东文化消费需求不断扩大，而相关的文化产品供给、文化服务还不能满足人民群众多方面、多层次、多样化的需求，居民文化消费潜力远未得到释放。此外，广东文化中创新包容、敢为天下先等优秀特质在文化建设中尚未得到充分发掘，提升文化形象和文化软实力的需求十分迫切。

（二）广东迫切需要构建创新型文化体系

文化体系是社会总体构建中继政治体系、经济体系之外的第三个维度，具有内容多样性、运作灵活性、影响外溢性等特点。文化体系建设是政府软治理的重要内容，是提升区域软实力、促进社会发展和进步的重要方面。文化体系视域中的文化是为人们共享的价值观念和普遍认可的价值规范，最后内化为共同知识和行为准则，上升至文化稳定一面的最高表现，即制度性文化。文化体系一经产生并逐渐完善，会形成一种超乎个人之上的力量进而对人们活动产生影响，并在社会中发挥不可替代的功能。

1. 构建文化体系符合我国新时代文化建设的总体目标

习近平同志在十九大报告中指出，当代中国共产党人和中国人民应该而且一定能够担负起新的文化使命，在实践创造中进行文化创造，在历史进步中实现文化进步。党的十八大报告创造性地提出"五位一体"的现代化布局，其中文化建设是中国由局部现代化到全面现代化、从不大协调的现代化到全面协调的现代化的灵魂所在。从总体战略布局出发，新时代文化建设必须创造性地构建保障人民文化权益、满足人民精神文化需求、扎实推进社会主义文化强国建设的创新型文化体系。

2. 构建创新型文化体系是文化自身协调均衡发展的现实要求

党的十九大报告指出，中国特色社会主义进入新时代，我国社会主要矛盾已经转化为人民日益增长的美好生活需要和不平衡不充分的发展之间的矛盾。从文化发展看，当前我国文化发展面临一系列亟须协调的现实关系，包括人民对文化的基本需求与多样化、多层次、多方面文化需求的关系；经济效益与社会效益之间的关系；主旋律与多样化之间的关系；改革与发展的关系；文化与经济的关系；发挥政府作用与动员全社会力量投入文化建设的关系；民族文化与外来文化的关系；促进繁荣与加强管理的关系；发展文化与运用科技的关系；调动现有人才积极性、主动性、创造性与培养更多创新型、复合型、外向型人才的关系等。而构建科学、和谐、全面、互动的文化体系是解决上述系列矛盾的现实路径。

3. 构建创新型文化体系对广东当前发展尤显迫切

广东省第十二次党代会报告指出，广东发展中的一些深层次、结构性问题仍未得到根本解决，前进道路上还存在许多困难和挑战，其中文化建设的规模不足、水平不高、城乡区域间资源配置不均衡、服务水平差异大是广东社会全面发展的一大短板。同时，广东当前发展面临来自兄弟省份的巨大挑战。与江苏、浙江等省份相比，广东文化建设，尤其是文化均等化和文化影响力建设尤显薄弱。因此，构建文化体系对下一阶段奋力开创广东发展新局面至关重要。

（三）广东构建文化体系对实现社会主义现代化意义重大

文化的力量既表现在对社会发展的价值导向作用上，又表现在对社会的规范、调控作用上，还表现在对社会的凝聚作用和社会经济发展的驱动作用上，是影响综合实力消长的长期性、基础性、战略性要素。

1. 广东构建文化体系是贯彻"四个坚持、三个支撑、两个走在前列"的现实要求

坚持党的领导,坚持中国特色社会主义、坚持新发展理念、坚持为全国推进供给侧结构性改革、实施创新驱动发展战略、构建开放型经济新体制提供支撑,努力在全面建成小康社会、加快建设社会主义现代化新征程上走在前列,需要强有力的文化体系提供支撑引领。

2. 广东构建文化体系是全面实现社会主义现代化的重要内容

全面现代化包括经济、社会、政治、文化、生态和人的现代化。其中文化现代化既是当前现代化建设的重要任务,也是实现其他领域现代化的重要基础。广东作为全国经济总量排名第一的经济强省,有效构建文化体系,补齐文化建设短板,是广东全面实现社会主义现代化的重要内容。

3. 广东构建文化体系是率先实现社会主义现代化的必要保障

广东实现"两个走在前列",率先实现社会主义现代化,必须化解当前区域竞争的巨大压力。而区域发展既需要土地、资源、资金、技术、设备、区位等硬环境的基础,更需要文化软环境的支持。构建社会主义现代文化体系,是广东进一步实现制度创新、开放发展,进而在全国范围内率先实现社会主义现代化的必要保障。

二 以创新思维构建新时代广东文化体系

习近平同志在党的十九大报告中指出,经过长期努力,中国特色社会主义进入了新时代,意味着中国特色社会主义道路、理论、制度、文化不断发展,拓展了发展中国家走向现代化的途径。新时代要有新气象,更要有新作为,广东在率先实现社会主义现代化的新征程中,尤其是面对文化与其他领域相比始终存在短板的现状,需要不断总结经验、明确方向、发挥优势、弥补不足,在新的起点上再创新局,为积极构建实现社会主义现代化所需的文化体系而不断努力。

◇跨界融合与文化创新

（一）尽快建立系统科学的文化体系评价指标

文化体系是衡量社会主义现代化的重要内容，其评价指标的确立有助于检验广东文化建设成就与不足，进一步指导广东未来文化发展方向。评价指标的构建，应遵循全面性、科学性、系统性的原则，坚持定性指标与定量指标相结合，涵盖精神、物质和制度等多个层面，形成相互联系内在统一的有机整体。具体而言，文化体系评价指标应涵盖以下八个方面：一是社会主义核心价值观更加深入人心，公民思想道德和社会文明程度显著提升；二是公共文化服务的供给更加充分和均衡，人民群众精神文化生活更加丰富；三是文化产业发展更加繁荣，成为国民经济支柱性产业；四是文化消费总体规模持续增长，教育文化娱乐支出迅猛增长；五是社会主义文艺"百花齐放，百家争鸣"，德艺双馨的名家大师和高水平创作人才越来越多；六是社会文化氛围更加浓厚，人民参与文化活动、文化节庆热情更加高涨；七是文化管理体制更加完善，文化体制改革始终走在全国前列；八是文化品牌影响力日益提升，文化辐射带动力越来越强。

（二）加速形成引领全国的文化创新广东模式

文化体系的核心内容在于以文化创新推动创新发展。抓住了创新，就抓住了牵动文化发展全局的"牛鼻子"。对广东来说，就是形成具有中国气派、岭南风格、广东特色的现代文化体系和文化创新的"广东模式"：对内要传承，对外要发展；既要重视文化事业，也要发展文化产业。一是创新传统文化传承方式，加强文物保护利用和文化遗产保护传承。既要对岭南文化千百年来实践发展的积淀进行总结、承传和发扬，又要敢于突破广东传统文化的某些束缚。二是健全现代文化产业体系和市场体系，创新生产经营机制，完善文化经济政策，重点发展充满活力的新型文化业态，不断拓展文化产业新领域。继续推进"文化+科技""文化+旅游""文化+创意""文化+服务""文化+金融"的模式，发展数字出版、网络游戏、动漫制作等数字创意产业。三是统筹推进公共文化服务均衡发展。促进城乡基本公共文化服务均等化,推动粤东粤西"两翼"地区公共文化建设实现跨越式发展,提升公共文化设施建设、管理和服务水平,加强公共文化产品和服务供给。四是推动文化走出去。应抓住"一带一路"倡议和"粤港澳大湾区"建设的契机和广东地缘优势,充分发挥广交会、高交会、海丝博览会、文博会等展会平台的作用,积极发展外贸新业态,巩固传统市场,开拓新兴市场。改善广东文化"走出去"的贸易结构,补足内容出口的短板,以对外开放的主动赢得文化的主动,赢得国际文化竞争的主动。

(三)继续优化实现文化繁荣兴盛的创新生态

文化体系的最终目的在于推动文化大发展大繁荣,其根本手段在于创新。习近平新时代中国特色社会主义思想中,创新发展被提到更加突出的位置。党的十九大报告指出,创新是引领发展的第一动力,是建设现代化经济体系的战略支撑。在文化创新方面,则提出"要深化文化体制改革,完善文化管理体制,加快构建把社会效益放在首位、社会效益和经济效益相统一的体制机制。完善公共文化服务体系,深入实施文化惠民工程,丰富群众性文化活动。加强文物保护利用和文化遗产保护传承。健全现代文化产业体系和市场体系,创新生产经营机制,完善文化经济政策,培育新型文化业态"。广东深入实施创新驱动发展战略成效显著,已经成为一片创新沃土,未来应该勇敢地挑起"创新之路"上的"广东担当"。

因此,广东文化体系的建构必须坚持新发展理念,实施创新驱动战略,继续优化有利于促进文化发展的创新生态。一是维持文化创新发展的平衡性。目前区域发展不协调仍是广东的突出问题,粤东西北地区产业基础薄弱、内生发展动力不强的状况尚未根本改变,文化发展的区域均衡问题仍然存在。二要保持文化创新发展的多样性。任何一个创新系统都是在一个特定的地理空间、政治经济环境、社会文化环境下生成,不能在不同国家或地区之间简单地移植。三是体现文化创新发展的集聚性。广东要率先实现"两个走在前列",在文化方面必须形成引领全国的中心城区。以广州、深圳为龙头,以粤港澳大湾区为依托,将区域内的大学、科研中心、大型集团和中

◇跨界融合与文化创新

小型工业企业有机地捏合在一起，形成有效互补的创新生态系统，并以创新项目作为抓手，运用资金纽带，促进这一生态系统中的各个环节"发生联系"，卓有成效地共同推动文化创新实践。

（四）不断健全促进文化体系形成的保障措施

文化体系的形成不是一朝一夕所能达成的，而是需要长期的文化积累，需要政府和社会各界广泛参与。为了促进社会主义现代化文化体系的加速形成，确保广东文化发展取得实质性突破和效果，需要进一步细化保障措施，推动各项任务落到实处。一要加强组织领导和顶层设计。要进一步认识构建实现社会主义现代化所需文化体系的重要意义，并结合党的十九大报告、习近平总书记对广东工作重要批示和广东省第十二次党代会精神，尽快制定完善相关配套政策，统筹建设，协同推进，狠抓落实。同时，做好宣传和舆论引导工作，形成全社会支持和参与文化体系建设的良好氛围。二要加大财税支持力度。建立健全现代化文化体系财政保障机制，按照文化体系评价指标，落实提供文化创新项目所必需的资金，保障文化体系建设和运行。三要继续深化文化体制改革。党的十八大以来，广东文化体制改革工作取得巨大成绩，广东应抓住历史契机，以文化体制改革为突破口，进一步推动广东文化强省建设。四要加强文化创新人才的培育。创新归根到底是人才创新，创新驱动归根到底是人才驱动，人才是支撑创新发展的第一战略资源。贯彻创新发展理念，应加快人才结构调整，着力发现、培育、聚集创新人才，造就一批有理想、有本领、有担当的创新团队。

三 广东文化体系创新需要处理的若干关系

广东作为中国第一经济大省，不仅在主要经济指标上一直领跑全国，还要有充分的文化自觉和文化担当，在建设"文化强省"上持续发力，将广东打造成为全国具有重要影响力的区域文化中心。在推进广东文化体系创新发展的过程中，我们必须正确处理好具有全局性的若干关系，目的是在总结历史经验的基础上，努力把握客观规律，调动一切积极因素，激发全省文化创新创造活力，加快推进广东在全面建成小康社会、加快建设社会主义现代化新征程上走在前列。

（一）处理好传统转化与继承创新的关系

习近平同志在党的十九大报告中指出，要推动中华优秀传统文化创造性转化、创新性发展，继承革命文化，发展社会主义先进文化。广东地处我国东南沿海，是受海洋文化浸染的一个重要地方，文化构成呈现丰富多样性，其中既有自身独特的历史文化，中原南迁形成的客家文化、潮汕文化，独具特色的广府文化，也有深具时代印记的华侨文化、移民文化等，体现了中华优秀传统文化的诸多面向和不同形态。因此，如何更好地继承与创新传统文化资源，是未来广东文化建设不可忽视的重要部分。不仅要充分挖掘各类传统文化之精髓，在此基础上加大对传统文化的创意转化力度，同时要发挥辉煌灿烂的岭南文化的特色和优势，深挖区域资源，增强文化原创，提升品牌亮点，增强广东文化的影响力和辐射力。与此同时，广东地处开放创新转型的新高地和处于文化科技融合发展的重要战略机遇期与跃升期，创新、创业、创造优势明显。广东当前应抓住机会继续提升文化生产力、文化产品供给力的新空间，强化数字化技术创新的引擎作用，促进数字化技术与文化遗产保护与开发的深度融合，面向市场需求培育新兴业态。要发挥文化体系建构对传统文化与现代精神聚合功能，对广东传统文化和历史资源进行充分挖掘，将传统文化与现代文化相结合，正确处理好二者之间的协调发展，在此基础上创造属于自己的文化符号和广东人文精神。

（二）处理好本来文化与外来文化的关系

习近平同志在党的十九大报告中强调，"文化自信是一个国家、一个民族发展中更基本、更深沉、更持久的力量"；要"不忘本来、吸收外来、面向未来，更好构筑中国精神、中国价值、中国力量，为人民提供精神指引"。随着经济全球化和世界经济一体化趋势的不断增强，各国之间的文化交流也日益频密，本土文化也必将与多元世界文化产生激烈的碰撞。广东作为"21世纪海上丝绸之路"中重要的"桥头堡"，要充分发挥改革开放前沿阵地的对外资源优势，不仅要做好本土文化的传承创新，也要积极推动岭南文化走向世界，弘扬中华优秀文化，增进广东人民与世界各国人民相互了解和友谊。要更加客观理性地对待自己的本土文化，努力发扬本土文化积极向上的一面，同时要有学习其他文化的胸襟，广泛吸收、借鉴外来先进文化和国际文化建设经验，开展有效的文化交流。此外，广东要继续提升文化"走出去"的能力，坚定文化自信，加强顶层设计和统筹协调，创新内容形式和体制机制，拓展渠道平台，创新方法手段，不断增强广东文化亲和力、感染力、吸引力、竞争力，向世界阐释推介更多具有广东特色、体现岭南精神、蕴藏中国智慧的优秀文化。广东应提高国际化战略和视野，积极开展国际文化交流与合作，搭建国际文化贸易平台，推动文化产业国际化，利用人们喜闻乐见的新型文化业态，借助文化与科技融合的力量，推动文化"走出去"，将广东文化融入世界大格局的文化竞争，使之成为中国和世界先进文化的组成部分。

（三）处理好精神食粮与双重效益的关系

习近平同志在党的十九大报告中指出，满足人民过上美好生活的新期待，必须提供丰富的精神食粮。要深化文化体制改革，完善文化管理体制，加快构建把社会效益放在首位、社会效益和经济效益相统一的体制机制。长期以来，文化作为衡量一个地区经济社会发展的重要指标，具有"经济"和"社会"双重属性，正确处理好二者的关系是一个永恒的命题。广东作为全国文化产业发展中的"领头羊"，2016年文化产业增加值占全省地区生产总值比重上升到5.26%，已经成为全省国民经济支柱性产业。但是从繁荣社会主义文化的长远目标和建设社会主义文化强国的要求来看，我们绝不能忽略那些以人民为中心为创作导向，深入生活、扎根人民无愧于时代的文艺精品创作，更不能过分看重文化产业对经济的贡献而忽视文化事业对提高公民文化素质的重要作用。正如习近平总书记在北京文艺工作座谈会上强调的，一部好的作品，是人民喜闻乐见的优秀作品，应该是经得起人民评价、专家评价、市场检验的作品，应该是把社会效益放在首位，也应该是社会效益和经济效益相统一的作品。文艺不能当市场的奴隶，不要沾染了铜臭气。要坚守文艺的审美理想、保持文艺的独立价值，不能被市场牵着鼻子走。因此，对广东来说，既要发展以内容创意为核心的文化服务业，积极推进文化供给侧与需求侧的协调，也要创造一批在国际国内具有广泛影响的优秀文艺作品，使广东成为引领时代潮流的文艺精品生产基地。

（四）处理好区域均衡与协同发展的关系

习近平同志在党的十九大报告中指出，中国特色社会主义进入新时代，我国社会主要矛盾已经转化为人民日益增长的美好生活需要和不平衡不充分的发展之间的矛盾。而更加突出的问题是发展不平衡不充分，这已经成为满足人民日益增长的美好生活需要的主要制约因素。广东未来经济社会发展中，区域城乡发展不平衡的问题依然存在，粤东西北地区无论是在经济总量上，还是在教育、卫生、文化等公共服务资源配置上都存在明显差距，推动粤东西北经济欠发达地区以及革命老区、少数民族地区加快发展，是广东实现全面建成小康社会目标的当务之急和重中之重。尤其是在完善基础文化设施建设，深入推进文化惠民工程建设，提高公共文化设施使用效率，增强对困难地区和弱势群体的公共文化服务等方面要不断加大力度，加快建成结构合理、发展均衡、网络健全、运行有效、惠及全民的公共文化服务体系。与此同时，要在区域均衡发展的基础上实现协同发展。针对广东目前存在部门、行业、企业"各自为战"的现状，未来应积极推动大学与科研院所、企业、政府的协同创新，让不同的创新主体在协同创新链条中发挥其应有的作用。如坚持大协同与小协同相结合，坚持内部协同与外部协同相结合，坚持国内协同与国际协同相结合，着力构建多元主体的协同创新机制，进而会聚创新资源和要素，突破创新主体间的

◇ 跨界融合与文化创新

壁垒，使"人才、资本、信息、技术"等创新要素展现活力并实现深度合作，将广东打造成全国有影响力的区域均衡与协同发展示范区。

（原文为中共广东省委宣传部"四个坚持、三个支撑、两个走在前列"研究课题"构建实现社会主义现代化所需的文化体系"的结项报告，内容先后发表在《南方》2017年第1期、第2期增刊及《深圳特区报》2017年11月28日）

从"文化创新"到"创新文化"

近年来,中共十六届五中全会所确立的"建设创新型国家"的战略方针得到不断强化。一方面,科技、知识、人力、文化、体制等创新要素驱动发展的理念日益深入人心,思想观念、发展模式、机制体制、对外开放、社会治理等不同层次的创新不断推陈出新;另一方面,创新型城市建设作为国家创新发展战略的主要内容、建设基点和实际抓手,在各地呈现多向探索、各具重点和特色的好势头。创新型城市建设已成为我国新时期经济社会发展的重要方向和不竭动力。

一 文化创新是创新型城市建设的重要内容

创新型城市是指主要依靠科技、知识、人力、文化、体制等创新要素驱动发展的城市。创新型城市建设的内容十分丰富,不仅包括科技创新、管理创新、体制创新,还包括文化创新。研究发现,在目前全球公认的一些创新型城市中,城市创新类型显示出多样性,其中既有美国堪萨斯州、英国哈德斯费尔德和韩国大田等工业创新型城市,印度班加罗尔、美国硅谷、加拿大渥太华等科技创新型城市,也有美国纽约、德国柏林和日本东京等服务创新型城市,更有法国巴黎、英国伦敦和芬兰赫尔辛基等文化创新型城市。这说明,城市发展历史、基础、定位不同,其创新驱动力、取向和重点也会呈现较大差异。文化创新作为创新型城市建设的重要内容,成为很多创新型城市建设的主要方向甚至发展战略。而像深圳这样的新兴城市,更呈现了从科技创新、制度创新向文化创新发展的综合创新趋势。

◇跨界融合与文化创新

在我国，文化创新成为新时期国家发展的重要战略。党的十八大以来，经济建设、政治建设、文化建设、社会建设、生态文明建设"五位一体"的总体大局日益深入人心，显示出科学发展观的巨大活力。在全面建成小康社会、实现社会主义现代化和中华民族伟大复兴的"中国梦"中，"文化中国梦"是不可或缺甚至日益重要的一个发展目标。推动社会主义文化大发展大繁荣，既是经济转型升级的重要途径，也是满足人民群众日益丰富的文化需求的内在要求，同时显示出提升中国国家软实力的战略急迫性。近十年来，国家着力将文化产业打造成为国民经济支柱性行业，各地文化产业发展也掀起了新一轮高潮，探索了文化与科技、金融、旅游、创意、电商等深度融合的多种发展模式。当文化、创意从产业手段、经济战术上升为国家和城市的创新发展战略时，这个国家或城市的创新发展往往会跃升到更高的层次。当前，城市发展竞争激烈，从"拼经济"到"拼管理"再到"拼文化"，不少城市都意识到文化创新对于城市发展的提升功能，"以文化论输赢、以文明比高低、以精神定成败"的新发展格局和理念正不断得到各地认同。在这方面，深圳作为国家首个试点的"创新型城市"，其30多年城市发展史所经历的观念变迁和模式转换，为上述观点提供了很好的注脚。

二 文化创新需要进一步解放思想，攻坚克难

在创新型城市的建设中，文化创新的重要性不言而喻。那么文化创新包含哪些内容？目前城市推进文化创新的重点难点又在何处？在笔者看来，就创新型城市建设而言，目前我国文化创新需要进一步解放思想，攻坚克难，在以下三个方面不断着力。

一是创新文化建设观念。"文化是流动的。"这种"流动"既可理解为不同空间、地域文化资源、要素的横向交流，也可显示出穿越历史和时间的文化传统更新、文化观念嬗变等纵向变革。随着我国改革开放的深入和文化建设事业的推进，文化发展的观念也在不断创新。文化体制改革、公共文化服务、文化产业、文化市场、文化传播、文化精品打造等不同文化管理领域

都面临观念更新甚至价值重建。比如如何通过改革激发文化创造活力，如何最大限度地实现公民文化权利，如何体现公共文化服务的均等与优质，如何保障巨大的外来务工群体在城市体面地享受文化福利，如何创新文化产业发展模式进而构建现代文化产业体系，如何有效引导社会资源投入文化建设，如何推动中华文化"走出去"，这些都成为文化管理者、从业者、研究者反复思考的现实命题。文化作为观念形态的存在，其自身正面临不断的"观念"变革。

二是创新文化发展路径。当前我国文化建设至少面临这样几个现实：从国际看，文化交流日益频繁便捷，同时在影响甚至危及我国的"文化安全"；从国内看，随着经济发展及收入提高，人民群众的文化消费需求更加旺盛乃至多元，文化供给虽不断丰富，但似乎仍赶不上人民文化需求的发展速度；从文化内容生产和形式创新角度看，虽然新技术不断推进文化生产、传播、消费的革新，但与真正适应不断变化的文化消费习惯相比，仍有差距，这在新一代青少年群体的文化消费体验中表现尤其突出。因此，我们应不断创新文化发展路径，大力推进文化科技化、文化社会化、文化国际化，不断发展文化产业，繁荣文化市场，以丰富实践打开文化创新的新局面。以文化与科技的融合为例，国家已意识到因为部门条块分割、行业协同不足所导致的文化与科技发展的割裂，不仅发布了《国家文化科技创新工程纲要》，而且建立了由科技部、中宣部、发改委、教育部、工业和信息化部、财政部、文化部、广电总局、新闻出版总署、国家文物局、中国科学院、中国工程院等部门参加的文化科技创新工程部际联席会议机制，建立了专家咨询机制，通过创新组织方式推动文化与科技在广度、高度、深度、跨度上的全面整合。

三是优化文化创新环境。党的十八大指出，建设社会主义文化强国，关键是增强全民族文化创造活力。创造活力如何增强？这就需要不断深化文化体制改革，最大限度地解放和发展文化生产力，发扬学术民主、艺术民主，为人民提供广阔的文化舞台，让一切文化创造源泉充分涌流，形成"百花齐放、百家争鸣"的局面，营造有利于文化创新的宽松环境。文化创新属

◇跨界融合与文化创新

于"软创新",但也需要"硬投入",因此要不断加大文化创新投入,同时打造文化原创、研发、展示、交易、投资等创新平台,加大文化版权保护力度,使创新思想和知识产权得到保护和尊重。创新型城市应通过不断优化文化创新环境,成为对文化人有吸引力的"文化宜居城市"。

三 打造"创新文化",为创新型城市建设提供文化保障

如果说"文化创新"是创新型城市建设不可或缺的一项重要内容,那么"创新文化"则能够为创新型城市建设的持续推进提供不竭动力。从"文化创新"到"创新文化",不只是字面的翻转,更显示出创新型城市建设理念的一种变革和深化。

创新型城市建设迫切需要打造一种有效的"创新文化"。"创新文化"能够激发社会各阶层的创新活力,为经济、社会、科技、文化等领域的持续变革提供一种合适的思想土壤和文化氛围,进而在全社会形成良好的创新导向和创新风尚。从国内外的实践来看,这种创新文化,更易于在发展历史较短、文化包袱不重的新兴移民城市发展起来,在科技领域率先突破,并随着人员、技术、资本、产品等的流动,辐射和影响其他城市和领域。

深圳作为仅有30多年历史的大型移民城市,科技发达,城市人员构成多元化,在推动科技创新、文化创新、管理创新的同时,逐步形成了一种新型的"创新文化"。这种创新文化,倡导"敢闯敢试、敢为天下先",提倡"鼓励创新,宽容失败",坚持"海纳百川,多元包容"。在2010年纪念深圳特区建立30周年之际评选出的"深圳十大观念",不仅是"文化创新"的一次生动实践,同时更鼓励和倡导了一种富有地域特色、体现时代精神的"创新文化"。要通过制度建设甚至立法,让改革创新者不吃亏,使改革创新者受尊重,这样的文化氛围有利于各个层面的创新变革,进而全面推进创新型城市建设持续不断地向前发展。

"苟日新,日日新,又日新。"这是中国儒家经典《大学》中的话,也

是对中国创新文化的较早表述。中华民族从来不缺创新变革的精神,传统不绝,当代有继,在当前推进创新型国家和创新型城市建设的历史进程中,更应积极从历史与现实中积累创新精神,弘扬创新文化。

[原载《深圳大学学报》(人文社科版)2013年第4期]

改革开放40年深圳成功实践的文化支撑

习近平同志在党的十九大报告中提出,要坚定文化自信,推动社会主义文化繁荣兴盛。他说,没有高度的文化自信,没有文化的繁荣兴盛,就没有中华民族伟大复兴。要坚持中国特色社会主义文化发展道路,激发全民族文化创新创造活力,建设社会主义文化强国。

英国《经济学人》曾这样评价:"改革开放近40年,中国最引人瞩目的实践是经济特区。全世界超过4000个经济特区,头号成功典范莫过于'深圳奇迹'。"深圳从昔日一座边陲小渔村成为如今具有国际影响力的全国经济中心城市、科技创新中心和区域金融中心,创造了世界工业化、城市化、现代化史上的奇迹。深圳的成功实践离不开经济与文化的力量,经济的力量是先导性的,而文化的力量则是支撑性的。

一 改革开放的前提是深刻的思想变革

中国的改革开放是以充分的思想解放为前提的。1978年,在中央工作会议闭幕式上,邓小平发表了题为《解放思想,实事求是,团结一致向前看》的讲话,这实际上是党的十一届三中全会的主题报告,其核心就是强调解放思想,强调观念变革。改革开放40年来,深圳作为中国第一批经济特区,在积极探索和建设社会主义市场经济的过程中,形成了"空谈误国,实干兴邦""时间就是金钱、效率就是生命""敢为天下先""改革创新是深圳的根、深圳的魂""鼓励创新、宽容失败"等深圳"十大观念"。这些观念反映出对极左思想意识的突破,是时代精神的高度浓缩和改革历程的生动注脚,是中国特色社会主义道路深圳实践的文化印痕。

观念变革来自发展压力。改革开放以来,深圳从发行新中国第一只股票,到率先建立证券交易所,从敲响中国土地拍卖的"第一槌",到全面建立土地市场,以及第一次实行文稿拍卖等,这么多"第一"的出现,是深圳在建设社会主义市场经济实践中探索的结果,来源于建设市场体系、发展特区经济的现实压力。深圳要发展就要突破成规,打破旧思想的束缚,加速观念变革。

观念变革源自开放交流。广东作为古代海上丝绸之路的发祥地,背山向海的地理位置拥有与海外交往的便利条件,历史上就以通商口岸的身份与海外文化不断碰撞,在与外界的频繁交往中,培养了民众开放包容的心态,而深圳无疑是这种开放包容文化的集大成者。在长期实践中,深圳逐步确立起"现代化国际化创新型城市"的发展定位,加强与外界的交流离不开开放包容的胸襟,而持续的开放交流更推动深圳不断吸收外界的各种先进理念和模式。

观念变革还得益于大量移民。深圳作为中国最大的移民城市,吸引着来自五湖四海的人们。在这个移民文化的"大熔炉"中,各种思想碰撞、交流、融合和汇通,形成了深圳人不墨守成规、不独尊一家、多元开放、和合创新的文化格局。文化的多元性有利于催生观念的变革。

二 文化为改革开放提供全方位支撑

2018年是中国改革开放40周年。深圳从1979年建市、1980年成为经济特区,始终站在改革开放的最前沿,见证了中国翻天覆地的变化。经过40年的努力拼搏,深圳实现了从"深圳速度"到"深圳质量"、从"深圳制造"到"深圳智造"的转变,所有成就的取得离不开深圳独特的文化基因。

一是为改革开放提供了观念支持。深圳作为改革开放的先锋,开放包容、敢闯敢试、鼓励创新、宽容失败等观念已成为发展的主旋律。这些观念的形成与深圳的移民文化息息相关,那句"来了就是深圳人",体现着深圳

◇ 跨界融合与文化创新

开放包容的城市精神。也正是这种移民文化，使来自全国各地的人们在这片改革开放的热土上相互碰撞、相互交流、相互融合，形成了多元的文化，培育了深圳"海纳百川、开放兼容"的胸襟，吸引着无数人才的到来。此外，移民文化所强调的竞争意识和开拓进取，也从根本上撼动了传统保守的文化根基，培育了深圳人自强不息的进取精神和敢为天下先的创新精神。在2010年纪念深圳特区30周年之际评选出的"深圳十大观念"显示了深圳人的文化自觉与文化自信，并为持续性增长和质量性提升注入了源源不断的文化动力。

二是为改革开放提供了产业支撑。当前，深圳已经实现了从"经济深圳"到"文化深圳"、从"文化沙漠"到"文化绿洲"的转变。2017年，深圳文化创意产业实现增加值2243.95亿元，增长14.5%，占全市GDP比重超过10%，产业增加值在七大战略性新兴产业中位居第二。文博会、文交所、中国文化产业投资基金、对外文化贸易基地等一批国字号平台的落地，更增加了深圳在全国文化产业版图中的分量。深圳文化创意产业的发展，不仅成为弘扬中华优秀传统文化、传播社会主义核心价值观的重要载体，而且促进了经济的跨界融合与优化升级，有效地提升了城市形象和品牌。可以说，深圳文化产业已成为深圳经济发展的重要支柱和创新引擎。

三是为改革开放提供了创新氛围。深圳作为率先提出21世纪"拼文化"理念的城市，深刻意识到了文化创新对于城市发展的重要作用。例如，2015年12月深圳出台了《深圳文化创新发展2020（实施方案）》，把文化创新提到了一个新高度。文化创新是深圳高质量发展一项重要的内容，创新文化更是持续推动深圳发展的不竭动力。作为"创新之都"的深圳，创新是深圳体内流淌的血液，创新发展动能在这里强劲迸发，涌现了华为、腾讯等7家世界500强企业；同时培养出了大疆创新、碳云智能等成长强劲的创新企业和华强方特、华侨城、雅昌等文化领军企业。深圳创新文化的形成离不开鼓励竞争的市场化导向和面向世界、走向国际化的战略选择，是一种以创新为导向，激励创新活动的价值理念、制度安排，革新、求异、竞争、开放、多元、敢为人先、宽容是其核心要素。这种创新文化在立法、发展模式等方面有所体现。从1992年获得立法权算起,深圳市人大制定的法律法规有1/3以上都是创新性立法,在国家的法律体系建设中具有创新性意义,立法的创新促进了深圳市的快速发展。此外,深圳的"文化+"模式,强调了文化是根本,创新是关键,"+"代表着文化发展的创新驱动。深圳多元的创新方式形成了创新的文化新生态,营造了创新氛围,激发了创新精神,也正是这种创新文化推动深圳成为自主创新的先锋。

三 进一步发挥文化创新的引擎作用

改革开放40年,深圳完成了一次又一次的飞跃,创造了一个又一个的"中国第一"和"世界第一"。党的十九大报告深刻指出,"文化是一个国家、一个民族的灵魂。文化兴国运兴,文化强民族强。没有高度的文化自信,没有文化的繁荣兴盛,就没有中华民族伟大复兴","要坚定文化自信,推动社会主义文化繁荣兴盛"。这些充分说明了在改革开放40周年这个重要节点上,文化将成为深圳今后发展的关键。对于未来建设全球区域文化中心城市和国际文化创意先锋城市,深圳应充分发挥文化创新的引擎作用,实现文化创新的新一轮跃升。

第一,要提升城市发展中的文化自觉。文化自觉是文化自信的基础,只有高度的文化自觉才有坚定的文化自信。进入21世纪,深圳确立了"文化立市"发展战略,并在实践中大力推进文化强市建设。"文化立市"战略实施以来,深圳城市文化软实力得到进一步提升,产业结构不断优化升级,经济稳步迈向高质量发展。在未来,深圳应继续坚持以"文化立市"推进"文化强市"建设。具体而言,要始终坚持"文化立市"的发展理念,坚持不懈地将"文化"从城市的产业手段、经济策略提升为发展战略,不断强化全社会的文化自觉意识,通过文博会、市民文化大讲堂、创意十二月等品牌活动广播文化基因,以高度的文化自觉激发城市的文化创新能力,发展跨界融合的文化产业新业态,推动文化大发展大繁荣。

第二,要坚定深圳特色的文化自信。习近平总书记指出,改革开放是我

◇ 跨界融合与文化创新

们党历史上一次伟大觉醒，深圳在改革开放的春风下，创造了"深圳奇迹"。在全球化下，坚持全面改革开放，让改革不停顿、开放不止步，这也是高度文化自信的一种表现。坚定文化自信需要以文化创新为驱动。创新是改革开放40年深圳快速发展的决定性力量，也将成为深圳今后发展的第一动力，文化创新在深圳发展的全局中更具有核心的位置。深圳应以"四个全面"和"五大发展理念"为引领，认真落实《深圳文化创新发展2020（实施方案）》，在继承传统和创新发展中，打造全球区域文化中心城市和国际文化创意先锋城市。坚定文化自信，还需在原有的"文化+科技""文化+金融""文化+旅游""文化+创意"等基础上，聚焦跨界融合、科技引领、版权衍生、沉浸体验等文化发展模式，推动文化产业高质量发展。

第三，要持续塑造全球性文化品牌。深圳建设"新十大文体设施"以及提升改造"十大特色文化街区"的号角已经吹响，这意味着深圳第三次文体设施建设高潮正式拉开序幕。当前，深圳具有国际影响力的文化品牌较少，新文化地标的建设是深圳打造全球性文化品牌的关键一步。在做好"文化硬件"的同时，深圳还应制定有力的文化人才政策，增强对高端文化人才的吸引力，同时要解决好文化企业的融资问题，通过营造开放、和谐的社会环境，培养一批具有国际影响力的文化企业。另外，通过打造一批精品的文化活动向世界传递"中国声音"，讲好"中国故事"和"深圳故事"。

总而言之，从过去比拼经济，到比拼管理，再到当前比拼文化，城市的竞争已日渐显示为文化的竞争。深圳应在改革开放40年成功实践的基础上，进一步发挥文化的支撑力量，坚定走以文化创新激发文化动能的发展道路，让文化在城市的持续发展中创造源源不竭的新动力。

（原载《光明日报》2019年1月4日，标题为《发挥文化力量，做改革开放的开拓者》，发表时有删减；后以《持续文化创新增强城市文化自信》为题发表在《深圳特区报》2019年3月5日）

以创新思维推进深圳学派建设

一座城市,可能因为尊敬老人而受人尊重,可能因为"赠人玫瑰,手有余香"的志愿精神受人尊重,还可能因为全城老少热爱阅读、书香四溢而受人尊重。笔者期待的,是深圳这座城市发展到今天,还因为学术氛围浓郁、思想厚重前卫而受人尊重。

一 学术文化建设与学术精神积淀,对今天的深圳特别重要

今天的城市拼什么?

我们常常说,发达城市从传统的"拼经济""拼管理"到了今天的"拼文化"的时代。这句话有点大,但想想不无道理。今天有个词,叫城市的"调性"。这个从古典音乐里借用的词,现在常被用来形容一个城市的文化风格、文化特色、文化气质、文化氛围。为什么今天的城市开始"拼文化"、讲"调性"?因为文化决定了你的基因、你的血统,也决定了你的底气、你的后劲。"仓廪实而知礼节",经济总量巨大的深圳,这些年来一直在寻找自身存在的文化意义,默默实践着一种理性的"文化自觉"。而在笔者看来,在物质文化、行为文化、制度文化、精神文化构成的文化系统中,学术文化的积淀、学术氛围的营造、学术精神的形成,对于今天的深圳显得特别重要,它在深圳文化建设中的迫切性比过去任何时候都要显著。

为什么今天的深圳要重视学术文化建设?因为学术文化以它的独立精神、自由品格,为这个新兴城市未来的理性发展指点方向;学术文化以它的

◇ 跨界融合与文化创新

严谨科学、慎思明辨，为深圳精神、深圳观念、深圳价值的形成奠定沉稳的底色。学术文化应在整个文化建设中起奠基与引领作用。没有学术文化的昌明与发达，深圳的文化建设便很难确立存在的厚度，也很难确立一种低调而强大的自信。

回顾深圳特区 30 多年发展的不凡历程，我们便更能感悟到深圳学术文化建设的迫切性。深圳 1978 年建市，1980 年成为特区。30 多年来，深圳经济社会发展的成就举世瞩目，至少她创造了两个"奇迹"。

一是创造了经济奇迹。GDP 从 1978 年不到 2 亿元增长到 2012 年的 12950.08 亿元，人均 GDP 接近 2 万美元，每平方公里产出超过 1 亿美元；说今天深圳的经济发展水平超过欧美很多城市，跻身世界一流，或许并不为过。

二是创造了文化奇迹。从 2003 年确立"文化立市"，到 2012 年提出建设"文化强市"，深圳文化体制改革、公共文化服务的均衡化、优质化、便捷化，文化产业的发展模式与路径创新，文化贸易平台的搭建与总量的增长，都可以用八个字来形容——"突飞猛进，逆势飞扬"。"突飞猛进"，是指深圳文化发展速度之快、增量之猛；"逆势飞扬"，是指深圳通过自身的努力，从一个人们眼中曾经的"文化沙漠"，变成今天人人羡慕的"文化绿洲"，改变了内地人认为"深圳无文化"的成见。

广东省委常委、深圳市委书记王荣讲，深圳不仅创造了经济发展的奇迹，而且创造了文化发展的奇迹。这是对这些年尤其是近十年来深圳文化建设成就很高的评价。我们要深深感谢这 30 年来深圳文化的建设者们。但深圳文化建设出现了"跛腿"现象：文化体制改革、文化产业创新、公共文化服务、文化贸易交流发展快，但学术文化发展慢，甚至在一定程度上来讲显得有点滞后。这不能怨天尤人，因为前 30 年深圳人的主要精力放到了经济建设上，经济引领、率先转型发展的城市功能与定位到今天仍在持续。相比之下，办大学、建研究所，投入大，见效慢，很多人不愿意干。对学术文化的认识不到、重视不够、投入不足，先天的缺失加上后天的忽视，导致了学术文化在今天深圳文化建设格局中的相对滞后。

而这种学术文化建设的滞后,已在许多方面显示出来。比如学术科研单位数量有限,在全国有影响的专家学者、重要成果不多,学术研究的社会服务功能还未充分发挥,"智库"效应不足,全社会重视学术、尊崇文化的氛围远未形成。

二 深圳学术文化渊源有自,积淀不浅,却仍存缺憾

深圳特区建立虽然只有33年,但从创立它的那一天起,特区人就在不断萌发加强学术文化的自觉意识。1982年,图书馆、博物馆、深圳特区报、电视台、体育馆、大剧院、科技馆和新闻文化中心等老八大文化设施的建设,曾轰动全国。而次年9月深圳大学的创建,更成为特区学术文化建设辉煌的起点。自那以来近30年,深圳学术文化走过了从不自觉到自觉并渐渐形成特色的过程,有了自身的积淀。

一是学术渊源有自。深圳大学三十而立,根正苗红。1983年,深圳市委、市政府在财政紧张的情况下,下定决心办深圳大学。当时深圳设立特区才两三年,有很多基础建设要花钱,财政相当紧张。1983深圳市一年的财政收入还不到1亿元,市委却决定拿出一半来建设深圳大学。时任市委书记、市长梁湘有句名言:"当掉裤子也要把深圳大学建起来!"在深圳市委、市政府的重视和支持下,深圳大学实现了当年申请、当年获批、当年招生、当年开学的"深圳速度"。深圳大学创建之初,教育部专门发文,指定北京大学援建人文学科(中文、外语),中国人民大学援建社会学科(经济、法律),清华大学援建理工科(建筑、电子),并从武汉大学、中山大学等名校调来一批教授专家,形成了"全国名校办深大"的奇观。李赋宁、黄达、方生、汤一介、乐黛云、胡经之、高铭暄、张敏如等一批博学鸿儒来深传道,成为佳话。这支"京城第一师",其领军人物是当时的三位国宝级大师——清华大学副校长、两院院士、力学家张维,中国人民大学副校长、著名经济学家黄达,中国人民大学教授、著名经济学家方生。1985年,中国比较文学学会选择在办学不到两年的深圳大学举行成立大会。可以说,深圳

◎跨界融合与文化创新

学术文化有今天的发展,与最初的这批专家学者的拓荒有很大关系。

二是学术人才会集。国内外很多中青年学者,怀着一个学术和思想的"深圳梦"来到深圳,在这里激扬文字,发展学术,使深圳成为中国当代新思想、新学科、新专业、新经验的发生地。仍以深圳大学为例,建校以来先后形成三次大的"人才引进潮":20世纪80年代建校初期引进知名学者担任学科创始人,90年代初期引进"十大教授"担任学科带头人,近年来启动从国内外引进高端人才的"五年百人计划"。不同年代,深圳吸引了一批又一批的"学术淘梦者"。他们怀揣真诚的学术创新梦来到这块热土,希望将理论思辨与现实观察有效结合,在这里寻觅、思索、扎根、创获。

三是倡导学术自由。深圳有一个著名雕塑,叫《打破框框》,成为深南大道上的独特风景,也成为2011年深圳大运会开幕式上的精彩一幕。深圳人不仅从事经济活动敢为天下先,善于出奇制胜,而且在文化建设中,也不拘一格,不落俗套,以现实的视野、开放的意识、自由的精神、灵活的方法,不断推出新成果、新观念,成为中国当代不少新思想的发生地。

当然,冷静分析深圳学术文化现状,其不足、短板也很显著。深圳高校和学术机构少,学术文化的气场不足;深圳学人来自五湖四海,过于松散,抱团不够,学科特色方向不明;深圳过于发达的商业文明、急功近利的现实主义文化,容易形成学术文化发展中焦躁的功利主义,很难让学人潜心治学,精心打磨。深圳学人只有正视这些不足,迎难而上,才能开拓出学术文化建设的第二个"三十年"。

三 "深圳学派"建设应以创新思维开阔眼界,另辟蹊径

研究人类学术文化的发展史,我们容易发现,一个学派的形成,往往植根于它特殊的对象、稳定的群体、独特的方法、高质量的成果。而学派的形成,除了自身这些条件,还与时代风气、区域环境、文化生态等外部催生因素有关。学派的形成首先是社会历史文化的产物。社会历史的变迁,或者研

究范式的变化，学术方法的调整，往往会导致新学派的产生。换言之，历史文化背景的改变会对某类学派的形成产生一种需求，这种需求，往往会激发一个学派应运而生。当然，新型的学派，其产生、发展和成熟，也已不再像传统学派那样，按部就班，循规蹈矩。从这个意义上讲，深圳学派建设应以创新思维开阔眼界，另辟蹊径。

思考深圳学派的创新之路，首先需要我们了解当前学术语境的变化趋势。这个趋势，可以用对策化、跨界化、国际化来形容。

一是对策化。中共中央政治局委员、国务院副总理刘延东2013年5月30日在北京主持召开"繁荣发展高校哲学社会科学，推动中国特色新型智库建设座谈会"。她在讲话中阐述了加强智库建设的重大意义和目标任务，强调高校要聚焦重大问题，服务国家战略，坚持求真务实、奋发有为，多出具有前瞻性、战略性和有针对性、可操作性的研究成果，为党和政府科学决策提供高质量的智力支持，努力做改革发展决策方案的建言者、政策效果的评估者、社会舆论的引导者。放眼全球尤其是发达国家学术界，科学研究对政府决策的智力支持功能显而易见，有些甚至会主动引导政府政策方向。可以说，学以致用的"智库"，是今后人文社会科学发展的重要方向。

二是跨界化。过去人们喜欢说"术业有专攻"，这是有道理的。但今天更强调合作，体现为学科交叉、文理交融、跨界协同。2012年，教育部启动"高等学校创新能力提升计划"（也称"2011计划"），以协同创新中心建设为载体，分为面向科学前沿、面向文化传承创新、面向行业产业和面向区域发展四种类型，其共同特点是强调跨校、跨学科、跨行业、跨境协同创新、联合攻关。人文社会科学学者，过去习惯个人研究多，合作研究少，总觉得思想、价值需要也只能由"个人"去发现。其实不尽然。比如文化产业研究，涉及文学、艺术、经济、管理、法律、计算机等，需要协同。又如创新型城市建设与治理研究，可能涉及科技创新与智慧城市、制度创新与法治城市、文化创新与创意城市等不同方向，也需要协同。而移民文化研究，则会牵涉社会学、文化学、经济学、管理学等不同学科，同样需要协同。今天来看，一些学术问题，是难以靠单一学科和个人完成的，所以要强调协同。

◇跨界融合与文化创新

三是国际化。我们常说"学术无国界",其实这话有片面性。美国有一阶段收紧对某些国家学习生物技术的学生申请赴美留学签证的审批,其深层次原因在于担心生化攻击。更不用说当年美国想方设法阻挠钱学森先生从加州理工学院回国服务。人文社会科学的意识形态性更加明显。但并不是说,学术国际化不能实现,学术交流由此中断。从跨国学术会议,到跨国联合项目,以及学人的流动与聘用,都显示出今天学术国际化的强化。当然,今天的学术交流中,还是我们引进国外学术著作和观点多,中国学术的对外推广做得少。推动中国学术"走出去",深圳应该率先作为。在推动深港学术交流乃至与国际学术交流方面,深圳的优势还没有完全发挥出来。深港交流也不是单单指深圳的学者和香港的学者进行交流,而是说我们应发挥深圳地缘优势,成为中国对外学术交流的一个"桥头堡",借力生力,在交流的过程中,逐渐形成自己的学术风格。

如何以创新思维推进深圳学派建设?笔者认为至少应着力推进五个创新。

(一)创新研究客体

就研究对象这一客体而言,深圳学派应从"现实"而不是"书本"中寻找"问题",扎根本土,放眼世界,解决实际问题,确立学术文化建设的"现实导向"和"问题导向",成为与传统"理论性学派"不一样的"实践性学派",逐步形成既有学理逻辑又有实践逻辑的学科体系。中国传统学人善从书本找问题,不善从现实找问题。所以白居易强调:"文章合为时而著,歌诗合为事而作。"文学创作如此,学术研究亦然。像经济、金融、移民、文化产业、国际化、大众审美、大城市管理、社会管理创新、公共服务甚至公益、志愿者等关乎国计民生的现实问题,都应该成为深圳学派研究的主要对象。

其中,"深圳文化"应成为研究的重要内容,换言之,"文化学派"可以成为"深圳学派"建设的重大突破点,因为深圳鲜明的文化理念、丰富的文化实践、有个性的文化学者(如至今仍在笔耕的老一辈学者胡经之、彭立勋,将理论与实践相结合的王京生、吴忠、尹昌龙、杨宏海、王跃军、以及何道宽、郁龙余、刘洪一、吴俊忠、吴予敏、胡野秋、王为理、黄士芳、毛少莹、于长江等一批文化学者)、急迫的文化建设需求,为我们研究文化事业、文化产业甚至移民文化、城市文化等文化领域的重大命题提供了鲜活资料。比如,深圳1400万常住人口,有近千万是外来务工人员,公共文化服务如何有效覆盖这一庞大群体,提高全体市民的文化素质,就是一个既有理论意义更有现实价值的迫切命题,深圳大学吴予敏教授还为此承担了国家社科基金重大项目"农民工文化需求与城市公共文化服务体系建设研究"。再比如,"文化+科技"的深圳模式,已成为今天文化产业发展的创新之路。未来全球文化科技融合的趋势如何,我国文化科技创新的广度高度深度跨度还有哪些不足,怎样将文化科技融合的"深圳经验"上升为"国家战略"……这些问题都亟待我们去思考和解决。我们自2011年起承担国家社科基金重大项目"文化与科技融合创新的内在机理与战略路径研究",正是要寻求一种"全球视野"下"中国问题"的"深圳表达"。学习和研究应着眼"用",即使是研究国学,也应着眼传统国学的当代转换与运用。深圳在公共场所以不同方式宣传"论语金句"为代表的儒家核心思想,并创作大型交响乐《人文颂》,着力构建新兴都市的传统文化风景,为刚健有力的城市文化增添新的质素,已开展了这方面的有益探索和实践。当然,深圳学派除了面对传统、面对现实,更要面向未来,进而体现出学术研究的全局性、战略性、前瞻性、先导性。

(二)创新研究主体

就研究者这一"主体"来讲,深圳学人应形成新型的文化人格。他们应该思想活跃,不拘泥于古人,不崇拜洋人,穿梭于传统与现代、中国与西方之间,以开阔眼界深研现实问题,追求一种"全球视野"下"中国问题"的"深圳表达"。

学派建设关键靠学人,靠学术上的志同道合者形成"学术共同体"。学者志趣相投,方法相近,观点互补,便有了形成学派的基础。

深圳学派既属于一种"地域性学派",同时更应该是一种面向现实与未

◇跨界融合与文化创新

来的"问题性学派"。因此,深圳学派应该有一种开放性的现代学人群体,不局限于深圳,不应只是深圳人。

学术文化建设往往重视传承和积累。深圳市相关部门近期在酝酿出台《深圳学派建设推进方案》。方案规划了出版方面的三个丛书计划,即"深圳学派丛书""深圳改革创新丛书""深圳学人丛书",看了让人振奋。笔者同时建议,在组织出版新作的同时,还可以分批系统整理出版深圳知名社科专家的文集文丛,从而展示深圳学术发展的历史与实力。对于一个新兴城市来讲,这一工作在今天显得尤其迫切。

(三)创新研究方法

就研究方法而言,深圳学派应走出故纸堆,不循传统从文献到文献的研究路子,注重用计量、数据、案例、田野调查等方法发现问题、分析问题、解决问题,并逐步形成自己的分析框架,成为今日中国的"实证学派"。应改变传统人文社科研究"单兵作战"的模式,提倡"抱团取暖"的团队合作。应利用深圳毗邻港澳、面向海外的优势,大开交流之路,广采众家之长,成为当代学术文化新方法、新模式的积极实践者。深圳学派在选题方法上,应改变过去大而空的研究取向,直面现实,从"小现象"中研究"大问题";在切入视角上,应强调"移步换景",多维变化,以灵动的视野凸显学术的活力,改变传统学术的八股面相;在研究方法上,应强调范式革新,突出定性研究与定量研究的结合,突出社会调查、田野作业,力避高蹈虚幻,倡导沉潜务实。

(四)创新载体形式

就成果而言,深圳学派不能著述一完就束之高阁,而应创新成果形式和呈现载体,扩大成果交流推广渠道,变传统的一次性学术阅读为新型的多渠道反复消费,变浅层次阅读为深层次消费,提升"深圳学术创造"的显示度、知晓面和影响力。

现代的学术文化建设,尤其应该注重传播。所谓"酒香不怕巷子深",

在今天可能失效。只有有效地传播，学术思想才能实现更大的功能，为更广泛的社会群体所认识、接受甚至争辩。深圳应利用自身的信息产业的技术优势和面向海外的地缘优势，通过学术论坛、学术沙龙、学术活动、学术网站、学术刊物、出版社等平台和载体，开展多渠道的学术传播。

（五）创新学术功能

学术成果的功能，一方面显示在学术系统内，即学术的继承、创新、发展（不管是接着说、对着说、从头说、重新说），体现学术的自洽自适，进而推进知识更新、学科发展；另一方面也显示在学术系统外的社会系统，即学术成果转化为有效服务社会（经济、政治、文化发展）的重要力量，提升学术研究对现实社会的贡献度、影响力。

人文社科学术研究的领域不同，其价值取向的评判尺度也不一样。其中，经济、管理、法律、政治学等社会科学，重在对策研究，其价值判断也主要看为国家和社会贡献战略和对策的多少。如布热津斯基在《战略远见：美国与全球权利危机》一书中，利用自己在外交政策事务方面无可比拟的专业技能，为美国描绘了一幅战略蓝图，鼓励其积极应对危机，重振全球地位，促进21世纪的和平。在现代社会，学者能否就社会重大公共话题进行发言，讲真话，有独立的批判精神和建言能力，也会成为学派能否构建的重要指标。在基础研究方面，深圳可能比不过内地一些学术重镇，但在一些对策性的社会科学领域应该能做出更好的成绩。因此，构建深圳学派，一定要找准定位，应做什么，能做什么，不做什么，要想清楚。重视对策研究，并非忽视人文科学的基础研究。文史哲等人文学科，应重在学术传承创新，以发表成果的水平质量、文化创新能力为鉴定标准。在一个学派的形成过程中，基础研究或传统的人文研究是非常重要的，它往往会成为学派形成的奠基性因素。当然，这种基础研究，并不是靠得什么奖、拿什么项目来评价，而是指你在人文社科的基础研究方面，能够拿出多少扎实厚重、获得国内外同行认可的学术成果，或者在城市人文精神构建中起到何种导向作用，或者在国际学术交流平台上能不能发出深圳的声音。在基础研究方面，能不能在

◇跨界融合与文化创新

学术顶级杂志上发表文章,你的学者能不能频繁地参加一些国际学术会议做主旨演讲,这都是培育学派、让其产生影响的重要条件。除了人文学科、社会学科,还有艺术学科,对音乐舞蹈美术表演等艺术学科的评价,首先不应是发表了多少论文,而应是看其在艺术原创方面有什么突破,是否带给人们新的审美感受。人文学科、社会学科、艺术学科都面临创新使命,只是其创新形式不同。深圳学派更应在学术的"经世致用"上多下功夫。

四 打造"深圳学派"应整体规划,重点推进

(一)明确主攻方向

不论是人才培养、科学研究还是学科建设,特色是生命。是否明确主攻方向,形成特色学科,打造重点学科,鼓励交叉学科,是学派能否成形的关键。特色化的研究领域、创新性的研究方法、有个性的专家学者,可以说是驱动深圳学派建设的"三驾马车"。

事实上,经过多年孵化,深圳人文社科界业已形成一些特色研究领域,如特区与改革研究、基层民主治理研究、传媒研究、公共文化服务研究、文化创意产业研究、移民文化研究、港澳基本法研究、新儒学研究、创新型城市研究、新加坡研究、印度研究等。今后深圳学派的建设,仍应在此基础上持续孵化,不断开拓,经过较长时期的培育,形成一批在全国有影响有地位的特色领域,方能以"有为"争得"有位"。

(二)打造平台抓手

特色研究领域的形成,有时不是一两个人的事,需要团队机构协同构建。深圳应重点培育一批高水平、有特色的科研机构、社会科学实验室,为学派建设打造平台。科研机构是会聚人才、产生成果、形成影响的重要载体。应加强与国家、省市有关部门的合作,着力建好一批国家级、省部级、市级人文社科重点研究基地。深圳大学除推动原有的中国经济特区研究中

心、港澳基本法研究中心、当代中国政治研究所、传媒与文化发展研究中心、文化产业研究院、体育文化研究中心、移民文化研究所等基地建设外，近期创新机制、内联外合，重点建设国家文化创新研究中心、创新型城市建设与治理研究中心、深圳发展研究院、海洋文化研究中心，努力将其打造成为高水平、有影响力的科研创新平台。

（三）建设学术阵地

应加强出版社、刊物、网站等学术平台建设，丰富"深圳学派"建设的基础条件。首先是刊物。在《深圳大学学报》《特区实践与理论》《开放导报》《特区经济》等刊物上开辟特色专栏、专辑，并努力创设新的学术刊物。其次是学术辑刊。将《深圳文化发展报告》《文化科技创新发展报告》《中国经济特区发展报告》《当代中国政治研究报告》等按年出版的学术辑刊打造成国内权威性的刊物，产生广泛的学术影响。再次是学术网站与电子刊物。建设一批学术网站和电子刊物，以现代传播手段提升深圳学术的影响力。同时要利用深圳信息产业发达的优势，重视学术数据库建设，形成若干个区域性乃至全国性的学术数据中心，增强学术的辐射力。最后是出版社。深圳现有海天、报业集团两家出版社，均非以学术为主要出版内容。应重点创建一家学术性出版社，加强数字出版，同时成为港台繁体字版著作引进的先行者。前不久，商务印书馆与深圳大学、深圳职业技术学院合作，成立深圳分馆，相信会对深圳学术出版起到一定的孵化作用。

（四）积聚学术人才

学术文化的建设关键靠人，既靠大师、领军人物，也靠一批根底厚实、思想活跃的中青年学人。深圳应优化引智环境，着力打造"人才硅谷"，不仅让青年人宜业，更应优化社会文化环境，让青年人宜居，从而保持长久的竞争活力。目前，深圳对学术文化的投入与深圳的经济总量和社会发展速度尚不相称，在这方面，政府应有养"士"之心，加大投入，鼓励创新，宽容失败。深圳不仅民资丰富，民智也很发达。像深圳的网民群体中，就有不少真知灼见者，甚至还有网民参与省长、市长的问政会。称深圳社会具有"民间精英主义"色彩，似有一定道理。我们要整合好高校、科研院所、政府、民间等不同领域的学术力量，形成推动学术文化发展的良性合力。而在人才引进方面，应坚持培养引进并重，多种形式引进市外学术和文化人才，如坚持"只求所用，不求所有"的柔性引才，或在大学设立"驻校作家""驻校艺术家"制度，都是不错的引才形式。

五　全社会应该形成濡养学术文化的整体氛围

在整个社会运行中，文化构建看似简单，实则不易。而在整个文化建设中，学术文化又最难，它不仅需要硬保障，更需要软环境。笔者认为，深圳学术文化建设的环境营造，至少应突出三个方面。

一是倡导思想激荡。学术的发达，源于思想的自由，像王元化先生所倡导的，应形成"有思想的学术"和"有学术的思想"。作为改革开放的前沿地区和屡获"全国文化体制改革先进地区"的先行区、试验区，深圳应发扬特区创立之初的敢闯敢拼精神，积极鼓励新思想、倡导新理念，以扎根现实的观念创造、催生中国新型的"观念学派"。在这方面，"深圳十大观念"的产生和推广，本身就是"深圳学派"建设的一个生动个案。

"深圳学派"应该有这么几个特质：开放、务实、前沿、先锋。应强调"百花齐放，百家争鸣"。艺术、人文学科的研究，甚至社会科学的研究，要不怕说错。先锋，就要有点试验性，力争做到"学术无禁区"，各种各样的声音都能够在深圳发出来，以开放包容体现博大的文化胸襟。

二要注重风气营造。在全社会越来越物质化、功利化的今天，深圳应该反其道而行，崇尚文化、尊重学人、厚待学术，形成全社会资助学术、推崇文化、奖掖学人的高雅氛围。应减少急功近利，在学术建设上做到"多投入、少索取"，不求或少求回报，或许能够收获更大回报。应鼓励学人潜心治学，提倡"冷板凳"上坐热"深圳学派"。学者要有素心、恒心，社会也应潜心、耐心。学术的研究、学派的形成，一直需要潜心、持续性的长期关注，并做可延展性的研究。学术生产的方式会变，但是一些基本的精神是不会变的，那就是对学术的敬畏和坚守。当然，今天这个时代比较浮躁，消费文化盛行，人们对物质的追求远超过对思想的追求，尤其是在深圳这么一个年轻城市，甘坐"冷板凳"并非易事。做学术研究，过去是"饥饿淘汰法"，现在则是"诱惑淘汰法"。但历史会公平地对待一心向学的知识分子。

学术发展需要媒体支持。深圳和广东媒体发达，作为现代学者，也应适当接触媒体，传播学术真知，发挥导向作用。学人面对媒体，应自律、应理性，应体现"学人风骨"。而今天不少媒体往往都愿意找"明星学者"，喜欢刊登危言耸听的观点。这不仅无益于学术的传播、氛围的养成，有时还有损学者的形象。有责任的媒体，应多宣传学者安贫乐道的事迹，而不要去做一些无谓的炒作。媒体的"学术良知"，常常成为推进学术文化建设的正能量。

三要加大扶持力度。提供学者坐"冷板凳"，也要呼吁政府和社会对学术文化建设舍得投入、加大投入。今天的人才引进、成果激励、平台打造，都需要投入。软实力需要硬通货，目前各地对社科事业、基础研究的投入仍然不够。虽然有钱不一定能够成就学术大师，但是在目前的条件下，没有投入会让一些学术人才流失掉。如果比较一下香港特区政府对本地大学的投入，或许就会明白香港为什么能够吸引全世界一流的学者，迅速办起一批全球一流大学。深圳近年来加大了对高等教育人才引进和学科建设的投入，相关的住房补贴、科研经费等人才政策也在配套到位。只要政府认识到位、政策到位、投入到位，学术人才的会聚便会出现大不一样的局面，深圳学术文化建设的新景观便大有希望。

（原载《南方论丛》2013 年第 5 期）

深圳前海自贸区文化创新：定位与路径

2012年国务院批复前海深港现代服务业合作开发开放有关政策，支持深圳前海实行比经济特区更加特殊的先行先试政策。2013年12月25日，经文化部批准，国家对外文化贸易基地落户深圳前海，基地将打造文化贸易服务链，为中国文化"走出去"再添贸易新引擎。相较国内其他省市，在前海建设国家对外文化贸易基地主体园区和配套园区具有较强的区位和政策优势。前海保税港区是前海深港现代服务业合作区重要组成部分，设施完善，在前海建设国家对外文化贸易基地主体园区和配套园区，既享受前海的特殊政策，又享有保税港区的系列优惠政策，形成政策叠加效应。借力于政策叠加效应，前海自贸区必将成为全国文化改革的前沿、文化创新的先行者。立足深圳文化基础，发挥全国示范效应，密切深港合作，放眼全球视野，把前海自贸区打造成引领全国的"文化金融融合先导区、新兴文化业态发达区、对外文化贸易先行区、国际文化交流示范区"，这将是"十三五"期间深圳文化建设的重中之重。

一　文化金融融合先导区

2004年3月，文化部、中国人民银行、财政部等联合发布了《关于深入推进文化金融合作的意见》，指出："文化金融合作已经成为我国文化产业发展的显著特点和重要成果，成为我国文化产业持续快速健康发展的重要动力。"做好文化与金融的加法，创新是关键。近年来，深圳金融机构不断创新金融产品，加大对文化产业金融的支持力度。金融支持有效地促进了

"文化+科技"融合发展，推动了传统文化制造业优化升级，加快了"深圳制造"向"深圳创造"的转变。针对深圳动漫企业融资抵押品少、难以满足贷款条件等问题，金融机构积极进行金融创新，开展"著作权或股权质押+专业评估"贷款；出台《深圳互联网产业振兴发展政策》，按照"上市融资+内保外贷+其他贷款"模式，对互联网文化企业上市融资按照民营及中小企业专项资金中规定的上市项目资助条件和金额予以资助；为了解决文化企业融资难的问题，根据企业真实销售行为和应收账款金额，金融机构结合实际采取"应收账款质押+保险"模式提供信用贷款；针对文化旅游企业项目建设周期长、投资金额大的特点，深圳金融机构通过创新，以"收费权质押+抵押或保证"方式积极开展向企业授信。深圳金融服务文化创新在各个领域铺开，并贯穿至今，包括服务模式、融资渠道、融资模式、营销模式等创新，创新领先全国。立足深圳文化金融创新基础和国家对外贸易基地政策叠加效应，前海下一步应全面推进国家文化金融合作试验区创建，加快打造成文化金融融合先导区：一是建立健全深圳文化服务联盟、文化商业银行、文化互助担保、文化共同基金、文化交易所、文化金融中介、文化诚信体系等，共同争创"国家文化金融合作试验区"，协同促进文化与金融融合发展；二是研究如何借助前海自贸区文化开放和投资贸易便利化、金融自由化等制度创新，促进外汇管理便利化，推动文化产业跨境投融资和"走出去"，提高文化金融国家化水平；三是共同创新互联网文化电子商务营销与互联网金融融合发展，创新互联网文化金融业态，扩大文化创意产品消费规模；四是成立国家文化金融合作试验区，创建协调机构，创新文化金融融合联动机制，承担统筹规划、宏观指导和评价监测等工作，发挥文化金融融合、监督服务先导区示范作用。

二 新兴文化业态发达区

大力发展文化新业态，是培育文化产业新增长点的重要途径。新兴业态提升文化产业创新能力。近年来，以新一代信息技术为代表的技术革新和协

◎跨界融合与文化创新

同创新正在推动文化产业进入3.0时代，基于新一代移动互联终端和数字技术文化新业态，成为文化产业发展最重要趋势。大数据时代、云生活方式、物联网等新的社会和技术形态，正给人类生存方式带来变革，生产符号化、个体立体化、社会公共化、文化消费化、生存虚拟化等社会特征正催生文化新业态不断涌现。在发达国家，文化新业态已成为引领国家产业结构调整和创新升级的重要力量。文化新业态表现在：一是新媒体新行业出现，二是新兴数字信息技术对传统文化产业改造升级，三是传统产业文化产生新的盈利模式。通过"文化+科技"、"园区+平台"、做强文化传媒集团航母等举措，深圳文化新业态创新走在全国前列。从"印在深圳"领跑全国，到数字出版业异军突起，"文化+科技"已经成为深圳市新兴文化业态核心驱动品牌。按此驱动模式，深圳市动漫游戏、广播电视、出版业等与互联网融合、对接，衍生出网络游戏、网络视听、网络出版、网络动漫、网络文学等文化新业态；广电网与移动通信网融合、对接，衍生出手机短信和彩信、手机广播电视、移动多媒体广播电视等文化新业态；数字出版和高端印刷使图书具有了视频、音频等功能，形成了新的出版业态；等等。深圳文化新业态创新发展不仅体现在内容创新，还体现在服务、网络、终端、运营主体等方面创新。下一步，前海要发挥文化新业态发达区示范作用，一是以科技创新为引领，继续深化"文化+科技、金融、旅游、创意、产业"等模式，构建高新、精尖、优胜的文化新业态；二是以项目带动为战略，充分发挥文博会、文交所、中国文化产业投资基金、国家对外文化贸易基地等国家级平台带动功能，以国际一流标准提升前海国家级文化创意产业园区、文博会产业园区等一批重点园区基地，做大做强"园区+平台"；三是加强创新人才引进与培育力度，本土培养与引进相结合，加快造就一支讲政治、熟文化、懂技术、会经营的文化新业态创新、拔尖人才队伍。

三 对外文化贸易先行区

作为中国对外文化贸易的排头兵，深圳市通过文化制度创新，文化产业在保持蓬勃发展之势的同时，对外文化贸易也日益旺盛。多年来，深圳在推进文化贸易方面出台了多项政策措施，如支持文化创意企业参加国际展会，鼓励与海外相关机构合作举办文化产业投资贸易推介活动，每年认定"文化创意企业出口十强"，并对进入国家重点文化出口目录的企业和项目给予支持，鼓励腾讯、华视传媒、A8音乐、迅雷等优秀文化企业在境外实现上市。在支持文化企业大力发展文化贸易的同时，深圳打造的12个国家级文化产业示范园区、基地和54个市级文化产业园区、基地大力支持入园文化企业以集团军联合"走出去"，核心层文化产品出口占全国的1/6，深圳现已成为我国对外文化贸易排头兵。最近广东省人民政府下发了《广东省人民政府关于印发广东省加快发展对外文化贸易实施方案的通知》，把建设国家对外文化贸易基地（深圳）列为重要工作措施之一，文件明确提出："积极推动国家对外文化贸易基地（深圳）建设，辐射带动泛珠三角地区对外文化贸易快速发展。大力发展国际文化会展、保税文化交易、文化进出口仓储物流、国际文化市场信息服务等业态，打造华南文化进出口高端服务平台。"国家对外文化贸易基地落户前海自贸区，是部、省、市推动对外文化贸易、建设"海上丝绸之路"的重要举措，将发挥深圳基地毗邻港澳和东南亚优势，建成我国与东盟和南亚发展文化经贸合作的排头兵，对外文化贸易先行区。一是通过打造华南文化进出口高端服务平台，辐射港澳、东南亚乃至全球市场，带动广东、泛珠三角文化产品和文化服务出口，将基地建设成为深圳改革开放新起点、粤港文化产业合作新平台、华南文化产业发展新契机、珠三角产业转型升级新推力；二是借力文博会、文交所、文产投资基金、对外文贸基地等国家级平台牵引，不断推动和扩大我国文化新业态在国际市场的份额；三是利用国家优惠政策、国际营销渠道与交流平台，打造高度融合的文化贸易服务链，创建国家文化贸易创新试验区，辐射港澳、东南亚乃至全球文化市场，推动中华优秀文化产品和文化服务"走出去"；四是最大限度地整合国内外文化产品与服务，做强深圳（前海）国际对外文化贸易公司，把深圳报业、广电、出版发行集团等产业主体打造成在世界有影响力的文化航母。

四　国际文化交流示范区

多年来，深圳不断拓展对外文化交流渠道，深化文化合作领域，举办多边文化交流活动，通过树立文化活动品牌，积极承接国家重大交流项目，深入开展对港澳台文化交流，推动对外文化交流与文化贸易相结合，扩大了深圳甚至中国的世界文化影响。目前深圳国际文化交流政出多门、资金分散、职能重叠、品牌不响的现象仍然存在。深圳文博会被誉为"中国文化产业第一展"。前海自贸区要最大化发挥深圳文博会的品牌效应，打造"永不落幕"的文博会，积极引入国家重要展会机构，利用已有品牌优势推动建立国际文化创意产业展会联盟，在深圳打造类似巴黎时装周、威尼斯双年展、爱丁堡艺术节等文化会展品牌，成为辐射全球的文化创意展示交易中心和国际文化交流示范区。一是按照"平台+园区"模式，精心打造国际文化贸易展示交易平台、创意城市网络国际文化交流合作平台、国际版权交易平台、文化产业国际投融资平台、国际文化品牌宣传推广平台、国际文化贸易人才交流培训平台、粤港国际文化贸易合作平台、国家对外文化贸易理论研究和政策创新平台等八个专业示范平台，将其建设成为我国现代"海上丝绸之路"重要的国际文化交流示范区；二是更新理念以适应国际文化交流新趋势、新局面、新挑战，壮大市场主力军参与国际文化交流与竞争；三是创新交流载体，创设国际品牌，创建国际标准以应对国际文化交流与竞争，增强在国际文化交流中的辐射影响力。

总之，前海自贸区文化创新定位与路径，是以创新为动力，以文化为视域，以"文化+"为模型，以打造成21世纪海上丝绸之路的排头兵为定位，力争将前海自贸区打造成文化贸易与文化交流新标杆，探索建立与国际接轨、与香港接近、符合国家文化改革创新要求的体制机制，为全国先行探路。

[原载《深圳大学学报》（人文社科版）2016年第1期]

弘扬深圳特色的"观念文化"

2012年是邓小平同志南方谈话20周年。20年前，88岁高龄的邓小平，坐着从北京驶出的专列，开启了具有里程碑意义的南方之行。邓小平发表的一系列讲话，将中国这艘巨轮领入改革开放的正确航向。深圳经济特区没有辜负邓小平的期望，以巨大进步和辉煌前景，呈现了中国特色社会主义强大的生命力。

2010年，恰逢深圳特区建立30周年。一位深圳人自发地在网上写下了他印象最深、对他影响最大的深圳观念和口号，这段文字迅速地唤起了所有深圳人的集体回忆，促成了后来轰轰烈烈的"深圳观念"评选活动。通过全民的评选与专家的考察，最后选出了十大最具影响力的"深圳观念"，并结集出版了《深圳十大观念》。该书由时任深圳市委常委、宣传部部长王京生主编，广东省委常委、深圳市委书记王荣作序，甫一出版，即引起全国关注，多次再版重印。不少地方大批量购买此书作为干部读本，引发了全国性的"观念阅读潮"，成为一个重要的思想文化景观。

20世纪90年代初，中国走到了历史选择的十字路口。姓"社"姓"资"的讨论，反映出内在的观念差异；"左"或"右"的争鸣，决定了国家未来的路向。是邓小平这样一位伟人，以南方谈话的形式，掀起了1978年"真理标准"讨论后第二次全国性的思想解放。如今，中国改革逐步进入深水区，又到了"需击一猛掌的历史时刻"。在这样的时刻重温邓小平当年南方谈话和深圳特区30多年来积淀下来的"观念文化"，更觉意味深长。

◎跨界融合与文化创新

一 南方谈话催生"深圳观念"

2012年2月19日是邓小平同志逝世15周年纪念日。那一天,深圳莲花山顶的邓小平铜像下、深南大道旁的邓小平画像前,深圳市民自发地去献花,缅怀这位改革开放的总设计师。邓小平是深圳等经济特区的直接缔造者,在他的思想观念尤其是南方谈话精神的影响下,深圳人不仅创造了经济发展的奇迹,也创造了文化发展的奇迹,包括具有深圳特色的"观念文化"。深圳特区创建之初提出的"时间就是金钱,效率就是生命",是对邓小平"发展就是硬道理"的生动诠释;深圳人倡导的"空谈误国,实干兴邦",直接回应了邓小平关于"不争论"的睿智思想;"敢为天下先",是对邓小平最初所说的"杀出一条血路"的生动回答;邓小平同志说,"改革开放胆子要大一些,看准了的,就大胆地试,大胆地闯",这给了深圳人"鼓励创新,宽容失败"以巨大勇气。邓小平同志在南方谈话中反复强调,要解放生产力,发展生产力,让一部分人先富起来,带动共同富裕。深圳人以自己30多年的改革实践,践行了邓小平的这些朴素理念。可以说,邓小平的思想尤其是南方谈话,激发了特区的活力,也催生了特区的一系列先进发展理念。

众所周知,"解放思想、实事求是"是邓小平理论的精髓。南方谈话处处体现了这一精髓。实事求是,就是要从实际出发,回到生活和工作的常识,追求改革与发展的共识,将人类一切合理化的价值和做法创造性地用于中国的实际,引领古老中国走向现代化。深圳特区30多年的发展,成为邓小平"解放思想、实事求是"思想最生动最深入的实践。难怪邓小平自己要说:"深圳的发展和经验证明,我们建立经济特区的政策是正确的。"

观念引领深圳改革发展。"深圳十大观念"的评选,体现了一种自发性和群众性,是群众和专家智慧的共同结晶。2010年深圳特区建立30周年之际,特区上下热烈讨论,从200多个应征观念中评选出具有代表性的"十

弘扬深圳特色的"观念文化"

大观念"。这些观念，既有改革开放之初适应经济快速发展的理念，也有深圳经济社会发展后特区人追求卓越、创新、人文、共享、包容的理念。"十大观念"既在横向上具有一定的覆盖面，又在纵向上显示了一种发展的逻辑。可以说，"十大观念"是深圳人精神追求的缩影，深圳改革开放史也是一部深圳观念发展史；反之，深圳诞生的这些观念，又在不同阶段引领了改革开放事业的进程。观念与现实，主观与客观，构成了一道十分生动的互动景观。

观念是主观的产物。如果说"态度决定一切"，那么我们也可以认为"观念产生力量"。"深圳十大观念"与深圳30年改革发展进程息息相关，相辅相成。在笔者看来，在深圳特区发展史中，"十大观念"至少在四方面发挥了重要作用。

一是对深圳社会的动员力。深圳作为中国第一批特区，在其创建之初，一片荒芜，百废待兴。早期特区人创造了"三天一层楼"的深圳速度，也创造了"时间就是金钱，效率就是生命"的深圳观念，成为中国社会主义市场经济破壳的重要标志，成为深圳精神的逻辑起点。直到今天，在很多人的印象中，速度、效率依然是深圳的符号，"时间就是金钱，效率就是生命"依然是深圳的观念名片。而在人们对市场经济发展持怀疑态度的时候，深圳人更是响亮地喊出了另外一句口号——"空谈误国，实干兴邦"。这种新的价值观和发展观，统一了特区人的思想，动员了全社会的力量投入改革创新事业，保证了30多年的建设成就。

二是对改革发展的牵引力。"改革创新是深圳的根、深圳的魂。"这是2005年3月，中共深圳市委工作会议上提出的一个口号。它既是对深圳特区25年发展历程和经验的总结，也是对今后坚定改革创新方向的庄严宣示。特区因改革而生，为创新而立。如今，创新已成为深圳的代名词，建设国家创新型城市已成为深圳长远的战略目标，这种改革创新，既是经济发展、文化事业上的，又是社会管理和政治体制上的，是一种全面的持久的战略任务。今天，当全社会改革动力匮乏、需要"击一猛掌"的时候，深圳理应再次当好改革创新的"领头羊"。深圳有改革的基础，

◇跨界融合与文化创新

也有引领改革的责任。30多年来,深圳人不断明确自身改革创新的历史使命,为中国的现代化、法制化求索探路。在这方面,深圳观念起到了巨大的牵引作用。像"敢为天下先"这样的口号,最早就是从深圳喊出来的。

"先走一步""敢闯敢试""摸着石头过河"等观念从深圳诞生,迅速流行起来,成为深圳自我激励、勇做改革开放排头兵的坚定信念。

改革创新是一种探索行为,有时没有经验可遵,没有前路可循,有的只是改革的动力、干事创业的激情,因此,深圳人发明了另一个理念——"鼓励创新,宽容失败"。今天的成功者,是无数次尝试而成就的;每一个成功者的身旁,站立着多少失败的同路人。一个城市对于失败的态度,决定了它能抵达成功的高度。所以,当我们今天回顾改革时,更应该向那些勇于挑战的失败者致敬。

三是对深圳移民的凝聚力。深圳从一个3万人的渔镇,发展到今天1000多万人口的大城市。五湖四海、素不相识的人来到深圳,创业之余需要交流,离乡背井更期待温暖。于是,特区喊出"来了,就是深圳人"这句口号。有人说,中华民族是一个最具根性的民族,落叶归根是一种永恒的情感;还有人说,年轻而现代的深圳是一座最无根性的城市,"深圳人"只是户口簿或身份证上一种并无实质意义的能指。这些话也许有些道理。但三十而立的深圳早就意识到了这种身份意识、家园意识的缺乏,深圳人的自我认同感也在一天天强化。

如今,深圳人的凝聚意识,已从一种对这座城市的归属感、对新深圳人的包容,发展为一种关爱他人、回报社会的公益精神。深圳人借用了一句古印度的谚语——"送人玫瑰,手有余香",来表达自己的公益情怀。公益是一种大爱,如今它已在深圳整个社会生根开花。在义工服务、打造"志愿者之城"方面,深圳再次走到了全国的前列。

四是对城市形象的提升力。观念不只是口号,也不只是城市特色,它既反映出发展过程中的一种精神气质,更具有思想上的超前性。在由精神文化、制度文化、物质文化、行为文化等构成的广义文化系统中,观念文化具有独特的地位：它联系现实，却不囿于眼前；它触觉敏锐，具有超前引领能力和提升能力。从这个意义上讲，每一个城市管理者，都应该重视"观念"对城市形象的引领和提升功能。

深圳在中国第一个喊出"实现市民文化权利"，在这个响亮的口号下，深圳读书月、市民文化大讲堂、戏聚星期六、剧汇星期天等一系列文化活动陆续开展，文体设施遍布全市，自助图书馆为全国首创。而"让城市因热爱读书而受人尊重"，更充分显示了特区人经济发展后的文化自觉，这些都有效地提升了深圳的文化形象。而使深圳国际形象得以大大提升的，是2011年成功举办的大运会。"深圳，与世界没有距离"是深圳申办世界大学生运动会的一句口号，也是深圳人树立世界眼光的响亮表达。

二　创造更有影响力的"观念文化"

"深圳十大观念"已成为深圳文化建设中一道底蕴厚重的景色，成为深圳精神的生动体现。"深圳十大观念"不只属于深圳，它更属于变革图新的时代、走向复兴的中国。作为一个文化学者，笔者常常会想："观念文化"缘何能在深圳得以发展？笔者能给出的回答，一是深圳虽无深厚文化积淀，但有改革热土，是激情燃烧的现实培育了这些观念；二是敢闯敢试、敢想敢提的特区人，他们打破框框，不守常规，以热烈的语言、先行的观念为自己鼓劲；三是深圳人的文化自觉，尤其是一种凝聚"观念文化"的自觉。

今天，深圳站在了新的30年发展的起点上，新的发展需要新的观念引领。而在笔者看来，深圳"观念文化"的发展，一要植根现实热土，培养生命力；二要紧随时代更新，具有创造力；三要把握国际趋势，增强前导力。

深圳应在"观念文化"上再次领跑全国。事实上，《深圳特区报》的"龙年新春八评"，已成为打造新的"深圳观念"的先声。"根本出路还是改革"让我们看到了特区人坚定不移的改革信念；"必须摒弃GDP为王"显

◎ 跨界融合与文化创新

示了从"速度深圳""效益深圳"向"质量深圳"发展的思路;"以公正促共富"表明深圳对市场伦理、社会正义的坚守;"释放社会活力"创新了社会管理、社会动员的理念;"民力创未来"回答了改革发展为了谁、依靠谁这一根本问题;"改革是第一政德"说出了民众的期待,也道出了为政者的执政伦理;"国民精神定成败"犹似振臂一呼,在道德颓废的今天不失为一种警醒。这些新的观念,显示深圳已朝现代化国际化先进城市目标大步前行,从拼经济、拼管理向拼文化、拼观念昂然出发。我们有理由相信,年轻而日渐成熟的深圳,将用"激情燃烧,干事创业""文化也是生产力""提升文化自觉""创意产生财富""质量决定生命""创新赢得尊严""助人者最乐、行善者最美""打造民间精英社会""中国的深圳、世界的深圳"这些新的观念、新的口号,丰富自身的观念文化,创造更加灿烂的未来。

(原载《中国文化报》2012年3月27日)

以增强"行业话语权"实现"创意深圳梦"

从"文化立市"到"文化强市",十年磨砺,十年辉煌,文化产业在鹏城大地风生水起。不久前深圳提出要"增强文化产业行业话语权",引发各界关注。这显示出深圳正从文化产业"做大""做宽"向"做强""做高"转变,显示出文化产业发展的"龙头"意识正日益强化。以薄弱文化基础而创造文化产业奇迹的深圳,今天更应将"创意"从产业、经济层面提升为城市发展战略,以"有所为有所不为"的定位和"走在世界"的胸襟,实现"创意深圳梦"。

一 深圳文化产业经历"三步走"

从1992年国务院第一次提到"文化产业"起,我国文化产业在过去20年时间里实现了快速发展。特别是2002~2012年,无论是规模体量,还是发展模式,抑或是国际化,均呈现突飞猛进的发展势头。除了自身发展,文化产业还成为经济转型升级的一个非常重要的抓手和途径,其低碳、绿色的发展方式符合时代潮流。发展文化产业,对内可以满足老百姓旺盛的文化需求,对外还可以不断提升国家的文化软实力。

2012年,深圳文化创意产业实现增加值1150亿元,同比增长约25%。2003年以来,深圳文化产业产值年均增速接近25%,占全市GDP比重由2004年的4.69%上升到2012年的9%。从体量和占GDP比重来看,文化产业已成为深圳名副其实的"支柱产业";而从发展路径与模式来讲,深圳已成为中国文化产业发展的"领头羊"。深圳既没有深厚的文化积淀也没有丰

◇ 跨界融合与文化创新

富的文化资源，文化产业能发展起来，靠的就是体制机制创新以及善于利用科技、金融等资源进行嫁接。深圳文化产业经历了文化立市、支柱产业、战略性新兴产业关键的"三步走"，从文化意识强化到文化产业意识强化，再到文化产业模式创新意识强化，深圳文化产业的"领航"意识不断凸显。

二　深圳应着力建设"时尚之城"

2013年初召开的深圳市宣传思想工作会议提出，要增强深圳在文化产业的行业话语权。所谓"行业话语权"，就是"在这个行业里你是老大，大家听你的"。如何增强文化创意产业的行业话语权？笔者认为，深圳接下来要加快文化产业自身的转型升级，大力发展符合文化消费趋势的新兴、前导性行业，加强原创能力，提升核心竞争力，树立追求高端、品牌的意识。

过去人们比较注重将文化创意产业作为经济转型升级的手段，但对于文化创意产业自身的转型升级注意得不够。当前，文化创意产业进入新的2.0时代，这一时代的文化产业发展，更加注重创意引领、科技革新、平台锻造、业态裂变、新媒提速、要素聚合、跨界融合、链条化经营、国际化发展。深圳要紧紧抓住国际文化产业更新的潮流，不断谋求文化产业转型升级。文化产业转型升级的路径很多，文化与科技深度融合是深圳的当务之急、重中之重。深圳是"文化+科技"模式的发源地，但不少深圳文化企业目前还没有意识到这个问题，或者还停留在"文化+科技"的概念阶段，文化与科技融合的广度、高度、深度、跨度需要解决。

行业话语权主要靠两个东西，一个是体量，另一个就是品牌。比如三星手机，大家都用它的产品，产量大，就可能产生话语权，它的标准就可能变成全球的行业标准。但不是说你卖的产品多，就一定能产生话语权。品牌相比体量，更能实现话语权。比如LV箱包，它跟一般的箱包相比卖得不多，但它有品牌影响力，也能产生话语权。

一部iPhone手机，卖200多美元，苹果公司就赚走了190多美元，因为品牌的价值在那里。企业获得额外利润的最大途径就是创造和提升品牌。深圳发展文化产业一定要加强品牌意识，只有品牌才有真正的影响力和话语权。如深圳的服装设计行业较为发达，全国为数不少的服装设计企业总部在深圳，虽然深圳服装设计已成为中国的品牌，但放眼全球，巴黎时装周、纽约时装周并没有展出多少中国设计师和企业的作品，深圳也没有真正具有国际影响的"时装周"，深圳服装设计行业在全球尚未真正形成话语权，说明深圳的服装设计品牌有待进一步打造。

深圳可把品牌打造与建设"时尚之城"结合起来。深圳建设"时尚之城"有优势：一是毗邻香港，有相同的国际化追求；二是深圳是个新兴的移民城市，以年轻人为主，以青春消费为主；三是深圳已经发展起来了一些和时尚相关的行业，如珠宝、服装、旅游休闲、流行音乐等，这些都是时尚的重要元素。深圳要进一步激发时尚元素，通过建设"时尚之城"，打造一批掌握全球话语权的行业。

三 "有所为有所不为"

掌握行业话语权的途径和渠道多种多样，首要的还是定位。深圳文化创意产业发展到现在，高端印刷、服装珠宝、创意设计、动漫游戏、数字电视、互联网、文化旅游等诸多领域已经做到了引领国内。深圳要树立高远目标，不只是掌握国内行业话语权，而且要掌握更大区域甚至是全球的行业话语权。所有领域都在全球打响不可能，比如电影短期内要超过好莱坞就不太现实，这就要坚持"有所为有所不为"。

不同行业应有不同定位。哪些行业深圳争取做到广东一流，哪些行业应争取做到全国一流，哪些行业则要全力争取全球一流，这个要想清楚，不能一碗水端平。面面俱到、什么东西都要发展，那可能什么都发展不起来。比如服装设计、珠宝设计、工业设计等在深圳有很好的基础，就可以瞄准全球一流，至少不低于其他"设计之都"。再比如深圳有高新技术优势，发展互联网、新一代信息技术和新媒体行业也可以做到全球一流。从政府的扶持导向来说，要扶优、扶特、扶强，重点扶持高端、引领性行业，因为把它们扶

◇跨界融合与文化创新

持好了,对相关产业链会有一个拉动和牵引的作用。

经营好深圳文化产业,先要把"深圳"这张名片擦亮。深圳可以通过宣传城市形象和改进文化产业营销来提升话语权,比如通过举办大运会、电影节等大型国际体育文化活动、文博会等一些大型产业推介活动提升深圳影响力,还可以考虑在纽约时代广场做广告等外宣手段来提升深圳形象软实力,向世界展示深圳开放、包容、务实、高效的发展理念和注重文化发展、文化民生的城市追求,让世人感觉深圳不仅是一个经济城市,还是一个文化宜居城市。深圳形象软实力提升后,将会有更多的人来深圳投资发展。

四 让"文化创意梦"成为共识

增强文化产业的行业话语权,就不再只是把文化产业当作一个产业战术、经济手段去考虑,而应将"创意"提升为城市发展战略去实践,实现从"创意产业"向"创意经济"再到"创意社会"的模式转型与观念变革。这要靠政府的顶层设计和各行各业的基层创新紧密互动来合力推进。深圳的科技创新已经取得了很大的成绩,"科技创新梦"已初步实现。但文化创意近年来虽受到高度重视,但"文化创意梦"尚未形成全民共识。虽然深圳是联合国教科文组织授予的第一个中国"设计之都",对国内文化产业发展起到了引领示范作用,但真正要成为全球有影响力的创意城市,深圳还有比较长的路要走。

深圳要谋求文化产业的全球行业话语权,就要打开胸襟,不是要"走向世界",而是要"走在世界",要在文化创意城市某些领域树立标杆,比如发展电影,就要朝着好莱坞的高度发展;发展服装设计,就要学习巴黎的时尚气息。要敢于、善于进行国际交流,因为掌握全球话语权最终要通过产品传递实力。增加中国文化话语权不仅是为了提升行业发展水平,更事关文化软实力的提升、核心价值观的传播。

(原载《深圳特区报》2013年5月28日,发表时题为
《增强行业话语权,实现创意深圳梦》)

图书在版编目(CIP)数据

跨界融合与文化创新:文化产业论集/李凤亮,宗祖盼等著. ——北京:社会科学文献出版社,2019.12
（深圳大学艺术学理论丛书）
ISBN 978 - 7 - 5097 - 8636 - 9

Ⅰ.①跨… Ⅱ.①李… ②宗… Ⅲ.①文化产业 - 产业发展 - 中国 - 文集 Ⅳ.①G124 - 53

中国版本图书馆 CIP 数据核字 (2019) 第 301230 号

深圳大学艺术学理论丛书
跨界融合与文化创新
——文化产业论集

著　　者 / 李凤亮　宗祖盼 等

出 版 人 / 谢寿光
责任编辑 / 赵　晨
文稿编辑 / 李惠惠

出　　版 / 社会科学文献出版社
　　　　　　地址：北京市北三环中路甲 29 号院华龙大厦　邮编：100029
　　　　　　网址：www.ssap.com.cn
发　　行 / 市场营销中心 (010) 59367081　59367083
印　　装 / 三河市龙林印务有限公司

规　　格 / 开　本：787mm × 1092mm　1/16
　　　　　　印　张：23　字　数：329 千字
版　　次 / 2019 年 12 月第 1 版　2019 年 12 月第 1 次印刷
书　　号 / ISBN 978 - 7 - 5097 - 8636 - 9
定　　价 / 118.00 元

本书如有印装质量问题，请与读者服务中心 (010 - 59367028) 联系

▲ 版权所有 翻印必究